Marcel Hänggi

Ausgepowert

Marcel Hänggi

Ausgepowert

Das Ende des Ölzeitalters als Chance

Herausgegeben von der Schweizerischen Energie-Stiftung

Rotpunktverlag

Die Herausgeberin und der Autor danken für die finanzielle Unterstützung: Greenpeace Schweiz, dem Verkehrsclub der Schweiz VCS, der Hamasil Stiftung und der Waldhauser Haustechnik AG.

FSC www.fsc.org MIX Papier aus verantwortungsvollen Quellen FSC® C083411

www.rotpunktverlag.ch

Umschlagfoto: Bix Burkhart, Getty Images
Druck und Bindung: CPI – Clausen & Bosse, Leck
ISBN 978-3-85869-446-1

2. Auflage 2011

Inhaltsverzeichnis

Was wir die Macht des Menschen über die Natur nennen, erweist sich als Macht, die einige Menschen über andere Menschen ausüben, indem sie die Natur als Werkzeug benutzen.
Clive Staples Lewis, 1943[1]

Irgendetwas ist grundfalsch an der Art und Weise, wie wir heutzutage leben. Seit dreißig Jahren verherrlichen wir eigennütziges Gewinnstreben. (…) Wir wissen, was die Dinge kosten, aber wir wissen nicht, was sie wert sind. Bei einem Gerichtsurteil oder einem Gesetz fragen wir nicht, ob es gut ist. Ob es gerecht und vernünftig ist. Ob es zu einer besseren Gesellschaft, zu einer besseren Welt beitragen wird. Früher waren das die entscheidenden politischen Fragen, auch wenn es keine einfachen Antworten gab. Wir müssen wieder lernen, diese Fragen zu stellen.
Tony Judt, 2010[2]

Einleitung

Das Tiefbauamt der Stadt Zürich, meiner Wohngemeinde, wagte 2009 einen Blick in die Kristallkugel. Es beauftragte drei Expertenteams, Szenarien zu entwerfen, wie der Verkehr in der Stadt Zürich im Jahr 2050 aussehen könnte.[3] Jedes Expertenteam ging von anderen Annahmen aus, wie die Rahmenbedingungen sich entwickeln. Das Szenario »Individualität« ist geprägt durch einen zunehmenden Individualismus und rosige wirtschaftliche Aussichten: »Das Energieproblem ist gelöst, Alternativen zu fossilen Treibstoffen sind vorhanden.« Im Szenario »Ressourcenknappheit« gelingt es »trotz technischer Fortschritte nicht, die Verknappung der nicht erneuerbaren Energien zu kompensieren. Mobilität ist teuer und der Individualverkehr stark eingeschränkt.« Das Szenario »Online und Desintegration« schließlich geht aus von einer »grenzenlosen Technologisierung der Information und Kommunikation« bei ausreichender Energieversorgung.

Die Zusammenfassung des Tiefbauamts schildert die Welt des ersten Szenarios in neutralen Worten. Im zweiten Szenario führt die Verteuerung des Verkehrs »zu einer geringen Umweltbelastung und einer erhöhten Lebensqualität, weil der nicht benötigte Verkehrsraum zu Lebensraum umgebaut wird«. Im dritten Szenario »diktiert die Wirtschaft die Rahmenbedingungen für die Einführung und Durchsetzung von Kontrollen aller sicherheits- und wirtschaftsrelevanten Lebensbereiche. Das Diktat der Wirtschaft und der technische Fortschritt führen zu einer Entsynchronisierung der Gesellschaft. (…) Außer mit dem Velo oder zu Fuß werden Verkehrsteilnehmer dauernd und überall überwacht.«

Könnte es sein, dass das, was alle Politikerinnen und Politiker zu fürchten scheinen wie der Teufel das Weihwasser – eine Verknappung der Energie –, das Leben lebenswerter macht?

Energie und Gesellschaft

Als mich die Schweizerische Energie-Stiftung 2009 anfragte, ob ich im Hinblick auf eine Zukunft des knappen Öls ein Buch schreiben wolle, zögerte ich. Gab es nicht bereits zahlreiche Bücher und Studien zum Thema – Bücher, die feststellen, was auf der Hand liegt, nämlich, dass wir uns in Sachen Energie umorientieren müssen, und die skizzieren, wie das zu bewältigen ist? Doch, diese Bücher gibt es. Viele tragen programmatische Titel: *Am Ende des fossilen Zeitalters, Öl-Wechsel, Öl-Ende, Leben ohne Erdöl, Energie-Autonomie, Energiewende, Der energethische Imperativ* oder *Energierevolution.* Aber je mehr von diesen Büchern ich las, desto unbehaglicher wurde mir. Denn die meisten dieser Bücher scheinen mir am Wesentlichen vorbei geschrieben zu sein.[4] Gleich, ob sie von der Sorge um die Umwelt oder von der Sicherstellung der Versorgung ausgeht: Im Zentrum jeder Energiediskussion, die sich nicht auf das Technische beschränkt, muss heute die Frage stehen, wie eine Gesellschaft aussehen könnte, die mit weniger Energie auskommt und vor allem: ohne Energie, die so billig ist, wie wir das im 20. Jahrhundert kannten. Doch die Gesellschaft kommt in der gegenwärtigen Energiedebatte kaum vor. Wann werden die fossilen Energieträger knapp? Lassen sie sich durch andere Energie ersetzen? Kann dies rechtzeitig geschehen, um einen katastrophalen Klimawandel abzuwenden? Das sind die Fragen, die im Wesentlichen diskutiert werden, und die Antworten fallen kontrovers aus. Aber ob es wünschbar sei, die bisherigen Energieträger durch »umweltfreundliche« zu ersetzen, mithin den gegenwärtigen Energiekonsum, gar seinen Wachstumstrend fortzusetzen, oder ob es angezeigt wäre, den Verbrauch zu senken: das wird kaum gefragt.

Ich will das hier tun – und will dabei auch danach fragen, wie sich die Energie, die eine Gesellschaft verbraucht, auf die Art und Weise auswirkt, wie Menschen zusammenleben.

Definitive Antworten kann ich nicht geben. Vielleicht hat mein Buch seinen Zweck erreicht, wenn es gewisse Fragen wieder ins Bewusstsein seiner Leserinnen und Leser rückt. Ich sage »wieder«: denn die Fragen, die ich meine, waren schon einmal da. Vor allem in den

1970er-Jahren, vereinzelt schon in den Jahrzehnten davor, gab es eine Umwelt- und Technikdiskussion, die sich von der heutigen dadurch unterscheidet, dass sie politisch und sozial bewusster geführt wurde.

Die wichtigsten Autorinnen und Autoren dieser Zeit und ihre Bücher sind heute weitgehend vergessen; Stimmen, die heute ähnliche Positionen vertreten, sind Ausnahmen. Dafür geistern die Siebzigerjahre als Phantom durch die Debatten: das Klischee der realitätsfremden, fortschrittsfeindlichen, griesgrämigen, Wollsocken tragenden Steinzeit-Ökos, die glücklicherweise abgelöst worden seien durch die modernen, Bio-Fairtrade-Espresso trinkenden Umweltbewussten von heute.

Es lohnt sich, die Autoren, die ich meine – etwa Jacques Ellul, Leopold Kohr, Ernst Friedrich Schumacher, Hans Jonas, Carl Amery, André Gorz und, als in meinen Augen wichtigster und radikalster Denker, Ivan Illich – auch heute zu lesen.[5] Sie alle waren nicht Umwelt-Autoren in einem engen Sinne: Sie nahmen die Umweltkrise vielmehr zum Anlass, über das Verhältnis der Gesellschaft zur Technik grundsätzlich nachzudenken.

Heute gibt der Klimawandel dem Energiethema seine größte Dringlichkeit, und ich selber bin vom Klimawandel her zum Thema gekommen. Aber die Wichtigkeit des Themas reicht weit über Öko- oder gar nur CO_2-Bilanzen hinaus – hin zu Fragen, was die Nutzung billiger Energie der Gesellschaft antut, im Guten wie im Schlechten, und was das für eine postfossile Gesellschaft heißen kann und heißen muss.

Das Thema, dessen ich mich angenommen, und der Auftrag, den mir die Schweizerische Energie-Stiftung gegeben hat, ist weit. Es ist unmöglich, die Arbeiten dazu vollständig zu überblicken. Es existiert sehr viel Fachwissen von Berufsleuten, und wenn ich im Rahmen meiner journalistischen Arbeit mit Ingenieuren, Architektinnen oder Raumplanern spreche, bin ich immer wieder von der Fülle des vorhandenen Wissens, von der Fantasie der Lösungsideen – vor allem bei den Praktikerinnen und Praktikern – beeindruckt. Das Fachwissen vieler Expertinnen und Experten ist ohne Zweifel ausgezeichnet, und auch an kritischem Denken fehlt es keineswegs grundsätzlich. Doch allzu oft beruht dieses Fachwissen und kritische Denken auf Prämissen, die ihrerseits kaum je Gegenstand der kritischen Reflexion sind.

Als Journalist und Nicht-Energiefachmann kann ich die wissenschaftlichen Analysen nicht in ihrer technischen Substanz nachvollziehen oder gar eigene Studien anstellen. Ich kann aber nachhaken: Welche Fragen werden gestellt – und welche nicht? In welchen Denkparadigmen bewegt sich eine Analyse? Welches sind die – expliziten und impliziten – Prämissen, von denen die wissenschaftliche Arbeit ausgeht? Gerade dass ich den Fachdiskurs von außen beobachte, ohne selber Teil davon zu sein, ermöglicht mir, gewisse seiner blinden Flecken und fragwürdigen Voraussetzungen leichter zu erkennen.

Ich werde in diesem Buch oft historisch argumentieren. Ein Blick in die Geschichte lässt erkennen, wie eine Gesellschaft von ihrem Umgang mit Energie geprägt wird. Damit will ich aber keinem Energie-Determinismus frönen und nicht behaupten, diese Prägungen seien zwangsläufig. Sondern der Blick in die Vergangenheit soll im Gegenteil bewusst machen, dass der Energiekonsum einer Gesellschaft in je spezifischen historischen Situationen entstanden ist und immer auch andere Entwicklungen denkbar gewesen wären. Und so muss sich die Welt auch in Zukunft nicht in den Bahnen bewegen, die wir kennen. Historische Weichenstellungen, die sich für uns heute als nachteilig erweisen, können umgestoßen werden, denn nichts in der Geschichte ist eine absolute Notwendigkeit – außer den physischen Limiten, die die Naturgesetze und die endliche Verfügbarkeit der Ressourcen setzen.[6]

Zu viele Menschen?

Die Probleme, die sich im Zusammenhang mit Energie zeigen – nicht nur der Klimawandel – sind schwindelerregend. Dieses Buch will deshalb radikal sein: an die Wurzeln unserer Gesellschaft, unserer Kultur, unseres Denkens rühren.

Unmöglich kann ich die ganze Breite des Themas abdecken, und so gehe ich auch auf einige wichtige Aspekte nicht ein – etwa den ganzen Bereich Bauen, Heizen und Kühlen, ein Bereich, in dem schnelle technische Fortschritte erzielt (respektive alte, zwischenzeitlich vergessene Kenntnisse wiederbelebt) werden.

Nur am Rande gehe ich auf ein Thema ein, das viele im Zusammenhang mit ökologischen Fragen als entscheidend erachten: die Bevölkerungsfrage. Gibt es nicht einfach zu viele Menschen und müssten wir uns nicht schleunigst überlegen, wie das Bevölkerungswachstum zu stoppen sei?

Dass es einfacher ist, begrenzte Ressourcen unter einer kleineren als einer größeren Zahl von Menschen aufzuteilen, ist trivial. Und bezüglich der Ernährung mag es sein, dass die Grenze der Tragfähigkeit der Erde nicht allzu weit von den neun Milliarden Menschen entfernt ist, die laut Schätzungen um die Mitte des 21. Jahrhunderts auf der Welt leben sollen.[7] Was die meisten anderen Ressourcen und auch die Energie angeht – und bis heute gilt das auch für die Nahrung –, ist die Gesamtzahl der Menschen aber nicht der entscheidende Punkt: Geht man davon aus, was ein Mensch für ein »gutes Leben« braucht (was das heißt, will ich in Kapitel 2 genauer betrachten) und wie diese Ressourcen mit den heute verfügbaren Techniken bereitgestellt werden können, so gibt es genug für alle. Nicht die Bevölkerungsgröße ist das Problem, sondern, dass ein Teil der Menschen viel zu viel verbraucht. Die drohenden Knappheiten sind viel mehr eine Frage der Verteilung denn der absoluten Zahl von Menschen.

Die Rede von der »Bevölkerungsexplosion«, gar der »Bevölkerungsbombe« verschleiert diese Tatsache. Im Zusammenhang mit unserem Thema ist interessant, dass es ein Vertreter von *Big Oil* war, der die Forderung, das Wachstum der Weltbevölkerung zu begrenzen, nach dem Zweiten Weltkrieg wirkungsvoll in die Außen- und Entwicklungspolitik der USA einbrachte: John D. Rockefeller III., der Enkel des Begründers der Standard Oil. Die Forderung wurde in den 1960er-Jahren von Teilen der Umweltbewegung aufgenommen, am prominentesten vom Biologen Paul Ehrlich von der Stanford University (er hat seinen Büchern martialische Titel wie *The Population Bomb, The Race Bomb* oder *The Population Explosion* gegeben).[8] Wenn nun aber der Ruf, es gebe zu viele Menschen, zu dem Zeitpunkt aufkommt, da der bis anhin unterprivilegierte Teil der Menschheit beginnt, sich an den Umweltressourcen einen signifikanten Teil zu nehmen (und übrigens zu dem Zeitpunkt, da im Deutschen das Wort »Überfremdung« erfunden wird), und wenn der Ruf aus dem Teil der Welt kommt, der sich seinen Teil schon lange genommen hat; wenn die Rufer wie Ehrlich zudem die politische Ordnung der Welt nicht infrage stellen und von Institutionen des Macht-Establishment wie der Rockefeller-Stiftung kräftig gefördert werden: dann ist das zynisch. Und doppelt zynisch ist, wenn in den reichen Teilen der Welt gefordert wird, die hiesigen Geburtenzahlen müssten angehoben werden, weil sonst unsere auf wachsende Einnahmen ausgelegten Systeme der Alterssicherung kollabierten.

Auf noch ein Thema werde ich nicht eingehen, das naheläge: die sogenannte Finanzkrise, die ihren Anfang mit dem Platzen der Immobilienblase in den USA in den Jahren 2007 und 2008 nahm, einen Höhepunkt in der Pleite der US-Investmentbank Lehman Brothers im Herbst 2008 erreichte und in die Fast-Bankrotte von Staaten wie Island, Griechenland oder Irland mündete. Oft ist die Rede von der »Metakrise« aus Wirtschafts-, Ernährungs-, Energie- und Umweltkrise.[9] Die Parallelen zwischen diesen Krisen liegen auf der Hand: Sie alle sind Ausdruck nicht nachhaltigen Handelns, das heißt eines Handelns, das die Substanz aufzehrt, von der wir leben. Inwieweit aber Gemeinsamkeiten der »Metakrise« über diese Feststellung hinaus bestehen, kann ich nicht kompetent beurteilen. Sicher ist, dass all diese Krisen Antworten erfordern, die weiter gehen als das, was den Regierungen als Antwort auf die Finanzkrise eingefallen ist: der Versuch, den Status quo ante so schnell als möglich wieder herzustellen, Banken und Automobilindustrie aus dem Schlamassel herauszukaufen und in den alten Pfaden weiterzuwandeln. Die Finanzkrise, die Reaktionen darauf und das Ausbleiben einer wirklich breiten Debatte über ihre Ursachen stimmen wenig hoffnungsfroh im Hinblick auf die anderen Krisen unserer Zeit.

Da mein Auftraggeber eine schweizerische Stiftung ist, werde ich immer wieder mit Beispielen aus der Schweiz argumentieren; das soll nicht heißen, dass das Gesagte nicht auf ähnliche Länder übertragbar sei. Inhaltlich bin ich von der Schweizerischen Energie-Stiftung unabhängig; die von mir vertretenen Ansichten müssen sich nicht mit denen der Schweizerischen Energie-Stiftung decken.

Zum Aufbau dieses Buchs: In den Kapiteln 1 und 2 *(Kohle* und *Entwicklung)* will ich darlegen, weshalb Quantität und Art der Energie, die eine Gesellschaft braucht, für deren spezifische Entwicklung eminent wichtig sind, und ich werde mich der Frage widmen, wie viel Energie der Mensch für ein »gutes Leben« braucht. Die Kapitel 3 bis 6 *(Nahrung, Raum und Zeit, Größe* und *Verschleiß)* legen anhand einiger konkreter Beispiele dar, wie Energieanwendung sich auswirkt – auf die Art, wie wir uns ernähren, wie wir uns in Raum und Zeit bewegen, auf die stofflichen Aspekte des Lebens und auf die Struktur politischer und ökonomischer Macht. Diese Kapitel sollen die These illustrieren, dass zu viel Energie einer Gesellschaft eher zum Schlechten denn zum Guten gereicht. Kapitel 7 *(Potenziale)* fragt nach den wichtigsten Energiequellen und ihren Potenzialen und vor allem danach, ob eine Ersetzung »umweltschädlicher« durch »umweltfreundliche« Energien überhaupt möglich ist. In den Kapiteln 8 bis 10 schließlich *(Angebot und Nachfrage, Lösungen, Freiheit)* geht es um die Lösung der Energieprobleme und um die Folgen solcher Lösungen für eine freiheitliche Gesellschaft.

Dank

Ich danke allen, die mich bei meiner Arbeit unterstützt und dieses Buch ermöglicht haben: in erster Linie Bernhard Piller, Projektleiter Fossile Energien und Klima bei der Schweizerischen Energie-Stiftung, der die Idee zu diesem Buch hatte, und der SES selber; ferner, für ihre kritische Begleitung meiner Arbeit, Niels Boeing, Susan Boos, Gabor Doka, Heini Glauser, Markus Knauss, Peter Niggli, Rüdiger Paschotta, Leo Scherer, Niklaus Schefer, Irmi Seidl, Anna Vettori und meiner Frau Sarah Caspers; dem Verein Alpenhof und allen Expertinnen und Experten, die mir zur Beantwortung meiner Fragen ihre Zeit gewidmet haben.

Einige Begriffe rund um Energie

Energie, Kraft, Leistung

Die physische Welt besteht aus den Erscheinungsformen Materie und Energie. Energie ist das, was Materie »bewegt« – sie kann in sehr unterschiedlichen Formen auftreten, wie etwa Wärme, Licht oder Bewegung.

Erst im 19. Jahrhundert lernte die Physik, mit dem Begriff Energie umzugehen. Zuvor gab es kein solches Konzept und oft war von »Kraft« die Rede, wenn Energie gemeint war.[10] Das äußert sich noch heute in Begriffen wie »Wasserkraft«, »Atomkraft«, »Kraftwerk« und so weiter. Ich werde auch in diesem Buch die gängigen Alltagsbegriffe verwenden.

Obwohl aus physikalischer Sicht Wärme und Arbeit zwei Erscheinungsformen desselben sind, ist es in einer historischen Betrachtung angebracht, zwischen Wärme und Arbeit zu unterscheiden. Erst seit der Erfindung thermodynamischer Maschinen (Dampfmaschine, Verbrennungsmotor) sind die Menschen in der Lage, Wärmeenergie in Arbeit umzuwandeln, und seit der Beherrschung der Elektrizität wird auch Arbeit in Wärme (und Licht) umgewandelt. Zuvor brauchte es für Wärme und Licht einerseits, für Arbeit andererseits unterschiedliche Energiequellen.

Von Nichtfachleuten oft verwechselt werden Energie und Leistung. Leistung bezeichnet den Energieumsatz pro Zeiteinheit, sie wird in Watt (W; ein Watt ist der Umsatz von einem Joule Energie in einer Sekunde) oder Pferdestärken (1 PS = 736 W) gemessen. Für Energie existieren zahlreiche Maßeinheiten: Die gängige Maßeinheit der Physik ist Joule (J). Ist von Energie in Form von Nahrung die Rede, wird diese meist in Kalorien angegeben, wobei mit »Kalorie« in der Regel eigentlich »Kilokalorie« gemeint ist (1 kcal = 4187 J). In der Elektrizitätswirtschaft ist die gängige Einheit die Kilowattstunde (1 kWh = 3600 J). Ist von Energieversorgung in globalem Maßstab die Rede, so wird Energie auch in Erdöläquivalenten oder Steinkohleeinheiten angegeben (1 kg Erdöläquivalent = 41,868 MJ; 1 kg Steinkohleeinheit = 29,308 MJ).

Energieverbrauch, Energieproduktion

Es ist üblich, von Energieverbrauch und -produktion zu sprechen. Im physikalischen Sinn kann Energie allerdings weder hergestellt noch vernichtet, sondern lediglich von einer in eine andere Form umgewandelt werden (erster Hauptsatz der Thermodynamik[11]). Streng genommen müsste man also von Energieumwandlung, Energieumsatz und Energiebereitstellung sprechen. Die Rede vom Energieverbrauch hat aber durchaus seine Berechtigung: Energieumwandlungen sind nie vollständig umkehrbar; mit jeder Umwandlung sinkt der Anteil der Energie, der genutzt werden kann (zweiter Hauptsatz der Thermodynamik[12]). Der Begriff Energieverbrauch hat sich außerdem wohl deshalb so stark eingebürgert, weil die Energieträger – Holz, Kohle, Öl, Gas und so weiter – tatsächlich verbraucht werden. Hätte sich die Industrialisierung vollständig auf der Basis von Sonnenenergie oder Wasserkraft entwickelt, würden wir den Begriff heute vielleicht nicht verwenden.

Erneuerbar, nicht erneuerbar

Die gängigste Einteilung von Arten der Energiebereitstellung ist die in erneuerbare und nicht erneuerbare Energien. Die Einteilung ist auf den ersten Blick klar: Holz wächst nach, Erdöl nicht – auf den zweiten Blick wird die Unterscheidung schwieriger, und die weit verbreitete Simplifizierung, wonach nicht erneuerbare Energien schlecht, erneuerbare gut seien, verschleiert mehr, als sie erhellt. Auch die fossilen Energieträger erneuern sich, wenn auch extrem langsam. Solange die Menschen aber lediglich Steinkohle verbrannten, die vom Meer an die Küsten gespült wurde, und Erdöl (respektive Teer), das an sogenannten Ausbissen an die Erdoberfläche gelangte, waren sogar diese Energieträger erneuerbar. Andererseits erneuert sich auch ein Wald, wenn er einmal gründlich übernutzt wurde, nur noch in sehr langen Zeiträumen. Viele in der Antike oder bereits in prähistorischer Zeit abgeholzte Wälder haben sich bis heute nicht erholt.

Sinnvoller könnte es deshalb in gewissen Fällen sein, zwischen Energieflüssen und -beständen zu unterscheiden. Energieflüsse wie die Sonneneinstrahlung, der Wind, fließendes Wasser oder die Gezeiten können gar nicht übernutzt werden: Die Sonne strahlt nicht weniger, wenn man Sonnenkollektoren aufstellt (das heißt nicht, dass Nutzungen dieser Energieformen nicht anderswie umweltschädlich sein könnten). Energiebestände können nachhaltig oder nicht nachhaltig genutzt werden: langsamer oder schneller, als sie sich erneuern.

Ein Grenzfall ist schließlich die Energiegewinnung aus der Abfallverbrennung. Sie ist insofern erneuerbar, als diese Energie sowieso anfällt, solange wir Abfall produzieren und durch Verbrennen beseitigen. Allerdings stammen große Bestandteile des Abfalls aus nicht erneuerbaren Quellen, und nachhaltig wäre es, Abfall gar nicht erst entstehen zu lassen: Die scheinbar nachhaltige Energiegewinnung aus Abfällen basiert auf der Nichtnachhaltigkeit unseres Umgangs mit Rohstoffen.

1 Kohle

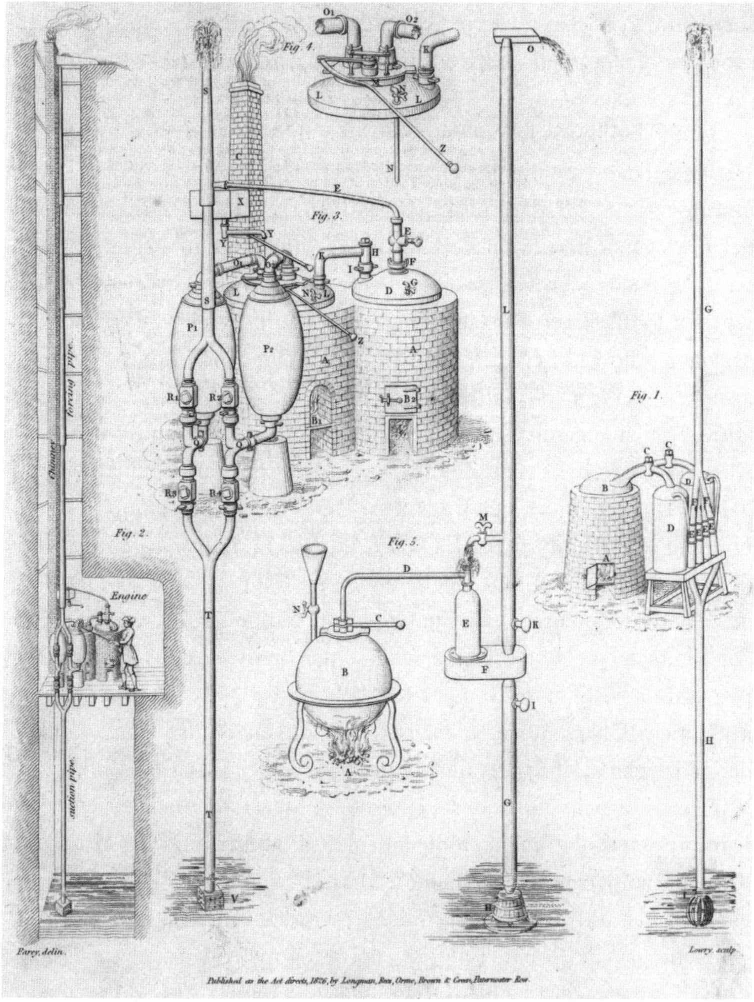

Thomas Saverys Dampfmaschine. Stich nach der Patentschrift von 1698.[1]

Wäre ihr denn drum, die Menschheit könnte 2012 ein Jubiläum feiern. Vor 300 Jahren begann das Zeitalter der fossilen Energieträger: das Zeitalter billiger Energie. 1712 baute Thomas Newcomen die erste funktionstüchtige thermodynamische Maschine[2] – die erste Maschine, die thermische Energie (Wärme) in kinetische Energie (Arbeit) umwandeln konnte. Es war eine Dampfpumpe, betrieben mit Kohle und eingesetzt, um Kohle zu fördern: Newcomens Maschine pumpte im englischen Kohlebergwerk Staffordshire Wasser aus den Bergwerksstollen.

Unsere wichtigste Ressource

Nichts in der Geschichte hat einen klar benennbaren Anfang. Man könnte das Geburtsdatum für das fossilenergetische Zeitalter auch früher festlegen – bereits im Verlauf des 17. Jahrhunderts begann in England der Verbrauch von Steinkohle anzusteigen, bereits in der Antike wurden fossile Energieträger genutzt (im China der Han-Dynastie gab es sogar schon Bohrungen nach Erdgas[3]). Oder man könnte es später ansetzen – erst im 19. Jahrhundert wurde die Kohle (zunächst in England) zum mengenmäßig wichtigsten Energieträger[4] und wurden die Auswirkungen des neuen Zeitalters wirklich spürbar. Doch als symbolisches Datum eignet sich 1712 gut. Denn die Dampfpumpe versinnbildlicht ein Grundprinzip des Wirtschaftens im industriellen Zeitalter. Was tat die Dampfpumpe? Sie setzte einen Teil der Kohle, die im Bergwerk gefördert wurde, ein, um wiederum Kohle zu fördern. Je größer der Überschuss – und die Überschüsse der Bergwerke mit Dampfpumpen waren riesig –, desto mehr Kohle konnte »investiert« werden, um noch mehr Überschüsse zu erwirtschaften: Das ist das Prinzip, das in der Wirtschaftslehre »Skalenökonomie« heißt. Es ist Grundlage des Wirtschaftswachstums, das heute so selbstverständlich scheint. Die Dampfpumpe, die ihr nachfolgenden Erfindungen und die gesteigerte Kohlenutzung ermöglichten eine Dynamik, die in ein Zeitalter materiellen Wohlstands führte, der in der Geschichte einmalig war.

Heute ist die globale Energieversorgung mehr denn je von den fossilen Energieträgern Kohle, Öl und Gas abhängig.[5] Aber dieses Zeitalter neigt sich seinem Ende zu. Nicht, dass es bald schon keine fossilen

Energierohstoffe mehr gäbe. Aber ihre Gewinnung wird zunehmend teurer und aufwendiger. Und wichtiger: Soll die vom Menschen verursachte Erwärmung des globalen Klimas auf einem Niveau gestoppt werden, das noch einigermaßen zu bewältigen ist,[6] müssen wir die Nutzung der fossilen Energieträger aufgeben, längst bevor diese uns ausgehen. Diese Energieträger, deren Nutzung wir aufgeben müssen, sind nicht irgendeine Ressource: Sie sind die wichtigste Ressource des industriellen Zeitalters, der Motor des präzedenzlosen Wirtschaftswachstums und materiellen Wohlstands der letzten zwei Jahrhunderte. Wer glaubt, ein Wechsel der Energieträger sei nur eine Frage der Technik, unterschätzt, wie wichtig Energie für den Gang der Geschichte ist.

Wenn meine Behauptung stimmt, dass es die fossilen Energieressourcen waren, auf denen unser Wohlstand und die wirtschaftliche Entwicklung der industriellen Moderne wesentlich beruhen, und wenn die Behauptung stimmt, dass das fossile Zeitalter seinem Ende entgegengeht, so stellt sich die Frage, ob und wie der Wohlstand über das Ende dieses Zeitalters hinaus gerettet werden kann: Gibt es Ersatz für die fossilen Energieträger oder lässt sich deren Wegfall durch eine effizientere Energienutzung kompensieren? Über diese Frage findet heute eine breite Debatte statt; die besten Universitäten weltweit beteiligen sich an ihr. Ich werde diese Frage in Kapitel 7 diskutieren.

Schon weniger präsent in der öffentliche Energiedebatte ist die Anschlussfrage: Werden andere Formen der Energiebereitstellung – angenommen, ein Ersatz sei möglich – andere Formen des Wirtschaftens bewirken oder bedingen?

Und weiter könnte man fragen – aber das tut heute öffentlich fast niemand (mehr) –: Ist es wirklich wünschbar, die wegfallenden Energien zu ersetzen und das heutige Verbrauchsniveau (oder gar die heutigen Wachstumsraten) aufrechtzuerhalten? Und: Welche Errungenschaften aus dem zu Ende gehenden Zeitalter – vom Ferienflug in die Karibik über die stetig wachsende Wirtschaft bis zu Freiheit und Demokratie – sind es wert, in ein Zeitalter knapper und teurer Energie hinübergerettet zu werden, und worauf könnten wir mit Gewinn verzichten? Um diese Fragen beantworten zu können, muss man sich zuerst einmal bewusst sein, was für eine Bedeutung billige Energie in ihren spezifischen Formen Kohle, Öl und Gas in der Geschichte unserer Gesellschaften spielt. Ich will in diesem Kapitel deshalb einen kurzen Abriss der Energiegeschichte skizzieren und in den folgenden Kapiteln einige ihrer Aspekte näher beleuchten.

Krise und neue Energie

Heute haben einige der größten Probleme der Menschheit mit der Nutzung von Kohle, Erdöl und Erdgas zu tun, aber zunächst war die Kohle ein Segen für die Menschen – selbst aus ökologischer Sicht.

Die Geschichte der Menschheit lässt sich seit der Beherrschung des Feuers als eine Geschichte der intensivierten Energienutzung schreiben.[7] Steinkohle war um die Mitte des 17. Jahrhunderts schon lange bekannt als der Brennstoff der Armen: Sie brannte rußig und nicht so »sauber« wie die Holzkohle. Nun stieg der Bedarf an Heizenergie, weil die Bevölkerung gewachsen war, und es stieg der Bedarf an Eisen für Landwirtschaft und Kriegswesen. Auch die Eisenverhüttung ist auf Kohle angewiesen. Doch die Wälder waren übernutzt und Holzkohle knapp. In England wurden deshalb vermehrt Steinkohlevorkommen in oberflächennahen Gruben ausgebeutet.

Dieser Steinkohle-»Boom« wäre ohne die Dampfpumpe bald wieder zu Ende gewesen: Die oberflächennahen Vorkommen waren bescheiden, und je tiefer man graben musste, desto mehr Grundwasser drang in die Kohleschächte ein. Das Herauspumpen dieses Wassers mit menschlicher oder tierischer Arbeitskraft oder mithilfe von Wind- oder Wasserkraft war so aufwendig, dass sich der Abbau ab einer gewissen Tiefe nicht mehr gelohnt hätte – hätte nicht die Dampfpumpe das Pumpen massiv erleichtert. Nun konnte Kohle eingesetzt werden, um Kohle zu fördern.

Die Erfindung der Dampfmaschine fiel in eine Krisenzeit. Im 14. Jahrhundert war Europas Bevölkerung als Folge von Kriegen, Missernten und Epidemien, vor allem der Pest um die Jahrhundertmitte, eingebrochen; nun wuchs sie wieder. Und obwohl Europa sich in Übersee neue Flächen zu erschließen begann, wurden die Ressourcen pro

Kopf knapper. Der Fleischkonsum – ein Indikator für materiellen Wohlstand – sank und sollte erst im 20. Jahrhundert wieder den Stand des Hochmittelalters erreichen. Jedes Jahrhundert bis ins achtzehnte brachte mehr Hungersnöte.[8]

Die Beherrschung großer Kolonialreiche verlangte nach großen Mengen Bauholz (3000 Eichen verbrauchte der Bau eines hochseetauglichen Schiffs[9]), während gleichzeitig die Industrie immer mehr vom einzigen Brennstoff brauchte, der sich in großem Maßstab einsetzen ließ – Brennholz respektive Holzkohle. Es ist kein Zufall, dass der heute inflationär verwendete Begriff der Nachhaltigkeit im 18. Jahrhundert in der Forstwirtschaft aufgetaucht war,[10] und es war die Nutzung der Steinkohle, die eine nachhaltige Waldnutzung bei weiter rasch steigendem Energiebedarf überhaupt ermöglichte – oder hätte ermöglichen können. (Tatsächlich stieg der Holzbedarf trotz Kohlenutzung zunächst weiter an.[11] Ein neuer Energieträger löst einen alten in der Regel nicht ab, sondern ergänzt ihn. Was den europäischen Wald rettete, waren die Waldgesetze im 19. Jahrhundert.) 1798 wurde der vielleicht berühmteste und einflussreichste pessimistische Text der Weltgeschichte publiziert: Thomas Malthus' noch heute polarisierender *Essay on the Principle of Population.* Malthus postulierte, das Bevölkerungswachstum führe unweigerlich in die Katastrophe, weil die Produktion von Nahrung nur linear wachsen könne, während die Bevölkerung exponentiell wachse.

Nachhaltigkeit

Das Wort Nachhaltigkeit hat in den letzten zwei Jahrzehnten eine steile Karriere erlebt – und wie jedes Wort, das inflationär verwendet wird, hat es dabei an Kontur verloren. Was bedeutet Nachhaltigkeit »wirklich«?

Es existieren zahlreiche Definitionen; gemeinsam ist ihnen, dass als nachhaltig eine Lebensweise gilt, die ihre Substanz nicht aufbraucht, sondern erhält oder mehrt. Am weitesten verbreitet ist die Definition des Uno-Berichts *Unsere gemeinsame Zukunft* (»Brundtland-Bericht«) von 1987: Nachhaltig ist eine Entwicklung, die »die Bedürfnisse der Gegenwart befriedigt, ohne zu riskieren, dass künftige Generationen ihre Bedürfnisse nicht befriedigen können«.[12] In dieser Kürze, wie die Definition meist zitiert wird, ist sie problematisch: Sie suggeriert nämlich, dass es möglich sei, »die Bedürfnisse der Gegenwart« nachhaltig zu befriedigen. Es kann ein Bedürfnis eines Europäers von heute sein, sich in der kalten Jahreszeit für eine Woche an den warmen Strand zu legen und also in die Tropen zu fliegen – nachhaltig lässt sich dieses Bedürfnis aber nicht befriedigen. Wichtig ist deshalb der im Bericht folgende Satz: »Das Konzept der nachhaltigen Entwicklung impliziert Grenzen (...) abhängig von der Fähigkeit der Biosphäre, die Effekte der menschlichen Tätigkeit zu absorbieren.« (Allerdings steht im Bericht auch, dass die Grenzen Wachstum nicht ausschlössen.)

Die Nachhaltigkeitsdefinitionen lassen sich in zwei Gruppen unterscheiden: »schwache« und »starke«. Nach dem Konzept der »schwachen« Nachhaltigkeit sind natürliche Ressourcen nur eine Form von Kapital unter anderen. Nachhaltig ist eine Gesellschaft, die ihr Gesamtkapital erhält oder mehrt. Es ist legitim, natürliche Ressourcen aufzubrauchen, wenn dafür neues menschengemachtes Kapital in mindestens gleicher Höhe entsteht. Problematisch ist daran natürlich, dass sich die verschiedenen Kapitalarten nicht wirklich vergleichen lassen. Wer einen Diamanten schürft, schafft damit sehr viel Kapital, weil dieser kleine Stein einen extrem hohen Wert hat; er darf also für diesen Diamanten vergleichsweise großen Umweltschaden anrichten. Aber der Wert des Diamanten ist ein Liebhaberwert. Werden die natürlichen Ressourcen knapp, kann er zum Überleben der Menschheit nichts beitragen.

Nach dem Konzept der »starken« Nachhaltigkeit müssen die natürlichen Ressourcen für sich allein erhalten oder gemehrt werden: Rohstoffe dürfen der Umwelt nur so schnell entnommen werden, wie sie nachwachsen, Abfallstoffe nur so schnell in die Umwelt eingebracht werden, wie sie von ihr abgebaut werden können. Nicht erneuerbare Ressourcen wie Erdöl lassen sich streng genommen gar nicht »stark nachhaltig« nutzen. Die Vertreter dieses Konzepts erachten eine Nutzung endlicher Ressourcen aber dann als nachhaltig, wenn ein Teil des Gewinns aus dieser Nutzung dazu verwendet wird, Realersatz für die verbrauchten Ressourcen zu schaffen.

Seit der Umweltkonferenz von Rio de Janeiro 1992 hat sich zudem eingebürgert, vom ökologischen, sozialen und ökonomischen Aspekt der Nachhaltigkeit zu sprechen. Eine solche Erweiterung des Nachhaltigkeitskonzepts über das Ökologische hinaus mag sinnvoll sein, ist aber dann unsinnig, wenn man, wie es oft geschieht, die drei Aspekte als gleichberechtigte Säulen betrachtet. In Wirklichkeit besteht zwischen ihnen nämlich eine klare Hierarchie: Die Umwelt ist ein Produktionsfaktor der Wirtschaft, nicht aber umgekehrt. Wirtschaft kann ökonomisch nur dann nachhaltig sein, wenn sie auch ökologisch nachhaltig ist, weil sie sonst eine ihrer Grundlagen zerstört. Wenn gefordert wird, Umwelt, Wirtschaft und Gesellschaft miteinander in Einklang zu bringen, ist das Unfug: Natürlich muss die Wirtschaft mit der Umwelt in Einklang gebracht werden; das Umgekehrte aber geht gar nicht – es ist der Umwelt reichlich egal, was mit der Wirtschaft geschieht. Wer behauptet, ökologische Nachhaltigkeit stehe in einem Zielkonflikt mit »ökonomischer Nachhaltigkeit«, hat nicht die Wirtschaft als Ganzes in seinem langfristigen Blick (und nur was langfristig ist, kann als nachhaltig gelten), sondern Partikularinteressen bestimmter Wirtschaftszweige, bestimmter Regionen oder der heutigen Wirtschaft gegenüber der zukünftigen.

Nun muss man sich freilich vor voreiligen Schlüssen hüten. Krisen wurden immer auch propagandistisch genutzt. Die Knappheiten der frühen Neuzeit waren nicht nur ökologisch, sondern mindestens ebenso sehr politisch-ökonomisch bedingt. Klagen über Holzknappheit dienten auch der Legitimation von Herrschaft und waren oft übertrieben. Territorialherren verstärkten mit Hinweis auf – angebliche – Holznot ihren herrschaftlichen Zugriff auf den Wald, und gerade die größten Holzverbraucher – Eisen- und Glashütten, Salinen – stimmten besonders laut in die Klage mit ein und erreichten damit, dass der lokalen Bevölkerung, ihrer lästigen Konkurrenz, die traditionellen Waldnutzungsrechte weggenommen wurden.[13] Malthus verfolgte eine politischideologische Agenda: Indem er die Verantwortung für die Antwort den Armen – ihrer »übermäßigen« Fertilität – zuschrieb, lenkte er ab von der Idee, die Massenarmut habe etwas mit ungerechter Verteilung der Reichtümer zu tun. Diese Idee war wenige Jahre nach Beginn der Französischen Revolution natürlich präsent und wurde von Englands Reichen als Bedrohung empfunden. Malthus argumentierte mit seinem Essay gegen staatliche Wohlfahrt, die die Fertilität der Armen nur noch mehr anheizen würde.[14]

Bei den gegebenen Ungleichheiten freilich gab es in der frühen Neuzeit tatsächlich Nahrungs- und Energiekrisen. Dennoch haben sich die düsteren Prophezeiungen Malthus' bis heute nicht erfüllt, obwohl in Europa heute fast drei- und weltweit mehr als sechsmal so viele Menschen leben als damals. Stattdessen begann der materielle Wohlstand der Welt in nie zuvor gesehener Weise zu wachsen – absolut (wenn man das Bruttoinlandprodukt als Maß nimmt) um mehr als das Siebzigfache, pro Kopf um das Zwölffache.[15] Wichtigster Grund für diese Entwicklung war der Beginn des Zeitalters der fossilen Energien.

Wie eine Gesellschaft sich entwickeln kann, hängt entscheidend von der Energie ab, über die sie verfügt, genauer: von den Energieüberschüssen, also von dem, was über den unmittelbaren Bedarf zum Überleben hinausgeht. Der Historiker Rolf Peter Sieferle unterscheidet in seinem Ansatz des »sozialen Metabolismus« drei große »Energieregimes« der Menschheit:[16]

- Jäger- und Sammlergesellschaften[17] entnehmen der Natur Energie in Form von essbaren Pflanzen, Fleisch und Brennholz, ohne deren Wachstum gezielt zu beeinflussen. Dieses »Regime der unkontrollierten Solarenergieflüsse« lässt nur eine geringe Bevölkerungsdichte zu. Die Menschen wenden zwar nur einen relativ geringen Teil ihrer Zeit zur Nahrungsbeschaffung auf und erzielen dabei hohe Energieüberschüsse,[18] sie haben aber keine Möglichkeit, die »überschüssige« Zeit und Energie zur Steigerung der Produktion einzusetzen.
- Agrargesellschaften greifen gezielt in die Energieflüsse ein, die sie nutzen: Sie kultivieren Pflanzen, die Sonnenenergie mittels Fotosyn-

these in essbare Biomasse umwandeln, und sie züchten Tiere, die Fleisch und Arbeitsenergie liefern. Die Nutzung von Arbeitstieren, Sklaven, Wind- und Wasserkraft im »Regime der kontrollierten Solarenergieflüsse« ermöglicht ungleich größere Leistungen, als sie Jäger- und Sammlergesellschaften kennen. Es können nun pro Fläche viel mehr Menschen leben. Transporttechniken – vor allem die Schifffahrt, die die Windenergie nutzt – ermöglichen die Entstehung von Städten, die sich aus einem großen Umland versorgen. (Das antike Rom, auf der Höhe seiner Macht eine Millionenstadt, hätte sich ohne Nahrungsmittelimporte von außerhalb Italiens nicht versorgen können.)

Die Menschen konnten nun Energie (in Form von Arbeit) investieren, um mehr Energie (in Form von Nahrungs- und Futtermitteln) zu gewinnen. Überschüsse ermöglichten, dass einige Menschen, statt selber für die Energiebereitstellung zu arbeiten, in anderen Bereichen aktiv waren: religiöse Kultuspflege, Herrschaftsausübung, Kriegsführung, Produktion von Luxusgütern, Krankenpflege, kulturelle Aktivitäten aller Art … Schon eine geringe Zunahme der Produktivität erlaubte eine große Steigerung der Überschüsse.[19] Die Höhe der Überschüsse variierte abhängig von den geografisch-klimatischen, technischen und kulturellen Voraussetzungen beträchtlich, aber überall blieben die Menschen, die nicht zur Bereitstellung von Nahrung gebraucht wurden, deutlich in der Minderzahl, und die verfügbare Energie blieb begrenzt durch die Leistung der Fotosynthese.[20]

– Unter dem »Regime der fossilen Energien« wurde es möglich, riesige Energiebestände abzubauen statt sich in Energieflüsse einzuschalten, die nicht vergrößert werden können. Auch Kohle, Öl und Gas sind zwar letztlich Sonnenenergie – aber Sonnenenergie, die sich über Hunderte Millionen Jahre akkumuliert hat. Traditionell musste Energie in der Fläche gesammelt werden, nun lag sie in konzentrierter und leicht transportierbarer Form vor. Dank dem Einsatz fossiler Energieträger stieg die Produktivität der Landwirtschaft stark an. Aus dem Reservoir der so »frei« gewordenen

Arbeitskräfte konnte die Industrie im neuen Zeitalter schöpfen – und diese Arbeitskräfte wiederum waren und sind bis heute, dank fossiler Energie, immer produktiver. Nach dem Zweiten Weltkrieg waren weltweit erstmals in der Geschichte weniger als die Hälfte der Menschen für die Bereitstellung von Nahrung tätig, was der britische Universalhistoriker Eric Hobsbawm als den »dramatischsten und weitestreichenden sozialen Wandel« des 20. Jahrhunderts bezeichnet hat.[21]

Wachstum

Eines der bestimmenden Merkmale des neuen Zeitalters war und ist sein Hang zum Wachstum. Dieser Hang war bereits angelegt in der Dampfpumpe, die Kohle nutzte, um Kohle zu fördern.

Je tiefer man nach Kohle gräbt, desto mehr Wasser dringt in die Schächte ein und desto weniger lohnt es sich, noch weiter zu graben: Dieses Prinzip ist ein fundamentales Gesetz allen Wirtschaftens, das Gesetz des abnehmenden Grenznutzens. In den Schriften der ökonomischen Klassiker im späteren 18. und früheren 19. Jahrhundert spielt dieses Gesetz eine zentrale Rolle.[22] Ob Wachstum wünschbar sei oder nicht, darüber waren sich die Klassiker nicht einig – Adam Smith stellte sich eine Wirtschaft ohne Wachstum »lähmend« bis »trostlos« vor,[23] John Stuart Mill sehnte sie sich herbei.[24] Einig waren sie sich, dass Wachstum an Grenzen stoßen würde.

Als Grenznutzen bezeichnet die Ökonomie den zusätzlichen Nutzen, der mit einem zusätzlichen Aufwand erzielt werden kann. Systemtheoretisch gesprochen handelt es sich beim Gesetz des abnehmenden Grenznutzens um eine negative Rückkoppelung: Wachstum schmälert die Chancen weiteren Wachstums.

Die Dampfpumpe stellte dieses Gesetz auf den Kopf: Je mehr Kohle man besaß, desto mehr Kohle konnte man einsetzen, um nach noch mehr Kohle zu graben. Die Ökonomie spricht in diesem Falle von einer Skalenökonomie *(economy of scale)*, systemtheoretisch ist es eine positive Rückkoppelung: Wachstum erhöht die Chancen für weiteres Wachstum. Billige Energie und vor allem die Energieanwendung Transport ermöglichten, dass im Industriezeitalter die Skalenökonomien zu dominieren begannen. Die vorindustrielle Textilmanufaktur, die ihre Produkte in Handarbeit herstellen ließ, hatte immer ungefähr die gleichen Stückkosten, egal, wie groß sie war: Um doppelt so viele Tücher herzustellen, musste sie doppelt so viele Arbeiterinnen oder Arbeiter beschäftigen, brauchte doppelt so viele Webstühle und doppelt so viel Faden. Weil aber eine Fabrik, die mehr produziert, ein größeres Absatzgebiet braucht, stieg der Aufwand, die Produkte zu den Kunden zu bringen. Der Grenznutzen nahm ab, eine zu große Manufaktur war weniger effizient als eine kleinere. Mit dem Einsatz von billiger nicht menschlicher Energie dagegen lohnt sich der Einsatz immer größerer Webmaschinen, wobei eine Maschine umso schneller amortisiert ist, je mehr Tuch sie herstellt: Die Stückkosten fallen mit zunehmender Größe. Die Transportkosten tragen dank neuen Transporttechniken kaum etwas zu den Gesamtkosten bei: Es lohnt sich, größer zu werden.

Natürlich wird auch der Grenznutzen der modernen Textilmanufaktur irgendwann wieder abzunehmen beginnen: Eine Skalenökonomie bietet gegenüber dem Gesetz des abnehmenden Grenznutzens nur einen zeitlichen Aufschub. Aber der Aufschub, den die billigen Energieträger gewährt haben, ist immerhin so groß, dass ein guter Teil der Ökonomie das Gesetz des abnehmenden Grenznutzens vergessen zu haben scheint und sich heute für Grenzen nicht mehr interessiert. Ohne Skalenökonomien hätte es keine Wirtschaft gegeben, die über so lange Zeit derart stark wachsen konnte, dass die Wirtschaftswissenschaft wie die Wirtschaftspolitik im 20. Jahrhundert Wirtschaftswachstum als den Normalfall zu betrachten begannen.

»Grenzen« des Wachstums?

Seit dem Bericht an den Club of Rome *Die Grenzen des Wachstums* von 1972 hat es sich eingebürgert, von »Grenzen« zu sprechen. Aber der Begriff ist problematisch: Unter einer Grenze stellt man sich eine scharfe Linie vor; man befindet sich entweder diesseits oder jenseits. Es gibt aber keine scharfe Linie und die Ressourcen dieser Erde werden nie einfach aufgebraucht sein, wie eine Flasche leer getrunken ist. Wann der Punkt erreicht ist, an dem der Grenznutzen einer Skalenökonomie wieder zu fallen beginnt, hängt von der verfügbaren Technik ab, weshalb sich Grenzen mit technischem Fortschritt verschieben.

Problematisch ist der Begriff der Grenzen auch, weil er suggeriert, dass die Grenzen für alle Menschen dieselben seien – ähnlich wie die Metapher vom Boot, in dem wir alle sitzen: »Verleugnet werden soll dabei allemal der kleine Unterschied zwischen Erster Klasse und Zwischendeck, Kommandobrücke und Maschinenraum«, schrieb Hans Magnus Enzensberger[25] ein Jahr nach Erscheinen des Berichts an den Club of Rome und auf diesen gemünzt; »einer der ältesten Tricks zur Legitimierung von Klassenherrschaft und Ausbeutung feiert so im neuen Kostüm der Ökologie seine Auferstehung«.

Das ist wichtig, weil die Metapher verstehen hilft, weshalb die Menschheit ihre Umweltprobleme so schwer in den Griff bekommt: Säßen wir tatsächlich alle im selben Boot, wären auch die Mächtigen an einer Lösung interessiert.

Vom Wirtschaftswachstum profitierten keineswegs von Anfang an alle: Die industrielle Revolution brachte enorme Reichtümer hervor, konzentrierte diese aber auf eine kleine Schicht von Menschen, während das Elend der proletarischen Massen unbeschreiblich war. Erst als sich die Unterschichten politische Mitsprache und sozialstaatliche Wohlfahrtssysteme erkämpft hatten, respektive als die Oberschichten ihnen diese aus Angst vor Revolutionen zugestanden, profitierten in den betreffenden Ländern auch die Armen vom Wachstum.

Es war diese Zeit des Wirtschaftswachstums, in der Errungenschaften wie Demokratie und Menschenrechte sich durchgesetzt haben. Gewiss waren die Nutzung der Kohle, die Industrialisierung oder das Wirtschaftswachstum keine zureichenden Bedingungen für diese Entwicklungen. Sie haben Demokratie und den Erfolg einer egalitären Weltanschauung aber mit Sicherheit erleichtert:[26] Man teilt leichter, wenn man genug hat (und den Armen versprechen kann, auch sie würden eines Tages genug haben). Rolf Peter Sieferle meint gar, dass der wachsende Wohlstand für die Herausbildung der Demokratie notwendig gewesen sei, denn erst in einer Gesellschaft, die Wohlstand für alle zumindest verspricht, seien die Reichen bereit, politische Macht zu teilen.[27]

Und wenn das Wachstum ausbleibt, weil sein Treibstoff fehlt? Die Kulturwissenschaftler Claus Leggewie und Harald Welzer sprechen vom »Ende der Welt, wie wir sie kannten«,[28] Rolf Peter Sieferle schreibt düster: »Wenn die Grenzen des solarenergetischen Systems nicht gesprengt worden wären, hätte man mit einem langwierigen Tauziehen um Macht und Ressourcen in einer Dramatik rechnen können, wie sie sich wohl erst gegen Ende des fossilen Energiesystems in einer überbevölkerten Welt einstellen wird.«[29]

Leistungen in der Geschichte[30]

Kerze (ab 1. Jahrtausend v. u. Z.):	5 W
Arbeitsleistung eines körperlich arbeitenden Menschen:	100 W
Römische Mühle, betrieben von einem Esel (um 100 v. u. Z.)	300 W
Arbeitspferd (1 PS)	735 W
Niederländische Tretmühle mit acht Mann (um 1500)	800 W
Fön (heute)	2000 W
Durchschnittlicher globaler Energieverbrauch pro Kopf (2008)	2360 W
Thomas Newcomens Dampfpumpe (1712)	3750 W
Reitpferd eines antiken Meldereiters im Galopp	7200 W
Große niederländische Windmühle (um 1750)	12000 W
Ford Modell T (1908)	15000 W
Griechisches Kriegsschiff mit 170 Ruderern (um 500 v. u. Z.)	20000 W

Römischer Barbegal-Wassermühlenkomplex aus 16 Einzelmühlen (um 350)	30 000 W
Antike Segelschiffe (um die Zeitenwende)	bis 90 000 W
T. A. Edisons erstes, dampfbetriebenes Kraftwerk (Pearl Street Station) (1882)	93 200 W
James Watts größte Dampfmaschine (um 1800)	100 000 W
Schiffe der spanischen und portugiesischen Entdecker (15. Jahrhundert)	bis 180 000 W
Porsche Cayenne II (Ottomotor) (2010)	368 000 W
Deutsches U-Boot im Ersten Weltkrieg (1916)	400 000 W
Größte East-Indiamen-Segelschiffe (um 1800)	500 000 W
V-2-Rakete (1944)	6 200 000 W
Natürliche Neubildung fossiler Energieträger	12 000 000 W
Titanic (1912)	37 000 000 W
Solarthermisches Kraftwerk Andasol 1 in Spanien (2008)	49 900 000 W
Boeing 747 (1969)	60 000 000 W
Marschleistung von Napoleons Armee beim Russlandfeldzug (1812)[31]	200 000 000 W
EPR-Atomreaktor in Olkiluoto, Finnland (ab ca. 2012)	1 600 000 000 W
Saturn-V-Mondrakete (1969)	2 600 000 000 W
Drei-Schluchten-Wasserkraftwerk, China (ab ca. 2013)	18 000 000 000 W
Welt-Primärenergieverbrauch laut IEA (2008)	16 000 000 000 000 W
Weltweite Energiefixierung durch Fotosynthese	110 000 000 000 000 W
Sonneneinstrahlung auf die Erde	180 000 000 000 000 000 W

Energie und Industrialisierung

Viele Ökonominnen und Ökonomen würden hier widersprechen: Nicht die billige Energie habe diese Entwicklungen ermöglicht, sondern die menschliche Innovationskraft. Die Frage, weshalb denn die westliche Kultur im 18. Jahrhundert so plötzlich innovativ geworden sei, wird – wenn überhaupt – in der Regel mit kulturhistorischen Sonderentwicklungen Europas erklärt, etwa mit der Geburt der Universität im europäischen Mittelalter und der darauf folgenden wissenschaftlichen Revolution oder mit der Mentalität des Protestantismus.

Ob es kulturelle oder materielle Faktoren waren, die die industrielle Revolution ermöglichten, ist wichtig im Hinblick auf die Frage, wie mit ökologischen Grenzen umzugehen ist. Denn während nicht erneuerbare Ressourcen wie Kohle oder Erdöl irgendwann aufgebraucht sein werden, hört die Innovationskraft nie auf. Wenn es die menschliche Kultur ist, die den Lauf der industrialisierten Wirtschaft nährt, dann ist es grundsätzlich möglich, Wirtschaftsleistung vom Ressourcenverbrauch zu entkoppeln, das heißt, immer mehr zu produzieren und dabei immer weniger zu verbrauchen.

Tatsächlich war die industrielle Revolution ein Zusammentreffen mehrerer günstiger ökonomischer, politischer, umweltbedingter und auch kultureller Faktoren, wie es in dieser Form nur in Europa und namentlich in England auftrat. Steinkohle wurde nicht nur in England, sondern beispielsweise auch in China verwendet, ohne dass dort die Dampfmaschine erfunden worden wäre.

Ähnliche Entwicklungen gab es mehrfach in der Geschichte, wenn günstige Faktoren zusammentrafen. Aber sie waren von begrenzter Dauer: Die wirtschaftliche Prosperität des europäischen 13. Jahrhunderts mit seinen Zentren in der Toskana, in Flandern und der Champagne mündete in das katastrophale 14. Jahrhundert. Und die Katastrophen des 14. Jahrhunderts waren teilweise durch die Entwicklungen im 13. Jahrhundert bedingt: So hatte die frühe Textilindustrie in der Toskana viele Arbeitskräfte aus der Landwirtschaft abgezogen, was diese gegen die Unwetter im frühen 14. Jahrhundert anfälliger machte; die Pest um die Jahrhundertmitte traf dann wiederum auf eine durch Hungersnöte bereits geschwächte Bevölkerung und wütete gerade in der Toskana besonders heftig.

Die Dampfmaschine löste die industrielle Revolution nicht aus: Diese begann in Englands Textilmanufakturen um 1760 mit handbetriebenen Spinn- und Webmaschinen. Schon bevor die Industrie die Dampfkraft zu nutzen begann, steigerten neue, handbetriebene Webrahmen im 18. Jahrhundert die Produktivität einer Arbeitskraft um das Achtfache. Erst 1785, mit James Watts neuer Dampfmaschine, fanden die Industrialisierung und die neue Energienutzung zueinander.[32] Und selbst die Mechanisierung der Industrie wäre nicht zwingend auf die Kohle angewiesen gewesen: Es gab – erneuerbare – Alternativen. Die Schweiz, mit Belgien das erste Land, das nach England von der industriellen Revolution erfasst wurde, betrieb ihre Maschinen mit Wasserkraft (die auch in England neben der Kohle immer genutzt wurde).

Die Industrialisierung wurde also nicht durch die Kohle ausgelöst – aber es waren die Kohle und später Erdöl und Erdgas, die sie mit billiger Energie nährten, die ihr Gesicht prägten, die die Industrialisierung seither antreiben, die die lange Periode der Prosperität ermöglichten und die schließlich auch in Ländern, die zunächst auf die Wasserkraft gesetzt hatten, zu den wichtigsten Energieträgern wurden. Die zeitliche und geografische Nähe der Zentren der frühen Industrialisierung zu den ersten Dampfpumpen in Steinkohlegruben war ein Zufall, aber ein für die weitere Entwicklung wichtiger Zufall.

Keine andere Energieform hätte so hohe Überschüsse und ein derartiges physisches Wirtschaftswachstum über so lange Zeit ermöglicht. Die Dampfmaschine hatte auch den Vorteil, eine verhältnismäßig primitive Technik zu sein, die sich nicht wie die Nutzung der Wasserkraft in ein gewachsenes System von Nutzungen und Wasserrechten einzufügen brauchte. Sie war, sobald die Eisenbahn Kohle billig transportieren konnte, standortunabhängig und setzte sich über die lokale Geschichte hinweg.[33] Die Orte der Energieanwendung mussten sich nicht mehr an den Orten der Energiegewinnung befinden: Neben der schieren Menge der neu verfügbaren, billigen Energie war dies das prägendste Strukturmerkmal des neuen Energiezeitalters.

Eine Industrialisierung auf Basis der Wasser- und Windkraft hätte eine andere Welt hervorgebracht, als wir sie heute kennen. Die Industrialisierung wäre rascher an ihre energetischen Grenzen gestoßen, es hätte vermutlich keine derartigen Konzentrationen wirtschaftlicher Macht in der Hand weniger Unternehmen gegeben, wie sie die Eisenbahn, das Erdöl und das Automobil hervorbrachten, und die Landwirtschaft hätte sich anders entwickelt.

Sklaverei

Auf hohe Energieüberschüsse war die industrielle Revolution schon angewiesen, als die Maschinen noch von Hand betrieben wurden. Diese kamen zunächst aus der Landwirtschaft. Hier hatte eine neue Feldfrucht aus Amerika – bekannt seit 1600, aber erst seit dem 18. Jahrhundert in großem Stil in Europa angebaut – eine enorme Steigerung der Erträge gebracht: die Kartoffel (im südlichen Europa spielte der Mais dieselbe Rolle). Adam Smith, der die Bedeutung der Kohlenutzung noch nicht erkannte, hat auf die gesteigerte Produktivität der Landwirtschaft als Grundlage der Industrialisierung hingewiesen.[34]

Irland setzte am konsequentesten auf die Kartoffel, vermochte damit seine Bevölkerung von einer halben Million um 1660 bis auf fast neun Millionen in der Mitte des 19. Jahrhunderts zu steigern – doppelt so viele als heute – und baute neben der Kartoffel für den Eigengebrauch Weizen zum Export nach England an. Diese energetische Monokultur sollte sich bitter rächen: Als 1845 bis 1849 die Kartoffelfäule große Teile der Ernte vernichtete, verhungerte über eine Million Iren, eine weitere Million wanderte aus.[35]

Der Rohstoff der Baumwollindustrie wurde mit menschlicher Arbeitskraft produziert, aber in einem System der »optimierten« Ausbeutung dieser Arbeitskraft: auf den Sklavenplantagen der Neuen Welt. Die Verschleppung von Millionen afrikanischer Sklaven[36] wiederum wäre nicht möglich gewesen ohne die verbesserte Nutzung der Windkraft dank Fortschritten in der Schiffbautechnik. Man könnte sich denken, dass die billige Energie aus der Kohle der Sklaverei ein Ende bereitet hätte, weil die Arbeitskraft der Sklaven einfach zu teuer geworden wäre. Tatsächlich versuchte der Historiker Eric Williams 1943 zu zeigen, dass sich die Sklaverei im 19. Jahrhundert ökonomisch überlebt hatte. Diese Meinung gilt heute aber als überholt: Die Sklaverei wurde abgeschafft, als sie noch ausgesprochen rentierte, und es war die Industrialisierung der Baumwollindustrie, die dieser einen Boom bescherte[37], indem sie die Nachfrage nach – von Sklaven produzierter – Baumwolle explodieren ließ.[38] Dies ist eines von vielen Beispielen, wo eine neue Energieform (die Dampfkraft) eine alte (Sklavenarbeit) nicht obsolet machte, sondern ihr noch weitere Bedeutung verlieh. James Watt, der Konstrukteur der ersten Dampfmaschine, die in Textilfabriken eingesetzt werden konnte, war im Sklavenhandel engagiert; die Gewinne daraus ermöglichten es ihm, seine Dampfmaschine in die Praxis umzusetzen.

Der dank der Kohle mögliche Wirtschaftsaufschwung dürfte aber die Abschaffung der Sklaverei doch begünstigt haben. Der Widerspruch zwischen egalitärer Philosophie und dem Elend der Sklaven konnte auf die Dauer nicht aufrechterhalten werden; die Abolition war eine Folge geänderter ideologischer Verhältnisse, des Erfolgs von Liberalismus und Egalitarismus; und die auf der Ausbeutung fossiler Energie statt menschlicher Zwangsarbeit gegründeten Volkswirtschaften erwiesen sich als politisch und militärisch stärker: Großbritannien unterdrückte zuerst den Sklavenhandel auf den Weltmeeren militärisch, in den USA siegten die industrialisierten Nordstaaten über die Sklavenhaltergesellschaften des Südens im Sezessionskrieg (1861–1865).

Erdöl, Wasserkraft, Elektrizität

Als die Industrialisierung einen gewissen Punkt erreicht hatte, genügte menschliche Arbeitskraft nicht mehr, um die Produktivität weiter zu steigern. Nun kam die Dampfkraft zum Zug: Die ersten, noch primitiven Dampfmaschinen erzielten eine Produktivtätssteigerung der Arbeitskraft eines Textilarbeiters um das Hundertfache.[39] Daneben existierten aber andere Energienutzungen fort; die Dampfkraft und die Steinkohle dominierten keineswegs überall. Die Wasserkraft habe ich in Bezug auf die Schweiz schon erwähnt; hier lieferten vorerst kleinere Flüsse wie Linth und Limmat, Töss oder Glatt ausreichend Energie. Mit dem forcierten Bau von Wasserkraftwerken begann die Schweiz im Ersten Weltkrieg, in der Zwischenkriegszeit und nach dem Zweiten Weltkrieg erreichte er seinen Höhepunkt. Ebenfalls auf die Wasserkraft verließ sich Japan, das seine Wirtschaft im späten 19. Jahrhundert industrialisierte. Mit der Übernutzung seiner Wälder hatte Japan bereits in der frühen Neuzeit traumatische Erfahrungen gemacht, zu Kohle hatte es kaum Zugang.[40]

Die (spät industrialisierten) Niederlande ersetzten ihre Windmühlen zur Entwässerung der Polder erst in der zweiten Hälfte des 19. Jahrhunderts durch Dampfpumpen. Sie taten das nicht, weil die Dampfpumpen leistungsfähiger gewesen wären, sondern weil sie zuverlässiger – nämlich auch bei Flaute – arbeiteten.[41] Und schließlich war in einigen

Gegenden, beispielsweise in Nordamerika, Holz respektive Holzkohle der wichtigste Energieträger der Industrialisierung. Diese Alternative freilich konnte nirgends lange durchgehalten werden, da die Wälder schnell abgeholzt waren.

Den weltweiten Durchbruch der fossilen Energieträger brachten neben der Metallurgie neue Transporttechniken. Im 19. Jahrhundert war das die Eisenbahn, im 20. Jahrhundert steigerten das Auto – und im Ersten Weltkrieg das Kriegsgerät Flugzeug – die Nutzung eines neuen fossilen Energieträgers: Erdöl.

Erdöl wurde 1859 erstmals kommerziell abgebaut. Die Erdölfelder boten eine neue, noch bessere Energiequelle; dass Erdöl flüssig ist, brachte große Vorteile für Transport und Anwendung, und die Energiedichte des Erdöls ist noch höher als in der Kohle. Erdöl ermöglichte leichtere Fahrzeuge und machte Flugzeuge erst möglich, da beim Verbrennungsmotor der Zwischenschritt der Dampfproduktion wegfiel. Die Logik der Nutzung des Erdöls (und später des Erdgases) ist dieselbe wie bei der Kohle, ja sie wurde nun noch gesteigert: Erdöl konnte noch billiger als Kohle transportiert werden, Energiegewinnung und -anwendung ließen sich folglich noch mehr räumlich trennen.

Die Erdöl- und Erdgasinfrastrukturen schufen allerdings stärkere Pfadabhängigkeiten als die der Kohle: Braucht man keine Kohle mehr, kann man die Eisenbahnen, die die Kohle transportierten, auch für anderes nutzen. Pipelines aber lassen sich kaum umnutzen (einzig Erdgaspipelines kann man auch für den Transport anderer Gase nutzen); sind sie einmal erstellt, üben sie mithin einen gewissen Zwang aus, sie auch zu nutzen und zu amortisieren. Die Transportsysteme, von der Förderung über die Raffinerien zu den Verbrauchern, bedingen derart große, weiträumige Infrastrukturen, dass die Erdölwirtschaft zwangsläufig zu gigantischen und ungeheuer mächtigen Konzernen führen musste – und zu geopolitischen Spannungen bis hin zu Kriegen. Ich komme in Kapitel 5 darauf zurück.

Eine wirkliche Neuerung der Energienutzung brachte im späten 19. Jahrhundert die Elektrizität. Die Schattenseiten der Kohlennutzung waren den Menschen nicht verborgen geblieben. Kohle ist dreckig und verbrennt dreckig; Kohlestaub und Ruß schwärzten die Städte. Kohle begünstigte das Große, Schwere, Laute von der Fabrik bis zur Eisenbahn; es ging die Rede um vom »Dampfmaschinenkapitalismus«.

Demgegenüber stand die neue Energieform für das Leichte, Saubere, Helle: die Elektrizität. Das Helle und Saubere: Bis um 1900 war die Beleuchtung die weitaus wichtigste Anwendung der Elektrizität (Licht, Aufklärung, *les Lumières:* welche Symbolik! – die von der Werbung in pathetischen Bildern genutzt wurde).[42] Das Leichte: Die erste Anwendung elektrischer Energie in der Industrie war, wie seinerzeit bei der Kohle, die Metallurgie. Während aber mit Kohle schweres Eisen verhüttet wurde, produzierte man mit Strom leichtes Aluminium.

Eine neue Energiequelle erschloss die Elektrizität vorerst nicht: Strom wurde mit den bekannten Energiequellen Dampf- und Wasserkraft erzeugt. Vor allem der Wasserkraft ermöglichte elektrischer Strom freilich ganz neue Nutzungsmöglichkeiten, denn Wasserkraft war bisher eine ortsgebundene Energiequelle und nur sehr begrenzt (und nur in eine Richtung, nämlich bergabwärts) transportierbar.[43]

Elektrizität konnte Energie nun überallhin bringen, ermöglichte auch sehr kleine Anwendungen ohne Emissionen und war somit namentlich für Haushalte geeignet. Bisher war die Dampf- oder Wasserkraft dort eingesetzt worden, wo sehr große Energien benötigt wurden. Die Tendenz zu immer kleineren Anwendungen, die bis heute andauert – von der Eisenbahn zu Individualfahrzeugen, von der Wäscherei zur Waschmaschine, vom Großrechner zum Personal Computer und den zahllosen Verwendungen von Mikroprozessoren in den verschiedensten Geräten – ging Hand in Hand mit der Tendenz zu immer mehr Verbrauch im Großen.

Mit der Elektrizität, mit Unterputzleitungen wurde Energie unsichtbar; diese Unsichtbarkeit der Elektrizität »galt als ihr größter Vorteil«[44] – eine Eigenschaft, die später im Sponti-Spruch »Bei mir kommt der Strom aus der Steckdose!« ironisiert wurde.

Die Charakteristika des neuen Energieträgers weckten Hoffnungen und Träume. Schon damals erhofften viele vom Strom die Befreiung von den fossilen Energieträgern (das heißt von der Kohle) mit ihrer Ver-

Die Göttin bringt Licht als Symbol der neuen Zeit. Werbeplakat der Allgemeinen Electricitäts-Gesellschaft AEG, Lithografie von Louis Schmidt, 1888. Courtesy Deutsches Historisches Museum Berlin / Sammlung Sachs.

schmutzung und ihrer Tendenz zur Zentralisierung der ökonomischen Macht, zum »Dampfmaschinenkapitalismus«. Modernisierungskritische Sozialreformer versprachen sich von der Elektrizität eine »Dezentralisierung des Lebens«, die »unsere Kultur erneuern und sie aus den Treibhäusern der Großstadt holen [wird], wo sie nur einen oberflächlichen Glanz erhält, und ihr die Möglichkeit geben, ihre natürlichen Wurzeln in der Realität wiederzufinden«.[45]

Auch Russlands Revolutionäre sahen in der Kohle das Signum der alten, in der Elektrizität das der neuen Zeit. Kleingewerbliche Kritik am »Dampfmaschinenkapitalismus« freilich war Lenins Sache nicht; seine Gleichung »Kommunismus ist Sowjetmacht plus Elektrifizierung« zielte auf das Große. Lenins energiepolitischer Berater Kryschanowski sagte, der Dampf verkörpere das Zeitalter des Kapitalismus, die Elektrizität das Zeitalter des Sozialismus; das »Zeitalter der Ausnutzung der inneren Energie des Atoms« würde das Zeitalter des Kommunismus sein.[46]

Das Potenzial, die Energieversorgung sauber und dezentral zu bewerkstelligen, hätte die Elektrizität wohl gehabt und hat sie heute noch,[47] allein die Entwicklung ging eher in die von Kryschanowski skizzierte Richtung. Zwar blieb der Kommunismus aus; die Großtechnik aber kam. Nicht nur die Atomkraftwerke, auch die Monsterwerke der Wasserkraft waren und sind Symbole der Macht und Denkmale der Technikgläubigkeit – mit ganz unterschiedlichem ideologischem Hintergrund: Im Tennessee Valley symbolisierten die Wasserkraftanlagen den kraftvollen Wiederaufstieg der amerikanischen Wirtschaft aus der Großen Depression. Der Assuan-Staudamm sollte ebenso die Macht eines Drittweltlandes demonstrieren, wie der Damm von Cahora Bassa eine Machtdemonstration von Kolonialherren war und China in jüngster Zeit mit dem Drei-Schluchten-Damm, der leistungsstärksten Kraftwerkanlage der Welt, seinen Anspruch als Wirtschafts- und Technikgroßmacht unterstreicht.[48]

Der Ausbau der einst nur dezentral nutzbaren Wasserkraft folgt bis heute zumindest teilweise denselben Mustern wie die Nutzung der fossilen Energien oder der Atomkraft, und Stauanlagen gehören zu den Bauwerken mit den größten lokalen und regionalen Umweltauswirkungen – ein Umstand, der von der Kritik an der »atomar-fossilen Energiewirtschaft« oft übersehen wird.

Träume, wie sie die Elektrizität auslöste, hatten den Anbruch des Kohlezeitalters noch nicht begleitet, denn was für eine Bedeutung die Kohle erlangen würde, hatten die Zeitgenossen nicht ahnen können. Jetzt dagegen kannte man die Vorzüge billiger Energie. Als dann nach dem Zweiten Weltkrieg die nächste große, ganz neue Energiequelle erschlossen wurde, die Atomkraft, löste dies wiederum Hoffnungen aus – bereits im Voraus, wie das Kryschanowski-Zitat belegt –, nun waren aber von Anfang an auch Ängste damit verbunden. Es waren noch nicht so sehr Ängste vor der Schädlichkeit radioaktiver Strahlung – darüber wusste man kaum etwas – als Ängste vor »zu viel« Energie.

Thomas Alva Edison baute 1882 in New York ein erstes Gesamtsystem von Stromerzeugung und Stromleitungen auf (die Pearl Street Station). Edison setzte auf Gleichstrom, der beim damaligen Stand der Technik den Stromtransport nur über ein paar hundert Meter erlaubte. 1891 gelang mit Wechselstrom die erste Langstreckenübertragung mit vertretbaren Verlusten, von einem Kraftwerk in Lauffen am Neckar über 175 Kilometer bis Frankfurt am Main.

Nachdem die Würfel für den Aufbau eines Wechselstromnetzes gefallen waren – ein weitreichender Entscheid für eine großräumige statt einer kleinräumigen dezentralisierten Stromversorgung[49] –, kam es im ersten Jahrzehnt des 20. Jahrhunderts noch zu zwei Weichenstellungen, von denen in Kapitel 3 und 4 die Rede sein wird: die Massenmotorisierung mit dem Verbrennungsmotor und die (energieintensive) Ammoniaksynthese, die als Basis der Kunstdüngerproduktion die Landwirtschaft revolutionieren sollte. Damit war der Weg in die heutige Gesellschaft in energetischer Hinsicht am Vorabend des Ersten Weltkriegs im Wesentlichen eingeschlagen, auch wenn die großen Exzesse des Energieverbrauchs in die zweite Hälfte des 20. Jahrhunderts gehören. Die weiteren großen Neuerungen fügten sich in die nun vorgezeichneten Strukturen ein: die Fliegerei (und die Massenfliegerei mit dem Aufkommen der Billig-Airlines im späten 20. Jahrhundert), die immensen Erdölfunde, vor allem im Nahen Osten um die Jahrhundertmitte, die Nutzung der Atomkraft, der Container und die Revolutionierung des Schiffstransports ab den späten 1950er-Jahren, die Miniaturisierung mit dem Vordringen von Energieanwendungen in sämtliche Lebensbereiche. Erst das zaghafte Aufkommen der »neuen« erneuerbaren Energien und neue Ansätze dezentralisierter Energieversorgung könnten den Beginn einer wirklichen strukturellen Neuerung darstellen.

Am Ende des Zeitalters

Heute, 300 Jahre nach Newcomens Erfindung, geht es darum, wie die Menschheit den Ausstieg aus dem Zeitalter der billigen Energie schafft, bevor diese Energieträger zu knapp werden, bevor ihre Verbrennung das Erdklima allzu sehr aufgeheizt hat. Können wir auf die menschliche Innovationskraft hoffen – auf neue Techniken, die neue (und alte) Energiequellen effizienter erschließen?

Scheich Ahmed Zaki Yamani, dem mächtigen saudiarabischen Erdölminister der Jahre 1962 bis 1986, wird der Spruch zugeschrieben, den Umweltoptimisten heute gerne zitieren: »Die Steinzeit ging nicht zu Ende, weil die Steine ausgingen, und das Erdölzeitalter wird nicht zu

Ende gehen, weil das Erdöl aufgebraucht ist.« Werden wir nicht einfach etwas Besseres als Erdöl finden?

Scheich Yamanis Spruch ist eingängig, aber seine Botschaft ist dreifach falsch: Erstens hatten die Steine keine Lobby – es gab keine übermächtige Steinindustrie in der Steinzeit, wie es die Erdölindustrie in der Gegenwart ist, und keine Regierungen, die sich von einer Steinindustrie hätten korrumpieren lassen können. Zweitens fanden die Menschen am Ausgang der Steinzeit in den Metallen Materialien, die sich zur Werkzeugherstellung besser eigneten als Stein. Einen besseren Energieträger als Erdöl, bezogen auf seine Energiedichte, seine Transportierbarkeit und die extrem tiefen Kosten seiner Produktion, gibt es aber nicht.[50] Und, vielleicht am wichtigsten, drittens: Der heutige Verbrauch an Steinen ist, pro Kopf, unermesslich viel größer als in der Steinzeit. Selbst wenn es etwas Neues, Besseres gibt, heißt das noch lange nicht, dass es das Alte ablöst.

Das Verbrennen des fossilen Kohlenstoffs hat Errungenschaften ermöglicht, die zu den edelsten der Menschheit gehören, und man kann sich eine Welt zumindest vorstellen, in der die fossilen Energieträger ein Segen geblieben wären – eine Welt, die diesen Reichtum so genutzt hätte, dass die Vorteile seiner Nutzung dessen Nachteile überwogen hätten. Es wäre vielleicht eine Welt, in der die fossile Energie billig, aber nicht ganz so billig wäre wie in der realen Welt, sodass sich aus ihrer Nutzung nicht die Exzesse ergeben hätten, die heute Umwelt und Zivilisation bedrohen. Es wäre vielleicht eine Welt, in der die Vorräte fossiler Energieträger früher zur Neige gegangen wären – spät genug, um historische Entwicklungen zu ermöglichen und zu erleichtern, auf die wir heute nicht verzichten wollten, aber früh genug, um die Suchtstrukturen unserer heutigen Gesellschaft und Wirtschaft gegenüber Öl, Kohle und Gas zu vermeiden. Oder es wäre eine Welt mit anderen institutionellen Strukturen, einem anderen Ethos, anderen Mentalitäten, in der sich eine Kultur der ökonomischen, ökologischen und politischen Nutzungsintelligenz entwickelt hätte.

Nun müssen wir die Nutzung der Rohstoffe aufgeben, die die vergangenen zweihundert Jahre auf beispiellose Weise geprägt haben.

Das heißt natürlich nicht, dass die Entwicklung der Menschheit auf den Stand von 1800 zurückgeworfen würde, als das Zeitalter der Fossilenergien wirksam zu werden begann: Das Wissen und Können, das seither – auch dank den Entwicklungen, die die billige Energie ermöglicht hat – geschaffen wurde und das hilft, vielen Menschen ein gutes Leben zu ermöglichen, ist enorm. Vieles von diesem Wissen und Können wird zwar in Zukunft obsolet sein. Kaum sonstwo fließt beispielsweise so viel privates Forschungs- und Entwicklungsgeld wie in der Automobilindustrie:[51] weitgehend nutzloses Wissen in einer Welt nach dem Erdöl. Doch auch so bleibt noch viel Wissen und Können mit dem Potenzial, eine Welt mit höherer Lebensqualität zu schaffen – wenn man Lebensqualität nicht nur mit materiellem Wohlstand gleichsetzt.

Andererseits hat sich seit 1800 die Weltbevölkerung versechsfacht und die materiellen Ansprüche der Menschen an ein »gutes Leben« sind auf ein mitunter absurdes Niveau gestiegen, während sich der Zustand der natürlichen Ressourcen – nicht nur der fossilen Energieträger – dramatisch verschlechtert hat. Es haben sich starke Mächte gebildet, die den Status quo verteidigen und alles daran setzen zu verhindern, dass die Lösungspotenziale genutzt werden. Und wie eine Wirtschaft, die nicht mehr dank steigendem Ressourcenverbrauch stetig wächst, in einer industrialisierten Welt funktionieren kann, weiß bis heute niemand.

Wie positiv oder negativ die Gesamtbilanz ausfällt, wird jeder nach persönlichen Präferenzen beurteilen. Sicher ist, dass die großtechnische, hauptsächlich auf fossilen Energieträgern beruhende Energieversorgung tiefe Spuren gegraben hat, in denen unsere Wirtschaft und Gesellschaft sich bewegen; es wird schwierig sein, sie zu verlassen. Ich will diese Spuren im Folgenden vor allem in den Bereichen Ernährung, Mobilität und industrielle Produktion näher betrachten.

2 Entwicklung

Die Indianerkultur, wie wir sie aus den Wildwestfilmen kennen, ist das Resultat einer Energierevolution: Die Übernahme des Pferdes durch die Prärieindianer veränderte deren Kultur tief greifend. Karl Bodmer: Indianische Bisonjagd, 1839.

Der Ausstieg aus der fossilen (und atomaren) Energie wird nicht leicht. Heißt das, dass wir zurück müssen, dorthin, wo wir vor der Erfindung der Dampfmaschine standen?

Das heißt es natürlich nicht. Wir hätten heute dank technischen Fortschritten auch ohne Öl, Kohle, Gas und Atomspaltung viel mehr Energie zur Verfügung als je in vorindustrieller Zeit, und wir könnten sie effizienter nutzen. Es geht nicht darum, in irgendeine Vergangenheit zurückzukehren, auch wenn gewisse Entwicklungen, die sich als Fehlentwicklungen herausgestellt haben, rückgängig gemacht werden müssen. Wenn man nur von mehr oder weniger Energieverbrauch spricht und das mit einem Vorwärts oder Rückwärts in der Geschichte gleichsetzt, huldigt man einem linearen Geschichtsmodell, das nur eine mögliche Entwicklung kennt. Aber Geschichte verläuft nicht wie auf einer Schiene, wo es nur zwei Richtungen gibt.

Es geht nicht einfach darum, gewisse Energiequellen durch andere zu ersetzen: Es müsste vielmehr darum gehen zu fragen, was für Energie wir wollen, wie viel davon, wie wir sie nutzen sollen – und was wir dabei gewinnen könnten.

Indianer

Eine bemerkenswerte Energierevolution ereignete sich im 18. Jahrhundert in den abgelegenen Prärien Nordamerikas. Ein neuer Energiekonverter brachte den Indianerinnen und Indianern, die dort lebten, großen technischen Fortschritt. Es war ein einmaliges soziales Großexperiment.

Wenn ich »Indianer« schreibe, dürften alle Leserinnen und Leser damit ein Bild verbinden. Bei den meisten dürfte dieses Bild ungefähr die folgenden Elemente umfassen: Federschmuck für Häuptlinge (als Zeichen einer hierarchischen Gesellschaft); Kriegsbemalung, Tomahawk und Marterpfahl (als Zeichen einer kriegerischen Kultur); Tipi (die Behausung von Nomaden); und manche denken vielleicht an die Western-Parodie *Little Big Man,* in der Dustin Hoffman von drei Squaws genötigt wird, sie in derselben Nacht zu schwängern, was ihn an den Rand seiner Kräfte (um nicht zu sagen: seiner Energie) bringt. Und natürlich denkt man an das Pferd und die Bisonjagd.

Diese Kultur der Prärieindianer des 19. Jahrhunderts, wie man sie aus Wildwestfilmen und -romanen kennt, ist das Resultat einer Energierevolution. Im 17. und 18. Jahrhundert begannen die Sioux, die Cheyenne und andere Indianerstämme, die am Rande der unbewohnten Great Plains lebten, das Pferd zu nutzen, das sie von den spanischen Siedlern übernommen hatten. Vor der Ankunft der Europäer hatten sie sesshaft gelebt und weder Zug- noch Reittiere gekannt. Sie trieben Gartenbau und jagten vornehmlich kleinere Tiere und gelegentlich einen Bison. Die Kulturen waren friedlich, kannten flache Hierarchien und einigermaßen ausgeglichene Machtverhältnisse zwischen den Geschlechtern. Sie lebten monogam.[1]

Technisch betrachtet, war das Pferd ein großer Fortschritt: Es erbrachte etwa die siebenfache Leistung eines Menschen[2] und nutzte dazu die für die Menschen sonst wertlose Energie des Grases, die es in Bewegungsenergie umwandelte, die wiederum eingesetzt wurde, um hochwertige Nahrungsenergie in Form von Fleisch zu gewinnen – denn das Pferd diente vornehmlich der Jagd. Ökologisch war das unproblematisch: Es gab genug Gras, die Plains, für unberittene Menschen eine abweisende Gegend, waren unbewohnt und die Bisonbestände gerieten erst unter Druck, als die weißen Siedler im 19. Jahrhundert begannen, sie massenhaft abzuschlachten – nicht nur wegen des Fleisches und der Felle, sondern auch als Mittel des Genozids: um den Indianern die Lebensgrundlage zu entziehen.

Was aber bewirkte diese ökologisch unproblematische, »saubere« Energienutzung? Das Jagen wurde viel leichter. War Jagen zuvor ein Gemeinschaftsunternehmen (man kreiste einen Bison ein und trieb ihn über eine Felsklippe), konnte nun ein einzelner Jäger bis zu fünf Bisons auf einem Jagdzug erbeuten. Das Pferd wurde zu einem Machtsymbol; mit einem Pferd, das nur ein bisschen schneller war, war man den anderen deutlich überlegen. Die Hierarchien wurden steiler, Pferderaub wurde zu einem prestigeträchtigen Unternehmen: »Das Pferd veränderte das Ideal des Mannes: weg vom stoischen, geduldigen und geschickten Jäger, der mit dem Langbogen und zu Fuß jagte, hin zum tollkühnen Reiter, der die Lanze schwingt, um seine Beute zu erlegen.«[3] Das Verhältnis zwischen den Geschlechtern änderte sich dramatisch: Schon zuvor waren Männer- und Frauentätigkeiten ziemlich strikt getrennt, aber ungefähr gleichmäßig aufgeteilt. Das Pferd machte nun das Jagen, eine Männersache, viel effizienter. Mit weniger Aufwand konnten die Männer nun viel mehr Beute erlegen. Die Frauen dagegen hatten plötzlich viel mehr Arbeit: Ihnen oblag die Verarbeitung der Jagdbeute – die Zubereitung und Konservierung des Fleisches, das Gerben der Felle und so weiter – und die Pflege der Pferde. Die Energierevolution vollzog sich zu schnell, als dass die Geschlechterrollen ein neues Gleichgewicht hätten finden können. Erfolgreiche Jäger brauchten nun zur Verarbeitung ihrer Beute mehrere Frauen: Polygamie und Frauenraub kamen auf.[4]

Diesel für Gleichheit

Szenenwechsel: nach Westafrika, in die Gegenwart. Mali ist eines der ärmsten Länder der Welt. Zwei Drittel der Bevölkerung haben keinen Zugang zu zentralen gesellschaftlichen Diensten wie Ausbildung, medizinischer Versorgung oder Trinkwasser, ein Drittel lebt in »extremer Armut« nach Uno-Definition.[5] Besonders schwer ist die Armut in ländlichen Gegenden, wo 88 Prozent der Bevölkerung Malis leben. Devisen erwirtschaftet das Land vor allem mit dem Export von Baumwolle, deren volatile Preise auf dem Weltmarkt die malische Volkswirtschaft verletzlich machen.

Mali produziert seinen Strom selber, doch existiert ein Stromnetz praktisch nur in den Städten. Zwischen 90 und 95 Prozent der Bevölkerung haben keinen Zugang zu Elektrizität. Um Brennholz zum Kochen zu gewinnen, zerstören die Menschen die Baumbestände. Erosion und Wüstenbildung sind die Folge.

1997 lancierte das Entwicklungsprogramm der Vereinten Nationen UNDP zusammen mit der malischen Regierung ein Energieprojekt. Das Projekt verteilt Dieselmotoren mit Zubehör wie Mühlen, Ölpressen, Batterieladegeräten, kleinen Stromgeneratoren oder Wasserpumpen. Abnehmerinnen sind Frauenvereinigungen, die sich die Module ihrer Energieplattform selber zusammenstellen, dafür einen reduzierten Kaufpreis zahlen und die Betriebskosten tragen. Für die Benutzung verlangen die Vereinigungen von den Dorfbewohnerinnen eine kleine Gebühr. Bis März 2004 waren in ganz Mali 400 solcher Plattformen installiert; 80000 Frauen nutzten sie. Die gesamten Projektkosten betrugen zehn Millionen Dollar.

Laut der Projektevaluation haben vor allem Frauen und Mädchen, aber auch Jungen in verschiedener Hinsicht profitiert. Durchschnittlich sparten die befragten Frauen dank der Dieselplattformen zweieinhalb Stunden Hausarbeit pro Tag. Die gesparte Zeit konnten sie für unternehmerische Aktivitäten, zur Kinderbetreuung und zur Gesundheitspflege einsetzen. Dadurch stieg das Einkommen der beteiligten Frauen um durchschnittlich 68 Dollar pro Jahr – bei einem Durchschnittseinkommen von 122 Dollar ein beträchtliches Plus. Weil im ländlichen Mali vor allem die Mädchen den Müttern bei der Hausarbeit helfen müssen, wurden auch diese entlastet. Das Geschlechterverhältnis der Schüler verbesserte sich zugunsten der Mädchen (die aber immer noch in der Minderzahl blieben). Besonders deutlich fiel dieses Resultat im Dorf Balanfina aus, das als einziges eine Wasserpumpe installiert hatte: Wasserholen ist eine typische Mädchenaufgabe. Die Zahl der Schulabbrüche sank bei beiden Geschlechtern.

Man kann sich fragen, ob es sinnvoll war, auf Diesel zu setzen, das diese Energieplattformen von der Weltmarktlage für Erdöl abhängig macht. Aber die Dieselplattformen lassen sich auch durch lokal produziertes Pflanzenöl betreiben. Mit dem Mali Folkecenter, einem Ableger des Nordisk Folkecenter for Vedvarende Energi in Dänemark, existiert in Mali seit 2000 eine private, von der Regierung unterstützte Initiative, die auf Solaranlagen und lokal produziertes Pflanzenöl setzt.

Weltweit haben 1,5 Milliarden Menschen keinen Zugang zu Elektrizität[6] und 3 Milliarden keinen Zugang zu sauberen Brennstoffen. Die Innenraum-Luftverschmutzung, die beim Verbrennen minderwertiger Brennstoffe (feuchtes Holz, Stroh, Dung...) in schlechten Öfen entsteht, verursacht jährlich weltweit 1,6 Millionen vorzeitige Todesfälle,[7] mehr als Malaria (1,2 Millionen Todesfälle). Schon eine geringfügig verbesserte Energieversorgung kann für diese Menschen eine große Verbesserung ihrer Lebenssituation bedeuten, wenn die Energieversorgung in einem gesellschaftlich »nachhaltigen« Rahmen stattfindet. Eine solche Verbesserung wäre schon zu relativ geringen Kosten für alle zu haben: Ungefähr ein Prozent aller Investitionen im Energiebereich bis 2030 wären laut dem Uno-Energiefachmann Minoru Takada[8] nötig, um allen Menschen eine Energiegrundversorgung zu gewährleisten. Dabei würden 220 Megatonnen CO_2 pro Jahr zusätzlich freigesetzt – 3 Prozent der globalen Emissionen. »Es gibt keinen technischen, ökonomischen oder ökologischen Grund«, schrieb Ivan Illich schon vor 35 Jahren, »warum wir uns irgendwo auf der Welt mit einer solchen Rückständigkeit abfinden sollten.«[9] Für das CO_2-Problem ist nicht eine zu große Zahl Menschen verantwortlich, sondern der hohe Ausstoß des reicheren Teils der Weltbevölkerung.

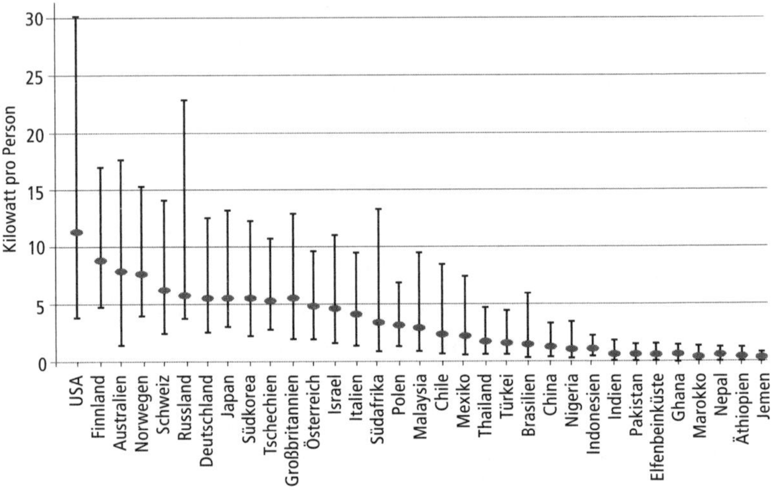

Die Grafik zeigt die Verteilung des Pro-Kopf-Energiekonsums in Watt im Jahr 2000. Die runden Punkte zeigen den Durchschnitt des jeweiligen Landes an, das obere respektive untere Ende des Balkens zeigt an, wie viel Energie das reichste respektive ärmste Zehntel der Bevölkerung dieses Landes verbraucht. Der globale Durchschnitt liegt bei 2300 Watt. Grafik nach Daniel Spreng, ETH Zürich.

Kein Zugang zu sauberen Energiequellen und kein Zugang zu Elektrizität sind wichtige Armutsursachen, und mehr Energie bringt den Ärmsten die Möglichkeit eines besseren Lebens. Aber gibt es auch ein Zuviel, und wenn ja: wo liegt die Schwelle?[10]

Es ist eine der meist unausgesprochenen Prämissen der Energiedebatte, dass die Energieprobleme von der Energiebereitstellung herrühren: Der Zugriff auf die Energierohstoffe führt zu Kriegen, ihre Gewinnung schädigt die lokale Umwelt und die Gesundheit der Minenarbeiter, ihr Transport verseucht Land und Meere, die Verbrennung von Brennstoffen verschmutzt die Luft und heizt den Treibhauseffekt an, die Spaltung der Atomkerne ist gefährlich, hinterlässt gefährliche Abfälle und kann zu militärischen Zwecken missbraucht werden. Die Energieanwendungen dagegen sind kaum je Teil der Debatte: Wäre es möglich, ausreichend Energie zu tragbaren Kosten »sauber« bereitzustellen – einige erhoffen sich das von der Sonnenenergie, andere von der Kernfusion,[11] wieder andere vielleicht von noch nicht entdeckten Energiequellen –, gäbe es kein Energieproblem.

Aber stimmt das? Kann man die Energieanwendung einfach ausblenden, ist sie tatsächlich unproblematisch, sozial wie ökologisch neutral? Die Antwort ist natürlich Nein, und der Grund dafür ist trivial: Energie wird eingesetzt, um physisch etwas zu tun, und das ist ökologisch wie sozial nie neutral. Etwas plakativ ausgedrückt: Auch ein mit Solarstrom betriebenes Auto tötet das Kind, das es überfährt. Es gibt auch ein Zuviel der Energie ganz unabhängig von der Frage, wie »dreckig« oder »sauber« sie bereitgestellt wird, und ich zweifle, ob wir uns ein Energiefüllhorn wünschen sollten.

Wie Energie sich gesellschaftlich, ökologisch und politisch auswirkt, ist kaum in Zahlen zu fassen. Was man mit Energie tut, kann »gut« sein: Energie hilft den Malierinnen zu mehr Geschlechtergerechtigkeit. Energie kann Menschen aus tiefer Armut befreien. Energie kann auch helfen, ökologische Schäden aus der Energiebereitstellung zu beheben. Und was man mit Energie tut, kann »schlecht« sein: Energie hat den Prärieindianerinnen ein machistisches Patriarchat beschert. Die erste technische Umwandlung von Wärme in Bewegungsenergie war nicht die Dampfmaschine, sondern die Feuerwaffe. Der elektrische Stuhl gehörte zu den frühen Anwendungen der Elektrizität. Die erste Anwendung der Kernspaltung war die Atombombe; die bislang einzige (glücklicherweise erst testweise erfolgte) Anwendung der Kernfusion ist die Wasserstoffbombe.

Energie wird vor allem eingesetzt, um Material von einem Ort an einen anderen zu verschieben: Das ist ökologisch immer relevant. Die Eingriffe des Menschen in die Erdkruste, die Atmosphäre und die Meere sind derart umfassend, dass der Chemienobelpreisträger Paul Crutzen vorgeschlagen hat, ein eigenes Erdzeitalter namens Anthropozän zu definieren.[12] Es würde das Holozän ablösen, das somit 12 000 Jahre gedauert hätte.

Und Energie wird eingesetzt, um Menschen von einem Ort an einen anderen zu verschieben: Das ist sozial immer relevant. Energie gräbt Tunnels, baut Brücken – und errichtet Mauern. Verkehr ist der Zwilling der Energieanwendung.

Energieanwendung beschleunigt die Fortbewegung, den sozialen Wandel und den Alltag. Die Beschleunigung sozialen Wandels ist wiederum ambivalent. Eines der ambitioniertesten Projekte der »sauberen« Energiebereitstellung heißt Desertec: Ein Konsortium aus vor allem deutschen Unternehmen plant riesige solarthermische Kraftwerke in Nordafrika, die ihren Strom über neu zu bauende Leitungen nach Europa liefern sollen. Wird Desertec Realität, so bietet das den Saharaländern, die praktisch über Nacht eine neue, exportierbare Ressource anzubieten hätten, eine unerhörte wirtschaftliche Chance. Dutzende Millionen könnten der Armut entfliehen. Aber ist die Plötzlichkeit des Reichtums sozial verträglich? Gerade in Afrika geht Rohstoffreichtum in vielen Staaten oder Regionen mit Elend und Krieg einher: in der bodenschatzreichen Demokratischen Republik Kongo, in den diamanten- und tropenholzreichen Nachbarländern Sierra Leone und Liberia, in den erdölreichen Staaten Sudan, Gabun, Äquatorialguinea, im erdölreichen Nigerdelta. Die Staaten Nordafrikas sind nicht die korruptionsresistenten, politisch stabilen Demokratien mit gefestigten Zivilgesellschaften, denen man einen fairen Umgang mit plötzlichem Reichtum ohne Weiteres zutrauen würde. (Mehr zu Desertec in Kapitel 7.)

Die Beschleunigung des Lebens tötet nicht nur – durch Unfälle – Menschen, sie lässt viele auf der Strecke, die nicht mehr mitmögen.

Erst seit das Leben sich beschleunigt hat, haben die Menschen »keine Zeit«.[13] Energie befreit den Menschen von den Begrenzungen der Natur, von Raum und Zeit: Raumklimasysteme erlauben es, sommers wie winters dieselben Kleider zu tragen, ohne je schwitzen oder frieren zu müssen; Früchte und Gemüse sind unabhängig von der Jahreszeit jederzeit frisch erhältlich; Maschinen übernehmen anstrengende Arbeiten und so weiter. Man mag all das als zivilisatorische Errungenschaften feiern. Doch diese Errungenschaften führen auch zu einem Verlust elementarer Körper- und Naturerfahrungen,[14] mit einem altmodischen Wort: Sie entfremden den Menschen von Raum, Zeit, Umwelt und Geschichte. Ich will damit nicht suggerieren, es gebe ein »ursprüngliches«, »authentisches«, ja »richtiges« Leben: Jede Kultur ist immer schon ein Stück weit »entfremdet«. Sondern ich meine mit Entfremdung hier, erstens, den Verlust sinnlicher Wahrnehmbarkeit von Natur (inklusive des eigenen Körpers) mit ihren Gesetzen und Limitierungen und, zweitens, den Verlust von Wissen darüber, von wo die Dinge herkommen, mit denen wir im Alltag zu tun haben – beispielsweise Nahrung, Kleidung oder Werkzeuge (vom Hammer bis zum Computer und dem Strom, mit dem er läuft).

Schließlich begünstigt die Verfügbarkeit billiger Energie (und namentlich billigen Transports) eine bestimmte, kapitalintensive und arbeitsextensive Produktionsweise. Energie kann eingesetzt werden, um menschliche Arbeit zu sparen, was höhere Profite erlaubt; nötig sind dazu aber Investitionen in Techniken, die man sich erst leisten können muss. Eine energie- und also kapitalintensive Produktionsweise führt zu schwer kontrollierbaren Kapital- und Machtkonzentrationen.

Wie viel Energie braucht der Mensch?

Gibt es eine Schwelle[15], wo die Nachteile die Vorteile der Energieanwendung zu übertreffen beginnen? Gibt es ein Optimum? Lässt sich bestimmen, wo die Grenze zwischen dem wünschbaren und dem schädlichen Energiekonsum verläuft? Oder anders gefragt: Wie viel Energie braucht der Mensch?

Die Frage lässt sich nicht mit einer Zahl für alle Menschen beantworten: Ein paar Pferde auf eine Dorfgemeinschaft können »zu viel« sein; andererseits kann eine Gemeinschaft, die relativ viel Energie, aber keinen Zugang zu Elektrizität hat, in der modernen Welt unterversorgt sein. Wie viel Energie der Mensch braucht, wie viel zu wenig ist und wie viel zu viel, hängt von vielen Faktoren ab:

- *In welcher Form* wird die Energie genutzt? Das Pferd hat unter den Prärieindianern Geschlechterungleichheit geschaffen, der Dieselmotor in Mali bestehende Ungleichheiten entschärft. Eine Gesellschaft, die ganz von Erdöl abhängt, ist eine andere als eine Gesellschaft, die gleich viel, aber elektrische Energie verbraucht.
- Wie wird die Energie bereitgestellt? Zentralisierte großtechnische Anlagen prägen eine Gesellschaft anders als dezentrale Anlagen, die von jedermann unterhalten werden können.
- Wie werden Energieüberschüsse *verwendet?*[16] Die Tätigkeit des Kochens betrifft, außer dem Kochenden, den Menschen, die das Gekochte essen werden, und allenfalls dem Nachbarn, den der Geruch des Gekochten erfreut oder belästigt, niemanden; wird dieselbe Energie dagegen zum Autofahren genutzt, wirkt sich dies auf die Sicherheit anderer Menschen, auf ihre Raumstrukturen und so weiter aus.
- Wie sind die *Lebensumstände?* Einem Bewohner eines kalten Landes wird man mehr Heizenergie zugestehen als einem Bewohner der Tropen, einem Gehbehinderten mehr Transportenergie als einem Gesunden.
- *Welche Infrastruktur* besteht? Wo alle Menschen eine Wohnung haben, wo es ausreichend Schulen, Krankenhäuser, Straßen und so weiter gibt, braucht es weniger Energie als in einer Region, die punkto Infrastruktur einen Nachholbedarf hat.
- Wie ist die durchschnittlich verfügbare Energie innerhalb einer Gesellschaft, zwischen den sozialen Schichten und Geschlechtern, *verteilt?* Eine Gemeinschaft mit weniger, aber gleichmäßig verteilter Energie mag die bessere Voraussetzung für ein gutes Leben bieten als eine Gesellschaft mit höherem Verbrauch, aber ungleicherer Ver-

teilung[17] (wobei es auch im Interesse aller sein kann, Energie ungleich zu verteilen und gewissen Berufsgruppen – Notärzten, Diplomatinnen, Musikstars – mehr Energieverbrauch zuzugestehen).

- *Wie frei bestimmt* ein Individuum über seinen, eine Gesellschaft über ihren Verbrauch? Wer aus freien Stücken einen Lebensstil wählt, der mit geringem Energieverbrauch einhergeht, wird zufriedener sein, als wer sich einfach nicht mehr leisten kann – und auch zufriedener, als wer durch gesellschaftliche Umstände zu einem energieintensiveren Lebensstil gezwungen wird, als ihm lieb ist.

Trotz der Schwierigkeiten, Energieverbrauchszahlen verschiedener Gesellschaften miteinander zu vergleichen, hat in den 1980er-Jahren eine Gruppe von Wissenschaftlern um den brasilianischen Atomphysiker José Goldemberg empirisch zu bestimmen versucht, wie viel Energie Menschen für ein gutes Leben brauchen.[18] Das Resultat ist, bei aller gebotenen Vorsicht, aufschlussreich. Goldemberg hat untersucht, ob zwischen dem durchschnittlichen Energiekonsum einer Gesellschaft und der Lebensqualität[19] ihrer Mitglieder ein Zusammenhang bestehe.

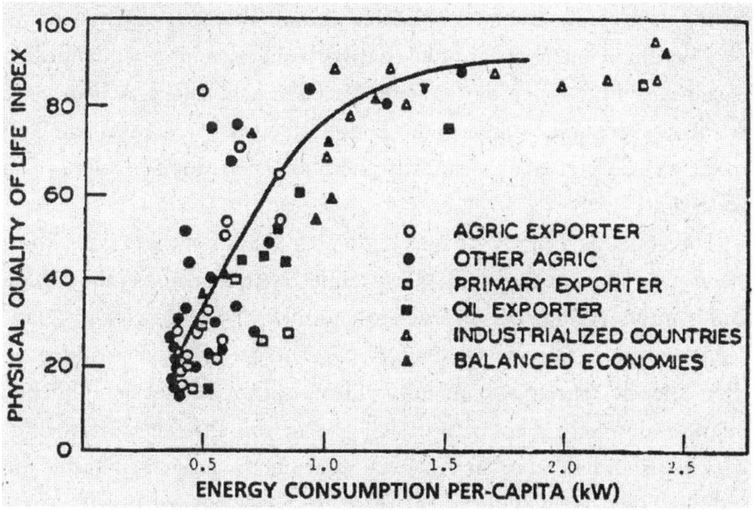

Die Grafik in Goldembergs Aufsatz von 1985 zeigt den Zusammenhang zwischen Energiekonsum und dem Physical Quality of Life Index.

Er stellte fest: Unterhalb eines Durchschnittsverbrauchs von 1100 bis 1300 Watt pro Person[20] (inklusive der für die Herstellung der konsumierten Produkte aufgewendeten, sogenannten grauen Energie) steigt die Lebensqualität mit zunehmendem Energieverbrauch. Wer mehr hat, dem geht es besser. Oberhalb dieser Schwelle lässt sich diese Korrelation nicht mehr feststellen: Eine Gesellschaft, die 10 000 Watt pro Kopf verbraucht, ist nicht zufriedener als eine, die 5000, oder eine, die 1300 Watt verbraucht. Die reichen Länder werden aber insofern bevorzugt, als dass sie eher in der Lage sind, negative ökologische und soziale Folgen ihres Lebensstils auf andere zu überwälzen (in Ökonomen-Jargon: zu externalisieren). Müssten sie diese Folgen selber tragen, dürfte der Lebensstandard oberhalb der Schwelle nicht stagnieren, sondern sinken.

Zum Vergleich: Der weltweite Energieverbrauch liegt bei 2300 Watt pro Person, in der Schweiz bei 6300 exklusive respektive rund 9000 Watt inklusive grauer Energie; die USA verbrauchen pro Kopf 11 000 Watt (ohne graue Energie). Würde der Pro-Kopf-Energieverbrauch der Industriestaaten von allen Menschen übernommen, setzte der Mensch mehr Energie um als sämtliche übrigen Landlebewesen zusammen.[21]

Allerdings lagen selbst industrialisierte Länder bis vor nicht allzu langer Zeit im Bereich der goldembergschen Schwelle: Der Schweizer Pro-Kopf-Verbrauch (ohne graue Energie) beispielsweise pendelte von 1910, als die ersten Energiestatistiken erstellt wurden, bis 1945 um 1000 Watt.

Die 1100 bis 1300 Watt aus Goldembergs Statistik umfassen kommerzielle und nicht kommerzielle Energieträger, also auch Holz, Dung und Ähnliches, das die Menschen sammeln. In »Entwicklungsländern« wurden 1980 vierzig Prozent der Energie aus nicht kommerziellen Energieträgern gewonnen (Goldemberg verwendet den üblichen Begriff »developing countries«. Ich übernehme ihn hier, setze »Entwicklungsländer« aber in Anführungszeichen, da sich dahinter ein fragwürdiger Entwicklungsbegriff verbirgt, der davon ausgeht, »Entwicklungsländer« würden in ihrer Entwicklung dem Pfad der bereits »entwickelten« Länder folgen. Diese Vorstellung ist erstens ahisto-

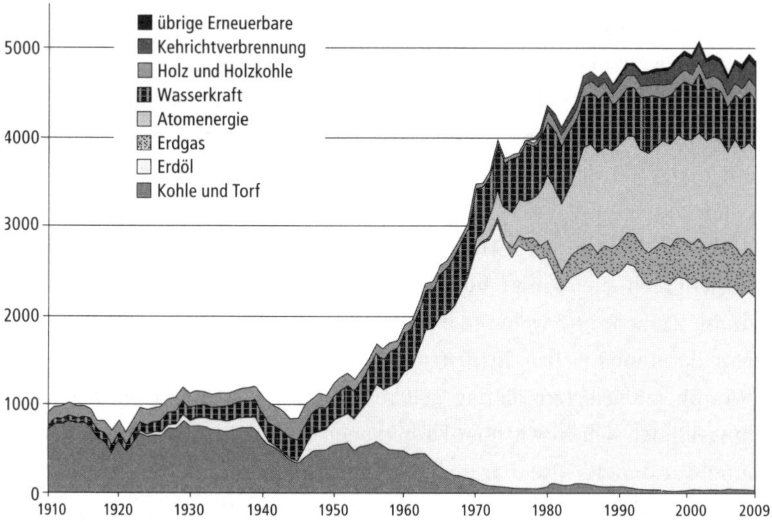

Bis zum Zweiten Weltkrieg war die Schweiz eine 1000-Watt-Gesellschaft: Bruttoenergieverbrauch der Schweiz in Watt pro Person, 1910 bis 2009 (ohne graue Energie). Daten: Schweizerischer Energierat.

risch und zweitens unsinnig, weil die Entwicklung der »entwickelten« Länder innerhalb der Weltwirtschaft in dieser Form nur in einer spezifischen Arbeitsteilung zwischen Zentren und Peripherie möglich war; einer Arbeitsteilung, die nicht mehr bestünde, wenn die Peripherien selber zu Zentren würden.) Diese Energieträger werden in der Regel sehr ineffizient eingesetzt: Traditionelle Holzherde nutzen laut Goldemberg 12 bis 18 Prozent der Energie, die im Holz drin steckt, moderne Propan- oder Erdgasherde hingegen 40 bis 50 Prozent. Ebenfalls gilt es zu berücksichtigen, dass in den Entwicklungsländern die reichsten 10 bis 15 Prozent der Bevölkerung ein Drittel bis die Hälfte des gesamten Einkommens eines Landes erzielen und einen ähnlich hohen Anteil des Energieverbrauchs für sich beanspruchen dürften. Mit effizienteren Kochherden und einer ausgeglicheneren Einkommensverteilung läge die goldembergsche Schwelle also noch tiefer.

Goldemberg hat noch eine zweite Betrachtung angestellt: Er hat abgeschätzt, wie viel Energie pro Kopf Entwicklungsländer typischerweise brauchten, um ihren Einwohnerinnen und Einwohnern ein gutes Leben zu ermöglichen, wenn dafür konsequent effiziente Techniken eingesetzt würden. Dabei war er großzügig: Er gestand jedem Haushalt einen 315-Liter-Gefrier- und Kühlschrank und einen Farbfernseher zu und jeder Person 2850 Auto- und sogar 345 Flugkilometer pro Jahr.[22] Zudem rechnete er mit einem hohen Bedarf an Eisen und Stahl, Aluminium, Zement und weiteren energieintensiven Materialien für den Ausbau der industriellen Infrastruktur der entsprechenden Länder. Für Raumheizung setzte er dagegen nichts ein, da die meisten Entwicklungsländer sich in warmen Klimazonen befinden, und die Raumkühlung war damals offenbar noch so wenig verbreitet, dass er sie gar nicht erwähnt. Der so errechnete Energiebedarf beläuft sich auf 1049 Watt pro Person.[23]

Das menschliche Maß

Was bedeuten diese Zahlen konkret? Zunächst einmal müssen sie umgerechnet werden. Denn die Zahlen beziehen sich auf den Verbrauch an Primärenergie. Worauf es jedoch ankäme, wollte man die gesellschaftliche Wirkung des Energieverbrauchs betrachten, wäre die Energie, die tatsächlich genutzt wird – und das ist nur ein kleiner Teil der Primärenergie: nicht, wie viel Holz ein Herd verbraucht, sondern wie viel von dieser Energie ins Kochwasser gelangt und das zu Kochende gart; nicht, wie viel Benzin man in den Tank eines Autos füllt, sondern welche Transportleistung es damit erbringt. Eine Gesellschaft, die halb so viel Energie doppelt so effizient nutzt, hat gleich viel Leistung zur Verfügung, und es ist von dieser Leistung die gleiche soziale Wirkung zu erwarten.

Ich will mir eine grobe Abschätzung erlauben – es geht nur um Größenordnungen. Von den 1049 Watt Primärenergie in Goldembergs Rechnung entfallen rund sechzig Prozent auf die Erzeugung von Wärme und vierzig Prozent auf Arbeit und Elektrizität. Diese 400 Watt Arbeitsleistung und Stromproduktion könnten theoretisch auch von Menschen oder Arbeitstieren erbracht werden. Die 600 Watt Wärme hingegen müssen aus Brennstoffen gewonnen werden; hier sind allerdings die möglichen Effizienzgewinne besonders groß, sodass bei geeigneter Technik nur ein Bruchteil der 600 Watt tatsächlich nötig wäre.

Angenommen, die angewandten Techniken nutzten durchschnittlich zehn Prozent der Energie. Das ist, obwohl Goldemberg von den energieeffizientesten Techniken ausgeht, großzügig gerechnet: Selbst ein Dreiliterauto kommt nicht auf einen Wirkungsgrad von bestenfalls wenigen Prozent, da es mehr als neunzig Prozent der Energie darauf verwendet, sich selber, und weniger als zehn Prozent darauf, seinen Passagier zu bewegen.[24] Zudem müssen alle Verluste des Energietransports und der Energieumwandlungen mitberücksichtigt werden. Zehn Prozent von 400 Watt Arbeitsenergie sind 40 Watt effektiv geleisteter Arbeit, mit anderen Worten: Ein Mensch braucht für ein »gutes Leben« nebst dem, was er mit dem eigenen Körper leistet, und nebst Brennstoffen zur Wärmeerzeugung eine Arbeitsleistung von 40 Watt, die ein anderer Mensch, ein Tier oder eine Maschine für ihn erbringt.

Das ist nun eine interessante Größenordnung: Ein körperlich arbeitender Mensch leistet rund 100 Watt. Weil Menschen aber nicht rund um die Uhr arbeiten können, entspricht eine kontinuierliche Leistung von 40 Watt etwa der Arbeitsleistung von zwei Arbeitern im Schichtbetrieb. Mit anderen Worten: Um die Arbeitsleistung zu erbringen, die in Goldembergs 1000 Watt pro Person drinstecken, würde eine vierköpfige Familie (zusätzlich zur Wärmeenergie und zusätzlich zu dem, was die Familienmitglieder sowieso arbeiten) acht Diener brauchen, einen bis zwei Esel oder ein Pferd, das sie sich mit einer Nachbarsfamilie teilt.

Vorindustrielle Gesellschaften hatten pro Kopf neben der eigenen Arbeitsleistung nur wenig andere Energiequellen zur Verfügung. Den weitaus größten Teil ihrer Geschichte (zumindest seit der neolithischen Revolution) lebten die meisten Menschen in prekären Verhältnissen. Goldembergs 1000 Watt sind weniger als die Hälfte des gegenwärtigen globalen Durchschnittsverbrauchs und viel weniger als der Verbrauch in den industrialisierten Ländern, aber es ist mehr, als den Menschen im historischen Normalfall zur Verfügung stand. Es gibt nichts zu romantisieren: Die Energie, die die Natur ohne Technik den Menschen zur Verfügung stellt, genügt für ein »gutes Leben« nicht. Um nicht nur gut zu leben, sondern darüber hinaus großartige kulturelle Leistungen zu erbringen – die Wissenschaften etwa, die Künste oder die athenische Demokratie –, mussten einige Menschen über einen Überfluss an Energie verfügen können. Dieser Überfluss basierte in vorindustrieller Zeit im Wesentlichen auf der Ausbeutung von Menschen durch Menschen.

Doch wenn 1000 Watt Primärenergie auch mehr sind, als der Mensch von Natur aus zur Verfügung hat, so liegen die 40 Watt effektiv geleisteter Arbeit, die sich daraus ergeben, doch in derselben Größenordnung wie die 100 Watt, die ein arbeitender Mensch leistet. Der Mensch ist nicht einfach von der Evolution für eine bestimmte Lebensweise gemacht, und es ist eine wesentliche Eigenschaft des Menschen, dass er seine eigenen Grenzen immer wieder überwindet. Aber die Grenzen können nicht beliebig hinausgeschoben werden. Der Mensch, der von Natur aus fünf Kilometer pro Stunde zu Fuß geht, kann auch mit einem Fahrrad zwanzig Kilometer pro Stunde fahren, ohne dass dies größere Probleme verursachen würde. Wer aber angesichts von jährlich 1,2 Millionen Verkehrsunfalltoten weltweit behauptet, die Geschwindigkeit des heutigen Motorverkehrs bedeute eine erfolgreiche Erweiterung der menschlichen Grenzen, der liefert damit lediglich einen Beleg für die menschliche Fähigkeit der Gewöhnung – was nicht dasselbe ist. Es gibt so etwas wie ein menschliches Maß, das nicht ohne gravierende Folgen überschritten werden kann.

Für eine Gesellschaft, die dieses Maß überschritten hat, ist gar nicht erstrebenswert, was die Erneuerbare-Energien- und Energieeffizienz-Propheten gerne versprechen: den Verbrauch fossiler (und nuklearer) Energie auf ein verträgliches Maß zu senken, ohne das materielle Niveau unserer Wirtschaft (und ihre Wachstumsraten) zu senken.

Peter Hennicke und Susanne Bodach – um ein jüngeres Beispiel zu nennen – schreiben in ihrem Buch *Energierevolution*[25], der Energieverbrauch einer Gesellschaft lasse sich »ohne Einbußen von Wohlstand« auf 2000 Watt pro Person senken, indem die Energieeffizienz gesteigert werde. Auf die Plausibilität dieser Aussage komme ich zurück. Aber wenn die Aussage denn stimmte: Den Energieverbrauch auf ein Drittel zu reduzieren, indem man die Energie dreimal so effizient nutzt, hieße, an unserer Hochenergiegesellschaft festzuhalten und das menschliche Maß weiterhin zu überschreiten. Es hieße, gleich viel herumzufahren (wenn auch in »effizienteren« Fahrzeugen), gleich viel zu produzieren, gleich viel zu konsumieren. Das wäre etwa so revolutionär, als hätte man 1789 in Frankreich gefordert, der Adel solle das Volk effizienter ausbeuten.

Claude Lévi-Strauss unterschied Gesellschaftstypen aufgrund ihres Umgangs mit Energie in »kalte« und »heiße« Gesellschaften. Erstere haben einen geringen Energiedurchsatz und produzieren wenig Entropie (ein Begriff aus der Thermodynamik, den man salopp mit »Unordnung« übersetzen kann; auch Lévi-Strauss benutzt diese Übersetzung), letztere produzieren viel Entropie. Kalte Gesellschaften haben laut Lévi-Strauss eine »besondere Weisheit« entwickelt, die darauf abziele, ihre Struktur zu konservieren. Die Art und Weise, mit der kalte Gesellschaften ihre natürliche Umwelt nutzen, garantiere »gleichzeitig ein bescheidenes Lebensniveau und den Schutz der natürlichen Ressourcen«. Ihre politischen Regeln zielten auf Ausgleich. Demgegenüber glichen heiße Gesellschaften der Dampfmaschine: Sie nutzten die Potenzialunterschiede aus, die sie in den sozialen Unterschieden fänden.[26] »Heiß« und »kalt« bezeichneten für Lévi-Strauss Idealtypen, die in keiner existierenden Gesellschaft vollständig ausgebildet sind. Es ist für unsere extrem heiße Gesellschaft weder möglich noch wünschbar, sich in eine kalte zu verwandeln. Einige der Tugenden kalter Gesellschaften aber – den Schutz der natürlichen Ressourcen – kommen wir nicht umhin zu verwirklichen; andere – geringe soziale Unterschiede – sind wünschbar und entsprechen unseren im Grunde egalitären Werten.

Zürich als 2000-Watt-Gesellschaft[27]

Am 30. November 2008 hat die Stadt Zürich ihre Gemeindeordnung ergänzt. Der neue Artikel sieht vor, dass die Stadt sich zu einer nachhaltigen Entwicklung verpflichtet, ihren Energieverbrauch (ohne Nennung eines Zieljahres) auf 2000 Watt pro Person senkt, ihren CO_2-Ausstoss bis 2050 auf eine Tonne pro Person und Jahr senkt, erneuerbare Energien und Energieeffizienz fördert und mittelfristig aus der Nutzung der Atomkraft aussteigt.[28] Zürich verbraucht heute etwas über 5000 Watt pro Einwohnerin und Einwohner (darin nicht enthalten ist die sogenannte graue Energie, die für Produkte und Dienstleistungen aufgewendet wird, die in Zürich konsumiert, aber anderswo hergestellt werden); der Beschluss bedeutet also, dass der Energieverbrauch um fast zwei Drittel sinken soll. Über drei Viertel der Stimmenden stimmten der Vorlage zu und folgten damit Stadtrat (Exekutive) und Gemeinderat (Parlament). Selbst Parteien, die auf gesamtschweizerischer Ebene andere Positionen verfolgen, standen hinter dem Entscheid – lokal sind andere Koalitionen möglich als national.

Das Stichwort, unter dem die Vorlage diskutiert wurde, heißt »2000-Watt-Gesellschaft« und ist in der schweizerischen Energiedebatte gut etabliert. Es stammt aus dem Umfeld der ETH Zürich und weiterer eidgenössischer Forschungsanstalten. In den 1990er-Jahren entwickelten Forscherinnen und Forscher dieser Institutionen die 2000-Watt-Gesellschaft als eine gemeinsame Vision.[29] Ein zentraler Ideengeber war José Goldemberg mit seinem Postulat, dass 1000 Watt pro Person für ein gutes Leben genügten. Um die Zahl für die Verhältnisse eines reichen Industrielandes realistischer werden zu lassen, verdoppelte man sie auf 2000 Watt – was dem damaligen weltweiten Durchschnittsverbrauch entsprach. Mit einem heute technisch und ökonomisch gut machbaren Energiemix lassen sich die 2000 Watt mit den klimapolitischen Erfordernissen vereinbaren und ohne Atomkraft bereitstellen.

In der Schweiz haben sich zahlreiche Behörden auf allen Ebenen, von der Gemeinde bis zum Bund, zur 2000-Watt-Gesellschaft als Ziel ihrer Energiepolitik bekannt. Eher selten waren solche Bekenntnisse auch mit entsprechenden Taten verbunden. Nun hat Zürich das Ziel als erstes Gemeinwesen verbindlich festgeschrieben. Seit dem Beschluss ist die 2000-Watt-Gesellschaft fester Bestandteil zahlreicher Geschäfte der Stadt auf der Ebene der Politik und Verwaltung. Ein großes Bündel von Maßnahmen wurde in die Wege geleitet – von strengen Energievorschriften für städtische Bauvorhaben über Richtlinien zur ökologischen Beschaffung zu Energie-Beratungsangeboten für Unternehmen. Massiv erleichtert wird die Umsetzung der Ziele dadurch, dass die Stadt mit dem EWZ ihr eigenes Elektrizitätswerk besitzt. Der zuständige Stadtrat, der freisinnige Andres Türler, kokettierte in einem Interview mit dem Bild eines Stadtwerks, das allein gegen die Großen kämpft: Das EWZ sei »das kleine gallische Dorf, das sich nicht an die Kandare nehmen lässt«.[30]

Unter den Fachleuten, die sich in der Stadtverwaltung mit der Umsetzung der Ziele befassen, ist man sich bewusst, dass sich die Ziele allein mit Effizienzsteigerungen und dem Kauf von Windkraftanlagen nicht erreichen lassen. Der motorisierte Individualverkehr muss zurückgehen, die Wohnfläche pro Person sollte zumindest nicht weiter steigen. In diesen Bereichen zählt vor allem eine zielkonforme Raum- und Verkehrsplanung.

Damit, dass das Ziel in der Gemeindeordnung steht, ist es natürlich noch nicht erreicht – und namentlich in der Verkehrspolitik sind die Mehrheiten, auf die sich die Stadtregierung stützen kann, eher prekär. Die Haltung des Kantons ist mitunter offen feindselig. Es gibt heute in Zürich Fußgängerübergänge an bester touristischer Lage, die während einer Grünphase nur mit Eilschritt zu überqueren sind, was natürlich sehr schlecht zu einer 2000-Watt-Stadt passt. Hier schreibt der Kanton die Kapazität der Straßen für den Motorverkehr vor – mehr Sekunden für die Fußgänger werden nicht geduldet.

Solange das Umfeld nicht mitmacht, wird das 2000-Watt-Ziel kaum zu erreichen sein – die Stadt Zürich ist keine Insel. Aber weil sie keine Insel ist, kann ihr Beispiel Schule machen. In den 1990er-Jahren war Zürich auf einem ganz anderen Gebiet Pionierin: der Drogenpolitik. Das Konzept, mit dem die Stadt gegen das Elend ihrer offenen Drogenszenen kämpfte, wurde damals heftigst angefeindet. Heute ist es Bundesnorm.

In meinem Buch *Wir Schwätzer im Treibhaus* habe ich ein Gedankenexperiment angestellt: Was, wenn sich vor etwas mehr als hundert Jahren das Elektroauto durchgesetzt hätte?[31] Ich will das Experiment hier noch einmal skizzieren: Um 1900 gab es deutlich mehr Elektroautos als Autos mit Verbrennungsmotoren. Diese holten dann aber auf, und als Henry Ford 1908 sein legendäres Modell T mit einem Verbrennungsmotor ausstattete, war das Rennen gelaufen. Betrachtet man das Auto als Gebrauchsgegenstand, hatte das Elektroauto vor hundert Jahren fast nur Vorteile: Es war leichter zu bedienen, lief zuverlässiger, geriet bei Unfällen viel weniger leicht in Brand, war leise und abgasfrei, und ein Stromnetz war zu der Zeit sowieso im Aufbau begriffen. Aus heutiger Sicht indes scheint ein Nachteil alle Vorteile zu überwiegen: die geringe Energiedichte der Batterien.[32] Wollte man Elektroautos bauen, die sich einem breiten Publikum verkaufen lassen – die also heutigen Erwartungen an ein Auto entsprechen –, brauchten diese eine viel zu schwere Batterie. Dieser Nachteil war aber um 1900 keiner: Niemand erwartete von einem Auto, es müsse 150 Stundenkilometer oder schneller fahren können, ein bis zwei Tonnen wiegen und hundert, zweihundert oder mehr Pferdestärken aufweisen.

Dass sich dennoch der Verbrennungsmotor durchsetzte, hat damit zu tun, dass das Auto eben nicht in erster Linie Gebrauchsgegenstand war, sondern Sportgerät, und dass die spezifischen Eigenschaften des Benzinmotors – das Ruppige, Unberechenbare, Laute, Stinkende – der Idee von Sportlichkeit viel besser entsprachen. Nun aber entwickelte sich mit dem Auto eine auf den Verbrennungsmotor und seine Eigenschaften zugeschnittene Verkehrsinfrastruktur und ebensolche kulturelle Mobilitätserwartungen. Hätte der Elektromotor sich durchgesetzt, behaupte ich, hätten sich Mobilitätsmuster entwickelt, die so auf die Eigenschaften des Elektromotors zugeschnitten gewesen wären, dass auch heute dessen Vorteile die Nachteile überwögen. Wir hätten heute vermutlich vergleichsweise schwache, vergleichsweise saubere Individualfahrzeuge für kürzere Strecken und die Eisenbahn für lange Distanzen (in allen Ländern, wo das Auto sich früh durchsetzte, existierten bereits gute Eisenbahnnetze). Die Schwierigkeit, heute ein Elektroauto zu bauen, ist sozialer und nicht technischer Natur.

Heute fördern viele Staaten das Elektroauto und bauen gleichzeitig die Verkehrsinfrastruktur nach dem Muster aus, das mit dem Verbrennungsmotor gewachsen ist. Das ist Politik für Schildbürger. Doch genau so läuft die Energiedebatte als Ganzes: Es wird versucht, die Antriebsart dieser Gesellschaft, die sich in dieser Form nur mit billigen (fossilen) Energieträgern hat entwickeln können, auszuwechseln, ohne die Gesellschaftsform infrage zu stellen. Wenn wir aber nur über alternative Formen der Energiebereitstellung diskutieren; wenn wir nur über Potenziale, CO_2-Bilanzen, Vor- und Nachteile von Sonne, Wind, Atom und so weiter sprechen, dann verpassen wir es, über alternative Wege zu sprechen, die eine Gesellschaft gehen kann. Wenn wir glauben, wir könnten die Glühbirnen rausschrauben, die Sparlampen reinschrauben und weiter machen wie bisher, dann machen wir uns nicht nur etwas vor, dann verfehlen wir die Frage, die der Kern aller Politik sein müsste: In was für einer Welt wollen wir leben?

3 Nahrung

Die Landwirtschaft, einst wichtigster Energielieferant, ist zu einem der großen Energieverbraucher geworden: Sojabohnenernte in Brasilien. Bild: Paulo Fridman, Corbis.

Am 14. September 1909 meldeten der Chemiker Fritz Haber und der Ingenieur Carl Bosch beim deutschen Reichspatentamt ein Verfahren an, mit dem sich in industriellem Maßstab der Gestank ungepflegter Pissoirs reproduzieren ließ. Es sollte sich als eine der folgenreichsten Erfindungen der Menschheit herausstellen.

Fritz Haber war es gelungen, Ammoniak (NH_3) künstlich herzustellen – ein ätzendes, giftiges und stark übel riechendes Gas, das in der Natur beim Abbau von Harnstoff entsteht. Zusammen mit Carl Bosch entwickelte er die Ammoniaksynthese zum Industrieverfahren weiter.[1] Ohne dieses wäre der Erste Weltkrieg anders verlaufen, und es ist unwahrscheinlich, dass das Bevölkerungswachstum des 20. Jahrhunderts in diesem Ausmaß möglich gewesen wäre. Die Welt im frühen 21. Jahrhundert sähe der Welt des frühen 20. Jahrhunderts sehr viel ähnlicher, gäbe es kein synthetisches Ammoniak.

Der Stoff, auf den es im Ammoniak ankommt, heißt Stickstoff. Alle Organismen brauchen Stickstoff als einen Hauptbaustein der Proteine (Eiweiße). Stickstoff ist zudem Grundlage von Schießpulver und Sprengmitteln sowie zahlreicher Produkte der chemischen Industrie. Stickstoff ist im Überfluss vorhanden – die Luft besteht zu vier Fünfteln daraus – und trotzdem ist er knapp respektive war er knapp bis zu Habers und Boschs Erfindung, denn der elementare Stickstoff der Luft (N_2) ist sehr reaktionsträge. Die allermeisten Organismen können mit Luftstickstoff nichts anfangen und sind auf Stickstoffverbindungen angewiesen. Pflanzen nehmen diese aus dem Boden auf, Tiere, indem sie pflanzliches oder tierisches Eiweiß fressen. Justus Liebig, der große Chemiker des 19. Jahrhunderts, sagte, die wichtigste Aufgabe der Landwirtschaft sei die Produktion essbaren Stickstoffs.[2] Dazu müssen die Landwirte in erster Linie den Stickstoffgehalt im Boden stetig erneuern. Denn stickstoffarme Böden sind unfruchtbare Böden.

Peak Stickstoff

Die ursprünglichste Energieform für den Menschen ist seine Nahrung respektive die Arbeit seines Körpers, die auf Nahrung basiert. Die erste Technik zur Energiegewinnung, die nicht einfach nimmt, was an Energie in der Umwelt vorhanden ist, war die Landwirtschaft: die gezielte Umwandlung von Sonnenenergie in (essbare) Biomasse. Bis in die Zeit der Industrialisierung war die Landwirtschaft die wichtigste Lieferantin von Arbeitsenergie, so wie die Forstwirtschaft – die von der Landwirtschaft nicht immer so scharf getrennt war wie heute – die wichtigste Lieferantin von Wärmeenergie war. Heute ist die Landwirtschaft Energieverbraucher. Industrie und Verkehr verbrauchen zwar mehr Energie als die Landwirtschaft, aber nirgends sonst haben Energieknappheit und Energieverteuerung essenziellere Auswirkungen als in der Landwirtschaft, die mithilfe fossiler Energie Energie für die Menschen zum Leben produziert.

Wenn heute von Energieproblemen die Rede ist, denkt man in der Regel gleichwohl nicht zuerst an Nahrungsmittel und die Landwirtschaft, sondern an Erdöl und ähnliche Energieträger. Als 2008 – übrigens parallel zu einem scharfen Anstieg der Lebensmittelpreise – der Weltmarktpreis für Erdöl auf einen neuen Rekordstand kletterte, der noch wenige Monate zuvor als unmöglich gegolten hätte, tauchte in den Medien ein Begriff auf, der bis dahin nur Fachleuten geläufig war: Peak Oil. Damit ist der Zeitpunkt bezeichnet, zu dem die Erdölförderung ihr Maximum erreicht. Ist Peak Oil überschritten, sinkt die Produktion. Plötzlich war da (wieder) diese Angst, das Erdöl könnte nicht erst in ferner Zukunft, sondern bald schon knapp werden. Ob Peak Oil tatsächlich nah oder bereits überschritten sei und ob die hohen Ölpreise Ausdruck davon seien, bleibe vorläufig dahingestellt – ich komme darauf zurück.

Um 1900 ging eine ähnliche Knappheitsangst um: die Angst, es ließen sich bald nicht mehr genug Nahrungsmittel für die ganze Weltbevölkerung produzieren, weil es nicht mehr genug Stickstoff gebe, um die Nutzpflanzen zu düngen. 1898 hielt der englische Chemiker Sir William Crookes einen Vortrag mit dem Titel *The Wheat Problem.*[3] Darin vertrat er die Ansicht, die wachsende Weltbevölkerung könne nur ernährt werden, wenn die Erträge der Landwirtschaft stiegen, was wiederum nur durch Stickstoffdüngung zu erreichen sei. Was heute Peak Oil, war um 1900 das »wheat problem« oder, wie es im Deutschen hieß, die »Stickstoff-Frage« – Peak Stickstoff gewissermaßen. Peak Oil und Peak Stickstoff sind eng miteinander verbunden.

Ein bisschen Chemie an dieser Stelle: Wie kommen Stickstoffverbindungen in den Boden? Erstens reagiert Luftstickstoff bei Temperaturen von mehr als 1400 Grad mit Sauerstoff zu Stickoxiden. Natürlicherweise geschieht das fast nur, wenn es blitzt. Stickoxide, die in Gewittern entstehen, gelangen in die Böden und düngen diese. Heute entsteht ein Vielfaches der natürlichen Stickoxide in industriellen Verbrennungsprozessen, Automotoren und anderen technischen Vorgängen. Zweitens können Bakterien aus der Familie der Rhizobien Stickstoff auch ohne hohe Temperaturen fixieren. Pflanzen aus der Familie der Leguminosen (Hülsenfrüchtler) machen sich das zunutze: Sie beherbergen Rhizobien in ihren Wurzeln und versorgen sich so mit den nötigen Stickstoffverbindungen.

Mit der Synthese von Ammoniak gelang es nun, die Stickstoffvorräte der Luft gezielt anzuzapfen. So wurden sie für die chemische Industrie nutzbar und konnten via Kunstdünger in die Nahrungskette eingespeist werden. Damit gelangte die Landwirtschaft – nicht sofort und bis heute längst nicht die ganze Landwirtschaft – an den Tropf der fossilen Energie: Es braucht einen Liter Erdöl (oder dieselbe Energie in anderer Form, meist Erdgas), um ein Kilogramm Stickstoff im Haber-Bosch-Verfahren zu fixieren. 100 Millionen Kilogramm Stickstoff werden heute auf diese Weise jährlich fixiert.

Zunächst aber war das Haber-Bosch-Verfahren vor allem militärisch wichtig. Als es kein synthetisches Ammoniak gab, stellte man Schießpulver aus Salpeter her, einer anderen Stickstoffverbindung. Salpeter wurde in sogenannten Salpeterplantagen aus fast allem gewonnen, was stank: Mist, Gülle, Kadaver, Gerbereiabwässer. Im 19. Jahrhundert kamen weitere, allerdings erschöpfliche, Salpeterquellen hinzu: Aus Südamerika importierte man die Vogelkotablagerung Guano, und in der ebenfalls südamerikanischen Atacama-Wüste wurde das weltweit einzige bedeutende Vorkommen an Salpeter als Bodenschatz gefunden. Es war so bedeutend, dass Chile um diese Region einen fünfjährigen Krieg gegen Bolivien und Peru focht.

Chile siegte 1884 im Salpeterkrieg, und das mit Chile verbündete Großbritannien verfügte praktisch über ein Salpeter-Handelsmonopol. Als 1914 der Erste Weltkrieg ausbrach, hatte die Deutsche Reichswehr nur für ein paar Monate Schießpulver- und Salpetervorräte, und Deutschland war von Salpeterimporten abgeschnitten.[4] Hätte nicht BASF im Herbst 1913 die erste Haber-Bosch-Fabrik errichtet, der Krieg wäre bald zu Ende gewesen.[5] Auch die Ammoniaksynthese lieferte Deutschland im Krieg freilich nicht genug Stickstoff zur Schießpulverherstellung, sodass die Militärs die Vorräte der Landwirtschaft plünderten – mit entsprechenden Folgen für die Ernährungslage der Bevölkerung.

Nach dem Krieg wurde das Ammoniak, das die Armeen nun nicht mehr brauchten, zur Herstellung von Kunstdünger verwendet. Nach der Mitte des 20. Jahrhunderts explodierte die weltweite Kunstdüngerproduktion regelrecht.

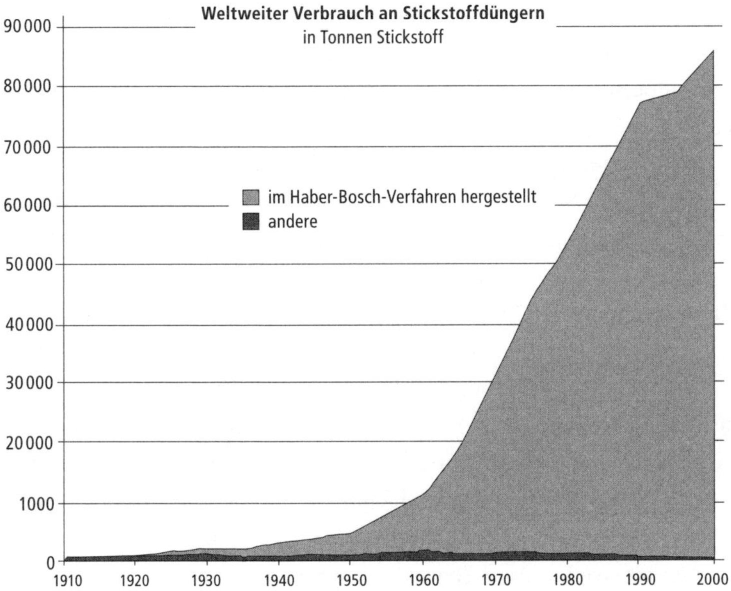

Seit dem ersten Weltkrieg steigt der Stickstoffdüngerverbrauch weltweit; seit circa 1950 steigt er rasant.[6]

Ohne Mineraldünger – basiere dieser nun auf Guano, Chile-Salpeter oder synthetischem Ammoniak – hatten die Bauern wenig Möglichkeiten, den Stickstoff in ihren Böden zu erneuern. Möglichst alle biologischen Abfälle mussten zurück auf die Felder. Nutztiere brachten Stickstoff von Wiesen und Wäldern, wo sie weideten, mit ihrem Mist auf die Äcker. Die Agrarrevolution des Mittelalters im nordwestlichen Europa basierte – nebst der Einführung des von Tieren gezogenen Pflugs – auf der Einführung der Stallhaltung, die es ermöglichte, die stickstoffreiche Gülle zu sammeln, um sie wieder auf die Felder auszubringen.[7] Die erste Agrarrevolution der Neuzeit ging ebenfalls von verbesserten Methoden der Stickstoffgewinnung aus: Im 16. Jahrhundert begannen die Bauern, ausgehend von den Niederlanden, Getreide gezielt im Fruchtwechsel mit Leguminosen wie beispielsweise Klee oder Luzerne anzubauen, die den Boden mit Stickstoff anreicherten – eine Agrartechnik, die sich sehr langsam über Europa verbreitete und Süd- und Osteuropa im 19. Jahrhundert erreichte. In Afrika gehörten Mischkulturen mit Leguminosen wie beispielsweise der Akazie seit eh und je zum agrartechnischen Repertoire.[8]

Dank Haber und Bosch waren nun die ganzen Anstrengungen zur Erneuerung des Stickstoffs in den Böden nicht mehr nötig. Kunstdünger war die wichtigste Säule der Agrarrevolution des 20. Jahrhunderts. Sie hat das Sozialgefüge der modernen Welt tiefer greifend umgekrempelt als irgendeine andere Revolution der Geschichte. Im Wesentlichen beruht sie auf vier Pfeilern: Neben dem Kunstdünger sind das eine verwissenschaftlichte Sortenzucht, Agrarchemikalien wie Pestizide und Herbizide und eine motorisierte Mechanisierung der Bodenbearbeitung, der Bewässerung und der Ernte. Drei dieser Pfeiler – Düngung, Agrarchemikalien, Mechanisierung – sind direkt energieintensiv; der vierte – Zucht – brachte Sorten hervor, die für die energieintensive Landwirtschaft optimiert waren. Da auch der Transport immer billiger wurde, konnten ganze Regionen sich auf einige wenige, im Extremfall auf ein einziges landwirtschaftliches Produkt konzentrieren.

In den Gegenden, die von dieser Agrarrevolution erfasst wurden, stiegen die landwirtschaftlichen Erträge im 20. Jahrhundert um das Zehnfache pro Fläche und um das Fünfzigfache und mehr pro Arbeitskraft.[9] Der Charakter der Landwirtschaft änderte sich grundlegend. Versorgte sich ein Hof zuvor selber mit fast allem, was er brauchte – Hofdünger, Futter, Saatgut, Energie –, so wurde er nun zu einem Ort, der hoffremde Stoffe umsetzte. Durch die Spezialisierung wurden einst fast geschlossene Stoffkreisläufe zerrissen: Während auf riesigen Monokulturen die immer gleichen Pflanzen den Böden die immer gleichen Nährstoffe entziehen – die der Bauer energieintensiv ersetzen muss –, fallen dieselben Nährstoffe in den Massentierhaltungen als Abfälle an, die Böden und Gewässer vergiften. Die Landwirtschaft ist von der Energielieferantin zur Energiekonsumentin geworden: Um eine Kalorie Nahrungsenergie herzustellen, wird heute im Schnitt mehr als eine Kalorie fossiler Energie aufgewandt.

War Stickstoffmangel einst der wichtigste limitierende Faktor der Landwirtschaft (und damit der Bevölkerungsgröße), verursacht heute der Überfluss an Stickstoffverbindungen aus Landwirtschaft und Automotoren ökologische Probleme. Laut dem Millenniums-Umweltbericht der Uno setzt der Mensch heute mehr Stickstoff um als sämtliche natürlichen Prozesse zusammen. Jedes zweite Stickstoffatom in unserem Körper hat ein Haber-Bosch-Verfahren durchlaufen. Gewisse Gewässer sind um das Fünfzehnfache des natürlichen Niveaus mit Stickstoff überdüngt.[10] Mit Stickstoff überdüngte Böden setzen Lachgas (N_2O) frei, ein starkes Treibhausgas, und verstärken somit die Klimaerwärmung. Das Stockholm Resilience Center bezeichnete 2009 den Stickstoffeintrag in die Umwelt als eines von drei Umweltproblemen (neben Klimawandel und Artensterben), bei denen unumkehrbare Schwellenwerte möglicherweise überschritten seien.[11]

Energiebilanz der Nahrung

Wie viel Energie aufgewendet wird, um Nahrungsenergie zu gewinnen, variiert stark je nach Produkt, Anbaumethode und geografischen Bedingungen. Zahlreiche detaillierte Beispiele hat das Forscherpaar David und Marcia H. Pimentel[12] zusammengetragen.

Energieüberschüsse im Anbau

Die alleinige Produktion kohlehydratreicher Produkte weist in den meisten Fällen noch eine positive Energiebilanz auf, die sich allerdings häufig in eine negative Bilanz verkehrt, wenn der Energieaufwand für Verarbeitung, Lagerung, Verpackung und Transport mitgerechnet wird.

Die folgenden Zahlen bezeichnen das Verhältnis zwischen der Energie, die im Anbau aufgewendet wird, zur Energie, die im Nahrungsmittel enthalten ist:

Maniokanbau in Handarbeit ohne Düngung, Tansania	1:23
Traditioneller Brandrodungsanbau, Mischkulturen, Papua-Neuguinea[13]	1:15
Maisanbau in Handarbeit ohne Düngung, Mexiko	1:10,7
Maisanbau in Handarbeit mit Düngung, Nigeria	1:6,4
Maisanbau mit Ochsen ohne Düngung, Mexiko	1:4,3
Maisanbau in mechanisierter Produktion mit Düngung, USA	1:3,8
Kartoffelanbau, USA	1:1,3
Orangenanbau in mechanisierter Produktion mit Düngung, Florida	1:1
Apfelanbau in mechanisierter Produktion mit Düngung, USA	1:0,6

Bei den manuellen Anbaumethoden macht menschliche Arbeit 92 bis 98 Prozent der aufgewendeten Energie aus; der Rest ist Energie, die zur Herstellung der Geräte aufgewandt wurde. Beim Maisanbau mit Düngung in Nigeria entfallen 57 Prozent, beim mexikanischen Maisanbau ohne Düngung 25 Prozent der Energie auf menschliche Arbeit. Beim Maisanbau in mechanisierter Produktion in den USA verteilt sich die aufgewendete Energie auf:

Dünger	43 %
Maschinen und Treibstoffe	34 %
Herbizide/Insektizide	11 %
Saatgut	7 %
Bewässerung	4 %
menschliche Arbeit	0,06 %

Fleischproduktion[14]

Die Energieoutput-Energieinput-Zahlen allein werden der Tierhaltung nicht gerecht: Da Tiere selber keine Sonnenenergie gewinnen können, ist die Fleischproduktion rein rechnerisch immer ein energetisches Verlustgeschäft. Solange Tiere aber Energieressourcen erschließen, die für den Menschen sonst nicht verwertbar wären, indem sie Gras oder Abfälle fressen, dienen sie dennoch der Energiegewinnung; außerdem erfüllen sie in Landwirtschaften ohne Kunstdüngung wichtige Funktionen im Stoffkreislauf. Erst wenn gezielt Futter angebaut wird auf Böden, die sich auch für den Nahrungsmittelanbau eignen, wird Tierhaltung zur Energievernichtung (entsprechend unsinnig ist das Verbot, Restaurant-Abfälle an Schweine zu verfüttern).

Verhältnis der Energie (Futterproduktion und -transport, Betrieb der Ställe, Tiertransporte usw.), die zur Fleischproduktion aufgewendet wird, zur Energie in den tierischen Proteinen:

Lammfleisch	57 : 1
Rindfleisch mit Kraftfutter	40 : 1
Eier	39 : 1
Rindfleisch ohne Kraftfutter	20 : 1
Schweinefleisch	14 : 1
Milchprodukte	14 : 1
Hühnerfleisch	4 : 1

Energieaufwand der Fischerei

Treibstoffbedarf pro hundert Kilogramm Fisch:

Norwegische Küstenfischerei	7,5 l
Langleinenfischerei	14 l
Fabrikschiff	30 l

Verhältnis der Energie, die die Fischerei aufwendet, zur Energie in den Fischproteinen (USA):

Hering	2 : 1
Lachs	8 : 1
Thun	20 : 1
Crevetten	150 : 1
Hummer	192 : 1

Energiebedarf zur Verarbeitung

Um ein Kilogramm eines Produkts zu verarbeiten, benötigt man:

Instantkaffee	79 330 kJ (entspricht 18,9 dl Erdöl)
Schokolade	77 840 kJ (entspricht 18,5 dl Erdöl)
Frühstücksflocken	25 600 kJ (entspricht 15,6 dl Erdöl)
Zucker aus Zuckerrüben	23 300 kJ (entspricht 5,5 dl Erdöl)
Zucker aus Zuckerrohr	14 100 kJ (entspricht 3,3 dl Erdöl)
Gefrorenes Gemüse	7600 kJ (entspricht 1,8 dl Erdöl)
Fleisch	5050 kJ (entspricht 1,2 dl Erdöl)
Gemüsekonserven	2400 kJ (entspricht 0,6 dl Erdöl)
Mehl	2030 kJ (entspricht 0,5 dl Erdöl)
Milch	1480 kJ (entspricht 0,3 dl Erdöl)

Laut Richard Heinberg und Michael Bomford[15] werden in den USA für jede Kalorie, die auf dem Esstisch landet, 7,3 Kalorien aufgewendet. Davon entfallen auf:

Landwirtschaft	1,6 kcal (22 %)
Transport	1,0 kcal (14 %)
Verarbeitung	1,2 kcal (16 %)
Verpackung	0,5 kcal (7 %)
Verkauf	0,3 kcal (4 %)
Restaurants	0,5 kcal (7 %)
Aufbewahrung und Zubereitung im Haushalt	2,3 kcal (32 %)

In Deutschland ist oft vom Erdbeerjoghurt die Rede, das bereits eine tausend Kilometer lange Reise hinter sich habe, bevor es beim Kunden oder bei der Kundin ankomme. Dieses Beispiel hat die Raumplanerin Stefanie Böge 1992 errechnet; die *Zeit* hat darüber berichtet. Demnach stammen die Erdbeeren des Joghurts, das in Stuttgart im Regal steht, aus Polen und wurden in Aachen verarbeitet. Die Joghurtkultur stammt aus Schleswig-Holstein, der Zucker aus Schwaben, das Glas aus Bayern und so weiter. Insgesamt ergeben sich so für eine Lastwagenladung Joghurt 1005 Lastwagenkilometer oder pro 150-Gramm-Glas zehn Meter mit einem 34-Tonnen-Lastwagen.[16]

Bilanz der energieintensiven Landwirtschaft

Die Agrarrevolution des 20. Jahrhunderts erfasste in den ersten Jahrzehnten ein paar wenige Regionen: die USA, Kanada, Australien, Argentinien; etwas verspätet folgte Europa. Seit den 1960er-Jahren unternahmen die Entwicklungsagentur der US-amerikanischen Regierung USAID, die vom Erdölmagnaten John Rockefeller gegründete Rockefeller-Stiftung und die Weltbank gezielte Anstrengungen, die Agrarrevolution in die Länder Lateinamerikas und Südasiens und mit geringerem Erfolg auch Afrikas zu tragen. Diese Anstrengungen gingen unter dem Namen »Grüne Revolution« in die Geschichte ein und brachten ihrem Vater, dem Agronomen in Rockefellers Diensten, Norman Borlaug, 1970 den Friedensnobelpreis ein. Bis heute sind freilich große Teile der Weltlandwirtschaft von diesen Entwicklungen unberührt geblieben: So stehen beispielsweise für weltweit 1,3 Milliarden Menschen, die in der Landwirtschaft tätig sind (rund die Hälfte der weltweiten aktiven Arbeitsbevölkerung), nur 28 Millionen Traktoren zur Verfügung (einer pro fünfzig Arbeitskräfte). Vierzig bis sechzig Prozent der Bauern und Bäuerinnen in Lateinamerika und Asien und achtzig Prozent in Afrika arbeiten allein mit ihren Händen und einfachem Werkzeug – ohne Dünger, ohne Agrochemikalien, ohne Traktoren und sogar ohne Zugtiere.

Diese Agrarrevolution hat einerseits die landwirtschaftlichen Erträge vervielfacht und Lebensmittel verbilligt, andererseits die Landwirtschaft von fossilen Energiequellen abhängig gemacht und in eine große Umweltverschmutzerin verwandelt. Ihre Bilanz wird bis heute äußerst kontrovers diskutiert, und entsprechend kontrovers sind die Vorstellungen, in welche Richtung die weitere landwirtschaftliche Entwicklung gehen soll. Ich will an dieser Stelle keine ausführliche Bewertung der energieintensiven Landwirtschaftsform leisten, aber summarisch auf einige der wichtigsten Vor- und Nachteile eingehen.

Die Steigerung der Produktion, die noch größere Steigerung der Arbeitsproduktivität und die daraus folgende Senkung der Preise sind für ihre Fürsprecher die wichtigsten Vorteile der Agrarrevolution des 20. Jahrhunderts. Indem die Arbeitsproduktivität stieg, wurden Arbeitskräfte frei, die in anderen – noch produktiveren – Sektoren arbeiten konnten. Es ist die Fortsetzung der Entwicklung, die im England des 18. Jahrhunderts bereits den Beginn der Industrialisierung ermöglicht hat (wenn auch nicht zum Vorteil der damals direkt Betroffenen). Während heute in armen Entwicklungsländern noch über neunzig Prozent der aktiven Bevölkerung in der Landwirtschaft arbeiten, sind es in Industriestaaten ein paar wenige Prozent; weltweit rund die Hälfte.[17]

Nach der Theorie des komparativen Kostenvorteils steigt die Effizienz der globalen Wirtschaft, wenn jedes Land produziert, was es am besten kann. Indem eine Landwirtschaft sich, von der Selbstversorgung und von lokalen Märkten weg, zum Weltmarkt hin orientiert, erwirtschaftet sie Devisen. Mit diesen Devisen können die Produkte für den Eigenbedarf aus Ländern importiert werden, wo sie billiger produziert werden. Diese Effizienzsteigerung des Systems stimuliert sein Wachstum. (Allerdings bringt die Umorientierung auch Scheinwachstum hervor: Wenn Stoffkreisläufe unterbrochen werden und die Selbstversorgung zurückgeht, wächst das Bruttoinlandprodukt selbst dann, wenn die Produktion nicht zunimmt, weil das Bruttoinlandprodukt Stoffe, die nur innerhalb eines Betriebs zirkulieren und Produkte, die vom Produzenten und seiner Familie selbst konsumiert werden, nicht erfasst.) Angesichts der Milliarde Menschen, die nach Uno-Angaben unterernährt sind, muss die weltweite landwirtschaftliche Produktivität weiter zunehmen und müssen die Preise noch mehr fallen.

Die Meinung, die Preise müssten fallen, damit auch die Ärmsten sich ihre Nahrung leisten können, ist weit verbreitet – sie leuchtet ein, und tatsächlich hat der rapide Preisanstieg der Nahrungsmittel Ende 2007 und Anfang 2008 nach Uno-Schätzung hundert Millionen Menschen zusätzlich ins Elend gestürzt.[18] Die Meinung ist aber falsch, denn ein großer Teil der Armen der Welt sind verarmte Bauern und Bäuerinnen. »Für die immense Mehrheit der Bauern der Welt sind die Weltmarktpreise der Grundnahrungsmittel viel zu tief, als dass sie ihre Produktionsmittel erneuern könnten«, schreiben die Agrarhistoriker Marcel Mazoyer und Laurence Roudart.[19] Das Problem sind nicht zu hohe Preise, sondern deren Volatilität – der Anstieg der Nahrungsmittelpreise hat Millionen ins Elend gestürzt, weil er so plötzlich erfolgte. Die moderne Landwirtschaft ist kapitalintensiv und arbeitsextensiv – aber in den Entwicklungsländern ist Kapital knapp und Arbeit reichlich vorhanden. Nur weil die Großstädte mit arbeitslosen Menschen überschwemmt werden, findet dort aber noch lange keine Industrialisierung statt. In vielen Gegenden, die für einen Anbau in großem Stil aufgrund ihrer geografischen Voraussetzungen interessant sind, haben ausländische Investoren das Land der verarmten Kleinbauern aufgekauft; eine Tendenz, die sich in der jüngsten Zeit im Zusammenhang mit dem Anbau von Pflanzen zur Energiegewinnung verstärkt hat.[20]

Die Spezialisierung wurde vielen Volkswirtschaften des Südens zum Verhängnis. Manche Länder exportieren fast ausschließlich ein Produkt wie etwa Kaffee. Setzten aber zu viele Länder auf dasselbe Exportgut (weil ihre Regierungen von denselben Agenturen beraten wurden), brachen die Preise ein: Der Weltmarktpreis für Kakao fiel zwischen 1986 und 1989 um fast 50 Prozent; der Kaffeepreis fiel 2001 auf ein Niveau, das zuletzt fünfzig Jahre zuvor unterboten worden war. Aufgrund der tiefen Preise lohnte es sich für die Bauern in manchen Fällen nicht mehr, die Ernte einzubringen.[21]

Modernes Saatgut, das von den Bauern nicht selber weitergezüchtet werden kann, macht diese abhängig von internationalen Saatgutkonzernen.[22] Und die Energieintensität der modernen Landwirtschaft macht Agrarstaaten abhängig von den Erdölproduzenten. Als sich 1973 der Erdölpreis wegen der Kartellpolitik der Opec innert weniger Monate vervier- und 1979 noch einmal verdreifachte, gerieten zahlreiche Entwicklungsländer in die Schuldenfalle. 1981 mussten die ärmsten Länder fast zwei Drittel ihrer gesamten Exporteinnahmen für den Import von Erdöl aufwenden. Damit entstand eine neue Abhängigkeit: Weltbank und Internationaler Währungsfonds unterstützten die hoch verschuldeten Länder finanziell – unter strengen Auflagen: Die Länder mussten sich den sogenannten Strukturanpassungsmaßnahmen unterwerfen, die unter anderem die Abschaffung von Agrarzöllen vorsahen. Damit fiel aber der letzte Wall, der die einheimische Landwirtschaft vor den tiefen Weltmarktpreisen geschützt hatte.[23] Ein Kleinbauer in

Westafrika musste nun mit dem (subventionierten) landwirtschaftlichen Industriebetrieb in Ohio konkurrieren, der pro Arbeitskraft das Zweitausendfache an Ernte einfahren kann.[24] Dass die Landwirtschaftspolitik, die die internationalen Kreditgeber ihren Schuldnern aufgezwungen haben, nicht zu den gewünschten Resultaten geführt hat, hat mittlerweile auch die Weltbank festgestellt.[25]

Die an billiger Energie und Kunstdünger reiche Landwirtschaft führte zur Verarmung auf mehreren Ebenen: Es verarmte die Vielfalt der Nutzpflanzensorten und Nutztierrassen. So werden weltweit beispielsweise noch zwei Hühnerrassen in großem Stil kommerziell gezüchtet: eine zum Mästen und eine fürs Eierlegen. Die neuen Sorten verdrängten alte, oft sehr spezifisch an lokale Gegebenheiten angepasste Sorten, die weniger Ertrag brachten, aber gegen Trockenheit, Schädlinge, Pilzbefall oder ähnliches resistenter waren.[26] Die Agrarindustrie versucht seit zwei Jahrzehnten, Eigenschaften wie Trockenheitstoleranz oder Schädlingsresistenz mittels gentechnischer Verfahren in die modernen Pflanzensorten einzubringen – bislang mit sehr begrenztem Erfolg. Mit den lokal angepassten Sorten geraten auch lokal angepasste Agrartechniken in Vergessenheit. Ebenfalls verarmte die Vielfalt der wilden Arten. Dazu gehören sichtbare Arten wie Feldhase, Singvögel oder Ackerblumen, aber auch Insekten und teilweise noch kaum erforschte Boden(mikro)organismen, die in traditionellen Agrarökosystemen wichtige Funktionen wahrnehmen. Und schließlich verarmte die landschaftliche Vielfalt und die Vielfalt bäuerlicher Kultur. Wer den Erfolg einer landwirtschaftlichen Strategie allein an den Produktionsraten misst, begeht denselben Fehler wie der, welcher die Wirtschaft nur aufgrund des Bruttoinlandprodukts beurteilt: Er unterschlägt, dass die Produktion auf einem Abbau an Substanz beruht.

Eine der gravierendsten ökologischen Folgen einer intensivierten Landwirtschaft ist der Bodenverlust durch Erosion. Erosion gibt es natürlich nicht erst seit dem 20. Jahrhundert; die energieintensive Monokultur-Landwirtschaft hat sie aber markant beschleunigt. Um die Verluste der Bodenfruchtbarkeit wettzumachen, muss mehr gedüngt werden – was wieder Energie benötigt. Die US-amerikanische Landwirtschaft benötigt ein Zehntel der von ihr aufgewendeten Energie, um Folgen der Erosion zu kompensieren.[27]

Die umfassendste Bewertung der Landwirtschaftspolitik, die es je gab, der Bericht des Weltagrarrats IAASTD (International Assessment of Agricultural Knowledge, Science and Technology for Development) aus dem Jahr 2008, kommt denn auch zu einem umständlich formulierten, aber klaren Fazit: »Die moderne Landwirtschaft brachte bedeutende Ertragssteigerungen. Aber ihre Früchte waren ungleich verteilt und fordern einen zunehmend untragbaren Tribut, den Kleinbauern, ländliche Gemeinschaften und die Umwelt entrichten.«[28]

Der Umwelthistoriker John Perkins schreibt über die Grüne Revolution: »Wenn Erfolg eine Steigerung der gesamten Getreideproduktion meint, dann war die Grüne Revolution ein Erfolg. Wenn Erfolg meint, den Hunger zu beenden, dann war die Grüne Revolution ein Misserfolg.«[29] Nur: Ist angesichts einer Milliarde unterernährter Menschen nicht die Steigerung der Produktion das einzige Kriterium, auf das es ankommt? Wäre der Welthunger, den die Grüne Revolution nicht zu beenden vermochte, ohne Grüne Revolution nicht viel schlimmer? Müssen wir deshalb nicht auf demselben Weg weitergehen, aber die negativen ökologischen Auswirkungen bekämpfen, indem wir noch bessere Techniken und Sorten entwickeln, beispielsweise gentechnisch veränderte Pflanzen, die keine Pestizide mehr brauchen?[30] Genau das will die von der Rockefeller- und der Bill-und-Melinda-Gates-Stiftung finanzierte Alliance for a New Green Revolution for Africa unter dem Vorsitz des ehemaligen Uno-Generalsekretärs Kofi Annan.

Die Zahlen, die die Fürsprecher der Grünen Revolution vorzeigen können, sind beeindruckend. Die Flächenerträge steigerten sich im Verlauf des 20. Jahrhunderts bis auf das Zehnfache.[31] In Lateinamerika, Asien und Afrika nahm die landwirtschaftliche Produktion von 1960 bis 2000 um 190 Prozent zu[32] (allerdings ist die Bevölkerung beispielsweise in Afrika noch stärker gewachsen, sodass die Produktion pro Einwohner dort gesunken ist[33]). Die Grüne Revolution habe eine Milliarde Menschen vor dem Verhungern gerettet – eine oft zitierte Zahl.[34] Ohne Erdöl könne die Welt nur anderthalb bis zwei Milliarden Menschen ernähren, sagt der republikanische Abgeordnete Roscoe Bartlett im Film *A Crude Awakening: The Oil Crash.*[35]

Denken in Alternativen

Im vorhergehenden Kapitel habe ich das Gedankenexperiment angestellt, was wäre, wenn sich vor hundert Jahren das Elektroauto durchgesetzt hätte. Man nennt diese Form der Argumentation »kontrafaktisch«, und einige Historiker verwenden solche Argumente gerne: Was, wenn Hitler den Krieg gewonnen hätte? Was, wenn es in den USA keine Eisenbahn gegeben hätte?[36]

Solche Gedanken gelten vielen als sinnlose Spielereien. Sie haben aber mindestens eines für sich: Sie tun explizit, was wir implizit sowieso fast immer tun. Wer sagt, die Grüne Revolution habe eine Milliarde Menschen vor dem Hungertod gerettet, macht implizit eine kontrafaktische Aussage über die Welt, wie sie wäre, wenn es die Grüne Revolution nicht gegeben hätte. Der Wirtschaftshistoriker Robert Fogel kommt aufgrund (umstrittener[37]) ökonometrischer Überlegungen zum Schluss, dass das Bruttoinlandprodukt der USA im Jahr 1890 ohne Eisenbahn nur um fünf Prozent tiefer gelegen hätte als in Realität, mithin die ökonomische Entwicklung sich ohne Eisenbahn um lediglich ein bis zwei Jahre verzögert hätte. Das erstaunt, weil man weiß, dass die Eisenbahn für die Erschließung des amerikanischen Westens von zentraler Bedeutung und die Eisenbahnunternehmer die mächtigsten Wirtschaftsleute ihrer Zeit waren – und man neigt dazu anzunehmen, dass diese Erschließung ohne Eisenbahn eben nicht hätte stattfinden können. Fogel dagegen argumentiert, dass in diesem Falle das Geld, das in Wirklichkeit in die Eisenbahn floss, woanders investiert worden wäre und andere Transportarten sich entsprechend stärker entwickelt hätten.

Was wäre also gewesen, wenn es keine Agrarrevolution des 20. Jahrhunderts gegeben hätte? Einfach die Errungenschaften der Agrarrevolution, die Beiträge der fossilen Energie an die landwirtschaftliche Produktion von der heutigen Welt substrahieren – das ist zu einfach:[38] Wer so argumentiert, vergisst, dass immer verschiedene Entwicklungspfade denkbar sind. Zwischen 1960 und 2000 hat die landwirtschaftliche

Produktion in den »Entwicklungsländern« um 190 Prozent zugenommen. Selbst wenn diese Zunahme vollständig auf das Konto der Grünen Revolution ginge, bedeutete das nicht, dass ohne Grüne Revolution die Produktion heute um 190 Prozent tiefer läge. Und selbst wenn es stimmt, dass die Ertragssteigerungen der Grünen Revolution eine Milliarde Menschen ernährt haben, ist es Unsinn zu behaupten, ohne Grüne Revolution wären eine Milliarde Menschen mehr verhungert.

Die Väter der Grünen Revolution dachten nicht so simpel wie einige ihrer heutigen Fürsprecher. Sie dachten in Alternativen – in Alternativen nämlich, die es ihrer Meinung nach zu verhindern gab: »Kommunismus« (worunter sehr vieles verstanden wurde), Landreformen und »primitive« Formen des Wirtschaftens wie die Subsistenzwirtschaft. Der Terminus Grüne Revolution war als Gegenbegriff zur gefürchteten roten (kommunistischen) geprägt worden.[39] Die Grüne Revolution sollte die Gefahr mildern, dass die Entwicklungsländer sich der Sowjetunion oder China (deshalb lag ein starker Fokus der Grünen Revolution auf Reis) in die Arme warfen, und sie sollte Landreformen vorbeugen.[40] Wie sehr den USA an der Verhinderung von Landreformen gelegen war, zeigt das Beispiel Guatemala: Dessen demokratisch gewählte Regierung unter Präsident Jacobo Arbenz Guzmán führte 1952 Landreformen durch und enteignete ungenutztes Land von Großgrundbesitzern. Zu diesen gehörte auch die US-amerikanische United Fruit, die auf fünfzehn Prozent ihrer Besitzungen Bananen anbaute und den Rest ungenutzt ließ, obwohl Tausende Bauern kein oder zu wenig Land hatten.[41] United Fruit lancierte darauf in den USA eine gegen das »kommunistische Regime« in Guatemala gerichtete Public-Relations-Kampagne. Im Juni 1954 fielen von der CIA bewaffnete Truppen in Guatemala ein, stürzten die Regierung und Guatemala versank in Bürgerkrieg und Gewaltherrschaft. Chef der CIA war seit 1953 Allen Welsh Dulles, der zuvor in seiner Anwaltskanzlei die Interessen der United Fruit vertreten hatte.[42]

Auch die Ausrottung jeder auf (nationale oder individuelle) Selbstversorgung ausgerichteten Landwirtschaft war erklärtes Ziel der Befürworter der Grünen Revolution.[43]

Jenseits des Eisernen Vorhangs gab es nichts der Grünen Revolution Entsprechendes, aber auch die Sowjetunion setzte im eigenen Land wie in den von ihr unterstützten »Bruderstaaten« auf dasselbe landwirtschaftliche Entwicklungsparadigma. Die aus der Spezialisierung entstehenden Abhängigkeiten waren politisch gewünscht: Sie machten »Bruderstaaten« von der Sowjetunion und Teilrepubliken von Moskau abhängig. China versuchte einen eigenen Weg zu gehen und setzte zumindest teilweise auf Dezentralisierung, was der chinesischen Führung unter den Kritikern des Westens und der Sowjetunion viele Bewunderer einbrachte.[44] Doch auch die chinesische Landwirtschaftspolitik war auf Produktionszahlen fixiert und stark exportorientiert (um Maschinenimporte aus der Sowjetunion zu finanzieren) und strebte ihre Ziele ohne Rücksicht auf Bedürfnisse der Landbevölkerung, gewachsene Strukturen und lokale Eigenheiten an.[45] Die Rücksichtslosigkeit steigerte sich im »Großen Sprung nach vorn« (1958 bis 1961) ins Extrem und führte in die schlimmste Hungersnot des 20. Jahrhunderts.[46]

Denken wir also in Alternativen: Was wäre gewesen ohne Haber-Bosch, ohne Ammoniaksynthese, ohne Grüne Revolution?[47] Die Arbeitsproduktivität der Landwirtschaft läge heute ohne Zweifel tiefer, die Preise wären nicht derart dramatisch gefallen. Ob die Produktion dagegen ohne die Agrarrevolution des 20. Jahrhunderts markant geringer wäre, ist schon weniger gewiss. Vermutlich wäre alles langsamer gegangen. Aber die Landwirtschaft von heute wäre nicht auf dem Stand von 1900 stehen geblieben.

Die Landwirtschaft nutzte gezielt die Stickstoff fixierende Fähigkeit der Leguminosen zu einer Zeit, da niemand eine Ahnung hatte, was Stickstoff ist, geschweige, was Rhizobien sind. Die industrialisierte Revolution des 20. Jahrhunderts hat mit Agrochemikalien und schweren Ackergeräten, die den Boden verdichten, die Bodenorganismen geschädigt. Wären sie erhalten, erforscht und gezielt genutzt worden, sie hätten ebenfalls zu – langfristig vermutlich größeren – Ertragssteigerungen geführt, weil sie Erosion und die Verarmung der Böden verlangsamen.[48]

Der heutige Biolandbau, der auf einen Teil der Segnungen der Agrarrevolution des 20. Jahrhunderts verzichtet, hat Fortschritte gemacht und macht weiterhin Fortschritte. Studien zum Biolandbau kommen zum Schluss, dass dieser eine wachsende Weltbevölkerung ernähren kann.[49] Man mag diese Studien für Wunschdenken von Biolandbau-Anhängern halten, aber: Hätte die Aufmerksamkeit der Agrarforschung weltweit nicht fast ausschließlich einer energieintensiven Monokultur-Landwirtschaft gegolten, die energieextensive, ökologisch verträgliche Landwirtschaft stünde heute zweifellos an einem anderen Punkt.[50] Hätte es keine billige Energie zur Kunstdüngerherstellung gegeben, wir hätten heute vielleicht eine Landwirtschaft, deren profitabelste Formen weniger profitabel wären; wir hätten vielleicht eine Landwirtschaft der Vielfalt und der aufwendigeren, aber regional angepassten Lösungen; eine arbeitsintensive Landwirtschaft, die gerade dadurch aber viel mehr Menschen Lebensperspektiven böte.

Aber nicht nur die Landwirtschaft hätte sich anders entwickelt. Eine der ganz großen Problemursachen in den Ländern der Dritten Welt ist das Wachstum der Städte mit Geschwindigkeiten, die auch besser aufgestellte Regierungen überfordern würden. Ohne die Grüne Revolution wären die Städte weniger rasant gewachsen. Vielleicht wäre das Bevölkerungswachstum insgesamt weniger schnell gewesen: Das schnellste Bevölkerungswachstum aller Kontinente wies im letzten halben Jahrhundert Afrika auf – der Kontinent, der von den Vorteilen der Grünen Revolution am wenigsten profitierte, unter den Nachteilen der Globalisierung der Agrarmärkte aber am stärksten gelitten hat. Die Ernährungsgewohnheiten wären bei einem knapperen Angebot – bei einem weniger großen Überangebot für die Reicheren – und höheren Preisen heute anders: Es würde mit großer Sicherheit weniger Fleisch gegessen, sodass nicht wie heute der Löwenanteil der Getreideproduktion in den Industrieländern zu Futter statt Nahrung für die Menschen verarbeitet würde.[51] Und es würde weniger verschwendet: Heute landen in den reicheren Ländern 30 bis 50 Prozent der Nahrungsproduktion im Müll.[52] In den USA wirft jede Einwohnerin und jeder Einwohner durchschnittlich 1400 Kalorien pro Tag weg – die Essensration eines Kindergartenkinds. Die Verschwendung hat hier seit 1974 um die Hälfte zugenommen, und vier Prozent des gesamten US-amerikanischen Erdölverbrauchs und ein Viertel des Trinkwassers werden für die weggeworfenen Esswaren aufgewendet.[53] Es wäre vielleicht eine Welt mit weniger Übergewicht und damit verbundenen Krankheiten: Heute sind weltweit eine Milliarde Menschen übergewichtig, ein Drittel davon schwer[54] – für den Entwicklungssoziologen Raj Patel von der University of California in Berkeley sind die Milliarde Hungernde und die Milliarde Übergewichtige zwei

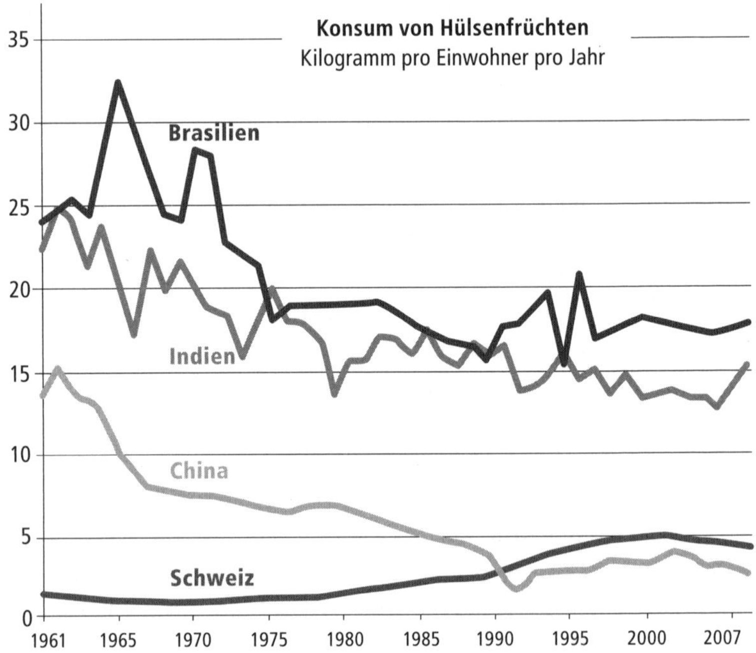

Hülsenfrüchte sind Proteinlieferanten, die sich selber mit dem nötigen Stickstoff versorgen können. Sie bringen eher spärliche Ausbeuten, düngen aber auch die nach ihnen angepflanzten Feldfrüchte und liefern Eiweiße mit wenig Energieeinsatz. Mit zunehmendem Wohlstand geht ihr Verbrauch zurück; das Eiweiß wird vor allem durch die energieintensiven tierischen Produkte ersetzt.[55]

Seiten derselben Medaille. Denn dieselbe Nahrungsmittelindustrie, die die globalen Ungleichheiten in der Landwirtschaft befördere, befördere auch die Fettleibigkeit mit ihren auf schnelle Zubereitung, schnellen Verzehr und schnelle Lustbefriedigung ausgerichteten Produkten – also mit billiger Energie vor allem in Form von Zucker und Fetten.[56] Es wäre vielleicht eine Welt mit lebendigeren lokalen Märkten und weniger Dominanz eines Weltmarkts, der seinerseits weniger von multinationalen Konzernen dominiert würde.

Und vielleicht hätte es tatsächlich ein paar erfolgreiche Landreformen mehr gegeben mit dem Resultat, dass das Land von den Menschen, die es gleichzeitig besitzen und bebauen, sorgfältiger und effektiver genutzt würde.

Wenn es von heute auf morgen kein Erdöl mehr gäbe, wäre das für die Landwirtschaft in der Tat verheerend. Wenn es gar nie eine Abhängigkeit der Landwirtschaft vom Öl gegeben hätte oder wenn der allmähliche Abschied vom Erdöl ohne Schock gelingen sollte, hätten wir eine andere Landwirtschaft – aber mit Sicherheit keine malthussche Katastrophe.

Von Kuba lernen?

Es gibt eine Insel, die ihr Peak-Oil-Trauma gewissermaßen schon erlebt hat. Sie hat in kleinem Maßstab vorgemacht, wie ein Land mit einer plötzlichen Verknappung des Energieangebots umgehen kann, und ihr Beispiel gibt einigen Anlass zu Optimismus.

Diese Insel heißt Kuba. Während des Kalten Kriegs erhielt Kuba vom »sozialistischen Bruderstaat« Sowjetunion Erdöl zu Sonderkonditionen, während die USA Kuba boykottierten. 1990 stellte die Sowjetunion ihre Lieferungen unvermittelt ein, während die USA ihre Sanktionen in den frühen Neunzigerjahren sogar noch verschärften. Gleichzeitig brach mit dem Ende der realsozialistischen Regimes in Osteuropa der wichtigste Exportmarkt Kubas weg; es fehlten Devisen für den Import. Weltbank und Internationaler Währungsfonds kamen wegen der Blockadepolitik der USA nicht als Lückenbüßer infrage.

1993 hatten die Kubanerinnen und Kubaner pro Kopf 40 Prozent weniger (kommerzielle) Primärenergie zur Verfügung als drei Jahre zuvor.[57] Die Menschen konnten kein Benzin für ihre Autos mehr kaufen. Das öffentliche Verkehrssystem war heillos überfordert. Fabriken standen still, weil es zu wenig Strom gab. Das Pro-Kopf-Einkommen sank um 37 Prozent.[58] Besonders hart betroffen war die Landwirtschaft. Kuba gehörte bis 1990 zu den Ländern mit einer ausgesprochen stark industrialisierten Landwirtschaft. Es produzierte in Monokulturen vor allem Zuckerrohr für den Export und importierte einen großen Teil der Grundnahrungsmittel. Die kubanische Landwirtschaft verbrauchte pro Hektar mehr Dünger als die Landwirtschaft der USA. Nun ging das Nahrungsmittelangebot pro Person um 20 Prozent zurück (das Fleischangebot um 35 Prozent).[59] Die Zahl unterernährter Menschen stieg rapide an, Babys kamen untergewichtig zur Welt.

Die Menschen reagierten, indem sie die Nahrung, die sie nicht mehr kaufen konnten, selber anzubauen begannen – es blieb ihnen nichts anderes übrig.[60] In den Städten wurden Gärten angelegt, wo immer das möglich war: in Parks, auf Hausdächern und Terrassen. Den meisten Menschen fehlten aber landwirtschaftliche Kenntnisse.

Die kubanische Regierung reagierte, indem sie die Landwirtschaftspolitik neu ausrichtete. Sie lockerte die Kontrolle und ließ dadurch die privaten Initiativen zu. Die großen Staatsbetriebe stellten Land, das sie mangels Treibstoff für ihre Landmaschinen nicht mehr kultivieren konnten, Privaten und kleinen Kooperativen zur Verfügung. Die Regierung engagierte für Menschen, die sich ihre Nahrungsmittel selber anzubauen begannen, Ausbildnerinnen und Ausbildner aus Australien, die nach den Grundsätzen der Permakultur arbeiteten (einer landwirtschaftlichen Methode, die versucht, natürliche Kreisläufe zu unterstützen und Synergien zu nutzen, statt mit schweren Maschinen und Agrochemikalien die Kreisläufe zu zerstören). Kuba konnte von seiner starken Agrarforschung profitieren, die bereits vor 1990 begonnen hatte, Methoden des biologischen Anbaus zu erforschen. Nun wurde die Agrarforschung konsequent auf Bio umgestellt. Heute produziert die kubanische Landwirtschaft zu 80 Prozent biologisch und Kuba setzt nur noch ein Zwanzigstel der Pestizidmenge der Achtzigerjahre ein. Die Hauptstadt Havanna kann sich aus den städtischen Gärten zu 50 Prozent selber mit Grundnahrungsmitteln versorgen. Die Regierung lancierte zudem ein Zugtier-Programm. Alte Bauern, die noch mit Ochsen zu arbeiten wussten, bildeten junge Kolleginnen und Kollegen aus. Die Zahl der Ochsen in Kuba kletterte von 163 000 auf 380 000 in den späten Neunzigerjahren. 40 000 Traktoren konnten so ersetzt werden.[61]

Zudem kaufte die kubanische Regierung in China 1,2 Millionen Fahrräder und ließ eine halbe Million im eigenen Land produzieren. Die Umstellung auf das Fahrrad fiel nicht leicht: Es gab keine Fahrradkultur, die chinesischen Eingang-Fahrräder waren schwer und die Distanzen weit. Die Stadtplanung setzte deshalb auf eine Dezentralisierung und eine Wiederdurchmischung der räumlichen Funktionen. Als Nebeneffekt gingen Zivilisationskrankheiten wie Diabetes oder Herzinfarkt zurück. Der öffentliche Verkehr wurde stark ausgebaut, indem Lastwagen zu Bussen umgebaut wurden.

Im Energiesektor setzte die Regierung auf eine Steigerung der Effizienz; vor allem in abgelegenen Gegenden wurde die erneuerbare Energieproduktion, basierend vor allem auf Biomasse und Fotovoltaik, forciert. Innert zweier Jahre wurden landesweit fast zwei Millionen Kühlschränke, 182 000 Ventilatoren, 260 000 Wasserpumpen durch effizientere Geräte ausgetauscht. Mit gratis abgegebenen Neonröhren gelang es, fast alle herkömmlichen Glühbirnen zu ersetzen. Für elektrischen Strom wurde eine Art umgekehrter Mengenrabatt eingeführt: Die ersten Hundert Kilowattstunden pro Monat und Haushalt kosten 0,09 Pesos, dann steigt der Preis bis auf 1,30 Pesos pro Kilowattstunde.[62]

Insgesamt führten die Initiativen der Menschen und die Politik der Regierung nach der Krise zu einer Regionalisierung der Wirtschaft. Die im Dokumentarfilm *The Power of Community* befragten Leute berichten übereinstimmend, der nachbarschaftliche Geist habe stark zugenommen. Es mag sein, dass der Film romantisiert, und bei Berichten über Kuba ist immer damit zu rechnen, dass sie, je nachdem, wie die Berichterstatter zum autoritären Regime der Castro-Brüder stehen, zum Guten oder Schlechten übertreiben. Aber dass Kuba seine Energiekrise gut gemeistert hat, bestätigen auch neutrale Quellen. Laut der Landwirtschaftsorganisation der Uno FAO sind heute – bei stark gewachsener Bevölkerung und weniger Düngemittel- und Pestizidverbrauch – pro Kopf mehr Nahrungsmittel verfügbar als in den 1980er-Jahren, während der Pro-Kopf-Energieverbrauch tief geblieben ist. Laut dem WWF ist Kuba heute das einzige Land, das beim Entwicklungsindex der Uno (HDI) zufriedenstellende Werte (mehr als 0,8) ausweist und beim »ökologischen Fußabdruck« im nachhaltigen Bereich liegt (weniger als 1,8 Hektar Biosphärenverbrauch pro Person).[63]

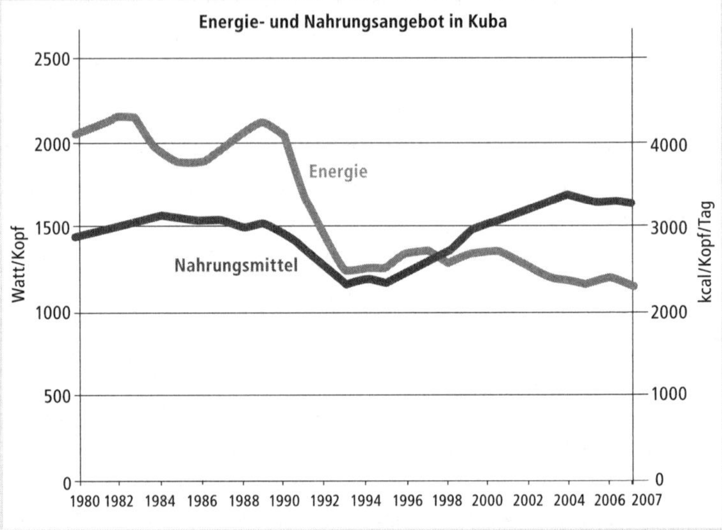

Mit dem Einbruch des Energieangebots ging kurzfristig auch die verfügbare Nahrungsmenge zurück. Das Nahrungsangebot pro Kopf übersteigt heute die Werte der 1980er-Jahre, der Energieverbrauch ist tief geblieben. Daten: IEA / FAO.

Der Technikhistoriker David Edgerton erwähnt das Ochsen-Programm Kubas als ein Beispiel, wie die Wiederbelebung alter Techniken gelingen kann.[64] Und der Entwicklungssoziologe Raj Patel spricht von einer »technisch ausgeklügelten, ökologisch und sozial nachhaltigen Landwirtschaft«, die in Kuba entstanden sei.[65]

Nahrung ist nicht irgendein Handelsgut. Das Recht eines Landes, seine eigene Landwirtschaftspolitik zu betreiben und energie- und kapitalextensive Formen der Nahrungsmittelproduktion vor der Konkurrenz durch energie- und kapitalintensive Formen zu schützen, muss höher gewertet werden als die Freihandelsideologie. Das ist kein Votum gegen eine Marktwirtschaft: Lokale Märkte müssen gestärkt werden. Die Landwirtschaft ist primär (nicht ausschließlich) auf lokale Bedürfnisse statt auf den Weltmarkt auszurichten, was in gewissen Ländern Landreformen bedingen wird. Die Agrarforschung muss, unter Beteiligung der direkt Betroffenen und unter Einbezug traditionellen Wissens, auf Nachhaltigkeit ausgerichtet werden. Eine Kultur der Vielfalt muss die Monokulturen ablösen.

Die internationale Kleinbauerngewerkschaft Via Campesina hat für dieses dem Entwicklungsmodell der Welthandelsorganisation WTO und der Weltbank entgegengesetzte Konzept den Begriff der »Ernährungssouveränität« geprägt.[66] Es ist ein radikales Konzept, gemessen an der heutigen Realität und an den Interessen derer, die über die meiste Macht verfügen. Und doch hat es mit politischem Radikalismus nichts mit zu tun: Die Berichte des – extrem breit abgestützten[67] – Weltagrarrats zielen in dieselbe Richtung.

Peak Oil und Stickstoff-Frage

Damit noch einmal zur Stickstoff-Frage. Um 1900 war die Produktion von Mineraldünger auf Salpeter angewiesen, und Salpeter war knapp. Obwohl die Synthese von Ammoniak in den Lehrbüchern der Zeit als unmöglich bezeichnet wurde, glaubte Fritz Haber daran und fand ein Verfahren dafür. Der knappe Salpeter konnte nun unter Einsatz eines anderen Rohstoffs substituiert werden: fossile Energie. Das Stickstoffproblem war gelöst, aber die Lösung gewährte letztlich nur einen Aufschub, da auch die Vorkommen der fossilen Energieträger endlich sind. Der Entwicklungspfad, der überhaupt zur Stickstoff-Frage geführt hat, konnte mit gesteigertem Elan weitergegangen werden, und noch heute steigt der Bedarf an Stickstoff-Kunstdünger weltweit, obwohl die negativen Auswirkungen dieser Entwicklung längst offensichtlich sind.

Heute erscheint Peak Oil, der baldige Rückgang der Erdölreserven, als ebensolches Problem wie seinerzeit die Stickstoff-Frage. Auch Erdöl könnte theoretisch ersetzt werden unter Einsatz von Substituten, die in riesigen Mengen verfügbar und sogar erneuerbar sind: Sonnenenergie, Wind, Erdwärme. Vielleicht gelingt's (ich komme in Kapitel 7 darauf zurück), die Menschheit gewinnt ein paar Jahrzehnte und wir können den Entwicklungspfad weiterverfolgen, der uns in die Erdölabhängigkeit gebracht hat. Aber auch das wird nur ein Aufschub sein, wenn die Wirtschaft ständig weiterwächst und immer mehr Energie verschlingt.

Vielleicht hieße eine Lehre aus der Stickstoffgeschichte des 20. Jahrhunderts, dass es wichtiger wäre, sich auf alternative Entwicklungswege statt nur auf alternative Energien zu besinnen.

4 Raum und Zeit

Der Verkehr ist der große Disziplinierer. Ein verkehrspädagogisches Plakat des Automobil-Clubs der Schweiz (ACS) zeigt, wie sich der ACS 1934 den »geordneten Straßenverkehr« vorstellte. Wer sich nicht in den vorgesehenen Bahnen bewegt, wird vom Polizisten zurechtgewiesen. Spielende Kinder haben keinen Platz.

Die Welt wird kleiner, sagt man. Das ist wohl richtig – wenngleich dieses Kleinerwerden nur für einen privilegierten Teil der Menschheit auch ein Zusammenrücken ist: Zum globalen Dorf gehören auch die Mauern und Zäune an der Süd- und Ostgrenze der Europäischen Union oder an der Südgrenze der USA, gehören Schengen-Personendatenbanken und biometrische Pässe zur Abwehr unerwünschter Migration.

In der Systemlogik unseres Wirtschaftens, wenn nicht unserer Gesellschaft schlechthin, ist gut, was wächst – aber ausgerechnet die Welt »wird kleiner«. Wenn etwas in dieser Welt grandios ist, so doch zuallererst die Welt selbst. Man kann ihr Kleinerwerden nur als zivilisatorischen Fortschritt verstehen, wenn man die Welt mit ihren Weiten, ihren geografischen und kulturellen Differenzen, ihrer Vielfalt verachtet – wenn man in ihr in erster Linie ein Hindernis sieht, das es zu überwinden gilt. Die Weite dieser Welt ist großartig; sie er-fahren zu können, indem man reist, ebenso. Aber sich die Weite auf von der Außenwelt abgeschotteten Autobahnen zu erfahren, sie zu überfliegen, ohne die Nähen durchmessen zu müssen, in Hochgeschwindigkeitszügen durch Tunnels und zwischen Lärmschutzwänden hindurchzurasen: diese Möglichkeit allzu schneller Weite wird durch Verlust an Nähe erkauft.

»Durch die Eisenbahnen«, schrieb Heinrich Heine 1843, »wird der Raum getötet und es bleibt nur noch die Zeit übrig. Hätten wir nur Geld genug, um auch die letztere noch anständig zu töten!«[1] Wie viel mehr gilt das heute für Auto und Flugzeug!

Ursache für das Kleinerwerden der Welt sind in erster Linie Transporttechniken für Menschen und Waren, von den Segelschiffen, mit denen die Portugiesen und Spanier im 15. Jahrhundert die Welt entdeckten, bis zu den Billigfliegern unserer Zeit; in zweiter Linie Kommunikationstechniken. Die Transporttechniken gehören zu den wichtigsten Energieanwendungen unserer Zeit, gemessen an ihrem Anteil am Gesamtenergieverbrauch, und es ist die Energieanwendung, deren Verbrauch am schnellsten wächst.[2] Kommunikationstechniken gehören zu den wichtigsten Energieanwendungen, was ihre Allgegenwart angeht, und sie sind Erfüllungsgehilfen der Transporttechniken: Ohne elektronische Leitsysteme ist der heutige Verkehr undenkbar, ohne internetbasierte Tracking-Systeme gibt es keine Just-in-time-Logistik, und der Telegraf wurde nur dank der Eisenbahn wichtig – zuvor hatte niemand das Bedürfnis, mit Menschen, die sich woanders befanden, in Echtzeit zu kommunizieren.[3] Transport- und Kommunikationstechniken haben zur Entstehung einer globalen Kultur beigetragen, dank der heute auch ein globalisiertes Leben lebt, wer selber nicht reist und kein Internet nutzt.

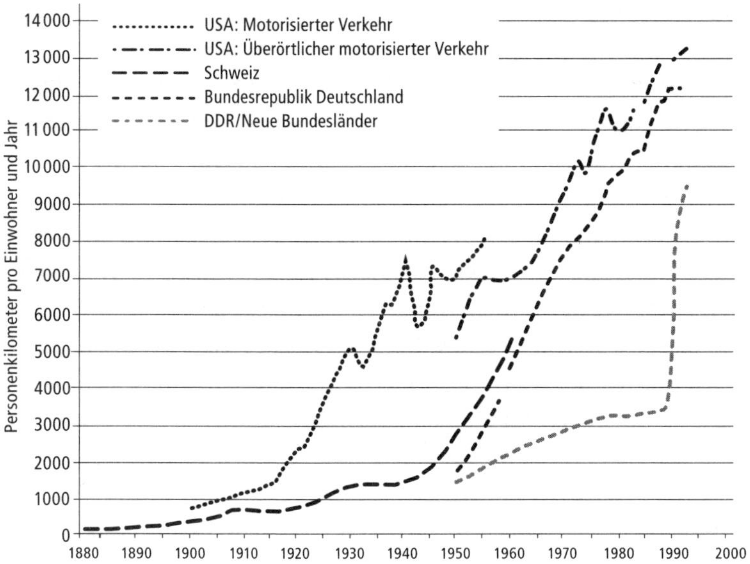

Entwicklung der durchschnittlich zurückgelegten Personenkilometer pro Person und Jahr im 20. Jahrhundert. Die Grafik stellt die Resultate verschiedener Studien zu den USA, Deutschland und der Schweiz zusammen.[4]

Im Verkehr offenbart sich das Verhältnis unserer Gesellschaft zu Energie besonders deutlich. Das gilt insbesondere für das Auto. Ginge es nur darum, von A nach B zu gelangen, wäre das Auto einfach ein Werkzeug des Vorwärtskommens: Es wäre eine Energieanwendung wie andere auch. Niemand weiß und ist stolz darauf, wie viele Watt seine Haushaltsgeräte leisten. Was aber die Autoindustrie verkauft, ist »Fahrerlebnis«; was dieses Erlebnis ausmacht, was das Auto zu einem derart emotionalen, mythischen Gegenstand, zu »*dem* zentralen ikonischen Objekt der Industriegesellschaften«[5] macht, ist das Erleben von Leistung – also von Energieumsatz. Watt respektive Pferdestärken sind Status. Autofahren ist ein ausgesprochen archaischer Umgang mit Energie: Fahrerleben ist das Erlebnis, wie unerhört sich die kleine Kraftanstrengung beim Drücken des Gaspedals zu Kräften potenziert, die der menschliche Körper von sich aus nie erreichen könnte. Energie wird sinnlich erlebbar, wenn die Beschleunigung einen in den Sitz drückt; sie wird sinnlich erlebbar im Lärm (der von den Sound-Designern der Autoindustrie eigens getunt wird); sogar die Riechbarkeit des Energieträgers Benzin gehört zum Erlebnis. Es ist die Leistung – also Energieumsatz –, deren Inszenierung Autorennen zu einer der populärsten Sportarten macht. Nirgends wird so unmittelbar erfahrbar wie im Autoverkehr, dass Energieanwendung Macht bedeutet. Ich werde deshalb dem Auto besondere Aufmerksamkeit widmen.[6]

Doch zur Vorgeschichte des Autos gehört das Verkehrsmittel, das, mit den Worten des Kulturhistorikers Wolfgang Schivelbusch[7], Raum und Zeit industrialisiert hat: die Eisenbahn.

Eisen, Kohle, Raum

Die Eisenbahn galt zunächst dem Gütertransport, namentlich dem Transport von Eisen und Kohle: der beiden Elemente, aus der ihre Bewegung gemacht war. Die ersten Schienennetze entstanden im späten 18. Jahrhundert in den Kohlerevieren Englands und Wales'. Als erste »richtige« Eisenbahn gilt die 1825 eröffnete Bahn zwischen Darlington und Stockton-on-Tees in Nordostengland; sie transportierte in erster Linie Kohle. Energie bereitzustellen gehörte immer schon zu den energieaufwendigsten Unternehmen. Energie aufwenden, um mehr Energie zu gewinnen: das ist die Logik der Skalenökonomien.

Die Eisenbahn veränderte Raum- und Wirtschaftsstruktur. Pferdefuhrwerke oder Fußgänger müssen ungefähr doppelt so viel Energie aufwenden, wenn sie eine doppelt so lange Strecke zurückzulegen. Bei der Eisenbahn war das anders: Die schweren Züge benötigten hohe Energien zum Beschleunigen, aber (auf ebener Strecke) wenig Energie, wenn sie ihre Reisegeschwindigkeit erst einmal erreicht hatten. Über längere Strecken war der Transport somit plötzlich billiger als über kurze Strecken im Pferdefuhrwerk oder auf von Pferden getreidelten Kanalschiffen.[8] (Das heißt nicht, dass die Eisenbahn das Pferd verdrängte: Weil die Eisenbahn das Verkehrsvolumen insgesamt steigerte, stieg der Bedarf nach Pferden für die kurzen Zubringerstrecken. Im damaligen Eisenbahnland Großbritannien erreichte die Zahl der Transportpferde erst um 1930 ihren Höchststand, am meisten Pferde besaßen die Bahngesellschaften.[9] Auch hier gilt: Neue Techniken machen alte Techniken nicht einfach obsolet.)

Die Eisenbahn verstärkte einen Konzentrationsprozess, der schon vom Energieträger Kohle ausgegangen war. Vor der Nutzung der Steinkohle mussten große Industriebetriebe in der Nähe ihrer Energielieferanten liegen, was im Falle von Eisenhütten, Glashütten oder Salinen Wälder waren. Ihre Größe aber war begrenzt, denn je größer ein Industriebetrieb, desto größer sein Holzkohlebedarf und desto größer die Waldfläche, die er brauchte – wurde aber die Fläche zu groß, auf der das Holz beschafft werden musste, so wurde die Sache unwirtschaftlich. Fabriken, die die Wasserkraft nutzten, verteilten sich entlang der Fließgewässer übers Land.[10] Erst die Kohle und der billige Kohlentransport mit der Eisenbahn ermöglichten die Entstehung großer Industriezentren.

Heute bewirken Containerschiffe und Luftfracht ähnliche Konzentrationsprozesse im globalen Maßstab. Die Eisenbahn indes eignete sich zumindest im Personenverkehr bald schon als Nahverkehrsmittel: Das Rollmaterial wurde immer leichter, seit die Lokomotiven elektrisch statt mit Dampfkraft fuhren. Wenn sich heute aber die Eisenbahngesellschaften in vielen Ländern immer mehr auf die Hochgeschwindigkeitsstrecken konzentrieren, so nehmen sie die raumprägende Eigenschaft der frühen, schweren Eisenbahnen wieder auf: Hochgeschwindigkeitszüge sind nur auf langen Strecken stark. Raumstrukturen, die sich auch dank engmaschigen Eisenbahnnetzen ausgebildet haben und ein Leben ohne Auto ermöglichten, zwingen nun, da die Bahn sich aus der Fläche zurückzieht, zum Autobesitz.

»Vorteilhafte Einwirkung auf die Nerven«

Obwohl für den Güterverkehr entwickelt, wurde die Eisenbahn schon bald beliebt für den Personentransport. Wer es sich leisten konnte, reiste mit der Eisenbahn schon um 1900 komfortabel und schnell durch ganz Europa oder Nordamerika. Kulturschaffende und Intellektuelle führten mitunter ein rastloses Leben kreuz und quer durch den Kontinent.[11]

Aber wie das Reisen bequemer wurde, verlor es einen Teil seiner sinnlichen Qualität. Dieser Verlust an Unmittelbarkeit gegenüber dem Reisen mit der Pferdekutsche, diese »Vernichtung von Raum und Zeit« empfanden die Zeitgenossen (die reicheren, denn die ärmeren reisten sowieso zu Fuß) als Verlust.[12] Der Schriftsteller Thomas de Quincey schrieb 1849: »Wenn wir in der alten Postkutsche saßen, brauchten wir zur Feststellung der Geschwindigkeit keinen Beleg außer uns selbst (...); wir hörten die Geschwindigkeit, wir sahen sie, wir spürten sie als Erregungszustand; diese Geschwindigkeit war nicht das Produkt blinder und empfindungsloser Kräfte, die in keinem Einklang mit uns standen, sondern sie lebte in den feurigen Augen des edelsten Tieres, in seinen erweiterten Nüstern, seinem Muskelspiel, seinen donnernden Hufen.«[13] In der Eisenbahn hingegen kamen sich die Menschen wie durch die Landschaft »geschossen« vor: Die Eisenbahn als Projektil war häufige Metapher.[14] Der schreibende Tourist Otto Julius Bierbaum notierte 1910: »Die Eisenbahn transportiert uns – und das ist der direkte Gegensatz des Reisens.«[15]

Dieser Verlust wurde unter anderem durch das Aufkommen des Sports kompensiert.[16] Und nun tauchte, zeitgleich mit der Erfindung des modernen Sports, ein neues Gerät auf, das sportliches Unterwegssein versprach: das Auto. Bierbaums Klage gegen das Transportiertwerden in der Eisenbahn war eine Lobschrift auf das Automobil. Das Automobil war in seinen Anfängen ein Sportgerät.[17]

Meyers Großes Konversationslexikon von 1909 feiert das Auto in seinem Artikel »Motorwagen«: »Das Fahren im M. bewirkt wie jede mechanische Gymnastik eine regere Tätigkeit des gesamten Organismus, besitzt aber den sonstigen gymnastischen Methoden gegenüber bemerkenswerte Vorzüge. Der Zimmergymnastik gegenüber kommt insbes. der frische Luftstrom in Betracht (...). Mit der wohltuenden Ausspannung durch die landschaftliche Szenerie und der Entlastung der inneren Organe geht Hand in Hand eine höchst vorteilhafte Einwirkung auf die Nerven.«[18] Richtet der Reisende in der Eisenbahn seinen Blick seitwärts nach draußen und sieht die Landschaft an sich vorbeiziehen, so blickt der Autofahrer seinem Ziel entgegen. Muss sich jener dem Fahrplan unterwerfen, ist dieser Herr seiner eigenen Zeit. Lässt sich jener von einer ihm fremden Energie durch den Raum »schießen«, so eignet sich dieser die Energie an, indem er sein Fahrzeug lenkt.

Natürlich gilt das alles auch und sogar in besonderem Maße für das Fahrrad. Auto-, Motorrad- und Fahrradfahrer organisierten sich in denselben Clubs, die sich als Sportclubs verstanden.[19] Dennoch überrascht es wenig, dass das Radfahren nie die Bedeutung des Autofahrens (oder des Reitens in vorindustriellen Gesellschaften) erreichen konnte: Seine Sportlichkeit war dann doch eine allzu unmittelbare (sprich: anstrengende). Vor allem aber fehlt dem Fahrradfahren der Machtaspekt, über eine äußere Energiequelle, die die Kraft des eigenen Körpers weit übersteigt, verfügen zu können.[20]

Gülle, Nagelbretter und rote Flaggen

Das Autofahren als anregende, gesunde Tätigkeit: Das war die Sicht derer, die drinnen saßen (und vielleicht noch der Zuschauerinnen und Zuschauer von Autorennen). Für die draußen sah und sieht es ganz anders aus, auch wenn sich fast alle so sehr ans Auto gewöhnt zu haben scheinen, dass sie nicht mehr realisieren, wie sehr es ihr Leben beeinträchtigt.

Autofahrerinnen und Autofahrer übten (und üben) ihren »Sport« inmitten bewohnter Räume aus, und das mit Geschwindigkeiten, die dem Menschen sonst fremd sind. Im Leben eines Menschen vor dem Auto gab es fast nichts, was schneller war als ein Fußgänger: Pferde – aber die wurden über Land schnell geritten, nicht innerorts. Eisenbahnen – aber die hielten sich an ihre Schienen. Über Kutschen wurde schon früh geklagt – »Die Reichen und Vornehmen mit ihren Kutschen besitzen das barbarische Vorrecht, das Volk auf der Straße zu überfahren und zu verstümmeln«, klagt der Pariser Louis-Sébastien Mercier 1786[21] –, aber das beschränkte sich auf die großen Städte. Ivan Illich schreibt, dass sich noch im Jahr 1970 »in den beiden typischen mexikanischen Staaten Guerrero und Chiapas (...) weniger als ein Prozent der Bevölkerung auch nur ein einziges Mal in weniger als einer Stunde weiter als 15 Kilometer bewegt« habe.[22]

Was den Menschen einst als normale Verkehrsgeschwindigkeit galt, zeigen die frühsten Geschwindigkeitsvorschriften. Das Red Flag Act in Großbritannien, das von 1865 bis 1896 galt, erlaubte dampfgetriebenen Straßenfahrzeugen innerorts eine Geschwindigkeit von 2 Meilen (3,2 Kilometer), außerorts eine solche von 4 Meilen pro Stunde. Dass das Gesetz zudem vorschrieb, vor dem Fahrzeug habe jemand mit einer roten Fahne herzugehen und die Passantinnen und Passanten zu warnen, mag heute lächerlich erscheinen. Wenn wir heute aber unsere Kindergartenkinder mit reflektierenden Bändeln ausstatten, um sie auf die Straße zu schicken, so hat sich lediglich die Pflicht, auf sich aufmerksam zu machen, von den potenziellen Tätern auf die potenziellen Opfer verschoben.

In der Schweiz ließen die ersten Straßenverkehrsgesetze in den meisten Kantonen innerorts 10 und außerorts 30 Stundenkilometer zu. Das erste deutsche Reichsgesetz zum Straßenverkehr sah 1909 innerorts ein Tempolimit von 15 Stundenkilometern vor, während man außerorts kein Tempolimit für nötig hielt (die Autos waren nach heutigen Begriffen ja noch nicht sehr schnell).[23]

Aber auch mit den ersten, für unsere Begriffe tiefen Tempolimits waren die Autos den damaligen Nichtautomobilisten ein Ärgernis. Es kam zu tätlichen Übergriffen. Um nur ein paar Beispiele aus der Schweiz zu nennen: 1908 wurde am Walensee ein amerikanischer Automobilist von der Bevölkerung misshandelt, 1909 der Milliardär Vanderbilt im Kanton Luzern von Bauern verprügelt, ebenso wie ein Jahr später ein deutscher Kavalleriehauptmann. Das Bewerfen von Autos mit Gegenständen war alltäglich. 1911 leerte ein Knecht am Zürichsee ein Güllenfass in ein Auto. Nagelbretter wurden auf die Straßen gelegt, und gegen die besonders gefürchteten gespannten Drahtseile gab es eigens Abwehrvorrichtungen zu kaufen.

Man kann die damaligen Zeitgenossen als hoffnungslos bornierte Technikfeinde betrachten – aber vielleicht zeigen ihre Reaktionen, wie Menschen, die noch nicht durch Gewöhnung korrumpiert sind, auf die Zumutungen von Maschinen reagieren, die ihre Dörfer lärmend und stinkend durchrasen und ihnen die Straße als Lebensraum streitig machen.

Der Kanton Graubünden erließ 1900, weltweit einmalig, ein Autoverbot.[24] Die Regierung wollte das Verbot schon bald wieder aufheben, doch die Stimmbürger bestätigten es nicht weniger als neunmal an der Urne. Erst nachdem der Bund 1922 die Öffnung einiger Straßen erzwungen, die Regierung das Verbot durch zahlreiche Ausnahmen durchlöchert und die Polizei es nicht durchgesetzt hatte, siegten die Autobefürworter 1925 in der zehnten Abstimmung knapp (die Abstimmung soll gezielt auf den Sommer gelegt worden sein, damit die Bauern, die auf der Alp waren, nicht teilnehmen konnten). »Bündner Volk, wach auf!«, hieß es 1920 auf einem Abstimmungsplakat. »Vor neun Jahren hast du dich mit gewaltiger Wucht geweigert, dein freies Alpenland zum Tummelplatz des Autos erniedrigen zu lassen (...). Im nächsten Sommer soll das Auto auf deinen Straßen fahren. Willst du das? Wir hoffen: Nein!« Der Erhalt der Freiheit (»freies Alpenland«), der Schutz vor Erniedrigung und die Verteidigung des Gemeinbesitzes (»deine Straßen«) lauteten die überaus vernünftigen Argumente.[25]

Verkehrsberuhigung

Vor vielen Jahren, ich war noch ein Kind, berichtete mein Vater nach einer Geschäftsreise nach Belgien, es gebe dort Schwellen in den Straßen, die die Autos am schnellen Fahren hinderten. Wo ich lebte, gab es dergleichen nicht, und es schien mir eine absurde Idee zu sein, die Funktionalität der Straße mit Schwellen absichtlich einzuschränken. Später lernte ich den Sinn solcher Maßnahmen verstehen und schätze heute einige Schwellen in Straßen, die ich öfter mit Fahrrad und Kinderanhänger befahre. Und doch bin ich mittlerweile wieder der Meinung, dass meine erste Spontanreaktion richtig war.

Die Straßen haben sich seit dem Aufkommen des modernen Verkehrs von Lebensräumen für Menschen in Fahrbahnen verwandelt. Das hatte, etwa in Frankreich, Vorläufer schon in der Zeit des Absolutismus: Paris verbot im späten 17. Jahrhundert Wirtshaus- und Ladenschilder, um das Straßenbild im Interesse des Verkehrs freizuräumen – fahrzeuggerechte Straßen sind auch herrschaftsgerechte Straßen.[26] Seither wird das Straßenbild ausgeräumt, werden Straßen begradigt, asphaltiert und verbreitert.[27] All das bewirkte nicht nur, dass schneller gefahren werden kann: Indem der Blick des Fahrers sich auf der geraden, von Sichthindernissen freien Straße weit in Richtung seines Ziels richten kann, verliert er aus dem Auge, was rechts und links passiert. Der Verkehr wird doppelt gefährlicher, die Straße dysfunktional.

Dieser Dysfunktionalität setzt man, als Verkehrsberuhigungsmaßnahmen, nun Schwellen, versetzte Parkplätze oder Fahrbahnverengungen entgegen. Um die bestehenden, fahrzeugfreundlichen Straßen mit geringem Aufwand menschenfreundlicher zu machen, ist das gewiss eine gute Strategie. Wenn man aber fortfährt, die Straßen verkehrsfreundlich zu planen, um sie dann menschenfreundlich zu ergänzen, statt sie für eine tiefe Fahrgeschwindigkeit auszulegen: dann ist das ein Schildbürgerstreich.[28]

Ähnliches gilt für das sogenannte Roadpricing, also das Erheben von Mautgebühren zum Zweck der Verkehrssteuerung. Dient Roadpricing dazu, den Verkehr zu verteuern, kann das zur Verkehrsreduktion beitragen und als Übergangsstrategie sinnvoll sein. Es ist aber fragwürdig, Straßen zu bauen und die Bürgerinnen und Bürger zu einem gewissen Grad zu zwingen, diese auch zu benutzen – um dann für ebendiese Benutzung die hohle Hand zu machen. Wird Roadpricing indes dazu genutzt, die Verkehrsinfrastruktur effizienter zu nutzen, indem die Maut auf den direktesten, schnellsten und deshalb am stärksten befahrenen Verbindungen zu Stoßzeiten höher ist, so kommt das einer Erhöhung der Kapazität der Infrastruktur gleich – und hat ein vermehrtes Verkehrsaufkommen zur Folge.

Heute zahlt, wer die beliebtesten Verkehrsverbindungen zur Stoßzeit befährt, seinen Preis in Form von Zeit, die er im Stau oder im stockenden Verkehr verbringt. Ein auf »Optimierung« des Verkehrsflusses ausgerichtetes Roadpricing bietet den Verkehrsteilnehmerinnen und Verkehrsteilnehmern die Wahl, einen Preis – den Zeit-Preis – durch einen anderen – die Maut – zu ersetzen. Die Automobilisten können den schnelleren, aber teureren Weg wählen – oder das Geld sparen und den Preis in Form von Zeit entrichten. Das ist das Unsoziale an einem solchen Roadpricing: Die Währung Zeit ist für alle dieselbe, Geld jedoch ist für den billiger, der mehr verdient – der Verkehr würde für Reiche billiger und für Arme teurer. »Jenseits einer kritischen Geschwindigkeit«, schreibt Ivan Illich, »kann niemand Zeit ›sparen‹, ohne dass er einen anderen zwingt, Zeit zu ›verlieren‹. Derjenige, der einen Platz in einem schnelleren Fahrzeug beansprucht, behauptet damit, seine Zeit sei wertvoller als die Zeit dessen, der in einem langsameren Fahrzeug reist.«[29]

Auch Sicherheitstechniken im Fahrzeug wie Gurten oder Airbags zivilisieren den Autoverkehr nicht – im Gegenteil. Es gibt offenbar ein Maß an Risiko, das ein Mensch einzugehen bereit ist. Wird ein Auto technisch sicherer gemacht, kompensiert der Fahrer oder die Fahrerin dies durch riskanteres Fahrverhalten – die Verkehrspsychologie spricht von »Risikokompensation«. Das heißt aber: Für die anderen Verkehrsteilnehmer steigt das Risiko. In Großbritannien sank der Anteil der Fußgängerinnen und Fußgänger an allen Verkehrstoten seit der Nachkriegszeit stetig – bis er nach der Einführung des Gurtenobligatoriums 1983 um ein Fünftel nach oben schnellte.[30] Besonders fatal sind Bestrebungen, Autos mittels Funksignalen »kommunizieren« zu lassen: Solcherart ausgerüstete Autos, so der Traum der beteiligten Ingenieure, würden die Bremsung einleiten, bevor es zur Kollision kommt, wenn der Fahrer ein anderes Auto übersieht.[31] Die Autofahrer würden so von der Notwendigkeit aufzupassen entlastet, der Verkehr würde noch mehr zur Angelegenheit von Maschinen und weiter entmenschlicht, nachdem satellitengestützte Navigationssysteme auch schon die Orientierung im Raum zur Sache der Maschine gemacht haben. Unter die Räder käme, wer sich an dieser Kommunikation nicht beteiligt: Fußgänger, Radfahrer, Tiere.

All das heißt nicht, dass es keine Möglichkeiten gäbe, das Auto technisch zu zivilisieren. Man braucht nicht allzu weit zu suchen – das einfachste Mittel wäre zugleich das wirksamste: schwächere Motoren. (Es gibt keinen einsichtigen Grund, Autos zuzulassen, die schneller fahren können als die höchste im jeweiligen Land zugelassene Geschwindigkeit.) Technisch möglich sind heute auch per Funk ferngesteuerte Tempomaten. Fährt ein Auto beispielsweise in eine Tempo-30-Zone ein, verhindert ein solches Gerät das Fahren mit höherer Geschwindigkeit. Wirksam wäre auch ein Fahrtenschreiber.

Raserei, Faschismus, Freiheit

Die Automobillobbys waren stärker als ihre Gegner. Die Straßen wurden nicht nur von den Autos okkupiert, es wurden Straßen exklusiv für sie gebaut. In den USA entstand 1913 bis 1915 der Lincoln Highway von New York nach San Francisco, der aber noch keine Autobahn im heutigen Sinne war. Die erste kreuzungsfreie und richtungsgetrennte Straße nur für Autos entstand in Deutschland, ein zehn Kilometer langes Stück zwischen Grunewald und Nikolaisee. Der Bau begann 1911 und dauerte wegen des Kriegs zehn Jahre. Es folgte die 1924 eröffnete Autobahn zwischen Mailand und Varese, darauf kurze Autobahnabschnitte wiederum in Deutschland, die auf private Initiative gebaut wurden.

Richtig los ging es nach der Machtergreifung der Nazis. Wenige Tage nach seinem Machtantritt legte Hitler ein Programm zur »Volksmotorisierung« vor. Am 27. Juni 1933 wurde das Gesetz zur Gründung der Reichsautobahngesellschaft verabschiedet, und am 23. September tat der Führer persönlich den ersten Spatenstich zur ersten Reichsautobahn in Frankfurt Schwanheim.

Diese ersten »autogerechten« Straßen entstanden, als es für sie (in Europa) noch gar keinen Bedarf gab.[32] Die autogerechte Straße ging dem autobahngerechten Auto voraus und brachte es hervor: Laut dem Nazi-Autobahnbaumeister und späteren Reichsminister für Bewaffnung und Munition, Fritz Todt, sollte die Reichsautobahn der Industrie Ansporn sein, »erst einmal die Maschinen zu bauen, die für die Straßen schnell genug sind«.[33] Die Automobilindustrie war nicht erfreut: »Autobahnen bauen? Dass unsere Motoren verrecken?«, empörte sich Wilhelm von Opel.[34]

Die *autostrade* waren in Italien genauso zentraler Bestandteil der faschistischen Propaganda, wie es die Autobahnen für die Nazis waren. Hitler versprach den Bürgern auf der Automobilausstellung 1934 den Volkswagen, das Auto für jedermann (das erst nach dem Krieg das Licht der Welt erblickte – abgesehen von wenigen Exemplaren, die aber nicht ans Volk gingen, sondern an Nazi-Parteieliten), Italien hatte seinen Topolino (Fiat Cinquecento, ab 1936) als Träger der »Volksmotorisierung«. 1923 schaffte Italien, 1934 Deutschland jedes Tempolimit ab – selbst innerorts! (1939 wurde in Deutschland innerorts wieder eine Geschwindigkeitsbegrenzung eingeführt, und Italien verbot 1940 privaten Autobesitz – man wollte im Krieg dann doch lieber Kanonenfutter als Straßenverkehrstote.[35]) Autobahnen spielten eine wichtige Rolle in Hitlers Plänen, die neu eroberten Gebiete im Osten ans Reich anzubinden. Henry Ford, der die Massenmobilisierung in den USA zuwege brachte, war glühender Antisemit und bewunderte Hitler, wie dieser ihn bewunderte.

Die Nähe von Faschismus und Autobegeisterung ist kein Zufall, auch wenn die Autofixiertheit schließlich (fast) alle politischen Richtungen erfasste.[36] Damit will ich nicht sagen, alle Autofahrerinnen und Autofahrer seien verkappte Faschisten. Aber man sollte sich doch bewusst sein, wessen Erbe der ungehemmte Automobilismus ist und weshalb die Nazis und Faschisten so autobegeistert waren: Es ist die totalitäre Herrschaft des Starken über das Schwache, die der Faschismus mit dem energieintensiven Individualverkehr teilte. Es war die schnelle Maschine, die den Faschisten gefiel – und die tötende. »In den Bewegungen, welche die Maschinen von den sie Bedienenden verlangen, liegt schon das Gewaltsame, Zuschlagende, stoßweis Unaufhörliche der faschistischen Misshandlungen«, schreibt Adorno.[37] Niemand hat die gesellschaftlichen Verheerungen durch das Automobil so explizit herbeigesehnt wie der futuristische Schriftsteller und Vordenker der Faschisten Filippo Tommaso Marinetti in seinem *Futuristischen Manifest* von 1909: »Ein aufheulendes Auto, das auf Kartätschen [Artilleriegeschossen] zu laufen scheint, ist schöner als die Nike von Samothrake. (...) Zeit und Raum sind gestern gestorben. Wir leben bereits im Absoluten, denn wir haben schon die ewige, allgegenwärtige Geschwindigkeit erschaffen. (...) Wir wollen den Krieg verherrlichen – diese einzige Hygiene der Welt –, (...) und die Verachtung des Weibes. (...) Ergreift die Spitzhacken, die Äxte und die Hämmer und reißt nieder, reißt ohne Erbarmen die ehrwürdigen Städte nieder!«[38]

Kriegsverherrlichung, Frauenverachtung, Autobegeisterung, Geschwindigkeitsrausch. Gewiss war das von Marinetti darauf angelegt, die Bürger zu erschrecken – aber diese Bürger sollten wenig später darangehen, sein Programm umzusetzen. Die Weltkriege und der aufs Auto ausgerichtete Städtebau waren ihre Spitzhacken.

Stadtplanung gegen die Städte

Die Architekten, Raum-, Stadt- und Verkehrsplaner[39] machten mit. Das begann mit einem Ausnahmefall bereits im 19. Jahrhundert: mit Baron Haussmann, diesem »Attila der geraden Linie«,[40] der für seine Avenues in Paris ganze Viertel niederreißen ließ. Das hatte zwar auch militärischen Zweck – Truppen konnten besser aufmarschieren, revoltierende Bürgerinnen und Bürger sich weniger gut verstecken –, es war aber vor allem verkehrstechnisch gedacht: »Die Straßen, die Haussmann schafft, dienen allein dem Verkehr. Das unterscheidet sie von den mittelalterlichen Gassen, die sie vernichten, und deren Funktion weniger der Verkehr war, als Schauplatz zu sein für nachbarschaftliches Leben.«[41]

Was Haussmann der Stadt Paris planmäßig und brutal antut, ist in der europäischen Geschichte des 19. Jahrhunderts einzigartig, aber der Autoverkehr wird im 20. Jahrhundert dasselbe den Städten und Dörfern Europas, teils geplant, teils ungeplant und ebenso brutal, antun. Wichtige Städtebauer der Moderne wandelten auf Haussmanns Spuren. Der einflussreichste Städtebauer des 20. Jahrhunderts, Le Corbusier, träumte davon, große Teile von Paris und fast ganz Moskau abzureißen und durch Städte zu ersetzen, die für das Auto ausgelegt und deren Häuser vom Auto inspiriert waren: »Wenn das Problem des Wohnens, der Wohnung wie ein Chassis angegangen würde, könnte man bald feststellen, wie sich unsere Häuser verändern und verbessern.«[42] Le Corbusier schwärmte für autoritäre Regimes: Mussolini, eine Zeit lang die Sowjetunion, später Vichy-Frankreich; nicht für die Nazis – aber Hitlers Autobahnpläne lobte er noch nach Kriegsbeginn.[43] Was von Le Corbusiers Plänen realisiert wurde, war allerdings bei Weitem nicht so destruktiv wie seine urbanistischen Visionen. Als städtebauliche Tendenz der Zeit bildete sich die räumliche Trennung der Funktionen heraus. Die Congrès Internationaux d'Architecture Moderne (CIAM), an denen sich die wichtigsten Architekten beteiligten, erhoben die »funktionelle Stadt« in der von Le Corbusier redigierten *Charta von Athen* zum Programm: Wohnen, Arbeiten, Freizeit und Verkehr hießen die Funktionen, die es zu trennen galt (die Funktionen Kultur und Politik fehlten, wie der Städte- und Technikhistoriker Lewis Mumford anmerkte, den die CIAM um ein Vorwort gebeten hatten).[44]

Während man in Europa theoretisierte, war eine autogerechte Stadt- und Landschaftsplanung in den USA bereits am Werk. Im Staat New York legte Robert Moses in den Zwanziger- und Dreißigerjahren ein Netz von *Parkways* an – Autobahnen, die dem Landschaftsgenuss dienen sollten – und zwischen ihnen die dazugehörigen Parks. Eisenbahntrassen wurden zu Straßen umgebaut. Das Paradestück des New York State Park Plan, die Strandanlage Jones Beach, bot Parkplätze für 10 000 Autos. Ohne Auto aber war sie nicht zugänglich: Die Brücken und Tunnels wurden so gebaut, dass sie für Autobusse nicht passierbar waren. Wer zu arm war für ein eigenes Auto, war in dieser schönen Welt unerwünscht. Nach dem Zweiten Weltkrieg entstanden in Nordamerika ganze Städte, in denen man ohne Auto nicht leben kann. Shopping Malls fungierten als Vorbilder der Stadtplanung.[45] Vorstädte wurden absichtlich fußgängerfeindlich gebaut, weil zu Fuß gehende und herum stehende Menschen an das Elend der Wirtschaftskrise erinnerten.[46]

All das war keine zwingende Entwicklung. Das Erdöl, die Elektrizität und die Motorisierung des Straßentransports hätten auch dezentralere Raumentwicklungen ermöglicht als die Kohle und die schweren frühen Eisenbahnen.[47] Allein der Weg war eingeschlagen: Was die architektonische Moderne am programmgetreusten in den neuen Städten und Suburbs Nordamerikas sowie in Ländern der dritten Welt (Chandigarh, Brasilia) umsetzte, führte die von der Kohle angestoßene Raumentwicklung fort.

Nestown: Nachhaltige Städteplanung in Äthiopien

Ende Juni 2010 steigt in der Gemeinde Bura am Tana-See in Äthiopien ein Fest: Gefeiert wird die Gründung einer neuen Stadt. Buranest soll eine Modellstadt werden, die die Zukunft ganz Äthiopiens verändern könnte. Die zweite Hälfte des Stadtnamens steht für »New Ethiopian Sustainable Town« (Neue Äthiopische Nachhaltige Stadt), kurz Nestown – ein Städtekonzept, das Architekten und Städtebauer aus der Schweiz und aus Äthiopien in den vergangenen Jahren entwickelt haben.[48] Die Bewohner der Gemeinde Bura, einer traditionellen Bauern- und Viehhaltergemeinde, haben das gemeinschaftliche Weideland für die Stadtgründung hergegeben.

Äthiopien ist eines der »am wenigsten entwickelten Länder« *(Least Developed Countries* im Uno-Jargon) und weist eine der am schnellsten wachsenden Bevölkerungen weltweit auf. Zwischen 80 und 90 Millionen Menschen lebten 2010 in Äthiopien; 2025 sollen es laut Prognosen 120 Millionen sein. Waren um 1900 siebzig Prozent des Landes von Wald bedeckt, so sind es heute noch drei Prozent. Weidegründe sind übernutzt und der Erosion ausgesetzt. Die Zahl der Menschen, die auf dem Land kein Auskommen mehr finden, beträgt rund 30 Millionen. Sie ziehen in die existierenden großen Städte oder bauen sich auf dem Land entlang von Straßen ihre Hütten in der Hoffnung, eines Tages eine Arbeit zu finden.

Um die großen Städte zu entlasten und die wilde Zersiedelung – und damit Zerstörung – des Landes zu stoppen, setzt die Regierung auf eine Urbanisierungsstrategie. Dutzende, vielleicht Hunderte neuer städtischer Zentren sollen in den nächsten Jahren entstehen, die migrierende Landbevölkerung aufnehmen und ihr neue wirtschaftliche Perspektiven bieten. Nestown ist das Modell dafür.

Mit dem großen Gestus, mit dem im 20. Jahrhundert Städte wie Chandigarh oder Brasília gegründet wurden, hat Nestown nichts gemein. Aber auch nicht mit einem zeitgenössischen Vorzeigeprojekt, das weltweit sehr viel Medien- und Investorenaufmerksamkeit erregt hat: der Retortenstadt Masdar City im Emirat Abu Dhabi, deren Planer, der britische Stararchitekt Norman Foster, Nachhaltigkeit vor allem mit viel Geld und Hightech erreichen will.

Nestown ist ein Städteraster. Seinen Kern bildet ein zentraler Platz, um den herum sich die wichtigsten Funktionen der Stadt befinden: Schulen, Stadtverwaltung, Markt und Bank, Gemeinschaftszentrum mit Gesundheitszentrum und Kindergarten.[49] Von hier aus strahlen vier Achsen in die Umgebung aus, entlang derer die Stadt wachsen kann – wobei die künftigen Stadtbewohnerinnen und Stadtbewohner ihre Häuser und Gärten innerhalb des vorgegebenen Rasters selber bauen sollen. Zu diesem Zweck werden, unter anderem von der aus der französischen Université de Grenoble heraus entstandenen Organisation Craterre[50], Baumaterialien aus lokal verfügbaren Rohstoffen auf ihre Eignung geprüft. Lehm und Bambus kommen zum Einsatz; ein Kaktus liefert einen Saft, mit dem sich die Konstruktionen aus Erde imprägnieren lassen. Holz steht zum Bauen kaum mehr zur Verfügung. Mit Nahrungsmitteln versorgt sich die Stadt aus ihrem Hinterland, mit dem sie eng verzahnt bleibt, sowie aus städtischem Gartenbau. Buranest ist auf etwa 20 000 Bewohnerinnen und Bewohner angelegt; zusammen mit zwei nahe gelegenen Städten entsteht eine Agglomeration von 100 000 Personen.

Mit Energie ist Äthiopien relativ gut versorgt. Das Land ist reich an Wasserkraft und exportiert Strom. Für einen westlichen Lebensstil indes reicht das bei Weitem nicht aus. Das Nestown-Konzept sieht vor, nur gewerbliche Nutzungen ans Stromnetz anzubinden. Die Haushalte sollen sich über Solarzellen selbst mit Strom versorgen. Auch das Wasser wird nicht in die Häuser geführt: Entweder bereiten die Haushalte selber Regenwasser auf, oder sie holen Wasser an den städtischen Brunnen. Zum Kochen dienen Solarkocher; nur wenn die Sonne nicht scheint, soll mit Holz gekocht werden – auf sparsamen Herden, die möglichst gemeinschaftlich betrieben werden.

Heute sind die Menschen in der Region hauptsächlich zu Fuß unterwegs. Das Rad, sagt Peter Schenker, einer der Väter von Nestown, könne sehr vieles erleichtern. Dabei spricht er nicht von Motorfahrzeugen – sondern von Fahrrädern, Handkarren, Eselskarren. Damit eine städtische Mobilität (fast) ohne Motoren funktioniere, sei das Wichtigste die Raumorganisation. Eine Stadt in der Größe von Buranest müsse ihren Bewohnerinnen und Bewohnern fast alles bieten, was sie zum Leben brauchten. Für den Austausch mit außen können durchaus Lastwagen zum Einsatz kommen – Lastwagen, die man gemeinsam besitzt.

Gemeinschaftlich soll vieles funktionieren in den Nestowns: So spart man Ressourcen. Die Stadt soll den Rahmen bieten, der das erleichtert. »Es ist ein Ziel, dass die Menschen lernen, zusammen zu leben, zusammen zu arbeiten, ein Bad gemeinsam zu nutzen und so weiter«, sagt Schenker. Ganz wichtig sei zum Beispiel das gemeinsame Energie- und Informationsmanagement. Es werde Leute geben müssen, die – quartiersweise – mit modernen Informationstechniken wie dem Internet die Informationen beschafften, die die Menschen zum Leben und Wirtschaften brauchten. Dieses Lernen, meint Schenker, werde nicht ohne Reibungen funktionieren, zumal die Bauern und Viehzüchter eher individualistisch orientiert seien. Aber so seien auch die mittelalterlichen Städte Europas entstanden: »Man schloss sich zusammen gegen einen gemeinsamen Feind. In Äthiopien sind die gemeinsamen Feinde Hunger und Armut. Gegen sie hat man nur gemeinsam eine Chance.«

Derzeit wird der Aufbau von Buranest vom Schweizer Benjamin Stähli koordiniert, dessen Lohn die ETH Zürich zahlt. Er will sich in ungefähr zwei Jahren zurückziehen; Buranest soll dann selber und ohne Hilfe von außen weiter wachsen.

Ebenfalls eine Frucht der schweizerisch-äthiopischen Zusammenarbeit ist das Ethiopian Institute for Architecture, Building Construction and City Development in der Hauptstadt Addis Abeba, das die Addis Ababa University und die ETH Zürich Ende 2009 gemeinsam gründeten. Marc Angélil, Architekturprofessor an der ETH, forscht über die Stadtentwicklung in Addis Abeba. Fast euphorisch schreibt er über den größten Markt

Afrikas, den Mercato von Addis: »Mit Blick auf diese uns fremde Form von Marktwirtschaft fragen wir uns, ob deren Prinzipien nicht nachhaltiger sind als die, welche der Westen propagiert.« Der riesige Markt organisiere sich vor allem in Kleinunternehmen und Kooperativen selbst – und setze sich gegen Bedrohungen zur Wehr. Als ein malaysischer Investor den ganzen Stadtteil habe kaufen wollen, um ihn in ein »modernes« Geschäftsviertel zu verwandeln, hätten sich die Bewohner und Bewohnerinnen im Protest organisiert, wodurch neue Formen partizipativer Planung entstanden seien. »Das Nachdenken über Addis Abeba zeigt uns, dass das, was als rückständig erscheint, in Wirklichkeit eine fortschrittliche Taktik ist, das Diktat des globalen Kapitals durch gemeinschaftliche Aktion zu umgehen.«[51]

Angélil meint, die Schweiz könne von Äthiopien lernen. Wird es so etwas wie einen »Technologietransfer« geben – von den »Entwicklungs-« zu den »entwickelten« Ländern? »Wer weiß, vielleicht werden wir eines Tages Kaktussaft aus Äthiopien verwenden, um unsere eigenen Lehmbauten zu imprägnieren«, sagt Peter Schenker. »Aber was es eher geben wird und was mir viel wichtiger erscheint, ist ein Bewusstseinstransfer. Wir haben in der Schweiz sehr viel Geld – aber das Thema ist dasselbe: Wir verlieren wertvolles Land durch den sorglosen Umgang damit. Wir leben auf demselben Planeten.«

Es gibt in den USA eine Position in der heutigen Raumplanung, die die Zersiedelung *(urban sprawl)* als etwas begrüßt, was die Menschen wollen – sonst würden sie es ja nicht tun. Gezielte Raumplanung zur Verhinderung von Zersiedelung lehnt diese Position im Sinne eines Laissez-faire ab.[52] Der Verkehr wächst, also muss ihm Raum geboten werden. Diese Position redet einer Sachzwang-Politik das Wort – im Namen des Liberalismus. Und sie übersieht, dass weder Zersiedelung naturwüchsig entsteht noch der Verkehr von allein wächst. Diese Entwicklungen sind gemacht – durch Planung (es gibt im Infrastrukturbereich keine Nichtplanung), durch konsequente Privilegierung des Verkehrs im Allgemeinen und des motorisierten wie des privaten im

Speziellen, durch Marktmacht von Transport-, Automobil- und Erdölindustrie und durch massive direkte und indirekte Subventionierung.

Auf Kosten der anderen

Der Verkehr hätte sich nicht so entwickeln können, wie er sich entwickelt hat, wäre er nicht massiv von den Staaten unterstützt worden und hätte er nicht einen großen Teil der Kosten, die er verursacht, auf die Allgemeinheit überwälzen können.

Winfried Wolf zeigt in seinem Standardwerk *Verkehr Umwelt Klima*[53] mit vielen Daten, wie die Staaten in der Neuzeit das Transportwesen immer schon mitfinanziert haben und wie sie es in jüngster Zeit besonders stark tun – durch Subventionen, durch den Aufbau und den Unterhalt der Transportinfrastrukturen auf Staatskosten oder durch Privilegien für private Transportunternehmen. Die amerikanischen Eisenbahngesellschaften erhielten zwischen 1850 und 1871 achtzehn Prozent des damaligen Territoriums der USA geschenkt. Seit dem 19. Jahrhundert und bis heute kam es immer wieder zu mitunter spektakulären Zusammenbrüchen von Eisenbahn- oder Luftfahrtsgesellschaften, nach denen der Staat, der diese Gesellschaften zuvor mit Landschenkungen und Subventionen gefördert hatte, sie nun mit ihren Schulden übernehmen musste – um sie nicht selten später, wenn sie mit Steuergeldern saniert waren, wieder zu privatisieren.

Im 20. Jahrhundert galt die staatliche Unterstützung zunehmend dem privaten Motorverkehr, und diese Unterstützung ging mit einer gezielten Demontage des öffentlichen Verkehrs einher. In den USA kauften nach der Weltwirtschaftskrise der Autohersteller General Motors, Standard Oil und der Reifenfabrikant Firestone über drei Jahrzehnte systematisch öffentliche Transportsysteme auf, um sie stillzulegen, wie 1974 eine Untersuchung des Senats belegte. In Europa gab es auf dem Gebiet der späteren EU-15 im Jahr 1930 438 Straßenbahnsysteme, von denen 1970 nur noch ein Viertel existierte. Ein Teil der abgebauten Straßenbahnen wurde durch U-Bahnen ersetzt: Man schuf dem Autoverkehr Platz, indem man die Verkehrsteilnehmerinnen und Verkehrsteilnehmer ohne eigenes Auto unter den Boden verbannte. Das Eisenbahn-Mutterland Großbritannien zerstörte in den 1960er-Jahren 25 000 von seinen fast 60 000 Streckenkilometern; in Deutschland legte die Bahn zwischen 1993 und 2006 5500 Kilometer still und hängte ganze Regionen vom Eisenbahn-Fernverkehr ab. Dafür wuchsen die Autobahnnetze: Das Highway-Netz der USA hat sich von 1970 bis 2006 verdoppelt, das europäische vervierfacht. Die Schwellen- und Entwicklungsländer fahren im selben Fahrwasser – oft beraten von westlichen Entwicklungsagenturen. Und für diese scheint Fortschritt gleichbedeutend zu sein mit Motorisierung. In einem Bericht der Weltbank zum chinesischen Verkehrssektor aus dem Jahr 1980 taucht der Begriff Fahrrad gar nicht auf – in einer Zeit, da das Fahrrad das mit Abstand dominierende Verkehrsmittel in China war. Brasilien hat seine Bahnen auf Empfehlung der Weltbank privatisiert – heute spielt der Personenverkehr auf der Schiene in Brasilien praktisch keine Rolle mehr. In Mexiko wurde der Personen-Bahnverkehr nach dem Beitritt Mexikos zum Nordamerikanischen Freihandelsabkommen praktisch eingestellt, in Argentinien verkehrten ein Jahrzehnt nach der Bahnprivatisierung in den frühen Neunzigerjahren nur noch auf einem Zehntel des Netzes Personenzüge.[54] Der Grad der Motorisierung galt und gilt vielen Entwicklungstheoretikern bis heute als Maß des Fortschritts. Dem liegt die archaische Idee zugrunde, Fortschritt liege vor allem dann vor, wenn es gelinge, körperliche Energie durch den Einsatz von Fremdenergie einzusparen.

Was wollen die Inder?

»Auch die Inder (wahlweise: »die Chinesen« etc.) wollen den westlichen Lebensstandard erreichen und Auto fahren, und es ist nicht an uns Westlern, ihnen das zu verbieten«: Das Argument taucht in der Umwelt-und-Technik-Debatte immer wieder auf.

Dass es nicht am reichen Westen ist, dem armen Indien etwas zu verbieten, ist natürlich richtig (wobei es bis heute nicht das arme, sondern das reiche Indien ist, das Autos kauft). Aber: Wollen »die Inder« tatsächlich westlichen Lebensstandard erreichen – mit 500 und mehr Autos auf 1000 Einwohnerinnen und Einwohner?

Einige wollen das auf jeden Fall; zu ihnen gehört Premierminister Manmohan Singh. 2006 hat die indische Regierung einen *Automotive Mission Plan*[55] vorgelegt. Er sieht unter anderem vor, dass Indien in die Liga der wichtigsten Autoproduzenten aufsteigen soll. Schon zuvor wurde der Autobahnbau forciert. Die Weltbank gewährte Indien allein in den Jahren 2000 bis 2002 Kredite in der Höhe von 1,845 Milliarden Dollar für den Autobahnbau. Aber die Regierung ist nicht »die Inder«, und die Weltbank dient nicht deren Interessen.

Was wollen die Inder? Ich weiß es nicht und zweifle, ob es irgendjemand (die Inderinnen und Inder eingeschlossen) weiß. Jede und jeder verkehrt in gewissen Kreisen, die nicht repräsentativ sind für die Gesamtbevölkerung, und die Korrespondentinnen und Korrespondenten westlicher Medien, die dazu beitragen, wie wir hierzulande Indien wahrnehmen, gehören mit ihren Westsalären in Indien zur Oberschicht. Sie neigen deshalb – beim besten Willen, sich für das ganze Land zu interessieren – zu einer Sicht, die Interessen der Reichen überschätzt.

Zumindest einzelne Inderinnen und Inder wollen nicht, dass Indien blindlings dem Weg des Westens folgt; Mahatma Gandhi war der prominenteste. Die Umwelt- und Landwirtschaftsaktivistin Vandana Shiva will es ebenso wenig. Sie beschreibt, wie sich Indien in den letzten Jahren wegen des Autos verändert hat:[56] Dominierten bis vor wenigen Jahren noch Fußgänger, Fahrräder, Rikschas und Kühe das Straßenbild der meisten indischen Städte, so wird der nicht motorisierte Verkehr seither planmäßig verdrängt. Delhi und Kalkutta etwa haben Fahrradrikschas 2006 aus ihren Straßen verbannt (Motorrikschas blieben zugelassen); Lakhnau (Uttar Pradesh) und Guwahati (Assam) verbieten den nicht motorisierten Verkehr auf den meisten Durchgangsstraßen für die meiste Zeit. Gehsteige und Gehwege werden verkleinert oder beseitigt, um dem Motorverkehr Platz zu schaffen.

Die Folgen sind fatal. Drei Viertel aller Bewohner Delhis haben wegen der Auto- und Motorradabgase gesundheitliche Beschwerden. 230 Menschen werden auf Indiens Straßen täglich getötet (täglich fast 3

Tote allein in Delhi) und 3500 schwer verletzt. Und während in den hochmotorisierten Ländern die meisten vom Auto Getöteten selber Automobilistinnen und Automobilisten sind, stellen in Asien Fußgängerinnen, Radfahrer oder Passagiere öffentlicher Busse die erdrückende Mehrheit der Opfer.[57] Shiva nennt als Beispiel den 180 Kilometer langen Autobahnabschnitt zwischen Agra und Mathura in Uttar Pradesh, wo allein jeden Tag »mindestens vier Verkehrsteilnehmer umkommen oder schwer verletzt werden«. Besonders gefährlich sind die Abschnitte, wo Dörfer unmittelbar an der Straße liegen – den Menschen bleibt oft nichts anderes übrig, als zwischen zwei Autos über die Straße zu rennen, wollen sie auf ihre Felder gelangen.

Was wollen die Inder? 15 von 1000 Inderinnen und Indern besitzen ein Auto;[58] ihre Freiheit hat von der Autoförderung der Behörden profitiert. 985 besitzen kein Auto, sie haben verloren. Was wollen die Inder? Vielleicht träumen viele der 985 ohne Auto tatsächlich davon, selber ein Auto zu besitzen. Das ist verständlich: Nur so haben sie eine reelle Chance, die Mobilität wiederzuerlangen, die sie einst zu Fuß, mit dem Fahrrad oder der Rikscha besessen haben.

Die große Ausnahme in dieser Tendenz stellt die Schweiz dar: Ihr Eisenbahnverkehr hat sich seit 1970 bis 2005 verdoppelt.[59] Die Dienstleistungsqualität des öffentlichen Verkehrs in der Schweiz ist, verglichen etwa mit den Nachbarländern, hervorragend. Doch die Schweiz hat gleichzeitig mit dem Schienenangebot auch ihr Straßennetz kräftig ausgebaut, während eine nachhaltige Raumplanung ausblieb – mit dem Resultat, dass der Verkehr in beiden Bereichen stark gewachsen ist. Die S-Bahnen tragen ihren Teil zur Zersiedelung bei, und wer sich nun dank der S-Bahn ein Haus im Grünen leistet und täglich mit der Bahn zur Arbeit pendelt, fährt abends und am Wochenende oft umso mehr mit dem Auto ins Kino, in den Sportklub oder zum Einkaufen. Und so weist denn das Eisenbahnland Schweiz gemessen an der Einwohnerzahl mehr Straßenverkehr aus als das Autoland Deutschland.[60]

Bis heute werden weltweit alle Verkehrsträger mit Ausnahme der nicht motorisierten (Fußgänger, Fahrräder) stark subventioniert, der Straßenverkehr aber – selbst in der Schweiz – am stärksten. Das hat auch damit zu tun, dass Transportkosten als sogenannte Transaktionskosten gelten. Im Theoriekonstrukt des perfekten Marktes darf es nur vernachlässigbare Transaktionskosten geben, da diese gewissermaßen die Reibungsverluste des Marktes sind und dessen »vollkommenes« Funktionieren behindern. Also verbilligen die Staaten den Transport – mit dem Resultat, dass der Anteil der Transport- an der Gesamtwirtschaft steigt und Transaktionskosten also nicht ab-, sondern zunehmen.

Das Städtenetzwerk ICLEI untersuchte 2005, wie viel der Autoverkehr deutsche Städte kostet. Das Resultat lautete, dass die Automobilistinnen und Automobilisten durchschnittlich nur 29 Prozent der von ihnen verursachten städtischen Ausgaben (ohne die sozialen und ökologischen Kosten) über Straßenverkehrsabgaben (Steuern, Gebühren, Bußen) selber decken; in Dresden und Düsseldorf gar nur ein Siebtel. Durchschnittlich kostet das Auto diese Städte jährlich 145 Euro pro Einwohnerin und Einwohner, in Düsseldorf gar 250 Euro.[61]

Noch stärker »subventioniert« wird der Verkehr aber dadurch, dass er die Schäden, die er verursacht, nur zu einem kleinen Teil selber trägt. Das Konzept der sogenannten externen Kosten – damit bezeichnet man Kosten, die nicht von denen getragen werden, die sie verursachen – ist ein problematisches Konzept, wenn man diese Kosten in konkrete Zahlen zu fassen versucht. Um eine Idee von den Größenordnungen zu geben, will ich hier dennoch solche Zahlen nennen. Die laut Wolf »derzeit am meisten zitierte Arbeit« zu den externen Kosten des Verkehrs in Westeuropa wurde im Auftrag der Union Internationale des Chemins de Fer erstellt und zuletzt 2004 aktualisiert.[62] Demnach beliefen sich diese Kosten 2000 für die damalige EU und die Schweiz auf 7,3 Prozent des Bruttoinlandprodukts. 98 Prozent davon verursachten der Straßen- und Luftverkehr.[63] 7,3 Prozent des BIP bedeuten, dass Westeuropäerinnen und Westeuropäer jedes Jahr fast einen Monat Fron leisten, um die offenen Kosten des Verkehrs zu begleichen (in Osteuropa beträgt diese Zahl etwa das Doppelte).[64]

Die erfassten Kosten setzen sich (in dieser Reihenfolge) zusammen aus dem Anteil des Verkehrs am Klimawandel, aus Luftverschmutzung, Unfallkosten, Lärmkosten, Landschaftszerstörung, Zerschneidung von Städten und der Raumknappheit in städtischen Regionen. Dass der Verkehr die Menschen aus dem öffentlichen Raum verdrängt oder dass lokale (Wirtschafts- und andere) Strukturen zerstört werden, ist in dieser Rechnung nicht berücksichtigt. Eine solche Studie muss immer unvollständig bleiben: Es lässt sich nicht in Zahlen fassen, wie sehr der Verkehr eine Gesellschaft, ihre Kultur und die Mobilitätserwartungen auf eine Weise prägt, die wiederum nicht nachhaltiges Handeln hervorbringt.

Elektroautos gegen den Klimawandel?

Kaum eine Lösungsstrategie gegen den Klimawandel wird öffentlich so sehr beachtet wie die Elektromobilität (womit in aller Regel Elektroautos gemeint sind und nicht etwa die heute schon vorwiegend elektrisch betriebenen Eisenbahnen, Straßenbahnen und Trolleybusse). Die deutschen Grünen forderten im Bundeswahlkampf 2009 eine Million Elektroautos bis 2020 (wer hätte sich in den Achtzigerjahren träumen lassen, die Grünen würden dereinst eine Million Autos fordern!). Die schwarz-gelbe Regierung hat dasselbe Ziel in ihren Koalitionsvertrag geschrieben, das Bundesministerium für Forschung hat im Frühjahr 2010 den Nationalen Entwicklungsplan Elektromobilität über 200 Millionen Euro aufgelegt.[65] Die meisten Medien bezeichnen Elektroautos umstandslos als umweltfreundlich, das *Magazin* des Zürcher *Tages-Anzeigers* hat gar schon verkündet, ein Elektroautopionier habe »gerade das Öl- und das Klima-Rätsel gelöst«.[66]

Dass ich nichts davon halte, Elektroautos zu fördern und gleichzeitig an einer Mobilitätsstruktur festzuhalten, die mit dem Verbrennungsmotor entstanden ist, habe ich bereits erwähnt. Aber taugen elektrisch betriebene Autos wenigstens als Übergangslösung? Bringen sie zumindest eine ökologische Entlastung – oder hat Harald Welzer recht, der im Elektroauto den »vielleicht dümmsten Zukunftsentwurf von allen« sieht?[67]

Die Forschungsanstalt Empa hat 2010 eine Studie publiziert, die sich dieser Frage widmet.[68] Sie hat dabei – nach eigenen Angaben erstmals – auch die Herstellung und Entsorgung der Batterien bewertet. Fazit: Lädt man die Batterie eines Elektroautos mit einem durchschnittlichen europäischen Strommix, so entspricht seine Umweltbilanz ungefähr der eines Benziners, der drei bis vier Liter Benzin pro Hundert Kilometer verbraucht. Das tönt gut, denn es liegt weit unter dem Durchschnitt heutiger Autos. Lädt man die Batterie mit Strom aus erneuerbaren Quellen, fällt die Ökobilanz des Elektroautos noch viel besser aus.

Eine gute Ökobilanz freut den Autobesitzer und die Autoindustrie, die gerne mit »umweltfreundlichen« Fahrzeugen wirbt. Doch die Logik – wer sein Elektroauto mit Ökostrom betankt, fährt umweltfreundlich – greift zu kurz. Tankt nämlich ein Elektroautobesitzer Ökostrom, steht dieser Strom einem anderen Stromkonsumenten nicht mehr zur Verfügung, der nun Strom aus einem Kohlekraftwerk bezieht. Ob aber ein Elektroautoboom dazu führen wird, dass mehr Strom aus erneuerbaren Quellen produziert wird – und nicht etwa mehr Atom- oder Kohlekraftwerke gebaut werden –, ist zu bezweifeln.[69] Will man nicht die individuelle Ökobilanz, sondern die Gesamtwirkung inklusive ihrer indirekten Folgen messen, muss man mit dem durchschnittlichen Mix rechnen. Drei bis vier Liter auf Hundert Kilometer tönt zwar gut – aber es gibt heute Autos mit Verbrennungsmotoren, die weniger verbrauchen.

Und nun gilt es noch eine indirekte Wirkung zu beachten: Wer elektrisch fährt, nimmt Nachfragedruck vom Erdöl weg. Sollten Elektroautos tatsächlich einen signifikanten Anteil am Automarkt erreichen, fiele das ins Gewicht – und senkte den Druck auf den Ölpreis. Benzin würde billiger und die Autos mit Verbrennungsmotoren könnten für gleich viel Geld weiter fahren. Für die Autoindustrie ist das Elektroauto vor allem eine Strategie, ihr Mobilitätsmodell über eine Verknappung des Erdöls hinaus zu retten und andere Energiequellen für das Auto nutzbar zu machen – ob das nun Kohle, Atomkraft oder Sonnenenergie sei. Und die Industrie kann sich, unterstützt mit den Millionen, mit denen die Staaten die Elektromobilität subventionieren, ein grünes Image geben.

Für das Elektroauto wird ein weiterer Punkt ins Feld geführt: Millionen von Batterien in Millionen elektrischer Autos könnten einen Beitrag zu einem »intelligenten« Stromnetz *(smart grid)* leisten, indem sie Strom dann aus dem Netz bezögen, wenn er reichlich vorhanden (also billig) ist, und ihn dann, wenn er knapp und teuer ist und das Auto gerade nicht benutzt wird, wieder ans Netz abgäben. Das hülfe in einer künftigen Stromversorgung mit einem hohen Anteil Wind- und Sonnenenergie, deren Schwankungen auszugleichen; heute würde es vor allem den Betreibern von Atomkraftwerken helfen, ihren überschüssigen Nachtstrom loszuwerden. Automobilistinnen und Automobilisten könnten das Auto so programmieren, dass es »weiß«, wann es benutzt wird und also eine volle Batterie haben soll. In der restlichen Zeit würde es als Stromspeicher und -makler fungieren und so gleich noch Geld für seinen Besitzer verdienen.

Die Idee ist hübsch. Doch ihr liegt eine Annahme zugrunde, die falsch ist: dass Autobesitzer rational funktionieren und ökonomisch kalkulieren. Täten sie das, besäßen sie ganz andere Autos – oder gar keine. Das Auto ist, selbst wenn die meisten es Tag für Tag für die gleiche Strecke benutzen, in erster Linie das Versprechen, jederzeit überall hinfahren zu können. Muss man ihm mitteilen, wann man es benutzen will, könnte man sich geradesogut an einem Car-Sharing beteiligen und viel mehr Geld sparen, als man mit einem Strommakler-Auto verdient. Mit einem Elektroauto, das gerade dabei ist, Strom zu verkaufen, kann man nicht sofort davonfahren – denn eine leere Batterie lässt sich nicht so schnell füllen wie ein Benzintank.

Das ist kein Plädoyer gegen elektrisch betriebene Individualfahrzeuge – man sollte nur die Prioritäten richtig setzen. Reduziert man den motorisierten Individualverkehr, löst man sich von den mit dem Verbrennungsmotor entstandenen Erwartungen an Geschwindigkeit, Leistung, Fahrzeuggröße und individuellen Fahrzeugbesitz – dann wird man den Restverkehr sinnvollerweise elektrisch betreiben![70]

Ivan Illich schreibt von der »Wasserscheide«, die jede Technik erreiche, wenn sie sich ungehemmt entwickle; überschreite sie diese, werde die Technik dysfunktional, das Werkzeug, das dem Menschen sein Leben erleichterte, zur Bürde.[71] Das Auto ist das Paradebeispiel einer solchen Technik. Mit seinem Siegeszug zerstörte das Automobil die Freiheit, die es versprach.

Wenn Massen von Geräten sich mit Geschwindigkeiten bewegen, die das menschliche Maß übersteigen, verlangt das strenge Regulierung. In kaum einem Lebensbereich ist die Regeldichte so hoch wie im Straßenverkehr. Der Straßenverkehr wird zum großen Disziplinierer, in erster Linie der Fußgängerinnen und Fußgänger, der Radfahrerinnen und Radfahrer – aber eben auch der Automobilistinnen und Automobilisten selber.

Die Autobahn vollendet das automobile Prinzip und führt es ad absurdum. Sie soll verbinden, kann das aber nur, indem sie in der Nähe radikal trennt. Keiner kreuzt den Weg des anderen; wer nicht mit der Masse rast, zu langsam fährt oder gegen den Strom, ist eine Gefahr. Nichtbegegnung ist Prinzip. Der Automobilist und die Automobilistin wollen Landschaften erleben und bekommen Landschaftssurrogate zu sehen. Die Nazis inszenierten Landschaft.[72] Man pflanzte Eichen, um den auf der Autobahn Dahinrasenden »deutsche Landschaft« zu bieten. Nationales, nicht individuelles Erleben war angesagt.[73] Heute imitieren Autobahnraststätten Dörflichkeit.

Im Stau, im täglichen Pendelverkehr reiht das Individualfahrzeug Auto seinen Fahrer ein in Autofahrermassen, mit denen er sich im Gleichschritt zu bewegen hat; seine Individualität reduziert sich auf den Bereich des »Häuslichen« – die mehr oder minder liebevolle Auswahl und Ausgestaltung des Fahrzeugs, seine Anverwandlung als Fetisch. Das ist der Bürger, wie ihn der Faschismus sich wünscht, und die Gewalt dieser Masse gleichgeschalteter Individuen richtet sich gegen die, die nicht zu ihr gehören.

2005 hat das Mineralölunternehmen Aral in Deutschland eine Studie publiziert, die den Motivationen und Selbstbildern der Autofahrerinnen und Autofahrer nachspürt.[74] Allein schon die Kapiteltitel sind aufschlussreich; eine Auswahl: »Das Auto als Rüstung«, »Das männliche Prinzip«, »Das Auto als emotionaler Fetisch/Partnerersatz«, »Das Auto als Wohnzimmer«, »Es sind immer die anderen«, »Ich-Welt statt Umwelt«. Wenn das Auto Rüstung ist; wenn der Autofahrer als Ritter unterwegs ist, dann will er sich über die anderen erheben. Je weniger ihm das gelingt, desto größer werden Frustration und Aggression. Die Selbstgerechtigkeit, mit der Autofahrerinnen und Autofahrer Fußgängervortritte missachten, falsch parken oder zu schnell fahren, und das Unverständnis, wenn Fußgängerinnen und Fußgänger sich darüber ärgern, hat mit dem Auto als Rüstung zu tun: Man ist nicht Ritter, um sich mit dem Fußvolk auf gleiche Stufe stellen zu lassen.

Kapitulation

Die augenfälligsten Kosten des Verkehrs sind die Toten und Verletzten. 40 Millionen Menschen hat das Auto seit seiner Erfindung getötet. Jedes Jahr kommen laut der Weltgesundheitsorganisation WHO 1,2 Millionen Tote und 45 Millionen Verletzte (davon 20 Millionen Schwerverletzte) dazu.[75] Das sind aber nur die Unfallopfer – rechnet man die Opfer von Luftverschmutzung und Lärmbelastung dazu, so dürften jedes Jahr weltweit 3 Millionen Menschen vom Auto getötet werden.[76]

Während die Zahl der Unfalltoten weltweit ansteigt, kehrte in den stark motorisierten Ländern in den 1970er-Jahren der Trend. In der Schweiz beispielsweise – für vergleichbare Länder sieht die Entwicklung ähnlich aus – starben 1977 1308 Menschen in Straßenverkehrsunfällen (davon 359 Fußgängerinnen und Fußgänger), 2008 »nur« noch 349 (davon 60 Fußgängerinnen und Fußgänger).[77]

Wesentlich weniger deutlich ist indes die Zahl der Unfälle, die Verletzte oder Tote forderten, zurückgegangen. Die Wahrscheinlichkeit, einen Unfall zu überleben, ist markant gestiegen: In der Schweiz kam 1977 auf 24 Verletzte ein Toter, 2008 noch auf 72 einer. Das ist ein Indiz dafür, dass weniger die Verkehrssicherheit als vor allem Unfallmedizin und Rettungswesen besser geworden sind.[78]

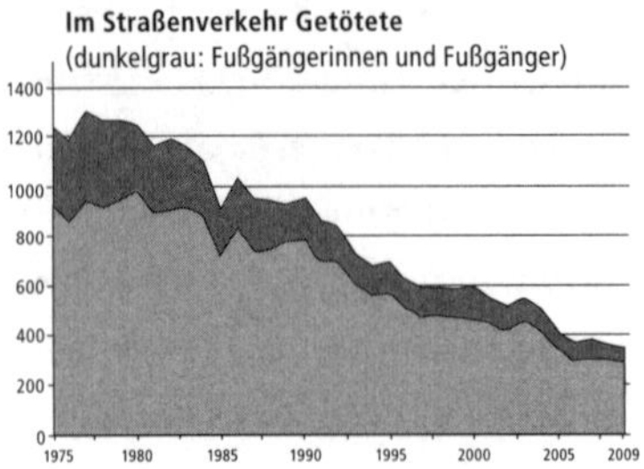

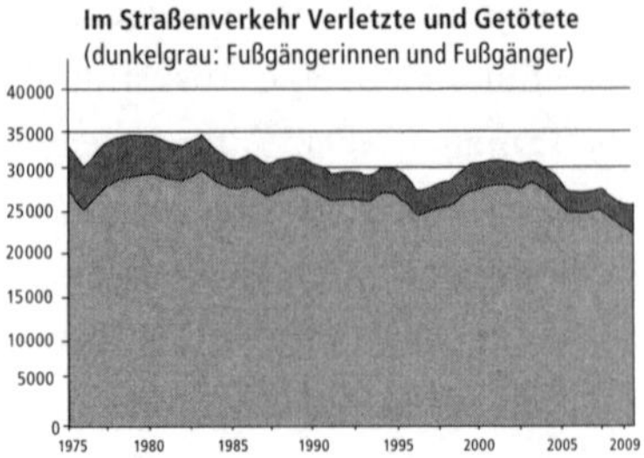

Entwicklung der Unfallzahlen in der Schweiz seit 1975. Die Zahl der Getöteten, namentlich der getöteten Fußgängerinnen und Fußgänger, ist stark rückläufig; die Zahl der in Unfällen Getöteten oder Verletzten dagegen geht nur langsam zurück.[79]

Auch die Zahl der verletzten Fußgänger sinkt in den letzten vier Jahrzehnten, wenngleich weniger deutlich als die Zahl der Toten. Doch auch das ist kein Ausdruck einer Zivilisierung des Verkehrs, wie oft behauptet wird. Sondern einer Kapitulation: Die Menschen fallen der Straße deshalb weniger zum Opfer, weil sie sich weniger dort aufhalten. Gemessen an der Zeit, die ein Fußgänger oder eine Fußgängerin im Verkehr verbringt, ist das Unfallrisiko sogar größer geworden. Das lässt sich mangels verlässlicher Statistiken zwar schwer in Zahlen fassen, es gibt aber Untersuchungen, die die Kapitulation am Beispiel der Kinder klar belegen. So durften laut einer Studie im Londoner Stadtteil Islington 1971 92 Prozent der Siebenjährigen unbegleitet zur Schule gehen, 1991 nur noch 27 Prozent.[80] Als Hauptgrund, weshalb sie ihre Kinder regelrecht aus dem Verkehr gezogen haben, gaben die Eltern die Angst vor dem Verkehr an.

Man kann die Bedeutung dieser Kapitulation nicht überschätzen: Zivilisatorischer Fortschritt bedeutete immer auch Erhöhung der Sicherheit – vor wilden Tieren, Naturgewalten, militärischen Feinden, Kriminalität, Krankheiten. Der Autoverkehr aber hat die nächste Lebensumgebung der Menschen zu einer Zone gemacht, die die Kinder erst dann allein betreten dürfen, wenn sie ein Programm der Verkehrserziehung durchlaufen haben, das ihnen jedes kindliche Verhalten im

Straßenverkehr abtrainiert. Die schweizerische Beratungsstelle für Unfallverhütung schrieb 1994, die »großen Anforderungen des heutigen Straßenverkehrs« würden bedingen, bei Kindern den Spieltrieb »im Interesse der Sicherheit zu unterdrücken«.[81]

Der öffentliche Raum aber ist für die Kinder, die sich dort aufhalten dürfen, ein Ort, wo sie ihre Umwelt erleben und Sozialverhalten und Bewegungsfähigkeiten trainieren. Übergewicht, schwindende motorische Fertigkeiten, Defizite im Sozialverhalten der Kinder: All diese Probleme werden rege öffentlich diskutiert, selten aber ist dabei von einer der wichtigsten Ursachen die Rede: dem Straßenverkehr.[82] Eine Untersuchung aus der Stadt Zürich ergab, dass Kinder mit einem Wohnumfeld mit wenig Verkehr durchschnittlich 9, Kinder mit einem Wohnumfeld mit viel Verkehr durchschnittlich nur 2 Spielkameraden in der Nachbarschaft haben. Was die Eltern angeht, so kennen sie durchschnittlich 36 Personen aus dem Wohnumfeld bei Namen, wenn dieses Umfeld verkehrsarm ist, aber nur 17 Personen, wenn das Wohnumfeld verkehrsreich ist.[83]

Wie konnte es kommen, dass wir eher bereit sind, das natürliche Verhalten unserer Kinder zu unterdrücken, als den Verkehr, der diese Unterdrückung nötig macht, infrage zu stellen? Man kann darüber

Im Rahmen eines Forschungsprojekts haben 375 Kinder von Balzers im Fürstentum Liechtenstein ihren Schulweg gezeichnet. Der siebenjährige William (linkes Bild) legt seinen Schulweg zu Fuß zurück, der ebenfalls siebenjährige Samuel (rechtes Bild) wird mit dem Auto zur Schule gefahren. Bilder: Dokumentationsstelle Kind und Verkehr, Muri.

staunen, dass es vor hundert Jahren Menschen gab, die Gülle in Autos leerten, Nagelbretter auf die Straßen legten oder Schlagbäume vor Dorfeingängen aufstellten – doch angesichts der Beschädigung des Lebens durch das Automobil ist es doch vor allem erstaunlich, dass das heute niemand mehr tut!

Gewöhnung und Duldung

Gegenüber dem Auto hat sich eine Kultur der Gewöhnung und Duldung etabliert.

Faschisten wie Kommunisten, Liberale wie Sozialdemokraten haben das Auto immer wieder mit egalitären Argumenten versprochen: Jedem Bürger (Genossen) sein Auto! Egalitär oder demokratisch daran war allenfalls, dass das »Vorrecht, das Volk auf der Straße zu überfahren und zu verstümmeln«, wie es Louis-Sébastian Mercier nannte, nun nicht mehr nur den Reichen und Vornehmen vorbehalten war. In Wirklichkeit schuf der motorisierte Individualverkehr nichts Demokratisches oder Egalitäres, sondern eine Aristokratie der Stärke, wie es sie in keinem anderen Gesellschaftsbereich gibt. Der Unterschied zwischen Auto und Fußgänger ist der Unterschied zwischen Ritter und Fußvolk; der Unterschied zwischen Kleinwagen und Sportwagen oder Sport Utility Vehicle ist jener zwischen Ackergaul und Vollblut.[84] Diese Aristokratie der Stärke führt zu einem beständigen Hochrüsten in groteske Dimensionen: Ein in Deutschland neu gekauftes Auto erbringt heute durchschnittlich eine Motorenleistung von 132 Pferdestärken; in der Schweiz sind es gar 146 PS,[85] und der Porsche Cayenne hat 500 PS – um im Normalfall nicht mehr zu tun, als einen Menschen zu transportieren.

Dass mehr gilt, wer motorisiert ist, sitzt tief in den Köpfen selbst derer, die zu Fuß gehen. Der Schwächere verhält sich den Stärkeren gegenüber (oft ohne es zu merken) demütig, oder er wird gedemütigt. Autofahrer halten nicht gern für Fußgänger, selbst wenn sie fünfzig Meter weiter vorn eine stehende Kolonne erwartet, und viele Fußgänger beschleunigen ihren Schritt, wenn ein Auto ihretwegen die Fahrt verlangsamt. In Verkehrskonflikten geht es häufig, objektiv betrachtet, um Nichtigkeiten, ein paar Sekunden; tatsächlich geht es um territoriale Ansprüche. Das Auto ist der erweiterte Körper des Automobilisten, der Raum vor ihm sein Territorium – und je schneller er fährt, desto größer ist dieser Raum: Ein kleines Auto wie ein Smart beansprucht bei dreißig Stundenkilometern 16 Quadratmeter für sich, bei fünfzig Stundenkilometern 30 und bei 100 Stundenkilometern 82 Quadratmeter.[86]

Die Kultur der Gewöhnung und Duldung lässt Justiz und Behörden dem Auto gegenüber eine Nachsicht üben, wie sie Rechtsstaaten sonst fremd ist. Ein paar Beispiele, die zufällig in die Zeit meiner Arbeit an diesem Buch gefallen sind, mögen das illustrieren:

- Im Juli 2010 beschließt die britische Regierung, vier Fünftel aller Radarfallen abzuschaffen, also ihre Mittel zur Durchsetzung des Rechts zu beschneiden. Der für Straßenverkehrssicherheit (!) zuständige Staatssekretär erklärt, die Regierung wolle damit den »Krieg gegen die Autofahrer beenden«.[87]
- Ebenfalls im Juli untersagt das schweizerische Bundesverwaltungsgericht dem Kanton Tessin, in einer Gegend, wo die Grenzwerte der Luftreinhalteverordnung (LRV) notorisch massiv verletzt werden, die Höchstgeschwindigkeit auf der Autobahn zu reduzieren. Es begründet diesen Entscheid damit, eine Geschwindigkeitsreduktion wäre »unverhältnismäßig«.[88] Damit erklärt das Gericht die LRV faktisch für nichtig, denn ein »verhältnismäßigeres« Mittel zu ihrer Durchsetzung als Tempolimiten existiert nicht.
- Am 18. Mai 2010 verurteilt das Bezirksgericht Zürich einen Mann, der an 28 Autos die Reifen zerstochen hat, zu acht Monaten Gefängnis. Tags darauf beurteilt das benachbarte Bezirksgericht Dietikon den Fall einer Autofahrerin, die auf einem Zebrastreifen ein Kind getötet und dessen Mutter zum Krüppel gefahren hat. Das Urteil lautet: eine Buße von 1000 Franken und eine bedingte Geldstrafe von 180 Tagessätzen. (Die Autolenkerin focht das Urteil an und wurde 2011 zweitinstanzlich freigesprochen.) Die *Neue Zürcher Zeitung* betitelte die entsprechende Meldung mit »Todesfalle Fußgängerstreifen« – als hätte dieser und nicht die Automobilistin das Kind getötet.

Die Tatbestände der fahrlässigen Körperverletzung und der fahrlässigen Tötung gewannen in der Bundesrepublik Deutschland – und wohl in den meisten vergleichbaren Staaten – erst im Verkehrsrecht an Bedeutung: Außerhalb des Verkehrs tötet man nicht aus Versehen.[89] Erst in jüngerer Zeit entschieden Gerichte in der Schweiz in schweren Verkehrs-Tötungsdelikten auf Eventualvorsatz statt Fahrlässigkeit. Die mit diesen Entscheiden verbundene Diskussion ist aber eine zweischneidige Sache: Wenn sich sogar Automobilverbände über »Raser« empören, bekräftigen sie damit in erster Linie, dass das »gemäßigte« Zuschnellfahren ein Kavaliersdelikt sei.

1896 (kurz nach Abschaffung des Red Flag Act) kam es in London zum ersten Gerichtsprozess gegen einen Automobilisten, der eine Fußgängerin getötet hatte. Der Richter soll gesagt haben: »Möge so etwas nie wieder passieren!«[90] 1963 schrieb das deutsche Bundesverfassungsgericht, »Aufgabe der Rechtsordnung« sei es, »die Entschädigung der Unfallopfer nach Möglichkeit sicherzustellen«.[91] Welch bemerkenswerter Wandel: Dass es Tote gibt, haben diese Richter offensichtlich als unvermeidbar akzeptiert; die Verkehrs-»Opfer« gelten als der Tribut, den es der Mobilität zu zollen gilt. Verkehr ist Schicksal geworden.[92]

Wer sich an ein Steuer setzt, weiß, dass er das Risiko eingeht, einen Menschen zu verletzen oder zu töten, selbst wenn er sich an die Verkehrsregeln hält: Kleinere Kinder sind gar nicht in der Lage, sich »verkehrsgerecht« zu verhalten. Wollte man die Rechtsprechung so handhaben, dass die Würde *aller* Verkehrsteilnehmer gewahrt bliebe, dass es den Kindern also erlaubt bliebe, sich wie Kinder zu verhalten, dann hieße das, dass Automobilisten und Automobilistinnen immer damit rechnen müssten, dass ein Kind unvermittelt auf die Straße läuft. Es dürfte dann innerorts kaum schneller als fünfzehn oder zwanzig Stundenkilometer gefahren werden, in unübersichtlichen Wohnquartieren nur Schritttempo. Hohe Geschwindigkeit im öffentlichen Raum ist nicht mit einer Gesellschaft vereinbar, die die Würde all ihrer Mitglieder schützen will. »Der dromokratische Geist [»Dromokratie« steht für die »Herrschaft der Geschwindigkeit«, M.H.]«, schreibt Paul Virilio,

»wirkt wie ein permanenter Angriff auf die Welt und, durch sie hindurch, wie ein Angriff auf die Natur des Menschen.«[93] Ivan Illich war der Meinung, dass jede Geschwindigkeit von mehr als 25 Stundenkilometern nicht sozialverträglich sei.[94] Die Geschwindigkeit auf 25 Stundenkilometer zu beschränken, tönt nach einer radikalen Forderung. Tatsächlich wären die Folgen nicht sehr einschneidend: In vielen Großstädten beträgt die durchschnittliche Geschwindigkeit heute schon nicht viel mehr als Fahrradgeschwindigkeit – weil die Autos sich selber blockieren. In den USA sind Autos sogar gesamthaft – inner- und außerorts – mit lediglich 20 Stundenkilometern unterwegs.[95] Dafür braucht es keine Gefährte mit hundert PS und mehr.

Den motorisierten Individualverkehr zivilisieren heißt, motorisierte Individualfahrzeuge in Zahl und Geschwindigkeit unter die Schwelle zu drücken, ab der sie nur noch schaden. Den motorisierten Individualverkehr zivilisieren heißt das Auto abschaffen, wie wir es kennen.

Im Hamsterrad

Ich habe mich ausgiebig mit den Nachteilen des Autos befasst. Wie steht es mit seinen Vorteilen – der Mobilität, die es schafft?

Dass die Mobilität dank immer schnelleren Verkehrsmitteln wachse, ist ein Gemeinplatz – und gleichwohl Unsinn. Wer so argumentiert, hat die Zahl der gefahrenen Personen- und Tonnenkilometer im Auge. Das ist kein sinnvolles Maß: Misst man Mobilität in der Zahl der zurückgelegten Kilometer, erhöht jede Baustelle, die zu einem Umweg nötigt, die Mobilität. Mobilität ist etwas anderes: die Fähigkeit, sinnvolle Wegeinheiten – vom Wohnort zum Arbeits- oder Ausbildungsplatz, zum Freizeitort, zum Einkaufen – mit vernünftigem Aufwand zurückzulegen.

Effizienter wäre der Verkehr geworden, könnten dieselben Mobilitätsbedürfnisse mit geringerem Aufwand befriedigt werden. Das ist aber nicht der Fall. Es gilt als eine Faustregel, dass sowohl die Zahl der Wege wie auch die Zeit, die Menschen im Verkehr verbringen, konstant sind. Im Durchschnitt sind die Menschen siebzig Minuten pro Tag unterwegs und waren das auch schon vor fünfzig Jahren, und zwar sowohl in Tansania wie in den USA[96] – nur dass die einen ihre siebzig Verkehrsminuten vorwiegend zu Fuß oder auf dem Fahrrad, die anderen im Auto oder Flugzeug verbringen. Die Schweiz untersucht das Verkehrsverhalten ihrer Einwohnerinnen und Einwohner seit 1984 alle paar Jahre detailliert. Nach diesen Untersuchungen hat die Zeit, die Menschen im Verkehr verbringen, sogar zugenommen – obwohl ein massiver Ausbau von Straße und Schiene doch eigentlich Zeitersparnisse hätte bringen müssen.[97]

Das bedeutet aber: Je schneller der Verkehr wird, desto länger werden die Wege.[98] Eine neue Schnellstraße oder eine neue S-Bahn-Linie bewirkt kurzfristig, dass die Leute, die auf dieser Strecke pendeln, Zeit sparen; längerfristig ziehen sie weiter vom Arbeitsort weg. Es scheint eine Art von persönlichem »Zeitbudget« zu geben, das die Menschen für das Unterwegssein aufzubringen bereit sind und das unveränderlich ist. Das bedeutet: Nicht die Mobilität nimmt zu, sondern der (ökonomische, energetische und ökologische) Aufwand, der für die gleichbleibende Mobilität betrieben werden muss. Der Energieaufwand des Verkehrs steigt – wenn die Fahrzeuge gleich schwer bleiben – in der dritten Potenz der Geschwindigkeit (eine Verdoppelung der Geschwindigkeit bedeutet eine Verachtfachung des Energieaufwands).[99]

Man mag einwenden, dass die Freiheit des Einzelnen trotzdem zunehme – denn niemand *muss* sich wegen einer neuen Schnellstraße oder S-Bahn für einen längeren Arbeitsweg entscheiden. Tatsächlich zwingt der Staat, der Straßen baut, den Bürger oder die Bürgerin nicht ausdrücklich, diese zu benützen. Und doch gibt es Zwänge. Wer auf dem Arbeitsmarkt eine Stelle sucht, kann in einem weiteren Umfeld vom Wohnort suchen, wenn die Verkehrswege schneller sind: Das ist ein Vorteil. Aber er oder sie steht auch mit Mitbewerbern aus einem weiteren Umfeld in Konkurrenz: Das macht den Vorteil zunichte. Wird zwischen A und B eine Autobahn eröffnet, ermöglicht das dem Gewerbetreibenden aus A, Aufträge in B anzunehmen – dafür muss er nun auch in der eigenen Stadt mit Gewerbetreibenden aus B konkurrieren. Weil aber solcher Zwang nicht mit Verbotsschildern und Strafdrohungen daherkommt, ist er unsichtbar – und wird von der Politik entsprechend ignoriert. Natürlich kann der Einzelne sich diesem Zwang ein Stück weit entziehen – doch wenn die anderen es nicht auch tun, steigt der Preis, den man dafür zahlt.[100]

Der Verkehr genießt entsprechend seiner Bedeutung eine große Beachtung in der Energie- und Klimadebatte. Das ist angebracht, doch ist dabei fast ausschließlich von Fahrzeugtechnik, von angeblich »umweltfreundlichen Autos« und monetären Anreizen die Rede – und fast nie von den räumlichen Strukturen, die den Verkehr hervorbringen. So heißt es etwa im Bericht des Weltklimarats IPCC: »Im Transportsektor gibt es fünf Optionen zur Milderung des Klimawandels (…). Dies sind Biotreibstoffe, Energieeffizienz, öffentlicher Verkehr, nicht motorisierter Verkehr und Städteplanung.«[101] Das Wesentliche kommt in der Aufzählung zuletzt.

Nähme man die oben geschilderten, empirisch bestens belegten Sachverhalte zur Kenntnis, wäre klar, wie eine vernünftige Verkehrspolitik aussehen müsste: Kapazitäten müssen abgebaut, Geschwindigkeiten reduziert werden. Das ist kein Votum gegen Mobilität: Eine Raumplanung der kurzen Wege ermöglicht eine Mobilität des geringen Aufwands – und eine Mobilität, die Kinder und Gebrechliche nicht ausschließt. Weil sich die Raumstrukturen nicht von heute auf morgen umbauen lassen, dürfte es vielerorts nötig sein, die Angebote des öffentlichen Verkehrs auszubauen, um einen Abbau des Privatverkehrs aufzufangen. Längerfristig aber gilt auch für den öffentlichen Verkehr, dass dieser ab einer gewissen Schwelle die Freiheit der Menschen mindert, nicht mehrt. Täglich hundert Kilometer zur Arbeit pendeln kann auch mit der Bahn nicht nachhaltig sein. Und was Fernreisen angeht: Luftverkehr als Massenverkehrsmittel dürfte nie nachhaltig möglich sein. Für Fernreisen wird man sich in einer nachhaltigen Welt mehr Zeit nehmen müssen. Der Tourismus über lange Distanz wird den Komfort klimatisierter Luxusflughäfen an jedem beliebigen Ziel nicht aufrechterhalten können – aber der durchreiste, vom Flugzeug »getötete« Raum wird wieder auferstehen.

Uhren und Moral

Dass der Verkehr das Leben beschleunigt hat, passt in eine Tendenz, die schon vor den modernen Verkehrsmitteln bestand. Man könnte zurückblenden bis ins 14. Jahrhundert, als die ersten öffentlichen Uhren aufkamen – doch erst ab etwa 1790 (in England; anderswo später) verbreiteten sich Uhren im Leben der Menschen wirklich.[102]

Was das Zeitgefühl der Menschen wirklich revolutioniert hat, war die Industrialisierung. Die Fabrik brauchte den zeitdisziplinierten Menschen. Die Eisenbahn half, ihn hervorzubringen. Waren Distanzangaben einst an zeitliche Erfahrungen gebunden – eine Wegstunde war die Distanz, die man in einer Stunde zu Fuß zurücklegen konnte –, so wurde die Zeit nun vom Raum entkoppelt.[103] Hatte einst jede Stadt ihre eigene Uhrzeit, musste nun die Zeit koordiniert werden. 1884 wurde das heutige System der Weltzeit eingeführt.

Fabriken mit ihren kapitalintensiven Maschinen erzielten dann die höchsten Gewinne, wenn diese Maschinen möglichst lange betrieben werden konnten. Schon kurz nachdem die ersten Dampfmaschinen in den Baumwollfabriken aufgetaucht waren, wurden diese auch künstlich beleuchtet – mit Gas, das bei der Verkokung von Steinkohle anfiel. Somit war Arbeiten vom Lauf der Sonne unabhängig. Das war eine mentalitätsgeschichtlich einschneidende Veränderung: Es ist etwas anderes, jeden Morgen und unabhängig von Jahreszeit und Wetter zur selben Uhrzeit vor dem Fabriktor anzutreten, als sich nach dem Wetter und dem Lauf der Sonne zu richten.

Sein Leben der Uhrzeit zu unterwerfen musste der Mensch erst lernen. Der Soziologe Pierre Bourdieu erzählt von Bauern in der Kabylei (Algerien), diese bezeugten eine »unbekümmerte Gleichgültigkeit zum Vergehen der Zeit, bei der niemand daran denken würde, sie zu beherrschen, sie aufzubrauchen oder sie zu sparen (...). Eile wird als Mangel an Anstand gepaart mit teuflischem Ehrgeiz angesehen.«[104] Der britische Sozialhistoriker Edward Thompson berichtet, dass der blaue Montag als feste Tradition bis weit ins 20. Jahrhundert hinein überlebt habe.[105]

Die Zeitdisziplinierung des Menschen sollte auch eine moralische Disziplinierung sein. Die Schulen, die in Westeuropa im 19. Jahrhundert zur Pflicht wurden, spielten hierbei eine wichtige Rolle. »Wenn ihr euer Fleisch immerzu zwischen warmen Laken dünstet, wird es halbgar, schlaff und weich. Und dabei werden die Nerven völlig überspannt«, hieß es im Pamphlet eines Methodisten aus dem Jahr 1786.[106] Und ein anderer Moralist beklagte 1821, dass viele Handwerker nach getaner Arbeit »mehrere Stunden täglich haben, die sie nach eigenem Gutdünken zubringen können. Und wie (...) verbringen diese Ungebildeten ihre kostbare Zeit? (...) Oft müssen wir sehen, dass sie sie einfach vergeuden. In völliger Leere und Stumpfheit können sie stundenlang auf einer Bank sitzen oder auf einem Abhang oder Hügel liegen – oder in Gruppen am Straßenrand stehen.«[107]

Das Lamento erinnert an die bewusst fußgängerfeindlich gebauten Vorstädte in den USA. Und die Verkehrserziehung, die wir unseren Kindern antun müssen, reiht sich ein in die Disziplinierungsanstrengungen seit der Aufklärung. Hat man einst die Menschen zu disziplinieren versucht, um sie für die Maschinen und ihre Energien tauglich zu machen, sind es nun die Maschinen selbst, die die Menschen disziplinieren.

5 Größe

Je komplexer die Technik, je größer die Risiken, desto mehr staatliche Kontrolle ist nötig. US-amerikanische Soldaten bewachen am 20. März 2003, dem Tag des Einmarschs von US-Truppen im Irak, das Atomkraftwerk Palo Verde aus Angst vor Terrorattacken. Bild: Matt York, AP.

1946, etwas mehr als ein Jahr nach den Atombombenabwürfen von Hiroshima und Nagasaki, schreibt George Orwell, der Schriftsteller mit dem Gespür für totalitäre Bedrohungen *(1984, Farm der Tiere)*, in der Londoner *Tribune:* »Die Macht des Menschen über die Natur nimmt beständig zu. Mithilfe der Atombombe könnten wir buchstäblich Berge bewegen: wir könnten sogar, heißt es, das Klima der Erde verändern, die Eiskappen der Pole abschmelzen und die Sahara bewässern. Ist es da nicht sentimental und obskurantistisch, den Vogelgesang gegenüber der Swing-Musik zu bevorzugen und hier und dort ein paar Fleckchen Wildnis erhalten zu wollen, statt die ganze Erdoberfläche mit einem Netz von Autobahnen [im Original deutsch] zu überziehen, die von künstlichem Sonnenlicht beleuchtet werden?«[1]

Es ist eine bittere Ironie, dass aus einem der ehrgeizigsten Träume, den Menschen je realistischerweise glaubten träumen zu dürfen, die größte Bedrohung geworden ist, der die Menschheit bislang hilflos gegenübersteht. Da war der Traum, die Erde nach den eigenen Wünschen zu gestalten, die physischen Grenzen, die einem bisher gesetzt waren, für immer zu überwinden und Wohlstand im Überfluss für alle zu schaffen. Und da ist heute der Albtraum, dass die Pole abschmelzen – ausgelöst durch die Menschen, aber ohne Absicht und Kontrolle – und dass das Schmelzwasser, statt unfruchtbare Wüsten zu bewässern, die dicht besiedelten Küstenregionen der Welt überschwemmt.

Orwell vertrat zu seiner Zeit keineswegs eine Position, die für die öffentliche (eher: die veröffentlichte) Meinung typisch gewesen wäre. »Sentimental und obskurantistisch«: Er nimmt die Kritik vorweg, die viele an seiner Position geäußert haben dürften. Die von ihm damals angeprangerten Fantasien wurden noch lange prominent weitergetragen. Ernst Bloch träumte in seinem Hauptwerk *Das Prinzip Hoffnung* 1959 vom »Umbau des Sterns Erde«: »Wie die Kettenreaktionen auf der Sonne uns Wärme, Licht und Leben bringen, so schafft die Atomenergie, in anderer Maschinerie als der der Bombe, in der blauen Atmosphäre des Friedens, aus Wüste Fruchtland, aus Eis Frühling. Einige hundert Pfund Uranium und Thorium würden ausreichen, die Sahara und die Wüste Gobi verschwinden zu lassen, Sibirien und Nordkanada,

Grönland und die Antarktis zur Riviera zu verwandeln.«[2] Bloch erhoffte sich von der neuen Energiequelle die Befreiung des Menschen von entfremdender Arbeit: »Indes ruft nun gerade der Triumph der nicht euklidischen Praxis, den die Zerstrahlungstechnik darstellt, heilsame Antizipationen aus dem Bild einer nicht mehr verapparatlichten Gesellschaft auf den Plan.«[3]

Orwell dagegen fährt fort: »Aber die ganze Bewunderung der Natur, das Empfinden einer Art religiösen Schauers angesichts der Gletscher, Wüsten und Wasserfälle ist gebunden an den Sinn des Menschen für seine Kleinheit und Schwäche gegenüber den Mächten des Universums. Der Mond ist gerade auch deshalb schön, weil wir ihn nicht erreichen können. (...) Der Mensch bleibt nur menschlich, wenn er große Stücke Einfachheit in seinem Leben bewahrt – während die Tendenz vieler moderner Erfindungen, namentlich des Films, des Radios und des Flugzeugs, darin besteht, des Menschen Bewusstsein zu schwächen, seine Neugier zu ersticken und ihn allgemein dem Tier ähnlicher zu machen.«

Nicht jeder war gewillt, die »Kleinheit und Schwäche« des Menschen anzuerkennen und etwas schön zu finden, weil es unerreichbar war – nun, da der Mensch die Kraft des Atoms entfesselt hatte; da er zu glauben begann, über genug Energie zu verfügen, alle denkbaren Träume zu verwirklichen, die letzten Fesseln der Natur zu sprengen. Hybris hatte solches Streben bei den alten Griechen geheißen, als Hochmut *(superbia)* war es dem christlichen Mittelalter die erste der Todsünden – doch nun waren die Götter tot und der Mensch schickte sich an, über gottgleiche Kräfte zu verfügen: Solches Hoffen klingt bei Bloch an. Wir wissen heute nicht nur, dass es nicht gelungen ist, ganz so gottgleiche Kräfte zu entfesseln, wie die Menschen es nach dem Zweiten Weltkrieg für möglich hielten, sondern auch, dass schon viel geringere Kräfte ausreichen, die Erde eher in eine Hölle als in ein Paradies zu verwandeln. Demut ist angesagt angesichts solcher Erkenntnis, könnte man daraus folgern. Oder aber man folgert das Gegenteil: dass nun, da die Hybris der Vergangenheit uns in die Lage gebracht hat, in der wir uns befinden, nur noch größere und bessere Technik uns retten könne.

Was im deutschen »Leistung« heißt – der Umsatz von Energie pro Zeiteinheit –, dafür verwenden andere Sprachen dasselbe Wort wie für Macht: *power, potenza.* Energie ist Macht: Macht über die Natur, und damit auch Macht über andere Menschen. Die Physikbücher definieren Energie als das »Vermögen, Arbeit zu verrichten«. Energie ist in der Welt der Dinge, was Macht in der Welt der Menschen ist, denn Macht ist das Vermögen, andere für sich arbeiten zu lassen. Um noch einmal einen britischen Schriftsteller, einen Zeitgenossen Orwells, zu zitieren: »Was wir die Macht der Menschen über die Natur nennen«, schrieb Clive S. Lewis 1943 in seinem Roman *Die Abschaffung des Menschen,* »erweist sich als Macht, die einige Menschen über andere Menschen ausüben, indem sie die Natur als Werkzeug benutzen.«[4]

Macht ist nichts, zu dessen Ausübung der Mensch erst einer Energie außerhalb derer des eigenen Körpers bedurft hätte. Aber solange keine solche äußere Energie zur Verfügung stand, konnten Menschen Macht immer nur über Menschen ausüben, die sich ihrem körperlichen Zugriff nicht entziehen konnten. Äußere Energie gab den Mächtigen die Möglichkeit, ihre Macht auszudehnen, Macht zu konzentrieren.

Energie befördert Machtkonzentration dadurch, dass Energie eingesetzt werden kann, um mehr Energie zu gewinnen. Wer in der Antike mehr Sklaven als Energielieferanten einsetzen konnte, um seine Kriegsschiffe zu rudern, konnte mehr Kriegsgefangene machen, die ihm wieder als Sklaven dienten. Größe fördert weiteres Wachstum: Das heißt in der Wirtschaft Skalenökonomie. Ich habe im ersten Kapitel die Nutzung der Kohle beschrieben als wichtigsten Wendepunkt weg von einer Wirtschaft, die durch das Gesetz des abnehmenden Grenznutzens bestimmt war, hin zu einer, in der Skalenökonomien dominieren.

Die Bedeutung des neuen Energieträgers Kohle und seiner Nutzung durch die Dampfmaschine lag zunächst weniger darin, dass ein großer Teil der Energieversorgung durch Kohle gedeckt worden wäre: Menschliche Arbeit blieb bis ins 19. Jahrhundert wichtigste Energiequelle.[5] Aber mit Dampfkraft konnten höhere Leistungen erbracht werden:

Eine durchschnittliche Dampfmaschine leistete um 1800 zwanzig Kilowatt, so viel wie 200 Arbeiter; die stärkste von James Watt gebaute Dampfmaschine brachte es auf hundert Kilowatt.[6] »Wenn einer Gesellschaft mehr energetische Prozesse und Energieformen zugänglich werden, konzentriert sich die Kontrolle über diese überproportional in den Händen einiger weniger, sodass immer weniger unabhängige Entscheidungen für die Anwendung immer größerer Energien verantwortlich werden«, schreibt der Anthropologe Richard Newbold Adams.[7]

Es war die Verfügungsgewalt über Energie oder ihre großen Anwendungen, die zu den steilsten Machtkarrieren in der industrialisierten Welt führten: über die Eisenbahn, das Erdöl, das Auto. Die Superreichen der »Blütezeit des Kapitals«, wie Eric Hobsbawm die Zeit zwischen 1848 und 1875 nannte, bauten ihren Reichtum auf die Eisenbahn. John Pierpont Morgan, Gründer der Bank J.P. Morgan & Sons (heute Morgan Stanley), wurde mit einem Zusammenschluss von Eisenbahngesellschaften reich. Andrew Carnegie war Präsident der Eisenbahngesellschaft Pennsylvania Railroad, bevor er sein Stahlimperium errichtete (und Stahl für Eisenbahnen lieferte). Cornelius Vanderbilt war Dampfschiffunternehmer, bevor er sich zum Eisenbahnkönig aufschwang. Er häufte das weltweit größte Industrievermögen seiner Zeit an und war laut der *New York Times* hinter dem Erdölmagnaten John D. Rockefeller der zweitreichste Amerikaner aller Zeiten.[8]

Die Geschichte des Kapitalismus mit dem Aufstieg der Finanzmärkte in dieser Zeit ist eng mit der Eisenbahn verbunden: Kaum sonstwo bestand ein so großer Bedarf nach Kapital. So war J.P. Morgan Eisenbahner und Banker; so wurde auch die Credit Suisse dadurch wichtig, dass sie Eisenbahn-Großprojekte (etwa den 1882 eröffneten Gotthardtunnel) finanzierte. Die Hälfte der an der Berliner Börse 1870 gehandelten Papiere waren Eisenbahnpapiere; in den USA waren Ende des 19. Jahrhunderts zwischen vierzig und fünfzig Prozent des privaten Kapitals in Eisenbahnen angelegt.[9]

Die Unternehmensform der Aktiengesellschaft, die im 16. Jahrhundert für die parastaatlichen Übersee-Handelsgesellschaften erfunden worden war, erlangte erst im 19. Jahrhundert mit den Eisenbahnen breitere wirtschaftliche Bedeutung.[10] Im 19. Jahrhundert erhielten die Aktiengesellschaften ihr wichtigstes Privileg: die beschränkte Haftung. Aktionäre können schlimmstenfalls ihre Investition verlieren; sie haften aber nicht über den Wert der Aktie hinaus für Schäden, die ihr Unternehmen anrichtet. Weil die Aktiengesellschaft nur den einen Zweck hat, auf das Kapital einen möglichst hohen Gewinn zu erzielen, ist diese Unternehmensform die größte Wachstumsmaschine. Richtet sie mehr Schaden als Nutzen an, trägt die Allgemeinheit den Schaden.

Ab dem späten 19. Jahrhundert war es nicht mehr die Eisenbahn, sondern das Erdöl, das für die größten Gewinne und Machtkonzentrationen sorgte. John D. Rockefeller sammelte mit seiner Standard Oil noch mehr Reichtum an als Vanderbilt. Auch er hatte ein Bein im Eisenbahngeschäft und beteiligte sich an der Union Pacific. Wie die Eisenbahn war das Erdölgeschäft kapitalintensiv. Rockefeller beherrschte den sogenannten *downstream* des Erdölgeschäfts, das heißt alles, was nach der eigentlichen Förderung kommt: den Transport, die Raffinierung und die Vermarktung. Hier konnte er ebensolche Monopolstrukturen aufbauen, wie sie im Eisenbahnwesen bestanden, wobei er beim Zusammenkaufen seines Imperiums nicht zimperlich war. Die Einzigen, die weltweit halbwegs mit Rockefeller mithalten konnten, waren die Gebrüder Nobel, die sich mit dem Reichtum, den Alfred Nobel mit der Erfindung des Dynamits erzielt hatte, ihr Erdölimperium im aserbaidschanischen (damals russischen) Baku errichteten.

Die wirtschaftlichen Machtkonzentrationen, die im 19. Jahrhundert entstanden waren, waren der Politik in den USA zur Zeit der »progressiven Ära« nicht geheuer. 1890 erließ der Kongress sein Antikartellgesetz (Sherman Act). Es richtete sich insbesondere gegen Rockefellers Standard Oil. 1904 ergab eine Untersuchung des Kongresses, dass 36 Prozent des gesamten Vermögens in den USA in den Händen zweier Männer vereinigt war, Rockefeller und J. P. Morgan.[11] 1906 eröffnete die Regierung ein Verfahren nach dem Sherman Act gegen die Standard Oil, 1911 kam es zum Urteil und das Unternehmen wurde zerschlagen. Viele der heutigen Ölkonzerne (unter anderen Exxon Mobil, Chevron, ConocoPhillips) sind aus der Standard-Oil-Zerschlagung hervorgegangen. Das war das letzte Mal, dass eine staatliche Gewalt gegen die Übermacht eines Energieriesen erfolgreich vorging (abgesehen vielleicht noch von den russischen Schauprozessen gegen den Besitzer des Yukos-Energiekonzerns, Michail Chodorkowski, seit 2005, doch geht es da nicht darum, dass Yukos zu groß gewesen wäre, sondern dass Chodorkowski nicht bereit war, sein Unternehmen in die russischen Machtstrukturen einzuordnen). Ab den frühen Jahren des 20. Jahrhunderts betrat mit Henry Ford der erste Automobilbauer die Bühne des »Superkapitalismus« (Robert Reich).

Dass Erdöl eine besonders starke Neigung zu Konzentration zeigt, liegt in der Natur dieses Rohstoffs. Erdöl wird an relativ wenigen Punkten, die zumeist in politisch instabilen oder autoritär regierten Ländern liegen, gefördert und dann zu den Verbrauchern auf der ganzen Welt transportiert. Das Auffinden der Ölquellen, die Förderung, der Transport und die Verarbeitung erfordern viel Kapital, technisches Know-how und globale Infrastrukturen – sowie militärische oder paramilitärische Sicherung. Auch im Erdgasgeschäft dominieren große Konzerne und einige wenige Staaten, die mit dem Erdgashahn über ein Erpressungsinstrument verfügen. Weil Erdgas sich schlechter als Erdöl in Schiffen und Tankern transportieren lässt, ist die Abhängigkeit der Konsumenten von der Pipeline-Infrastruktur sogar noch größer als beim Öl. Die Kohle dagegen hat keine vergleichbaren Machtballungen hervorgebracht. Kohle lässt sich leichter auffinden und mit primitiveren technischen Mitteln aus dem Boden holen. Zwar entwickelte sich auch mit der Kohle im 19. Jahrhundert das Transportsystem – die Eisenbahn – parallel, doch während in Pipelines nur Öl oder Gas transportiert werden kann, ließ sich die Eisenbahn von Anfang an auch für den Transport anderer Güter sowie von Menschen nutzen, sodass sie sich rasch von der Kohle emanzipierte. Die Formen der Energie, die eine Gesellschaft einsetzt, »bestimmen zu einem guten Teil, wie viel Konzentration an gesellschaftlicher Macht sich in einem bestimmten Kontext findet«.[12]

Erst seit das Geld von seiner Bindung an Gold gelöst worden ist, kann man mit Geld noch mehr verdienen als mit Energie – die *creatio ex nihilo,* wie sie die Banken mit dem Geld vollführen, verstieße im Energiegeschäft gegen die Gesetze der Thermodynamik. Aber bis heute haben die Energiekonzerne die Nase vorn: Unter den zehn umsatzstärksten Unternehmen der Welt finden sich fünf Erdölkonzerne (Royal Dutch Shell, Exxon Mobil, BP, Sinopec und China National Petroleum), die chinesische Stromnetzbetreiberin State Grid und ein Autobauer (Toyota); auf den Rängen elf bis zwanzig folgen noch einmal drei Erdölkonzerne und ein Autobauer.[13]

Größe als Problem

Ist es für eine Gesellschaft relevant, ob eine wirtschaftliche Leistung von vielen Kleinen oder wenigen Großen erbracht wird? Sind nicht Große, wo die Aufgaben groß sind, schlicht besser oder einzig geeignet? Ist es in einer arbeitsteiligen Wirtschaft nicht effizienter, wenn sich die Kontrolle über die Energie in den Händen einiger weniger konzentriert?

Gewiss ist es nicht einfach so, dass gut wäre, was klein, und schlecht, was groß ist – oder umgekehrt. Aber Größe hat einige gravierende Nachteile, die für eine Gesellschaft gefährlich sind.

Doch was meine ich mit »groß«? Ich verwende bewusst einen unscharfen Begriff und meine damit mehr als physische Größe, als Umsatzzahlen, Leistungszahlen oder die Anzahl Beschäftigter. »Groß« sind Strukturen, Unternehmen und Unternehmungen, die einige (nicht zwingend alle) der folgenden Charakteristika aufweisen: Sie sind kapitalintensiv und erfordern deshalb Gesellschaftsformen, die das entsprechende Kapital aufzubringen imstande sind; sie sind technisch komplex, sodass sie nur von Spezialisten betrieben, gewartet und auch beurteilt werden können; sie bergen Großrisiken; sie erfordern (wegen der Großrisiken, wegen ihrer technischen Komplexität und wegen ihrer Kapitalintensität) große institutionelle Arrangements (inklusive Aufsichtsbehörden); sie monopolisieren wichtige Versorgungsfunktionen großräumig; sie neigen dazu, die Grenzen zwischen privater und staatlicher Macht zu verwischen; sie tendieren zu zentralistischer und hierarchischer Organisation; und sie werden »von oben«, durch Kapitalgeber, Regierungen oder internationale Agenturen ohne Mitsprache direkt Betroffener implementiert.

Man darf die Bedeutung des Großen nicht überschätzen:[14] Der weitaus größte Teil der Wirtschaft, weltweit und auch in den industrialisierten Ländern, ist kleingewerblich organisiert und kleine, dezentrale technische Systeme geringer Komplexität haben hinter dem Großen und Spektakulären oft eine verkannte Wirkung. So entstanden die ersten technischen Großsysteme der Geschichte im Wasserbau (Be- und Entwässerung), etwa in den frühen sogenannten Hochkulturen des Nil-, Euphrat- und Industales, im alten China oder in den Anden, doch brachte dieser Bereich auch ausgedehnte Bewässerungssysteme hervor, die ohne große Organisation auskamen und auf Basis einfacher Regeln als Gemeingüter organisiert waren.[15] Diese haben in der Geschichtsschreibung viel weniger Beachtung gefunden, doch erwiesen sie sich oft als dauerhafter als die großtechnischen Anlagen. Es existieren Bewässerungssysteme, die seit zweieinhalb Jahrtausenden genutzt werden.[16]

Aber man darf das Große auch nicht unterschätzen. Denn Großes wird nicht nur überproportional wahrgenommen, es vereint auch überproportional viel Macht auf sich. Ein Unternehmen, das eine Milliarde Dollar umsetzt, ist nicht einfach gleich mächtig wie hundert Unternehmen mit je zehn Millionen Umsatz. Denn es kann mit einer Stimme sprechen, während sich die kleineren zu diesem Zwecke erst organisieren müssen – und selbst wenn ihnen das gelingt, werden sie immer wieder in gewissen Fragen uneinig sein und sich gegenseitig neutralisieren. Wer groß ist, hat mehr Ressourcen frei, um die Überschüsse in Marketing, Lobbying, Kartellbildung, Bestechung und Ähnliches zu investieren (oder, wenn wir nicht von Unternehmen, sondern Staaten sprechen: in Armeen und Geheimdienste). Die oben genannten größten Konzerne der Welt üben weitaus mehr Einfluss aus, als es ihrem Anteil an der gesamten Weltwirtschaft entspräche.

Einigen Techniken – gerade energieintensiven – ist der Hang zur Größe inhärent. Eine Eisenbahn vom Atlantik zum Pazifik, durch zum Teil unbesiedeltes, zum Teil von feindlichen Indianern besiedeltes Gebiet, baut man nicht »klein«. Der Flug zum Mond musste »groß« geplant werden. Die Atomtechnik (und besonders, falls es sie je geben wird, Kernfusionskraftwerke) gehört in diese Kategorie, auch wenn sich in ihrer Frühphase deren Befürworterinnen und Befürworter von ihr eine Wende zur dezentralen Energieversorgung versprachen:[17] Groß ist der nötige Forschungs- und Entwicklungsaufwand, groß ist der Kapitalbedarf für Atomanlagen, groß ihre technische Komplexität, groß die Kontrollbürokratie, die sie aufgrund ihrer Gefährlichkeit erfordern, und weit jenseits jeglichen menschlichen Maßes ist die zeitliche Dimension des Abfallproblems. In vielen Fällen aber ist es nicht so sehr die Technik, die zu Größe führt, sondern die Art, wie sie umgesetzt wird. Netzwerke (in den Bereichen Energie, Verkehr und Informationsübermittlung) können Grundlage einer dezentralen, nicht hierarchischen Struktur sein, sie können aber genauso der Vervollkommnung einer Zentralisierung dienen – je nachdem, wie der Zugang zu den Netzen geregelt ist und ob es Teilnehmer gibt, die ein Netz aufgrund ihrer Macht zu monopolisieren vermögen.

Wer auf dem Markt zu stark ist; wer in einem Spiel so mächtig ist, dass er die Spielregeln zu seinen Gunsten verändern kann, verhindert Wettbewerb (weshalb Kartellgesetze zu große Konzentrationen und Absprachen verbieten). Wer in einer Gesellschaft zu stark ist, entzieht sich demokratischer Kontrolle: Deshalb sind demokratische Staatsverfassungen darauf bedacht, allzu große Machtfülle zu verhindern und verschiedene Instanzen einander kontrollieren zu lassen. Große Unternehmen (und superreiche Einzelpersonen) können durch Lobbygruppen und die Kontrolle über Medien die öffentliche Meinung beeinflussen und Wahlen manipulieren. Die »Tea Party«-Bewegung, die die Zwischenwahlen 2010 in den USA dominiert hat, wurde wesentlich finanziert von Superreichen wie den Brüdern Charles und David Koch, den Besitzern der Koch Industries, die im Energiegeschäft und in energieintensiven Industriezweigen wie Chemie oder Kunstdünger tätig ist.[18] Die Kampagnen zur Leugnung des menschengemachten Klimawandels wurden insbesondere von Exxon Mobil sowie ebenfalls von den Koch-Brüdern finanziert.[19] Sucht man nach Gründen, weshalb es so schwer ist, von der Sucht nach immer mehr Energie loszukommen, so findet man in der Größe der Energie- und Automobilkonzerne eine wichtige Antwort.

Größe führt zu Abhängigkeiten. Größe vernichtet Vielfalt, weil das Große dominiert. Vielfalt aber schützt vor Verletzlichkeit. Vielfalt ist ein Grundpfeiler einer Eigenschaft, die in den ökologischen Wissenschaften »Resilienz« heißt: der Fähigkeit von Systemen, mit Veränderungen der Lebensbedingungen fertigzuwerden und Störungen zu überleben. Wer auf mehrere Strategien setzt, kann auch dann überleben, wenn eine Strategie versagt. Verlust an Vielfalt bedeutet Verlust an Handlungsoptionen.

Wie groß die Abhängigkeit heutiger Gesellschaften von einer monokulturellen Energieversorgung ist, zeigten die Streiks britischer Lastwagenfahrerinnen und Lastwagenfahrer im September 2000. Die Streikenden blockierten im Protest gegen Treibstoffzölle drei Tage lang die Auslieferung von Benzin und Diesel. (Unmittelbarer Anlass war ein Anstieg des Ölpreises auf dem Weltmarkt – auf einem Niveau, von dem die Lastwagenfahrer heute nur noch träumen können.) Liest man die Zeitungsberichte jener Tage, erhält man den Eindruck eines Landes im Ausnahmezustand: Von Panikkäufen in den Supermärkten ist die Rede und von Läden, die ihre Produkte rationierten, von Chaos in den Krankenhäusern und davon, dass die Regierung erwog, die Armee einzusetzen.[20]

Wer auf wenige Einrichtungen derart essenziell angewiesen ist, ist auch verletzlich gegenüber militärischen oder terroristischen Angriffen. Es genügt, ein paar zentrale Punkte anzugreifen, um eine Gesellschaft schwer zu schädigen. Aber nicht nur äußere Feinde bedrohen die ganze Gesellschaft: Sie ist auch bedroht, wenn große Unternehmen von sich aus scheitern. Als im September 2008 die US-amerikanische Investmentbank Lehman Brothers zusammenbrach, riss sie die halbe Weltwirtschaft in einen Strudel. Weltweit mussten Regierungen Geldsummen aufbringen, die alles, was in normalen Zeiten für Bildung, Soziales, Umwelt und so weiter ausgegeben wird, weit überstiegen, um weitere Banken vor dem Kollaps zu retten. Wo das wie in Island nicht gelang, brach der materielle Lebensstandard der ganzen Bevölkerung markant ein. Man sagt, solche Unternehmen seien »too big to fail« – zu groß zum Scheitern oder besser: zu groß, als dass eine Gesellschaft sie scheitern lassen dürfte –, und dadurch verfügen sie über eine De-facto-Staatsgarantie und Erpressungsmacht.

Diskutiert wurde die »Too-Big-to-Fail«-Problematik vor allem im Zusammenhang mit der Finanzwirtschaft (obwohl nach der Lehman-Pleite auch Autokonzerne staatlich gerettet wurden). Doch noch weniger könnte ein Staat sich ein Scheitern der großen Energie- und vor allem Erdöl- und Erdgasunternehmen leisten. Deshalb müssen diese Unternehmen und ihre Infrastrukturen militärisch abgesichert werden; deshalb vermengen sich hier mehr als anderswo private und staatliche Interessen. Und wenn man einen Blick auf die Geschichte der Erdölindustrie wirft, sieht man schnell, wie sehr die daraus resultierenden Machtballungen missbraucht wurden. Die Geschichte der Erdölindustrie ist von Beginn an eine Geschichte von Marktdominanz, Korruption, von Putschs, Revolutionen und Kriegen, von der Missachtung der Menschenrechte, der Umwelt und der Sicherheit.[21]

Erdöl und Krieg

Dass die erdölreichste Gegend der Welt, die Länder um den Persischen Golf, gleichzeitig eine der politisch instabilsten Gegenden ist, ist kein Zufall. Der Zusammenbruch des Osmanischen Reichs im Ersten Weltkrieg hinterließ in der Gegend ein Machtvakuum, in das zunächst Großbritannien und Frankreich eindrangen, deren Imperien dann aber nach dem Zweiten Weltkrieg kollabierten. Die USA, deren eigener Aufstieg zur Weltmacht mit der zunehmenden Bedeutung des Erdöls einherging – die USA waren damals der größte Erdölproduzent –, sicherten sich den Zugriff auf die Region. Natürlich gab es in der Geschichte immer wieder Machtvakua, und manche Region ist seit Jahrzehnten politisch instabil. Aber nirgends haben regionale Instabilitäten derart große und globale Auswirkungen wie in der erdölreichsten Gegend der Welt.

Wenige Tage nach der Konferenz von Jalta im Februar 1945, an der die alliierten Mächte die Nachkriegs-Weltordnung verhandelt hatten, traf sich Präsident Franklin D. Roosevelt mit König Abd al-Aziz ibn

Saud. Ibn Saud (der nichts vom Ausmaß der unter seinem Boden schlummernden Ressourcen ahnte) erlaubte den USA den Zugriff auf die saudischen Erdölquellen, Roosevelt sagte im Gegenzug die Unterstützung der Dynastie zu. Saudiarabien war lange Zeit ein politisch stabiles Land, das seinen Bürgern wenig (den Bürgerinnen noch weniger) bürgerliche Freiheiten, dank den Öleinnahmen aber wirtschaftlichen Wohlstand, Steuerfreiheit und kostenlose medizinische Versorgung gewährte. Seit 1981 ist das Pro-Kopf-Einkommen Saudiarabiens aber drastisch zurückgegangen, während die saudischen Prinzen unverändert in Reichtum schwelgen. Die Unzufriedenheit im Land steigt – und die richtet sich auch gegen die Schutzmacht des Herrscherhauses. Fünfzehn der neunzehn Attentäter der Terroranschläge vom 11. September 2001 waren saudische Staatsbürger; ihr Spiritus rector, Osama bin Laden, entstammt der saudischen Wirtschaftselite. Mithilfe seines Erdölreichtums festigte Saudiarabien seinen Einfluss in den islamisch bewohnten Teilen der Welt und exportierte seine krude Version des Islam, den Wahhabismus, vor allem in Krisenregionen wie Bosnien oder Tschetschenien.

Im Iran förderte die britische Anglo-Iranian Oil Company, Vorläuferin der heutigen BP, das Erdöl; der iranische Staat bekam nur einen kleinen Bruchteil der Einnahmen. 1951 verstaatlichte Premierminister Mohammad Mossadegh die iranische Ölindustrie. Die britische Marine sandte Kriegsschiffe an den Golf und wollte einen Putsch inszenieren, der aber scheiterte, weil die Regierung frühzeitig davon erfuhr. Die USA taktierten geschickter. 1953 putschte die iranische Armee mithilfe des US-amerikanischen Geheimdiensts CIA erfolgreich und installierte den Schah als autokratischen Herrscher. Die Ölförderung übernahm ein westliches Konsortium, an dem britische und amerikanische Unternehmen mit je vierzig Prozent beteiligt waren. Als die iranische Revolution das verschwenderische Regime des Schah 1979 stürzte, richtete sich der Hass großer Teile der Revolutionäre gegen die USA; die Feindschaft hat sich bis heute erhalten.

Als der Irak sein von der Revolution geschwächtes Nachbarland nach Grenzkonflikten in der ölreichen Region Chusistan überfiel und die beiden Länder sich in einem achtjährigen Krieg ineinander verbissen, unterstützten die USA den Irak mit Waffenlieferungen gegen ihren Intimfeind Iran, belieferten heimlich aber auch den Iran mit Waffen: Die USA waren an einer Schwächung beider Staaten interessiert. Im August 1990 überfiel und annektierte Irak sein kleines und ölreiches Nachbarland Kuwait. Die USA zeigten vorerst kein Interesse, Kuwait zu Hilfe zu eilen. Doch dann stieg der Ölpreis innert dreier Monate auf mehr als das Doppelte. Eine Allianz unter der Führung der USA befreite Kuwait 1991 und drang in den Irak ein, ließ aber das Regime von Saddam Hussein an der Macht. 2003 griffen die USA mit Alliierten den Irak erneut an und stürzten Saddam. Der vorgebliche Kriegsgrund lautete, der Irak entwickle Massenvernichtungswaffen und habe die Terroristen des 11. September 2001 unterstützt, was sich als falsch herausgestellt hat. Worum ging es dann?

Vier Monate vor dem 11. September publizierte die National Energy Policy Development Group (NEPDG) einen Bericht, der in enger Abstimmung mit Ölkonzernen entstanden war und ein Bild steigender Abhängigkeit der USA von Ölimporten zeichnet. Der Bericht fordert, der Präsident müsse »Energiesicherheit zu einer Priorität unserer Handels- und Außenpolitik« machen.[22] Vorsitzender der NEPDG war Vizepräsident Dick Cheney. Cheney hatte 1997 zusammen mit Donald Rumsfeld (dem Verteidigungsminister seit 2001) den neokonservativen Thinktank Project for the New American Century gegründet, der eine erneute Invasion in den Irak forderte.[23] Man muss daraus nicht folgern, die USA hätten die Anschläge vom 11. September inszeniert. Aber die Befürworter eines Militärschlags waren geschickt genug, ein Ereignis, das mit dem Irak nichts zu tun hat, als Kriegsgrund gegen den Irak zu nutzen.

Die Geschichte Dick Cheneys ist eines der krassesten Beispiele der Vermengung staatlicher und privater Interessen. Unter George Bush Vater war er Verteidigungsminister, als die USA 1991 den Irak angriffen. Als Verteidigungsminister vergab er nach dem Krieg Aufträge für den Wiederaufbau der im Krieg zerstörten irakischen Erdölinfrastruktur an die Firma Kellogg Brown & Root. Diese ist eine Tochter des Halliburton-Konzerns. 1995 wurde Cheney CEO von Halliburton. Selbst als er ab 2001 unter George Bush Sohn Vizepräsident war, erhielt er noch Geld von Halliburton – angeblich verspätete Zahlungen für seine Arbeit als CEO.[24] Nach der Invasion von 2003 erhielten Halliburton und Halliburton-Tochterfirmen ohne Ausschreibung von der Regierung Aufträge für den Wiederaufbau des Irak in Milliardenhöhe.

Nicht nur die USA vermengen ihre staatlichen Interessen mit denen ihrer Erdölindustrie und setzen sie nötigenfalls auch militärisch durch. Der Ölkonzern Elf Aquitaine (heute Total) galt lange Zeit als Schatten-Außenministerium Frankreichs. Es setzte vor allem in Afrika die eigenen Interessen wie die der ehemaligen Kolonialmacht skrupellos durch. So spielte Elf beispielsweise im Bürgerkrieg zwischen den Truppen Pascal Lissoubas und Denis Sassou-Nguessos in der Republik Kongo (1997) eine zentrale Rolle. Sassou war 1979 bis 1992 Präsident des Landes. Elf kontrollierte die kongolesische Ölindustrie, bis Sassous Nachfolger Lissouba diese auch für andere Konzerne öffnete. Der Krieg war »nichts anderes als ein schrecklicher Stellvertreterkrieg zwischen den französischen Ölinteressen von Elf Aquitaine und jenen der anglo-amerikanischen Ölkonzerne.«[25]

China hat in den letzten Jahren zunehmend seinen Einfluss in Afrika ausgeweitet und sich Zugriff auf afrikanische Rohstoffreserven gesichert. So ist die China National Petroleum Corporation beispielsweise im Bürgerkriegsland Sudan engagiert – im Gegenzug für Explorationsrechte verhinderte China lange, dass der Uno-Sicherheitsrat den Sudan wegen des Völkermords in der Provinz Darfur verurteilte.[26]

Russland betreibt mit dem Erdgas- und Erdölkonzern Gazprom, der zu 38 Prozent dem Staat gehört, ebenso selbstverständlich Machtpolitik. So stellte Gazprom im Januar 2006 wie auch wieder im Januar 2009 die Gaslieferungen an die Ukraine ein, um diese unter Druck zu setzen. Dass Deutschland sich mit Kritik an Russland wegen dessen Menschenrechtsverletzungen in den beiden Tschetschenienkriegen so sehr zurückhielt, wird von Beobachtern auf die Abhängigkeit Deutschlands vom russischen Gas zurückgeführt.[27] Gerhard Schröder, Bundeskanzler während des zweiten Tschetschenienkriegs, wurde nach seinem Rücktritt Aufsichtsratsvorsitzender der Gazprom-Tochter Nord Stream AG.

Für die meisten erdölreichen Länder ist ihr Reichtum mehr Fluch als Segen. Während die Mehrheit arm bleibt, profitieren kleine Eliten. Der Politwissenschaftler Michael L. Ross von der University of California in Los Angeles schreibt: »Der Ressourcenfluch ist nicht unvermeidlich: Staaten wie Malaysia, Chile oder Botswana geht es trotz ihres Öl- und Bodenschatzreichtums relativ gut. Aber für die meisten anderen war – wie für König Midas – ihr Ressourcenreichtum eine unerwartete Quelle des Leids.«[28] Laut dem Ökonomen Paul Collier von der Oxford University liegt die Wahrscheinlichkeit, dass in einem durchschnittlichen »Entwicklungsland« in einer Fünfjahresperiode ein Bürgerkrieg ausbricht, bei 14 Prozent. Exportiere ein solches Land viel Rohstoffe, liege das Bürgerkriegsrisiko bei 23 Prozent, während es bei einem halben Prozent liege, falls ein Land gar keine Rohstoffe exportiere.[29] Und der Zürcher Geograf Benedikt Korf weist darauf hin, dass Ressourcenreichtum viel eher als Konflikte um zu knappe Ressourcen zu Krieg führe. Die Konfliktforschung zeige, dass »Gewaltkonflikte besonders dort sehr blutig sind und lange andauern, wo es Ressourcenreichtum gibt«.[30]

Klein ist schön

Mit zunehmender Größe wachsen Risiken: Das gilt außer für Staaten und Unternehmen auch für »große« Technik. Interessanterweise ist aber gerade mit den größeren Technikrisiken auch der Traum gewachsen, ja überhaupt erst entstanden, Risiken durch Technik zu beherrschen. In vormoderner Zeit war es die Schifffahrt, in der es zu den verlustreichsten Unfällen kam; hier entstanden auch die ersten Versicherungen. Im 19. Jahrhundert waren dann Eisenbahnunglücke die größten Unfälle. Die Dampfkraft brachte größere Kräfte ins Spiel – aber die neuen Unfälle hatten nicht nur eine andere Dimension, sondern auch eine andere Qualität: Für Schiffe kam die Gefahr von außen – Unwetter und Piraten. Die neue Technik aber trug die Unfallursache in sich. Häufige Ursache von Eisenbahnunfällen waren Achsbrüche, die auf die Ermüdung des Materials infolge von Vibrationen zurückgingen.

Ist »höhere Gewalt« (wie es die Versicherungswirtschaft mit quasireligiöser Sprache noch heute nennt) die Unfallursache, bleibt zur Risikoverminderung nur, sich der Natur ein Stück weit zu unterwerfen, die Risiken möglichst sparsam einzugehen, vielleicht zu beten – eine gewisse Demut. Liegt die Unfallursache dagegen in der Technik, so lässt sich diese prinzipiell verbessern: Negative Folgen der Technik können durch noch mehr Technik überwunden werden. Aber mehr Technik bringt neue Risiken, die nach noch mehr Technik verlangen, sie zu beherrschen: Es beginnt sich eine gefährliche Spirale zu drehen. Man erkennt eine solche Spirale heute etwa da, wo vorgeschlagen wird, die Folgen des vom Menschen verursachten Klimawandels durch gezielte Eingriffe in die Bio- oder die Atmosphäre zu mildern (Geo-Engineering), also beispielsweise Schwefelstaub, der Sonnenstrahlung absorbieren soll, in hohe Schichten der Atmosphäre einzubringen oder die Meere mit Eisen zu düngen, um das Wachstum von Algen zu stimulieren, die der Atmosphäre CO_2 entziehen. Man erkennt eine solche Spirale auch im Versuch, negativen Folgen der industriellen Landwirtschaft wie der Austrocknung der Grundwasserreserven durch gentechnisch veränderte Pflanzen zu begegnen. Es wäre eine merkwürdige Erwartung, dass das Drehen der Spirale von sich aus eines Tages zum Erliegen käme, weil die immer »größere« Technik eines Tages aus unerfindlichen Gründen aufhöre, immer größere Risiken hervorzubringen.

Man kann Großrisiken auch durch große Kontrollapparate begegnen, die die Einhaltung von Sicherheitsvorschriften überwachen. Zwar haben solche Kontrollapparate immer wieder versagt – etwa vor dem Unfall der Ölbohrplattform Deepwater Horizon im April 2010 oder in Fukushima vor dem Erdbeben vom 11. März 2011 –, doch ist prinzipiell natürlich denkbar, dass solche Apparate funktionieren. Etwas anders sieht die Situation im Bereich mit den meisten Unfalltoten, dem Straßenverkehr, aus: Hier ist nicht der einzelne Unfall »groß«, aber die Unfälle treten massenhaft und inmitten des dicht belebten Raums auf. Diese Risiken werden durch eine Disziplinierung aller Verkehrsteilnehmerinnen und Verkehrsteilnehmer gemildert. Weder große Kontroll-

und Überwachungsapparate noch Massendisziplinierung sind einer freiheitlichen Gesellschaft zuträglich.

Bleibt als Strategie die Vermeidung der großen Risiken durch Vermeidung unnötiger Größe. Zwei wichtige Autoren, die die Überlegenheit des Kleinen gegenüber dem Großen postulierten, waren Ivan Illich und Ernst Friedrich Schumacher. Für Illich wird eine Technik dysfunktional, wenn sie den Menschen ihre Logik aufzwingt, statt ihnen zu dienen. »Technik« verstand Illich sehr breit: Außer – wie bereits erwähnt – im Verkehr sah er die Schwelle zur Dysfunktionalität etwa im Bildungswesen oder in der Medizin überschritten. Illich postulierte nicht starre Grenzen und forderte nicht, stehen zu bleiben, wenn diese erreicht sind. Aber der soziale Wandel dürfe sich nicht »so schnell vollziehen, dass rechtliche, kulturelle und politische Präzedenzien nicht mehr als Leitfäden für heutiges Verhalten dienen können«.[31]

Illichs Ideal war, was er »konviviale Werkzeuge« nannte. Das Wort prägte er nach dem spanischen Wort für Zusammenleben, *convivencia*. »Eine Gesellschaft, in der sich Individuen und nicht Manager moderner Technologien bedienen, werde ich ›konvivial‹ nennen.«[32] Konviviale Werkzeuge sind Werkzeuge, zu deren Bedienung es keiner Spezialkenntnisse, keiner aufwendigen Ausbildung bedarf und die auch ohne große Spezialisierung hergestellt, repariert oder abgeändert und an spezifische Nutzungsbedürfnisse angepasst werden können. Sie erleichtern den Menschen die Arbeit, nehmen sie ihm aber nicht weg. Sie verhindern, dass Gesellschaften von einigen wenigen Experten abhängig werden. Als Beispiele nennt Illich etwa das Telefon, einen »typischen mexikanischen Markt«, eine Wassermühle, die Post, das Fahrrad; auch Motorfahrzeuge, wenn sie nicht wesentlich schneller sind als das Fahrrad.

Schumacher wurde einer breiteren Öffentlichkeit, vor allem im angelsächsischen Raum, 1973 durch sein Buch *Small Is Beautiful* (Klein ist schön) bekannt. Schumacher propagiert, was er »mittlere Technik« *(intermediate technology)* nennt und was Illichs konvivialen Werkzeugen sehr nahe kommt; der Begriff »angepasste Technik« *(appropriate technology)* wird heute meist synonym verwendet. »Wir betrachten gegenwärtig«, sagte Schumacher in einem Vortrag, »die Ökonomie (...) in erster Linie unter dem Gesichtspunkt der Produktion von Gütern. Menschen kommen erst an zweiter Stelle.«[33] An der gegenwärtigen Technik kritisierte er, dass diese »sozusagen die Wahl der Wünsche diktiert. Naheliegende Beispiele sind das Streben nach Überschallgeschwindigkeit in der Luftfahrt und die ungeheuren Anstrengungen, die unternommen wurden, um Menschen auf dem Mond landen zu lassen. Die Formulierung dieser Ziele entstand nicht aus einer Erkenntnis wirklicher menschlicher Bedürfnisse und Wünsche, denen die Technik eigentlich dienen soll, sondern ausschließlich daraus, dass die erforderlichen technischen Mittel zur Verfügung zu stehen schienen.«[34]

Dem setzte Schumacher nun seine Vision der »mittleren Technik« entgegen. Eine solche sei »der primitiven Technologie früherer Zeiten weit überlegen, zugleich aber sehr viel einfacher, billiger und freier als die Supertechnologie der Reichen«. Dabei beruft sich Schumacher auf Mahatma Gandhi, der sagte, den Armen der Welt könne »nicht durch Massenproduktion, sondern nur durch Produktion der Massen« geholfen werden. Weil die »Arbeit mit den Entwicklungsländern« dazu zwinge, »die durch die Armut bedingten Grenzen anzuerkennen«, könne diese Arbeit »eine nützliche Schule für uns alle sein«.[35] Mit konkreten Beispielen, was seiner Vorstellung von mittlerer Technik entspreche, geizte Schumacher in seinem Buch. Sicher gehört biologischer Landbau dazu – Schumacher war Präsident der Soil Association, einer der ersten Organisationen für biologischen Landbau.

»Klein« hat bei Schumacher (und bei Illich, dessen Buch *Tools for Conviviality* im Deutschen den Titel *Selbstbegrenzung* trägt) mit Selbstgenügsamkeit zu tun: Es gehe darum, Grenzen anzuerkennen, denn »jedes Tun, das kein selbstbegrenzendes Prinzip anerkennt, ist Teufelszeug«.[36] Schumacher interpretiert den Begriff der ökonomischen Effizienz, anders als landläufig üblich, im Sinne einer »buddhistischen Ökonomie«: »Da Verbrauch nichts anderes ist als ein Mittel zum Wohlbefinden des Menschen, müsste das Ziel das Erreichen eines Höchstmaßes an Wohlbefinden mit einem Mindestmaß an Verbrauch sein.«[37] Alles andere müsste einem »buddhistischen Ökonomen« als absurd erscheinen.

Ernst Friedrich Schumacher war ein früher Kritiker der Atomenergie und ein Idol der Anti-AKW-Bewegung. Die Atomtechnik steht wie keine andere Technik, ausgenommen vielleicht die Raumfahrt, für das »Große«. Es erstaunt nicht, dass um sie einige der heftigsten gesellschaftlich-politischen Auseinandersetzungen der letzten Jahrzehnte stattgefunden haben.

Die Befürworter der Atomenergie haben, als der Widerstand in den 1970er-Jahren an Fahrt aufnahm, ihre Gegnerinnen und Gegner als »Systemveränderer« disqualifiziert.[38] Das war mitten im Kalten Krieg ein schlimmer Vorwurf. Die Unterstellung, es gehe gar nicht um die Sache, war sicher falsch: Die Gegnerinnen und Gegner wussten sehr genau, weshalb sie die Atomenergie ablehnten.[39] Und doch ging es, für einen Teil der Bewegung, natürlich auch um die Frage, in was für einer Welt man leben will. Beide Seiten der Debatte erkannten richtig, dass Energie für eben diese Frage zentral ist. Wer das »System« erhalten wollte, musste dem Sachzwang der neuen Energieform Atomkraft stattgeben. Die andere Seite wollte sich dem nicht unterwerfen und die Alternative »Atomkraft oder zurück in die Steinzeit« nicht akzeptieren.

Die Geschichte der Atomtechnik ist eine Geschichte der Allmacht-Fantasien. Plötzlich stand den Menschen eine ganz neue Energiequelle zur Verfügung, die man als quasi unerschöpflich und billig erachtete. Sollte es gelingen (und davon waren die Atomenergie-Enthusiasten der ersten Stunde überzeugt), nach der Kernspaltung auch die Kernfusion zu nutzen, wäre der Mensch definitiv nicht mehr auf die Sonne als Energiequelle angewiesen, auch nicht mehr auf die über Jahrmillionen angesammelte fossile Sonnenenergie, denn man könnte sich seine eigenen kleinen Sonnen bauen.

Die Stromgewinnung war nur eine Anwendung von vielen, die man der Technik einst zugedacht hatte. Der erste Zweck und »größte Triumph der Kerntechnik«[40] war die Bombe. Aber selbst unter den zivilen Anwendungen wurde die Stromgewinnung zu Beginn nicht als die wichtigste betrachtet.

Die Euphorie, die die Atomtechnik bei denen auszulösen vermochte, die die öffentliche Debatte dominierten, setzte unmittelbar nach Kriegsende 1945 ein. Das »Atomzeitalter« war in aller Munde. David E. Lilienthal, der erste Vorsitzende der Atomkommission der US-Regierung, sagte 1963, der Kongress wäre nie zu der milliardenschweren Förderung der Atomenergie bereit gewesen, hätte man schon 1946 gewusst, dass dabei schließlich nichts anderes herauskommen würde als eine neue und nicht einmal billige Technik der Stromgewinnung.[41] Man träumte von atomar betriebenen Schiffen, Flugzeugen, gar Autos und Heizungen für Privathäuser. Atomenergie sollte Meerwasser entsalzen (die Sowjetunion baute eine atomare Entsalzungsanlage in Schwetschenko, aber dabei blieb es), sie sollte Wüsten begrünen, die Polarkappen abschmelzen. Zivile Atombomben sollten in Berg- und Straßenbau eingesetzt werden.

Die Geschichte der Menschheit ist die Geschichte des Mangels und der Knappheit. Damit sollte die Atomenergie aufräumen. Ein populäres Handbuch der Atomtechnik schrieb 1957, diese bringe »in der Tat einen neuen Glauben an die Macht des Menschen über die Natur und an die Fähigkeit der Forschung, nahezu alle Probleme zu lösen«.[42] Gerade unter Linken waren solche Träume en vogue: Ernst Bloch war der prominenteste.

All das sollte fast gratis Realität werden: Der deutsche Ökonom und Atomenergie-Enthusiast Edgar Salin behauptete 1955, Brüter (die Technik, die mehr Brennstoff erzeugt als verbraucht, aber bis heute nicht wirklich funktioniert) könnten Strom für 0,0056 Pfennig pro Kilowattstunde produzieren![43] Und noch mehr erhoffte man sich von der Kernfusion. 1954 schrieb die deutsche Zeitschrift *Außenpolitik*, die Kernfusion könnte »in zwei Jahren etwa praktisch verwendungsreif sein«. Das war zwar eine extrem optimistische Erwartung. Doch nachdem an der ersten Atomkonferenz 1955 in Genf der Konferenzpräsident Homi Bhabha etwas leichtfertig in die Runde warf, es werde bis zur Anwendungsreife zwanzig Jahre dauern, wurde das zur allgemeinen Erwartung. Noch in den 1970er-Jahren findet man, auch bei kritischen Autorinnen und Autoren, die Aussage, die Kernfusion werde in zwanzig

Jahren anwendungsreif sein. (Heutige Optimisten rechnen eher mit fünfzig Jahren.) Zwanzig Jahre war auch die Frist, innert derer der Atomphysiker Pascual Jordan die Heilung aller Krebserkrankungen mittels Chemotherapie als »wahrscheinlich« erachtete. Man wusste damals bereits, dass radioaktive Strahlung krebserregend ist – wie praktisch, wenn der Krebs seinen Schrecken verlöre![44]

Zu den übertriebenen Erwartungen trugen nicht zuletzt die Atomphysiker – ganz prominent Werner Heisenberg; in der Schweiz und etwas weniger prominent Heisenbergs Freund Paul Scherrer – bei; die Ingenieure waren da wesentlich skeptischer. Die Physiker wollten (sehr teure) Grundlagenforschung treiben, und das dafür nötige Geld erhielten sie eher, wenn sich die Gesellschaft einen praktischen Nutzen davon versprechen konnte. Doch das Ausbleiben der Erfolge dämpfte die Erwartungen bald. Das Druckwasser-Atomkraftwerk Shippingport in den USA produzierte die Kilowattstunde Strom rund zehnmal so teuer als ein Kohlekraftwerk.[45] »All die Märchen», schreibt der Umwelthistoriker Joachim Radkau in seiner Studie zur Geschichte der deutschen Atomwirtschaft, »verblassten in den Sechzigerjahren«.

Aber die nukleare Großforschung war nicht mehr zu bremsen. Keine andere Energietechnik hat nur annähernd so viele Forschungsgelder von staatlicher Seite erhalten wie die nukleare, und noch in den letzten Jahren floss von den Energieforschungsmitteln der Europäischen Kommission zwischen die Hälfte und zwei Drittel in die nukleare Forschung (Spaltung und Fusion).[46] Wer waren die treibenden Kräfte dahinter?

Zuallererst: militärische Interessen. Das gilt bis heute, wie das Beispiel Iran zeigt. Militärische Interessen, eine eigene Atomforschung zu betreiben, hatten sogar Kleinstaaten wie die Schweiz: Nur sechs Tage nach dem Atombombenabwurf von Nagasaki gelangte Hans Frick, Chef der Ausbildung der Schweizer Armee, an den Bundesrat mit der Anregung, die Schweiz möge ihr eigenes Atomwaffenprogramm aufbauen.[47] 1945 wird die Studienkommission für Atomenergie ins Leben gerufen, doch ihr militärischer Charakter bleibt geheim. Als das Parlament der Studienkommission 18 Millionen Franken spricht, tut es dies im Glauben, es handle sich um zivile Forschung. Erst 1957 – es ist das Jahr des »Sputnikschocks«, einem der Höhepunkte des Kalten Kriegs – wird durch eine Panne bekannt, dass die Schweizer Militärs Atomwaffenpläne hegen. Zwei Volksbegehren gegen die Atombewaffnung werden 1962 respektive 1963 abgelehnt, doch zieht es der Bundesrat vor, seine Atomwaffenpläne von nun an wieder im Geheimen zu verfolgen. Das AKW Lucens, das 1969 in Betrieb genommen wird und wenige Stunden nach Betriebsstart explodiert, war ein militärisches Projekt: Es war ein Kraftwerkstyp (Schwerwasserreaktor), der sich insbesondere zur Produktion waffenfähigen Plutoniums eignet. »Lucens war das Kraftwerk, das man braucht, wenn man eine Atombombe bauen will«, schreibt die Journalistin und Atomexpertin Susan Boos.[48] Obwohl der Bundesrat im selben Jahr, 1969, beschloss, dem Atomwaffensperrvertrag beizutreten, womit sich die Schweiz verpflichtete, auf eigene Atomwaffen zu verzichten, wurden die militärischen Geheimpläne erst 1988 aufgegeben.

Besonders wichtig für die Entwicklung der Energiewirtschaft waren die militärischen Interessen der USA: Diese bestanden vor allem darin, eine Weiterverbreitung der Atomwaffentechnik zu verhindern. 1953 lancierte Präsident Dwight Eisenhower in einer viel beachteten Rede das Schlagwort »Atome für den Frieden« – ein raffinierter Propagandastreich (selbst an Friedensmärschen konnte man Transparente mit Parolen wie »Friedliche Atomnutzung statt Atomwaffen« sehen[49]). Weil die USA nicht verhindern konnten, dass andere Staaten eigene Atomkraftwerke bauten, wollten sie zumindest dafür sorgen, dass diese Staaten von US-amerikanischer Technik abhängig waren. Die USA boten zu Spottpreisen Leichtwasserreaktoren an, die auf angereichertes Uran angewiesen sind, das damals nur die USA produzieren konnten.

Bevor diese Billigangebote auf den Markt kamen, war die Energiewirtschaft nicht an Atomkraftwerken interessiert. Natürlich macht sie heute mit ihren abgeschriebenen Atomkraftwerken einen Reibach, aber damals sah man durchaus realistisch, dass die Gewinnung von Strom mittels Kernspaltung in einer Gesamtrechnung nicht wirtschaftlich sein kann. Von privatwirtschaftlicher Seite waren eher die potenziellen

Kraftwerksbauer interessiert (in der Schweiz namentlich Sulzer und BBC, die heutige ABB), die erkannten, dass der Bund für die Entwicklung viel Geld auszugeben bereit war.

Energiepolitische Überlegungen waren für die Entwicklung einer eigenen Atomtechnik nicht von Bedeutung: Die in den späteren Fünfzigerjahren einsetzende Erdölschwemme beendete alle noch bestehenden Ängste vor einer kommenden Energieknappheit. »In der gesamten Geschichte der Kernenergie«, schreibt der Historiker Radkau für Deutschland, war der »Mangel an energiepolitischen Überlegungen geradezu frappant.«[50]

Folgt man Radkau, so war die staatliche Atomforschung Deutschlands keineswegs so geplant. Deutschland besaß zwar seit 1955 sogar ein Atomministerium (aus dem 1962 das Bundesministerium für wissenschaftliche Forschung wurde, das heutige Bundesministerium für Bildung und Forschung). Doch Atomminister Franz Josef Strauß sprach sich 1956 gegen ein zentrales Atomforschungszentrum aus, denn die Errichtung eines solchen würde »nicht nur Millionen verschlingen, sondern auch Jahre dauern«. Offenbar rechnete Strauß also eher mit Monaten als mit Jahren oder gar Jahrzehnten, eher mit Tausenden als mit Millionen oder gar Milliarden Mark! Nichts, meinte Strauß, sei »gefährlicher als die Herausbildung wissenschaftlicher Monopolzentren. Wenn sich da einmal eine Fehlentwicklung durchgesetzt hat, wird diese jahrelang beibehalten ohne Korrektur und ohne Widerspruch.«[51]

Das war nun fast schon hellsichtig: Denn genau das geschah. Das bundeseigene Reaktorforschungszentrum in Karlsruhe wurde ein solches Monopolzentrum. 1963 machte dessen Direktor Wolf Häfele, ein begeisterter Anhänger zentralistischer Strukturen in der Wissenschaft, deutlich, dass dieses Zentrum sehr viel Geld verschlingen werde: Solche Unternehmungen gehörten »zum Sichbehaupten eines Volkes (…) auch dann, wenn der dafür zu zahlende Preis phantastisch sein wird.« Das ist kriegerisches Vokabular. Doch nun war man sich in der Regierung einig, dass »die unerwartet schnelle Entwicklung der Brutreaktoren eine Wende in der Kerntechnik herbeigeführt hat und zu einer Konzentration des Atomprogramms zwingt«.[52]

Die technische Entwicklung war zum Sachzwang geworden, dem man sich glaubte unterziehen zu müssen. »Überall in der Welt weiß man heute«, hieß es im Buch *Wir werden durch Atome leben* von 1956, »dass kein Land in den nächsten Jahrzehnten als industrielle Großmacht bestehen kann, wenn es ihm nicht gelingt, die Verwendung von Atomenergie in großem Stil zu entwickeln«;[53] und ein Buch von 1968 trug den Titel *Die atomare Herausforderung. Wir stehen vor der Wahl: Fortschritt oder Untergang.*[54] Die »Fehlentwicklung«, vor der Strauß gewarnt hatte, nahm ihren Lauf und alle machten mit. »In der Ära der vollendeten Fakten«, schreibt Radkau, »war es soweit, dass sich die Kerntechnik ihre Interessenbasis gleichsam selber geschaffen hatte.«[55] Die treibende Kraft hinter der Atomtechnik war mithin – nebst den militärischen Interessen – diese selber.

Je mehr Milliarden ins Projekt gesteckt worden waren, desto weniger konnte man sich eingestehen, gescheitert zu sein, ohne das Gesicht zu verlieren. Und die Geschichte wiederholt sich. Derzeit bauen die EU und sechs weitere Staaten im französischen Cadarache den europäischen Kernfusions-Versuchsreaktors Iter. Ursprünglich (2005) waren fünf Milliarden Euro Baukosten budgetiert, mittlerweile rechnet die Europäische Kommission mit dem Dreifachen. Aber die Übung abzubrechen, scheint nicht infrage zu kommen – das wäre, sagt der Vorsitzende des Energieausschusses des EU-Parlaments, Herbert Reul, »ein Offenbarungseid, dass Europa zu gar keinen großen Projekten mehr fähig ist«.[56]

Großrisiken

Die größte Hybris der Atomtechnik liegt darin, dass sie Radioaktivität erzeugt, die sich nicht wieder aus der Welt schaffen, sondern allenfalls »endlagern« lässt. Bis heute hat kein Land die Endlagerung gelöst. Finnland baut derzeit ein Endlager, das 2020 als weltweit erstes in Betrieb gehen soll. Die Kavernen werden in Granit gegraben – ein Gestein, das man in der Schweiz einst ebenfalls für ein Endlager erwog, dann aber zugunsten eines anderen Gesteins aufgegeben hat, das sicherer sein soll. Ob dieses Gestein – Opalinuston – sich wirklich eignet, ist auch noch nicht erwiesen: Opalinuston birgt Überraschungen, wie man sie nicht gerne hat, wenn man für Jahrhunderttausende bauen soll.[57] Deutschland wiederum setzt auf den Salzstock in Gorleben, für den sich die Regierung einst aus politischen statt geologischen Gründen entschieden hat. Wenn die Atomkraft heute bisweilen (beispielsweise von der deutschen Bundesregierung vor der Atomkatastrophe in Fukushima) als eine »Brückentechnologie« bezeichnet wird, die noch benötigt werde, bis genug Energie aus erneuerbaren Quellen bereitstehe, so heißt das, dass man täglich Abfälle produzieren will, die mehrere Hunderttausend Jahre gefährlich bleiben, einzig um ein paar Jahre Zeit zu gewinnen.

Es ist eine abenteuerliche Vorstellung, man könne mit heutigem Wissensstand Stellen in der Erdkruste ausfindig machen, die garantiert über mehrere Hunderttausend Jahre sicher sind, und könne diese Stellen anbohren, über mehrere Jahrzehnte offen halten und wieder verschließen, ohne ihre Stabilität zu beeinträchtigen. Noch erstaunlicher aber als der Glaube an die technische Machbarkeit erscheint mir der Glaube an die Zuverlässigkeit von Menschen und ihren Institutionen. Ein Endlager kann allenfalls dann sicher sein, wenn während der gesamten Bau- und Betriebszeit alle Beteiligten nach Vorschrift handeln. Ein AKW, das heute geplant wird, ist vielleicht 2030 betriebsbereit und wird bis 2080 oder 2090 laufen. Danach müssen die letzten abgebrannten Brennstäbe mehrere Jahrzehnte zwischengelagert werden, bis sie sich genügend abgekühlt haben, um ins Endlager eingebracht werden können. Es müssen also über mehr als ein Jahrhundert alle Beteiligten und alle Kontrollinstanzen einwandfrei und lückenlos funktionieren. Wenige Länder kennen in ihrer jüngeren Geschichte so lange Perioden der institutionellen Stabilität. Die amtlich festgestellten Schlampereien um die Lagerung radioaktiver Abfälle im Forschungsbergwerk Asse (Niedersachsen) lassen eine solche Erwartung als sehr naiv erscheinen. Und wenn man sieht, wie die deutsche Regierung die Laufzeiten altersschwacher Atomkraftwerke, die heute nicht mehr bewilligungsfähig wären, im Herbst 2010 ohne Not verlängerte – einfach weil die vier Stromkonzerne, die die Werke betreiben, und der Industrieverband heftig genug lobbyierten und weil der Juniorpartner der Regierungskoalition aus der Atomkraft eine Glaubensfrage machte –, dann fragt man sich, wie viele Abstriche an der Sicherheit in Notzeiten vorgenommen würden. (In der Schweiz verfügen die fünf Atomkraftwerke sogar über unbefristete Betriebsbewilligungen – selbst das über vierzigjährige AKW Mühleberg, das Risse im Kernmantel aufweist und laut dem Öko-Institut Darmstadt »über alle wesentlichen Sicherheitsdefizite [verfügt], die gemäß aktuellem Regelwerk bei Sicherheitseinrichtungen zu vermeiden sind«.[58])

Aber, könnte man einwenden, man sollte doch vernünftigerweise annehmen können, dass die Betreiber von Atomanlagen und die Mitglieder der Kontrollorgane ihre Arbeit nach bestem Wissen und Gewissen tun – wären sie doch bei einem Unfall genauso betroffen wie alle anderen Anwohnerinnen und Anwohner. Kann man nicht darauf vertrauen, dass bei solchen Großunternehmen die Sicherheitsstrukturen so beschaffen sind, dass alles mehrfach geprüft wird – dass also selbst dann, wenn eine Stelle versagt, deren Versagen von einer anderen Stelle bemerkt würde?

Nein, das kann man nicht. Nicht nur, weil man mit Nachlässigkeit immer rechnen muss, sondern gerade wegen der Dimensionen solcher Projekte. Großprojekte bilden ihre eigenen Kulturen im Umgang mit Risiken heraus, die nicht immer sachlich begründet sind und dazu führen können, dass Risiken systematisch übersehen werden und Instanzen, die sich gegenseitig kontrollieren sollten, sich eher gegenseitig bestätigen. Ein eindrückliches Beispiel hierfür bildet der Absturz der Raumfähre Columbia am 1. Februar 2003. Die offizielle Untersuchung hat minutiös aufgezeigt, wie nach einer beim Start beobachteten Unregelmäßigkeit alle Skepsis einzelner Mitarbeiter systematisch unterdrückt wurde – bis die Raumfähre bei der Landung auseinanderbrach.[59] Der Psychologe Irving Janis hat für solche Situationen den Begriff »Gruppendenken« *(groupthink)* geprägt. Dieses sei verantwortlich, dass »intelligente Leute, die gemeinsam arbeiten, dümmer sein können als die Summe ihrer Gehirne«. Arbeiteten Menschen in einer Gruppe eng zusammen, so verdränge das Streben nach Einigkeit in dieser Gruppe das Prüfen von Alternativen.[60] Das gelte umso mehr, je isolierter diese Gruppe sei, wobei die Isolation daher rühren könne, dass die Mitglieder dieser Gruppe ein Fachwissen teilten, über das Außenseiter nicht verfügten. Eine solche isolierte Gruppe bilden auch die Atomfachleute. Der Atomtechnik-Historiker Joachim Radkau formuliert es so: »Mehr als früher sind die mit bestimmten Technologien verbundenen Experten zu einem eigenen sozialen System geworden.«[61]

Kleines Großes und großes Kleines: Computertechnik als Beispiel

Das Große und das Kleine könnten sich theoretisch ergänzen, schließen sich aber in der Praxis meistens nur schon deshalb aus, weil ihnen ganz andere Denkweisen zugrunde liegen. Doch nicht immer lassen sich das Große und das Kleine wie Schwarz und Weiß gegeneinander abgrenzen. Das zeigt besonders schön die Geschichte der Computertechnik.

Nach ersten zivilen Anfängen in der Zwischenkriegszeit erhielt die Computertechnik ihre entscheidenden Impulse im Zweiten Weltkrieg und in der Nachkriegszeit aus der militärischen Forschung. Von der Herkunft gesehen handelt es sich also um eine Großtechnik par excellence. Doch schon bald begannen Tüftler an den Universitäten, sich die Technik als Werkzeug anzueignen und Rechenleistung von den Großrechnern ihrer Institute für ihre selbst programmierten Computerspiele abzuzweigen. Die Aktivistinnen und Aktivisten der Hackerszene, die sich in Deutschland um den Chaos Computer Club ausbildete, verstanden sich von Anfang an als Warner vor den Missbrauchsmöglichkeiten der »großen« Informationstechnik.

Das Internet war ebenfalls eine ursprünglich militärische Entwicklung. In seiner Struktur ist es indes das Gegenteil einer zentralistischen Großtechnik: Das US-amerikanische Militär wollte in den 1960er-Jahren ein Kommunikationssystem entwickeln, das auch dann noch funktionsfähig bliebe, wenn es zu großen Teilen zerstört wäre – also, in Begriffen der Ökologie gesprochen, ein resilientes System.[62] Das Resultat ist eine dezentrale Netzstruktur, auf der sich die Informationen den Weg zu ihrem Empfänger gleichsam selber suchen – eine Struktur, die es vermeidet, den ihr angeschlossenen Nutzerinnen und Nutzern eine bestimmte Art zu funktionieren vorzuschreiben. Diese Eigenschaft ist zentral für Illichs konviviale Werkzeuge wie für Schumachers mittlere Technik.

Die uns heute bekannte, allen offen stehende Form des Internets, das World Wide Web, wurde 1989/90 am Kernforschungszentrum Cern in Genf entwickelt. Man suchte nach Möglichkeiten, die gigantischen Datenmengen, die die Experimente des Cern produzierten, effizient zwischen den beteiligten Instituten zu teilen: Eine großtechnische Aufgabe fand im World Wide Web eine dezentrale Lösung.

Das Cern selber ist bezüglich Größe eine schillernde Institution: Wie kaum ein anderes wissenschaftliches Institut steht es für Großforschung, aber im Bewusstsein, es mit hoch spekulativen Theorien zu tun zu haben, haben die Forscherinnen und Forscher des Cern eine große erkenntnistheoretische Bescheidenheit entwickelt, wie man sie sich auch in anderen Wissenschaftsdisziplinen wünschte. Das Cern betreibt seine Forschung mit erstaunlich dezentralen Strukturen und den flachsten denkbaren Hierarchien. Jeder Kult um besonders geniale Forscherinnen oder Forscher wird vermieden und sogar gezielt unterlaufen.[63] Im Umgang mit Kritik von außen und möglichen Risiken aber zeigt das Cern die volle Arroganz einer großtechnischen Institution und ignoriert Kritikerinnen und Kritiker oder diffamiert sie als inkompetent.

Das Internet weckte große Hoffnungen auf eine neue, dezentrale Wirtschaftsstruktur, in der jeder Nutzer und jede Nutzerin gleichberechtigt gleichzeitig Konsument und Produzent sein könne (ebenfalls ein Merkmal konvivialer oder mittlerer Technik). Die Hoffnungen haben bis heute ihre Berechtigung nicht verloren und leben vor allem in der Open-Source-Gemeinde fort, die Software entwickelt, die von allen Nutzerinnen und Nutzern weiterentwickelt und an eigene Bedürfnisse angepasst werden kann. Auch André Gorz, der Autoren wie Illich oder Schumacher nahestand, erblickte in der Infromationstechnik Möglichkeiten, den ökologisch unverträglichen Kapitalismus zu überwinden.[64] Die Hoffnungen haben sich aber doch nur zum kleinen Teil erfüllt: Das Internet kann eben auch in den bekannten, zentralistischen Formen genutzt werden. Insofern bestehen zwischen seiner Geschichte (und der Geschichte der mit ihm verbundenen Hoffnungen) Parallelen zu den Anfängen der Elektrizitätsnutzung hundert Jahre zuvor, als manche sich von der Elektrizität den Todesstoß für den »Dampfmaschinenkapitalismus« erhofften.

Die Ambivalenz der Computertechnik kommt auch zum Ausdruck in den populären Mythen um prominente Figuren der Computergeschichte, dem Mythos »Vom Garagentüftler und Studienabbrecher zum reichsten Menschen der Welt« (Microsoft-Gründer Bill Gates) oder dem Mythos »Vom beziehungsgestörten Nerd zum jüngsten Milliardär« (Facebook-Gründer Mark Zuckerberg): Es ist möglich, von ganz unten nach ganz oben zu gelangen – aber am Ende sind es doch einige wenige Giganten wie Microsoft, Apple, Google oder Facebook, die das Internet dominieren.

Heutige Visionen einer dezentralen Energieversorgung mit regionalen Stromnetzen, an denen jeder sich als Konsument, Produzent (mit der eigenen Solaranlage auf dem Dach) und Anbieter von Speicherdienstleistungen (mit der eigenen Autobatterie) beteiligen kann, erinnern an die Visionen einer anderen, auf dem Internet basierenden Wirtschaftsstruktur. »Mit der Möglichkeit der Verfügbarkeit erneuerbarer Energien wird Energie vom bloßen Wirtschafts- und Konsumgut zum Kulturgut. Das ist die Sozio-Logik erneuerbarer Energien: Aus der ›passiven Energiegesellschaft‹, mit immer weniger und dabei immer größer werdenden Anbietern einerseits und gleichgeschalteten und verplanten Energiekonsumenten andererseits, wird die ›aktive Energiegesellschaft‹, in der die Energieversorgung in wachsendem Maß autonom erfolgt, in zahlreichen neuen Trägerformaten«, schreibt Hermann Scheer. Das ist eine schöne Vorstellung. Vielleicht hülfe ein genauer Blick auf die Nutzungsgeschichte des Internets, die Gefahren neuartiger Machtkonzentrationen auch in dezentralen Strukturen zu erkennen.[65]

6 Verschleiß

Das Erdölprodukt Plastik überzieht als Müll den ganzen Planeten; selbst im Plankton kann heute Plastik nachgewiesen werden. Eine Million Seevögel sterben jährlich, weil sie Plastik gefressen haben. © Chris Jordan, Courtesy of Kopeikin Gallery.

Anfang 2009 führte ich mit dem Zürcher Historiker Philipp Sarasin ein Interview über ein Thema, das mit Energie nichts zu tun hat.[1] Gleichwohl erhellte es den Umgang unserer Gesellschaft mit Energie. Es ging um das Verhältnis des Philosophen Michel Foucault zum Biologen Charles Darwin, worüber Sarasin ein Buch geschrieben hatte.[2] Ich sprach mit Sarasin über zwei Weltsichten, für die (fälschlicherweise, wie Sarasin meint) Darwin respektive Foucault stehen: den Biologismus und den Kulturalismus. Dem Kulturalismus ist die Welt letztlich nichts als ein Spiel von Zeichen und Bedeutungen, während der Biologismus ebenso einseitig alle Lebensäußerungen als Funktion der Biologie versteht. Sarasin stellte fest, die Kulturwissenschaften (und er schloss sich selber in die Kritik mit ein) hätten die Wirklichkeit aus den Augen verloren.

Sein Buch erschien wenige Wochen nach der Pleite der Investmentbank Lehman Brothers, auf dem Höhepunkt der jüngsten Finanzkrise, die mit dem Platzen einer Immobilienblase in den USA ihren Anfang genommen hatte. Vor diesem Hintergrund hatte Sarasin in einem Zeitungsartikel geschrieben, dass auch die Ökonomie des »neoliberalen Marktfetischismus« die Wirklichkeit aus den Augen verloren habe.[3]

Ausgangspunkt für seine Überlegungen, erklärte Sarasin, seien »Fernsehbilder aus Nevada [gewesen], wo Menschen, die ihre Hypothekarzinsen nicht mehr bezahlen konnten, im Zelt leben«. Da ging es nicht um abstrakte Börsenwerte, da hatten richtige Menschen ihr Obdach richtig verloren, und, so Sarasin: »Das war nicht die ferne Dritte Welt, das war unsere Welt.« Die Welt habe »den Einbruch des Realen ins Virtuelle« erlebt.

Die Wirklichkeit aus den Augen verloren

Sarasin beschreibt Unerhörtes: Wissenschaft – respektive die dominierenden Strömungen gewisser Disziplinen – verfehlt im Versuch, Wirklichkeit zu erklären, ebendiese. Dass das auch und gerade für die ökonomische Wissenschaft gilt, die sich doch mit Handfestem befasst, ist doppelt fragwürdig.[4] Von »New Economy« war die Rede und vom »Informationszeitalter«, von einer »Entmaterialisierung der Wirtschaft«, die neu auf Bits und Bytes statt wie bisher auf Kohle und Stahl gebaut sei, von einer »Entkoppelung von Wirtschaftsleistung und Ressourcenverbrauch« – während alle Kennzahlen des Rohstoff- und Energieverbrauchs, des Welthandels, des Verkehrs so schnell nach oben zeigten wie nie zuvor.

Es brauchte ungewohnte Fernsehbilder, damit einige realisierten, was sie da aus den Augen verloren hatten. Fernsehbilder notabene, die uns normal vorkämen, wenn sie etwa aus einem afrikanischen Flüchtlingslager stammten. Das Jahr 2008 mit dem Ölpreisrekord, dem rapiden Anstieg der Lebensmittelpreise, dem Platzen der Immobilienblasen, der Finanzkrise – dazu kam die Klimakrise – erinnerte daran, dass wir in einer Welt leben, die nicht aus Zeichen und Aktienkursen besteht, sondern aus Öl, Häusern und Getreide: aus Dingen, die den simplen, aber unerbittlichen Gesetzen der Thermodynamik unterliegen.

Es scheint, als hätte der Denkstil der dominanten Schule der Ökonomie die Weltsicht des Teils der Menschheit angesteckt, der seit Jahrzehnten keine Knappheit mehr erlebt hatte – jenes Teils der Menschheit, der den globalen wissenschaftlichen, ökonomischen und politischen Diskurs beherrscht. Dieser – durchaus elegante – Denkstil vereint gewissermaßen das Schlechteste aus Biologismus und Kulturalismus: Das Schlechteste aus dem Kulturalismus, indem er die Wirtschaft (die Welt) als ein System von Symbolen versteht, ohne sich groß für die physische Realität der Dinge zu interessieren; das Schlechteste aus dem Biologismus, indem er diese Symbole eben nicht als kulturelle Zeichen versteht, sondern als Signale in einem steuerungstechnischen Sinne – Quasi-Zeichen ohne Geschichte und ohne jede Mehrdeutigkeit, deren Zusammenwirken sich nach universellen, unveränderlichen Gesetzen richtet und die dem Menschen keinerlei Freiheit lassen: »Es gibt keine Alternative«, wie schon in den 1980er-Jahren das Glaubensbekenntnis Margaret Thatchers lautete.

Sarasin nannte in unserem Gespräch einen Grund, wie es zu diesem Realitätsverlust kommen konnte: »Die Kulturwissenschaften entstanden in einer Welt, aus der die Industrie auszog und wo die Kulturindustrie die leeren Fabriken bezog.« Auch die Wirtschaftswissenschaften werden in einer solchen Welt gemacht. Die hübsche Idee, es sei nicht mehr das Verarbeiten und Verschieben von Stoffen, sondern das Verschieben und Verarbeiten von Information, die die Wirtschaft antrieben, und »Innovation« sei ihr wichtigster Motor, ist mit Blick auf die Industriestaaten entstanden, deren Wirtschaft sich in jüngster Zeit deindustrialisiert hat. Wer von einem simplen Entwicklungsverständnis ausgeht, nach dem die »weniger entwickelten« Volkswirtschaften den

»entwickelten« zwangsläufig folgen, dem ist es nur eine Frage der Zeit, bis die ganze Weltwirtschaft auf Information und Innovation statt auf Stoffen und Energie beruht. Diese Idee vergisst den Konsum, der auch in den »entwickeltsten« Ländern keine Anzeichen einer Entmaterialisierung zeigt. Die Wirtschaftsstruktur der »Industriestaaten« – eigentlich Postindustriestaaten – »dematerialisiert« sich nur deshalb, weil die Produktion der Güter, die hier konsumiert werden, zunehmend in ärmere Länder ausgelagert wird. Diese können dem Entwicklungspfad der reicheren Länder nur so lange folgen, als sie ihrerseits noch ärmere Länder haben, in die sie die Produktion auslagern können.

Die globale Wirtschaft entmaterialisiert sich nicht: Das Gegenteil ist der Fall.

Big Business

Big Business aus dem Jahr 1929 ist ein ausgesprochen unterhaltsamer Kurzfilm mit einer ausgesprochen primitiven Handlung: Zwei Hausierer, gespielt von Stan Laurel und Oliver Hardy, wollen Christbäume verkaufen. Als ein Besitzer einer spießigen Vorstadtvilla keinen Christbaum kaufen will, die beiden Verkäufer aber immer wieder klingeln, schmeißt der Hausbesitzer den Verkäufern den Baum an den Kopf, worauf diese ihm die Klingel aus der Wand reißen, worauf wiederum der Hausbesitzer das Auto der beiden Stück um Stück zu demolieren beginnt und diese sich am Haus schadlos halten. Schließlich liegt alles in Trümmern.

Die Hausierer sind mit einem Ford T unterwegs. Das Auto stand einst für Modernität schlechthin. Für die Herstellung des T entwickelte Ford sein Produktionssystem, das später Fordismus genannt werden sollte. Nun dient die Tin Lizzie (»Blechliesel«), wie das Modell T im Volksmund hieß, Stan und Ollie als Symbol von Unmoderne und Spießigkeit. Wie kam das?

Der Ford T ist ein bemerkenswertes und paradoxes Objekt in der Geschichte der modernen Konsumgesellschaft. 1908 rollte der erste T aus der Fabrik. Ab 1910 produzierte Ford seinen Wagen am Fließband und setzte damit um, was Frederick Winslow Taylor theoretisch entwickelt hatte (und was teilweise in den großen Schlachthöfen Chicagos schon umgesetzt war): Die Arbeitsabläufe wurden »wissenschaftlich« mit der Stoppuhr in einzelne Schritte zerlegt, die Schritte den Arbeiterinnen und Arbeitern am Fließband zugewiesen, die unter hohem Zeitdruck nur noch den immer gleichen Arbeitsschritt ausführten (Charles Chaplin hat es in *Modern Times* hinreißend karikiert).

Das Produkt war ein Auto, dessen Preis weit unter dem anderer Autos lag. Ford erschloss sich mit diesem tiefen Preis einen Massenmarkt für etwas, das bisher Luxusgut gewesen war, gleichzeitig zahlte er seinen Angestellten einen für damalige Verhältnisse eher guten Lohn – damit auch sie sich ihren Ford leisten konnten. Der Ford T wurde schnell das meistverkaufte Auto. 15 Millionen Stück verließen die Fabrik, bis die Produktion 1927 eingestellt wurde – ein Rekord, den erst 45 Jahre später der VW Käfer brechen sollte.

Paradoxerweise hatte das in dieser extrem entfremdeten Form von Arbeit entstandene Produkt Elemente von Illichs konvivialen Werkzeugen. Der Ford T war unverwüstlich und leicht zu reparieren und wurde von seinen Besitzern zu unterschiedlichsten Zwecken genutzt. Auf Bauernbetrieben dienten aufgebockte T, über deren Hinterrad ein Keilriemen gelegt wurde, als Universalantrieb für alle möglichen Maschinen.[5]

Nun war Menschenfreundlichkeit nicht geradewegs eine Motivation des Hitler-Verehrers Henry Ford – oder wenn, dann war es eine paternalistische Vorstellung von Menschenfreundlichkeit. Ford bestimmte, was für ein Auto die Menschen zu wollen hatten (offenbar traf er die Wünsche für zwei Jahrzehnte besser als seine Konkurrenz). Der Modernisierer der Fabrikarbeit (und Bauernsohn) sagte Dinge wie: »Ein Auto soll nicht mehr Zylinder haben als eine Kuh Zitzen«.[6] An seinen Vorstellungen gab es nichts zu rütteln; selbst die Farbe musste schwarz sein, weil damals nur schwarze Farbe erhältlich war, die Fords kompromisslose Qualitätsvorstellungen zufriedenstellte. Der Patron schlug lange auch Ratschläge seiner Mitarbeiter, Änderungen am Modell T vorzunehmen, in den Wind: In dieser Hinsicht war er mehr Ingenieur mit Berufsstolz denn Unternehmer und ganz Kind des 19. Jahrhunderts.

Henry Ford hatte seinem Unternehmen eine hervorragende Stellung in einer wachstumsorientierten Wirtschaft verschafft, indem er ein Bedürfnis schuf, das zuvor nicht existiert hatte. Aber er musste eine Lektion der Wachstumsökonomie erst lernen: Irgendwann hatten »alle« (nämlich bereits 1920 55 Prozent aller Haushalte in den USA) eine Blechliesel, und weil diese so robust war, brauchten sie so schnell keine neue.[7] Ford hatte sich seinen Markt geschaffen, aber indem er ihn sättigte, stürzte er sein Unternehmen in eine schwere Krise – und Dick und Doof ließen sein legendäres Auto genussvoll demolieren.

Geplanter Verschleiß

Ich habe im letzten Kapitel von der Macht der großen Konzerne gesprochen, die verhindern, dass die Menschen sich von ihrer (Fossil-)Energieabhängigkeit lösen. Aber sind es nicht die Menschen, die den Konzernen Macht verleihen, weil sie die von ihnen produzierten Güter und Dienstleistungen kaufen? Ist nicht unsere Wegwerfkultur schuld an der Verschwendungsgesellschaft; tun die Konzerne nicht einfach, was die Leute fordern?

Man mag das so sehen. Doch die Wegwerfkultur hat sich erst bilden müssen – eine Kultur nicht der demonstrativen Verschwendung, mit der sich Eliten immer schon abgrenzten von denen, die sich solches nicht leisten konnten, sondern eine Kultur der gedankenlosen, alltäglichen, »normalen« Verschwendung.

Dass die Wegwerfgesellschaft entstand, hat natürlich damit zu tun, dass es in vielen Fällen billiger wurde, kaputte Dinge wegzuwerfen und neu zu kaufen, als sie zu reparieren. Das war unter anderem eine Folge automatisierter Produktion und der neuen, billigen Materialien (vor allem des Plastiks). Verschwenden ist unter diesen Umständen schlicht ökonomisch rational. Doch das reicht nicht aus, unsere Wegwerfgesellschaft zu erklären, aus zwei Gründen: Erstens geht nicht so leicht zu einem Lebensstil des Verschwendens über, wer Sparsamkeit als hohe Tugend erlernt hat. Und die Wegwerfmentalität geht, zweitens, weit über das hinaus, was ökonomisch rational wäre: Konsumgüter wie Elektronikgeräte, Autos oder Kleider werden viel schneller weggeworfen, als es aufgrund nüchterner Kosten-Nutzen-Rechnungen angezeigt wäre.[8]

Die Wegwerfkultur ist nicht einfach so entstanden. Sie ist das Produkt gezielter Anstrengungen von Konsumgüterindustrie und Marketing.

Im 19. Jahrhundert wurden erstmals Produkte für den einmaligen Gebrauch hergestellt. King C. Gillette soll seine Idee der Wegwerf-Rasierklingen auf einer Geschäftsreise gehabt haben, auf der ihm die Zeit fehlte, sich sorgfältig mit dem Messer zu rasieren. Alleinstehende männliche Angestellte *(white collar workers)*, denen keine Mutter oder Ehefrau die Kleider wusch, trugen Hemdkrägen aus Papier, die man am Ende des Tages wegwarf. Wenn billige Energie der Gesellschaft ihren Takt vorgibt, wird Zeit teuer, mit Energie hergestelltes Material dagegen billig. Wegwerfartikel halfen dem modernen (Stadt-)Menschen, Zeit durch Material – und damit letztlich durch Energie – zu substituieren. So weit ist alles ganz ökonomischer Vernunft geschuldet.

Im Herbst 1917 rief das US-Finanzministerium die Bevölkerung angesichts des Kriegs zu Sparsamkeit auf. Die Kampagne ließ die Händler um ihr Weihnachtsgeschäft fürchten. Sie gingen in die Gegenoffensive mit dem Slogan »Business as usual – hüte dich vor unvernünftiger Sparsamkeit!«.[9] Nach Kriegsende riefen New Yorker Händler das Nationale Wohlstandskomitee (National Prosperity Committee) ins Leben, um Sparsamkeit zu bekämpfen. »Volle Kraft voraus! Bahn frei für den Wohlstand! Kaufe jetzt, was du brauchst!«, verkündeten seine Plakate.[10] Die Industrie, postulierten Marketingtheoretiker, solle die Veraltung respektive den Verschleiß (englisch *obsolescence*) ihrer Produkte aktiv planen. Verschwendung ist gut: Nichts weniger als eine Umwertung der Werte war das erklärte Ziel. »Wir müssen die Leute dazu bringen, Dinge zu kaufen, nicht um sie bis an ihr Lebensende zu benutzen, sondern um sie nach kurzer Zeit wegzuwerfen«, forderte der Publizist Justus George Frederick 1928.

Pionier war einmal mehr ein Autofabrikant: Alfred Sloan, General-Motors-Präsident seit 1923. Der erste Chevrolet, der unter seiner Ägide gebaut wurde, gilt als erstes Produkt des »geplanten Verschleißes« *(planned obsolescence)*.

Ford hatte gezeigt, was geschieht, wenn man ein Bedürfnis mit qualitativ hochwertigen Produkten, also einigermaßen nachhaltig, befriedigt. Fords Konkurrenz stand gegen den Erfolg des Modells T auf verlorenem Posten. Alle Versuche, Ford mit besseren Autos Paroli zu bieten, scheiterten. Doch dann änderte Sloan die Strategie: Der 1923er-Chevrolet war nichts anderes als das erfolglose 1922er-Modell, neu verpackt. Er war nicht besser als Fords T, aber schöner, und jährlich neue Modelle in neuen Farben (darunter Farben eigens für Frauen) ließen nicht nur die »Tin Lizzie«, sondern auch die jeweiligen Vorjahresmodelle des eigenen Hauses alt aussehen. Hatte Henry Ford das Bedürfnis nach dem eigenen Auto bei den kleinen Leuten geschaffen, so begriff GM, dass es galt, dieses Bedürfnis immer wieder zu erneuern. Indem die Chevrolets zu Modegegenständen wurden, brachte GM die Leute dazu, ihre Autos eher als nötig zu ersetzen. Die Strategie ging auf. Ford geriet nach einem Vierteljahrhundert Marktdominanz in Bedrängnis.

Wechselnde Moden sind die einfachste und eine vergleichsweise subtile Spielart des geplanten Verschleißes. Sie wurde schnell aufgegriffen: In den Zwanzigerjahren begannen die Industriebetriebe, Designabteilungen einzurichten. Dass das Auto dabei den Ton angab, zeigte sich darin, dass selbst Geräte wie Kühlschränke oder Toaster sich an Stromlinienformen orientierten.

Es gab (und gibt) aber auch brachialere Methoden. General Electric forschte – ebenfalls in den 1920er-Jahren – zusammen mit dem Massachusetts Institute for Technology gezielt nach Materialien, die schnell verschleißen.[11] 1928 beschloss ein internationales Glühbirnenkartell, die Birnen so zu bauen, dass sie nicht länger als tausend Stunden brannten (außerhalb der Reichweite des Kartells, etwa in der DDR, brannten die Birnen viel länger).[12]

Einen prominenten Fall von geplantem Verschleiß, der freilich selten unter diesem Gesichtspunkt betrachtet wird, habe ich in Kapitel 3 bereits erwähnt: Hybridsaatgut. Das erste solche Saatgut, Hybridmais von Pioneer, stammt wie GMs Chevrolet aus den 1920er-Jahren. Hybridzüchtungen weisen in der ersten Generation optimierte Eigenschaften auf, die sie ab der zweiten Generation verlieren. Der Bauer muss das Saatgut also jedes Jahr neu kaufen. Einen Schritt weiter in dieselbe Richtung gehen Bestrebungen unserer Tage, »Terminator-Pflanzen« zu züchten: Pflanzen, denen ihre Fortpflanzungsfähigkeit mit Gentechnik ausgetrieben wurde.[13]

Nach dem Ausbruch der Weltwirtschaftskrise schlugen Ökonomen gar vor, der Staat solle den schnellen Verschleiß verordnen: Staatlich bestellte Fachleute sollten für jedes technische Produkt die Höchstlebensdauer festlegen. Nach Ablauf dieser Dauer hätten die Konsumentinnen und Konsumenten das Produkt zurückzubringen und durch ein neues zu ersetzen.

Der Begriff *planned obsolescence* wurde in den USA nach dem Zweiten Weltkrieg vom konsumkritischen Journalisten Vance Packard popularisiert[14] und ist seither negativ konnotiert (Fürsprecher des geplanten Verschleißes wie Justus George Frederick hatten von *progressive obsolescence* gesprochen). Im deutschen Sprachraum scheint der Begriff weitgehend unbekannt geblieben zu sein: Als ich Ende 2008 über geplanten Verschleiß recherchierte, fand sich weder bei der schweizerischen Stiftung für Konsumentenschutz noch bei der deutschen Stiftung Warentest jemand, der ihn kannte.

Dabei wird heute mehr Verschleiß geplant denn je. Vom 1923er-Chevy führt eine direkte Linie zu heutigen Elektronikgeräten. Apple ist führend darin, seine Geräte wie Modeaccessoires zu gestalten. Die Koevolution von Hard- und Software ist eine Verschleißstrategie. Neue Programme sind nur für die neuesten Versionen der Betriebssysteme zu haben; ältere Versionen werden von den Herstellern aus dem Sortiment genommen. Neue Betriebssysteme aber brauchen leistungsfähigere Geräte, sodass die Erneuerung der Software irgendwann auch dazu zwingt, die Hardware zu ersetzen.

Man mag argumentieren, es handle sich hierbei um tatsächlichen Fortschritt. Laut einer Faustregel (Moore'sches Gesetz) verdoppelt sich die Leistungsfähigkeit von Computerchips alle achtzehn Monate – der

Konsument oder die Konsumentin erhält also immer bessere Geräte. Doch die meisten Nutzerinnen und Nutzer dürften ihren Computer heute nicht anders nutzen als vor zehn oder zwanzig Jahren: als Schreib- und Rechenmaschine, mit der man auch noch spielen, kommunizieren und Bilder betrachten kann. Weil aber die Spiele immer komplexer werden und über Internet (ohne Not) immer größere Dateien verschickt werden, ist die Maschine, die vor zehn Jahren genügte, heute hoffnungslos veraltet – selbst wenn sie noch einwandfrei läuft.

Bei immer mehr elektronischen Kleingeräten wie Mobiltelefonen oder MP3-Playern kann der Nutzer oder die Nutzerin den Akku nicht selber ersetzen. Ist aber das schwächste Glied des Geräts – und das ist meist der Akku – verschlissen, wird das ganze Gerät wertlos. Der Verschleiß elektronischer Geräte ist wegen vieler Inhaltsstoffe dieser Geräte ökologisch wie sozial besonders problematisch: Der Abbau von seltenen Erden (eine Reihe von Metallen, die beispielsweise in LCD- und Plasma-Bildschirmen Verwendung finden) vergiftet Böden und Trinkwasser vor allem in China, das Erz Coltan finanziert den Bürgerkrieg im Ostkongo, und die unsachgemäße Rückgewinnung dieser Stoffe in armen Ländern setzt hochgiftige, krebserregende Dämpfe wie Dioxine oder Polychlorierte Biphenyle frei.

Plastikwelt

Kaum ein Unternehmen würde heute offen zugeben, dass es den Verschleiß seiner Produkte plant: Verschwendung ist immer noch zu negativ konnotiert. Als ich 2008 die Sprecherin von Apple Schweiz fragte, weshalb die Akkus in den iPods (Apples MP3-Playern) nicht ersetzt werden können, wies sie den Verdacht weit von sich, es handle sich dabei um geplanten Verschleiß: Vermutlich, sagte sie, habe das technische Gründe. Doch ausgerechnet Apple-CEO Steve Jobs hatte 2006 in einem Interview angedeutet, worum es geht: »Wenn Sie immer den Letzten und Besten haben wollen, müssen Sie mindestens einmal im Jahr einen neuen iPod kaufen.«[15]

Den Begriff *planned obsolescence* würde Jobs gleichwohl kaum auf seine eigenen Produkte anwenden. Doch der Aufstieg des Begriffs »Innovation« zu einem Fetisch unserer postindustriellen Gesellschaft läuft letztlich auf dasselbe hinaus: auf den Glauben nämlich, was neu sei, sei besser. Probleme löst man, indem man Neues schafft (und Altes wegwirft). »Krisen«, schreibt Marianne Gronemeyer, seien »in dieser Lesart immer und ausschließlich ein Novitätsmanko. Wer in der Krise steckt, ist nicht modern genug.«[16]

Zum Verschleiß viel beigetragen hat eine Begleiterscheinung der Fossilenergienutzung: die moderne Chemie. An ihrer Wiege stand im 19. Jahrhundert Teer, ein Abfallprodukt, das bei der Verkokung von Kohle anfällt. Teer war Ausgangsstoff für neue Produkte wie Teerfarben, Spreng- und Schießstoffe oder Pharmazeutika. Seit dem Ersten, in großem Stil seit dem Zweiten Weltkrieg traten Abfallprodukte aus der Raffinierung von Erdöl die Nachfolge des Teers an: Die Petrochemie entstand.[17] »Die umfassende Durchdringung aller Wirtschafts- und Lebensbereiche mit chemischen Produkten aller Art war ein wesentlicher Faktor beim Übergang zu einer Wirtschaft, die ihr Erfolgsrezept in einem möglichst hohen und ständig weiter wachsenden Absatz von Produkten sieht, der unter anderem durch die modisch bedingte Kurzlebigkeit erreicht wird.«[18]

Das petrochemische Produkt schlechthin ist das Plastik. Hergestellt aus Erdöl, billig, in jede Form zu gießen, lassen sich Plastikgegenstände nicht reparieren. Die für den kurzlebigen Gebrauch hergestellten Kunststoffe erweisen sich in der Natur aber als ausgesprochen langlebig: Kein Organismus hat gelernt, die langen Molekülketten abzubauen. Folge ist die Vermüllung noch der abgelegensten Gegenden des Planeten. In den Ozeanen bilden sich riesige Teppiche schwimmenden Plastikmülls. Der größte von ihnen im Nordpazifik ist so groß wie Mitteleuropa und soll aus drei Millionen Tonnen Plastik bestehen.[19] Weil die Plastikteile sich nicht zersetzen, aber in immer kleinere Partikel zerrieben werden, reichern sich diese mittlerweile sogar im Plankton an und gelangen von da in die weitere Nahrungskette. Viele dieser Kunststoffe enthalten giftige Zusatzstoffe wie Weichmacher oder Flammschutzmittel, die dem Plastik seine gewünschten Eigenschaften verleihen. In Organismen wirken sie hormonaktiv und erbgutverändernd. Eine Million Meeresvögel und

100 000 Säugetiere sowie noch viel mehr Fische verenden nach Schätzungen jährlich, weil sie mit Plastik im Magen verhungern oder sich in Plastikabfällen verheddern.

Cradle to Cradle: Verschwenden, der Umwelt zuliebe?

Eines der meist diskutierten Umweltbücher der letzten paar Jahre ist *Einfach intelligent produzieren* von Michael Braungart und William McDonough.[20] Die Autoren stellen darin ihr Konzept »Cradle to Cradle« (»Von der Wiege zur Wiege«) vor. Unbescheiden ist das Buch »unseren Familien und allen Kindern aller Lebewesen für alle Zeiten« gewidmet. Der Kerngedanke ist, dass – wie in natürlichen Kreisläufen – jeder Abfall Ausgangsstoff für etwas Neues sein könnte, wenn das Design der Produkte darauf angelegt wäre. »Cradle to Cradle« verspricht die Lösung des Verschleißproblems.

Wenn wir heute Stoffe rezyklierten, die nicht speziell dafür designt worden seien, so sei dieses Recycling in Wirklichkeit ein »Downcycling«, eine Abwertung des Materials. Eine typische Getränkedose etwa besteht aus unterschiedlich harten Aluminiumlegierungen für Mantel respektive Deckel. Wird die Dose rezykliert, schmelzen beide Legierungen zu einer – minderwertigen – zusammen.

Um Produkte für ihre Wiederverwendung zu designen, müssten natürliche und synthetische Stoffe streng getrennt werden, denn beide können in ihrem je eigenen Kreislauf (»Metabolismus«, also Stoffwechsel, nennen es die Autoren) im Grunde beliebig oft zirkulieren. Naturstoffe können, wenn sie nicht mit synthetischen vermengt sind, bedenkenlos der Umwelt übergeben (zum Beispiel kompostiert) werden, wo sie als Nährstoffe für neue biologische Prozesse dienen. Synthetische Stoffe lassen sich innerhalb des »technischen Metabolismus« wiederverwenden.

Verschleißteile eines Produkts müssen, da sie sich nicht für eine technische Wiederverwertung zurückgewinnen lassen, aus Naturstoffen gefertigt sein – Schuhsolen beispielsweise aus Naturkautschuk. Würden die beiden Stofftypen indes vermischt, indem etwa Baumwollfasern mit synthetischen Textilfasern verwoben, Leder mit synthetischen Chemikalien gegerbt oder Papier mit giftigen Farbstoffen bedruckt wird, seien beide für ihren jeweiligen Metabolismus verloren oder nur noch reduziert verwertbar. Braungart und McDonough nennen ihr Konzept »ökoeffektiv« – in Abgrenzung zur »Ökoeffizienz«, die darauf bedacht sei, die Dinge etwas weniger schlecht zu machen.

So weit überzeugt »Cradle to Cradle«, und nichts spricht dagegen, sich die Vorschläge Braungarts und McDonoughs zu Herzen zu nehmen. Problematisch indes sind die damit verbundenen Versprechungen. »Cradle to Cradle« wird als eine Einladung zum fröhlichen Weiter-so-nur-besser wahrgenommen. Das zeigt sich etwa darin, dass besonders ein Produkt, das heute bereits nach »Cradle to Cradle«-Grundsätzen hergestellt wird, in den Medien oft als Beispiel genannt wird: Ein Möbelbezugsstoff, der zu hundert Prozent biologisch abbaubar und so unschädlich ist, dass man ihn sogar essen könnte. Eingesetzt wird er von Airbus zum Bezug von Flugzeugsitzen. Ein Flugzeug mit umweltfreundlichen Sitzbezügen – auf nichts passt Braungarts und McDonoughs Spott über »Ökoeffizienz« besser!

Die Autoren suggerieren, in einer »Cradle to Cradle«-Wirtschaft wäre Verschwendung unproblematisch. Die zentrale Metapher in ihrem Buch ist der blühende Kirschbaum: »Tausende von Blüten bringen Früchte für Vögel, Menschen und andere Tiere hervor, nur damit ein Kern schließlich einmal zu Boden fällt, Wurzeln schlägt und wächst. Wer würde beim Anblick des von Blütenblättern übersäten Bodens unter dem Baum über mangelnde Effizienz und Verschwendung klagen?«[21]

Das Bild führt in die Irre. Tatsächlich kann man theoretisch beliebig viel verschwenden, solange das in geschlossenen Kreisläufen geschieht. Aber das gilt nur für Materie, nicht für Energie. Energie bildet keine geschlossenen Kreisläufe – ein geschlossener Energiekreislauf wäre ein Perpetuum mobile. Energie aber braucht es, um die stofflichen Kreisläufe kreisen zu lassen. Natürlich schreiben Braungart und McDonough, dass die Energieversorgung auf erneuerbaren Quellen beruhen müsse, aber sie fragen nicht danach, ob diese Quellen ausreichen, um den Materialverbrauch einer Konsumgesellschaft aufrechtzuerhalten. Im Falle des Kirschbaums ist das kein Problem, weil die Sonne bei Weitem genug Energie liefert für seinen Stoffwechsel. Der technische Stoffwechsel aber weist ganz andere Größenordnungen auf, als die Natur sie kennt. Ein Mensch in einem Industrieland setzt pro Jahr (ohne Wasser) 10 bis 35 Tonnen Material um, also im schlechteren Fall mehr als einmal täglich das eigene Körpergewicht.[22] Dagegen ist der Kirschbaum ein wahrer Asket.

Der technische Stoffwechsel des Menschen verbraucht heute ein Drittel so viel Energie wie alle natürlichen Stoffwechsel aller Landlebewesen, Tiere und Pflanzen, zusammengenommen.[23] Lebten alle Menschen auf dem Konsumniveau Westeuropas, wäre ihr Energieverbrauch größer als der aller anderen Landlebewesen.

Grüner Verschleiß, veraltete Veraltung

Die jüngste Spielart des geplanten Verschleißes kommt – ausgerechnet – im grünen Mäntelchen daher, und wieder hat die Autoindustrie die Nase vorn. Mit der Behauptung, neuere Autos verbrauchten dank technischen Fortschritten weniger Treibstoff respektive filterten ihre Abgase besser, wird die Idee des »umweltfreundlichen Autos« propagiert. Medien und selbst Behörden übernehmen die marketingtechnisch intelligente, sachlich dumme Wortkombination in der Regel bereitwillig, und keine andere Industrie schaltet in den Umwelt-Lifestyle-Magazinen so viele Inserate wie die Autoindustrie. Unternehmen, die bis vor Kurzem versuchten, den Klimawandel zu leugnen, haben ihre Strategie geändert: Wenn die Industrie ihre Kunden glauben machen kann, es sei ein Akt des Klimaschutzes, alle zwei Jahre ein Auto auf dem neuesten Stand der Technik zu kaufen, dann ist das lukrativer als das Leugnen des Klimawandels.

2009 haben mehrere Regierungen (wohl ohne um ihre Vorgänger zu wissen) die Idee aus der Zeit der Weltwirtschaftskrise aufgegriffen, der Staat solle die Verschleißfrist von Produkten vorgeben, um den Absatz anzukurbeln: Das war die Abwrackprämie für alte Autos (wer ein altes Auto verschrotten ließ und dafür ein neues kaufte, bekam Geld aus der Staatskasse geschenkt). In Deutschland hieß die Prämie in orwellschem Newspeak »Umweltprämie« – ein Hohn nicht nur, weil keine Auflagen an den Umweltstandard des neu gekauften Autos bestanden, sondern auch, weil allein die Herstellung und Entsorgung eines Autos Umweltschäden in derselben Größenordnung verursacht wie das Herumfahren mit dem Auto während seiner gesamten Lebenszeit. Der forcierte Verschleiß von Autos schädigt die Umwelt selbst dann, wenn das neue Auto tatsächlich weniger Benzin säuft als das alte.[24] (Betrachtet man statt der gesamten Umwelt- nur die Energiebilanz, kommt der Neukauf eines Autos, das weniger verbraucht, etwas besser weg, lohnt sich aber immer noch nicht.[25])

Nun mag man immer noch einwenden, dass es die Konsumentinnen und Konsumenten seien, die sich nicht mehr darum scherten, wenn die Produkte, die sie kaufen, nach kurzer Zeit kaputtgehen; nicht die Industrie also treffe der Vorwurf. Tatsächlich sagte mir Michael Wolf von der Stiftung Warentest, als ich über den Verschleiß bei MP3-Playern und Smartphones recherchierte, er habe nicht den Eindruck, dass jemand sich daran störe, die Batterie seines Gerätes nicht selber ersetzen zu können. »Ist geplante Veraltung veraltet?«, titelte 2002 die *New York Times* aus diesem Grund.[26] Umso besser für die Industrie: Wenn diese die Kundschaft so weit gebracht hat, muss der Hersteller den Verschleiß gar nicht mehr planen; es genügt, schlampig zu produzieren. Die Marketingstrategen der 1920er-Jahre hätten es sich nicht besser erträumen können.

Relative Bedürfnisse und ineffizientes Wachstum

Nun ist es nicht so, dass Justus George Frederick und seine Gesinnungsgenossen nicht recht gehabt hätten: Tatsächlich braucht die Wirtschaft, die sich der Sättigung nähert, den geplanten Verschleiß – wenn sie denn wachsen soll. Und eine Wirtschaft, die auf privaten Investitionen beruht, muss wachsen, denn es investiert nur, wer für sein Risiko einen Gewinn erwarten darf. Gewinn aber kann es dauerhaft nur geben, wenn das Bruttoinlandprodukt wächst. Diesen Wachstumszwang hat der emeritierte Wirtschaftsprofessor der Universität St. Gallen, Hans Christoph Binswanger, beschrieben und theoretisch begründet. Gleichzeitig legt er dar, weshalb dieses Wachstum ökologisch nicht nachhaltig sein kann.[27] Dass die Wirtschaft einem Wachstums*zwang* unterliege, sagt Binswanger, werde in aller Regel ignoriert, weil man Wachstum als etwas Positives sehe und sehen wolle. (Deutschland besitzt sogar ein »Wachstumsbeschleunigungsgesetz«: Politisch erwünscht ist hier nicht bloß Wachstum, sondern das Wachsen der Wachstumsraten!)

Damit das Wirtschaftsprodukt wächst, muss immer mehr (oder immer »besser« – was immer das heißen mag) produziert werden. Das heißt aber auch, dass immer mehr konsumiert werden muss. So trivial das ist, wird es doch gerne übersehen. Denn dass die Produktion stetig wächst, wenn die Produktivität der Arbeit stetig steigt, mag man sich ja noch vorstellen – aber sollten unsere Bedürfnisse unbegrenzt wachsen? Franklin D. Roosevelt hat das klar gesehen, als er kurz nach seinem Amtsantritt als US-Präsident, in seinem zweiten sogenannten »Kaminfeuergespräch« am Radio am 7. Mai 1933 sagte: »Die Menschen dieses Landes wurden irrigerweise dazu verführt zu glauben, sie könnten die Produktion von Farmen und Fabriken endlos steigern, und irgendein Zauberer fände Mittel und Wege, wie diese gesteigerte Produktion auch mit vernünftigem Profit für die Produzenten konsumiert würde.«[28]

Würde die Wirtschaft nur die zu einem bestimmten Zeitpunkt vorhandenen Bedürfnisse effizient befriedigen – was, wie man doch annehmen möchte, ihr Zweck sein sollte –, träten früher oder später Sättigungseffekte auf, die weiteres Wachstum unmöglich machten. Deshalb muss eine auf Wachstum basierende Wirtschaft den Verschleiß planen; deshalb muss sie neue Bedürfnisse schaffen und Bedürfnisse nichtdauerhaft erfüllen. Eine Kultur der Verschwendung ist nicht ein unschöner Nebeneffekt einer Wachstumswirtschaft und auch kein Exzess einer solchen, sondern notwendige Voraussetzung für Wachstum. Man kann sich nicht darüber beklagen und gleichzeitig am Wirtschaftswachstum festhalten wollen.

Wenn ich sage, die Bedürfnisse der Menschen würden nicht unbegrenzt wachsen, muss ich das relativieren. Es gibt, grob gesagt, zwei Klassen von Bedürfnissen: Ich will sie hier absolute und relative nennen. Absolut ist das Bedürfnis nach Schlaf, nach Bildung, nach Essen oder nach Gesundheit. Diese Bedürfnisse können befriedigt werden. Habe ich genug geschlafen, bin ich ausgeschlafen; habe ich genug gegessen, bin ich satt; fühle ich mich gesund, will ich keinen Arzt sehen. Relativ sind Bedürfnisse nach sogenannten Positionsgütern. Hier geht es darum, sich von Menschen, mit denen man sich vergleicht, abzuheben (oder zu ihnen aufzuschließen und mit ihnen mitzuhalten): das stärkere Auto zu besitzen als der Nachbar, das größere Haus als die Schwester, mehr zu verdienen als der ehemalige Schulfreund. In der Summe lassen sich die relativen Bedürfnisse aller Menschen nie befriedigen: Wenn zwei wetteifern, wer mehr hat, kann immer nur einer von beiden zufrieden sein.

Allerdings ist die Trennung zwischen den beiden Arten von Bedürfnissen nicht scharf,[29] und fast jedes Gut kann Positionsgut sein: Ostentatives Verschwenden von Nahrungsmitteln gehörte immer schon zur Machtdemonstration der Reichen. Bildung wird zu einem Positionsgut in einer Gesellschaft, die das Individuum als »Selbstunternehmer« versteht, das in sich »investieren« soll; die Inflation von Bildungsangeboten in den letzten Jahren zeugt davon. Gesundheit wird von Superreichen in eigens für sie eingerichteten Kliniken als Positionsgut zelebriert.

Absolute in relative Bedürfnisse zu verwandeln ist eine Verschleißstrategie. GM hat das mit seinem 1923er-Chevrolet getan; der Ford T war zum Positionsgut nicht geeignet (man konnte kein besseres Modell T haben als der Nachbar, denn es gab nur eines). Wenn Steve Jobs sagt, man müsse jedes Jahr einen iPod kaufen, wenn man »immer den Letzten und Besten« haben wolle, dann dient dieser iPod nicht mehr in erster Linie dazu, Musik zu hören, sondern als Positionsgut.

Die Befriedigung relativer Bedürfnisse ist (etwas salopp gesagt) schlecht für die Menschen (weil es dauerhafte Befriedigung für alle nicht geben kann), aber gut für das Wirtschaftswachstum; die Befriedigung absoluter Bedürfnisse ist gut für die Menschen, aber schlecht für eine Wirtschaft, die stets weiter wachsen will. »Das größte Glück für die größte Zahl von Menschen« war die Formel des Utilitarismus dafür, wonach eine Gesellschaft (und ihre Wirtschaft) streben solle. Nähme man die Formel ernst, müsste es also darum gehen, absolute Bedürfnisse möglichst zu befriedigen und relative möglichst zu ignorieren (oder auf Sportplätze zu verbannen, wo sie sich ausleben mögen).

Dem Mythos zufolge ist die (kapitalistische) freie Marktwirtschaft effizient. Misst man sie aber am Ziel des Utilitarismus, möglichst viele Menschen glücklich – oder bescheidener: zufrieden – zu machen, dann ist eine Wirtschaft, die relative Bedürfnisse zu befriedigen sucht, das Gegenteil von effizient: Sie muss immer mehr produzieren, nur damit die Menschen auf immer höherem Konsumniveau in der Summe – bestenfalls – gleich zufrieden bleiben. Eine Wirtschaft, die zusätzlich absolute Bedürfnisse in relative verwandelt, steigert noch die Ineffizienz. »Verschleiß«, schrieb George Nelson, ein Befürworter eines beschleunigten Verschleißes, 1956 in Anlehnung an die Utilitarismus-Formel, »stellt einen Weg dar, ein Maximum an Gütern für ein Maximum an Menschen bereitzustellen.«[30] War die Bereitstellung von Gütern einst ein Mittel, das »Glück« der Menschen (was immer das sein mag) zu erreichen, sind nun diese Güter selbst zum Zweck geworden. Von den Bedürfnissen der Menschen ist hier nicht mehr die Rede.

Der Mythos der Entkoppelung

Wenn die Wirtschaft in ihrer gegenwärtigen Verfassung wachsen muss und wenn Wachstum den Verschleiß braucht, die Ressourcen aber begrenzt sind, gibt es zwei Auswege: Entweder man sorgt dafür, dass Verschleiß ohne Naturverbrauch möglich ist, dass also Wirtschaftsleistung und Ressourcenverbrauch sich »entkoppeln«. Oder man sucht eine Wirtschaftsverfassung, die ohne Wachstum auskommt. Hans Christoph Binswanger empfiehlt beispielsweise, Aktiengesellschaften, die dem stärksten Wachstumszwang unterlägen, durch andere Unternehmensformen wie etwa Stiftungen zu ersetzen; da es der Staat gewesen sei, der die Rechtsform der Aktiengesellschaft geschaffen habe, könne er sie auch wieder abschaffen. Das würde den Wachstumszwang mindern, aber noch nicht ganz beseitigen. Es müssten auch diverse gesellschaftliche Bereiche umgebaut werden, die nur funktionieren, wenn die Wirtschaft wächst: Sozialversicherungssysteme beispielsweise, oder die Organisation der Arbeit, weil ohne Wirtschaftswachstum bei unserer heutigen Wirtschaftsstruktur die Arbeitslosigkeit zunähme. Die wirtschaftswissenschaftliche Debatte über diese Fragen steht noch am Anfang und niemand kennt heute eine definitive Antwort auf die Frage, wie eine Wirtschaft aussehen müsste, die ohne Wachstum funktioniert.[31]

Ist es also einfacher, auf eine »Entkoppelung« zu setzen? Könnte die Wirtschaft qualitativ wachsen statt quantitativ; immer bessere statt immer mehr Produkte herstellen? Könnten gerade Produkte »grüner« Technik Positionsgüter werden? Kann man sich eine Welt vorstellen, in der es schick wäre, statt dem stärkeren das »umweltfreundlichere« Auto als der Nachbar zu besitzen – und wäre diese Welt umweltverträglicher? Steckt das Wachstumspotenzial der Zukunft sogar gerade im nötigen Umbau von Energieversorgung und -anwendung? Manche meinen Ja. »Die Schaffung einer kohlenstoffarmen Wirtschaft wird zum größten Wirtschaftsboom der USA seit der Mobilisierung für den Zweiten Weltkrieg führen«, sagt zum Beispiel der ehemalige US-Präsident Bill Clinton.[32]

In der Geschichte war, soweit Daten vorhanden sind, Wirtschaftswachstum immer mit einem Mehrverbrauch der wichtigen Ressourcen verbunden. Es konnte vorkommen, dass einige Jahre das Bruttoinlandprodukt eines Landes trotz sinkenden Energieverbrauchs stieg (das war der Fall für die Schweiz während des Zweiten Weltkriegs), aber das waren Ausnahmesituationen, die nur kurze Zeit anhielten. Es kann sein, dass einzelne Volkswirtschaften bei wachsendem BIP ihren Energieverbrauch senken – aber das ist dann die Folge einer Verlagerung der energieintensiven Produktion ins Ausland, wie sie besonders ausgeprägt Großbritannien in den letzten zwei bis drei Jahrzehnten erlebt hat.[33]

Aber was nie da war, kann werden. Zahlreiche Studien versuchen zu zeigen, dass Wirtschaftswachstum und ein reduzierter Energieverbrauch respektive Wirtschaftswachstum und Klimaschutz zusammengehen. Die bekannteste ist der Bericht des britischen Ökonomen Nicholas Stern von 2006, der unter anderem zum Schluss kommt: »Die Bekämpfung des Klimawandels ist langfristig eine Pro-Wachstum-Strategie.«[34] Das Beratungsbüro McKinsey hat für mehrere Länder untersucht, wie sich Klimaschutzmaßnahmen auf die Wirtschaft auswirken. Fazit: Wachstum liegt weiterhin drin. So zeigte etwa die Studie für die Schweiz, dass bis 2030 noch ein großes Potenzial für Energieeinsparungen bestehe, die sich sogar auszahlten.[35] (Das besagt natürlich auch, dass Marktanreize allein nicht genügen, damit diese Potenziale auch ausgeschöpft werden – sonst wäre das längst geschehen.) Insgesamt würden die nötigen Investitionen, mit denen die Schweizer Wirtschaft auf einen klimaverträglichen Kurs zu bringen wäre, 0,7 Prozent des Bruttoinlandprodukts pro Jahr kosten. Eine Studie der ETH Zürich kam 2010 mithilfe computergestützter Modelle zum Schluss, dass die Schweiz ihren Energieverbrauch bis 2200 dritteln kann, ohne ihr Wirtschaftswachstum zu gefährden.[36]

Nehmen wir an, die Untersuchungen stimmen und Wirtschaftswachstum entstehe gerade deswegen, weil die Wirtschaft in eine umweltverträgliche umgebaut und weil Effizienzpotenziale genutzt würden. Dann wird die Wirtschaft eines Tages umgebaut und die Potenziale werden ausgeschöpft sein. Aber schon vorher genügt es nicht, wenn die »grünen« Teile der Wirtschaft wachsen: Denn dass die Solar- oder Windenergiewirtschaft wächst, bringt ökologisch ja nur dann etwas, wenn gleichzeitig die Fossilenergiewirtschaft schrumpft. Der Umbau der Wirtschaft müsste also nicht nur selber Wachstum hervorbringen, er müsste auch noch den Wegfall des Wachstums kompensieren, das bisher auf dem Ressourcen-Mehrverbrauch basierte.

Nicholas Stern, der Klimawandel und Wirtschaftswachstum

Im Herbst 2006 publizierte die britische Regierung einen Bericht, den ein Team um den ehemaligen Weltbank-Chefökonomen Nicholas Stern in ihrem Auftrag verfasst hatte. Der Stern-Report kam zum Schluss, dass ein entschlossenes Handeln gegen die Klimaerwärmung nicht nur mit Wirtschaftswachstum vereinbar sei, sondern dass gerade solches Handeln eine »Pro-Wachstum-Strategie« darstelle. Die Umweltschutzbewegung begrüßte den Bericht mehrheitlich begeistert: Damit müssten endlich auch die industrienahen Politikerinnen und Politiker für eine ambitionierte Klimapolitik zu haben sein.

Die Rechnung ist nicht wirklich aufgegangen, unter anderem deshalb, weil die dem Stern-Report zugrunde liegende Methode der Kosten-Nutzen-Analyse auch zu ganz anderen Resultaten führen kann, wenn sie von anderen Annahmen ausgeht. William Nordhaus etwa plädiert aufgrund derselben Methode für eine sehr zurückhaltende Klimapolitik – und gar keine Klimapolitik, meint Nordhaus, wäre immer noch vernünftiger als Sterns Vorschläge. (Mehr zur Kosten-Nutzen-Analyse unten ab S. 262.)

Stern schätzte, eine Klimapolitik, die die Erwärmung auf 2 Grad über vorindustriellem Niveau begrenze und so die schlimmsten Folgen des Klimawandels abwende, koste 1 Prozent des weltweiten Wirtschaftsprodukts jährlich. Lasse man dem Klimawandel aber seinen ungebremsten Lauf, koste das 5 Prozent des Wirtschaftsprodukts »jedes Jahr, jetzt und für immer«, wobei die Kosten sogar 20 Prozent erreichen könnten.

Stern ging für seine Analyse davon aus, dass die Konzentration an Treibhausgasen in der Atmosphäre im Bereich von 500 bis 550 parts per million (ppm) CO_2-Äquivalenten stabilisiert werden müsste. Das gilt mittlerweile als überholt: Heute geht man viel eher von der Notwendigkeit aus, die Treibhausgase bei maximal 450 ppm zu stabilisieren, sollte die Erwärmung 2 Grad nicht überschreiten. Eine Stabilisierung bei 450 ppm aber bezeichnet der Stern-Report als »nahezu nicht erreichbar« und »wahrscheinlich sehr teuer«.[37] Stern selber hat mittlerweile eine Stabilisierung bei 500 ppm als nötig bezeichnet und die dafür aufzuwendenden Kosten auf jährlich 2 Prozent des weltweiten BIP geschätzt. Schon Kosten von jährlich 2 Prozent aber, schreibt der wachstumskritische Ökonom Tim Jackson, würden annähernd ausreichen, um jegliches Wirtschaftswachstum aufzufressen.[38] Ziehe man außerdem in Betracht, dass die reichen Länder einen überproportionalen Anteil der Kosten übernehmen müssen, da sie überproportional zum Klimawandel beigetragen haben, so zeige Sterns Bericht, dass für die reicheren Länder Wirtschaftswachstum mit Klimaschutz nicht vereinbar sei. Sterns Hauptaussage fällt mithin in sich zusammen (was nicht bedeutet, Stern hätte unrecht, wenn er sagt, Nichtstun komme die Menschheit teurer zu stehen als Handeln).

Ähnlich beurteilt der Ökonom Dieter Helm Sterns Bericht. Die Annahmen über die Kosten neuer Energietechniken seien viel zu optimistisch; die Annahme über das Wirtschaftswachstum, das durch Investitionen in solche Techniken ausgelöst würde, sei ein »kruder Keynesianismus«, den Keynes sich verboten hätte. »Die leichte Vereinbarkeit von Wirtschaftswachstum und Klimawandel, die den Kern des Stern-Report ausmacht«, lautet Helms Fazit, »ist eine Illusion.«[39]

Im Streit darum, ob es unendliches Wirtschaftswachstum in einer endlichen Welt geben könne, stehen sich zwei unvereinbare Denkstile gegenüber. Für den ökologischen Ansatz unterliegt alles Physische, also auch die Wirtschaft, den Naturgesetzen; es kann weder ein Perpetuum mobile noch unendliches Wachstum geben. Neoklassische Ökonominnen und Ökonomen (so sie sich der Frage überhaupt stellen) argumentieren dagegen, Motor des Wachstums seien nicht die endlichen natürlichen Ressourcen, sondern die menschliche »Imaginationskraft« – und diese kenne keine Grenzen. Dank immer besseren Erfindungen gelinge es, aus begrenzten Ressourcen immer mehr herauszuholen – so werden beispielsweise aus Silizium, das in Form von Sand in unermesslichen Mengen herumliegt, hochwertige Computerchips. »Wachstum ist nichts anderes als gegebene Ressourcen und ihre Beschränkungen intelligenter zu nutzen, um einen Mehrwert zu erhalten«, sagt Paul Romer, Mitbegründer der sogenannten Neuen Wachstumstheorie.[40]

Die neoklassische Wirtschaftslehre betrachtet die Wirtschaft als ein System von Informationen mit dem Markt als Kernelement: Friedrich von Hayek nannte den Markt eine Informationsverarbeitungsmaschine. Dieses Informationssystem regelt sich mittels Feedback-Signalen von selbst und tendiert längerfristig immer zum Optimum. Wird ein Gut knapp, bewirkt das Preissignal (wenn man den Markt nur frei spielen lässt), dass das nun teurere Gut effizienter genutzt, dass seine Produktion intensiviert oder dass es durch ein weniger knappes Gut ersetzt wird.

Dieser Denkstil ist elegant. Die Vulgärversion davon ist das oft gehörte »Die Menschheit hat noch immer aus allen Krisen einen Ausweg gefunden!«. Ein Blick in die Geschichte zeigt aber leider, dass die Selbstregulierung oft nicht geklappt hat. Groß ist die Zahl der Kulturen, die untergegangen sind, von den Osterinsulanern bis zu den Wikingern Grönlands.[41] In diesen Fällen funktionierte die Selbstregulierung mittels Feedback-Signalen entweder nicht oder sie war zu langsam. Wer sagt, irgendwie habe es die Menschheit noch immer geschafft, nimmt zudem eine Siegerperspektive ein. Dass Europa seine Krise in der frühen Neuzeit mit schnellem Bevölkerungswachstum und sinkenden Pro-Kopf-Erträgen der Landwirtschaft überlebte, hat viel mit Amerika zu tun: Dort fand man neues Land, um (mit der Arbeit afrikanischer Sklaven) Nahrung für Europa zu produzieren; hierhin konnte man den eigenen Bevölkerungsüberschuss exportieren, und hier fand man neue, ertragreichere Feldfrüchte (Mais und Kartoffeln). Ja, hier hat es Europa geschafft, eine Krise zu überstehen – aber aus der Perspektive der amerikanischen Ureinwohnerinnen und Ureinwohner oder der afrikanischen Sklavinnen und Sklaven war das keine Erfolgsgeschichte.

Die neoklassische Sicht hat, wie ich meine, ein paar entscheidende Schwächen:

– Sie setzt voraus, dass die »Informationsverarbeitungsmaschine« Markt wirklich funktioniert. Aber: Unternehmen mit marktbeherrschender Stellung und mächtige Staaten manipulieren den Markt mit Mitteln, die von Informationszurückhaltung bis zu militärischen Eingriffen reichen. Außerdem gibt es die sogenannten externen Kosten, also die Kosten, die nicht von denen getragen werden, die sie verursachen. Indem der Markt diese Kosten nicht »kennt«, beruhen die Preise selbst bei an sich funktionierenden Märkten auf falschen Annahmen.

  Dass externe Kosten ein Problem sind, ist allgemein anerkannt. Man spricht von einem »Marktversagen«: Für Nicholas Stern ist der Klimawandel »das größte Versagen des Marktes, das die Welt je gesehen hat«.[42] Zu korrigieren wäre solches Marktversagen, indem externe Kosten »internalisiert« werden. Diese Forderung, externe Kosten möglichst zu internalisieren, ist bestimmt nicht falsch, wobei die Krux im Wort »möglichst« liegt: Man müsste, um sie zu internalisieren, die externen Kosten genau kennen. Aber das ist, zumal bei Tätigkeiten, die ihre Kosten in die Zukunft »externalisieren«, also künftigen Generationen aufbürden, unmöglich. Falsch ist indes die Sicht, dass externe Kosten ein Marktversagen seien: Nein, sie sind die Folge normalen Marktfunktionierens. Unternehmen, die ihren Profit maximieren wollen, sind bestrebt, ihren Nutzen zu maximalisieren und ihre Kosten zu minimalisieren. Sie können dies unter anderem tun, indem sie einen möglichst großen Teil ihrer Kosten auf die Allgemeinheit überwälzen.[43] Die Aktiengesellschaft ist dazu die perfekte Unternehmensform, können ihre Besitzer mit ihr doch beliebige Risiken eingehen, ohne zu riskieren, für die dadurch angerichteten Schäden mit mehr als ihrer Einlage haften zu müssen.

- Die Regulierung durch Feedbacks funktioniert nur, wenn Entwicklungen reversibel sind und schnell auf Signale reagieren. Denn das »Optimum« findet ein Markt durch ein Einpendeln. Doch die Umwelt reagiert träge und viele Entwicklungen sind irreversibel. Schmilzt infolge der Erderwärmung der Eispanzer Grönlands ab, so wird er innert historischer Zeiträume nicht wieder nachwachsen, wenn die Menschen als Reaktion auf das Abschmelzen ihre Treibhausgasemissionen stoppen: Da pendelt sich gar nichts ein. Gesellschaftliche Anpassungen werden zudem durch Pfadabhängigkeiten verlangsamt oder verhindert.[44]
- Ein »Optimum« kann sich einpendeln, wenn Feedbacks auf eine Entwicklung korrigierend wirken (negative Rückkoppelung). Feedbacks können eine Entwicklung aber auch verstärken. Es gibt positive Rückkoppelungen in der Wirtschaft: Die ganze Logik des exponentiellen Wirtschaftswachstums beruht darauf. Eine Skalenökonomie funktioniert so, dass rentabler ist, was groß ist, wodurch es bessere Chancen hat, noch größer zu werden (während das wachstumsbegrenzende Prinzip des abnehmenden Grenznutzens eine negative Rückkoppelung ist). Positive Rückkoppelungen gibt es aber vor allem

in der Umwelt. Tauen infolge einer Erwärmung Permafrostböden auf, so setzen sie darin enthaltenes Methan frei, das als Treibhausgas die Erwärmung noch mehr anheizt. Schrumpft die Eisbedeckung des Meeres, wird die Erdoberfläche dunkler und absorbiert mehr Sonnenstrahlung. Und so weiter.

- Auf dem Markt kann, vermittelt durch Geld, alles gegen alles substituiert werden. In der Natur ist Substitution oft nicht möglich: Wenn ein Boden unfruchtbar ist, weil er zu wenig Phosphor aufweist, kann man das nicht dadurch wettmachen, dass man umso mehr Stickstoff düngt. Herman Daly hat einmal gespottet, der Glaube, alles sei durch alles substituierbar, gleiche dem Glauben, man könne dasselbe Holzhaus auch mit halb so viel Holz bauen, wenn man nur doppelt so viele Zimmerleute einsetze.[45]

Von beiden Denkstilen entspricht der ökologische der Intuition: Nichts kann in einer begrenzten Welt immer größer werden; Bäume wachsen nicht in den Himmel. Vom Ökonomen Kenneth Boulding ist das Bonmot überliefert, wer glaube, Wachstum könne ewig fortdauern, sei entweder verrückt oder ein Wirtschaftswissenschaftler. Warum denn genießt der Glaube an das Wirtschaftswachstum in der Politik eine derart unangefochtene Stellung? Wohl deshalb, weil das intuitiv einleuchtende Wissen, dass alles begrenzt ist, im entfremdeten Leben keine Entsprechung in den Erfahrungen findet (das gilt natürlich nur für den reicheren Teil der Menschheit). Der theoretisch begründete Glaube der neoklassischen Ökonomie an die Unbegrenztheit der Ressourcen trifft sich mit der Alltagserfahrung, dass die Gestelle im Supermarkt über Nacht immer wieder aufgefüllt werden und aus der Steckdose immer Strom fließt.

Wohin wächst, was wächst?

Die skizzierten Überlegungen befassen sich gewissermaßen mit der Frage, wo Wachstum herkommt: was Wachstum nährt. Aber es stellt sich auch die Frage, wohin die Wirtschaft wachsen kann: Was geschieht mit all dem, was eine wachsende Wirtschaft hervorbringt? Wie könnte ein nicht materielles Wachstum des Bruttoinlandprodukts konkret aussehen? Man kann sich nichtmaterielles Wachstum in einigen Bereichen tatsächlich vorstellen – aber die Perspektiven, die man sich damit eröffnet, sind nicht unbedingt angenehm.

- Die Wirtschaft kann nichtmateriell wachsen, indem sie aus den gleichen Rohstoffen immer mehr herausholt. Eine solche Effizienzsteigerung ist die zentrale Strategie, auf die die Studien von McKinsey oder Stern setzen. Ignoriert wird dabei meist der sogenannte Rebound-Effekt, der die Ausschöpfung der Effizienzpotenziale erschwert, wenn nicht verhindert; ich gehe darauf in Kapitel 8 näher ein. Aber angenommen, Effizienzsteigerungen führten tatsächlich zu einem schonenderen Umgang mit den Ressourcen. Dann ist ihr Wachstumspotenzial zwar groß – aber eben doch begrenzt: Die Grenzen, die die Gesetze der Thermodynamik setzen, lassen sich nicht überwinden. Irgendwann ist das Potenzial ausgeschöpft, und dann ist dieser Weg nicht materiellen Wachstums verschlossen.
- Die Wirtschaft kann nichtmateriell wachsen, indem die Dinge immer besser werden. Qualitatives statt quantitatives Wachstum ist eine populäre Forderung, denn wer hätte etwas gegen gute Dinge! Solches Wachstum ist in einem gewissen Rahmen möglich. Aber bei einem »qualitativen Wachstum« von zwei Prozent pro Jahr müsste in hundert Jahren alles siebenmal so gut sein wie heute. Ich habe doch etwas Mühe, mir einen, sagen wir siebenmal besseren Kopfsalat vorzustellen – oder Musik, die auch nur ein bisschen »besser« ist als Bachs *Chaconne*. Ganze Bereiche der Wirtschaft wie etwa die Pflege und Betreuung von Menschen können kaum »besser« werden. Besser zu sein würde hier in den meisten Fällen vor allem heißen, mehr Zeit pro Patient oder Patientin zu haben – was aber auf das Gegenteil von Wirtschaftswachstum hinausliefe, denn dann sänke die Produktivität dieser Arbeit.

  Ein Bereich, wo ständige Verbesserung stattfindet und keine Grenzen absehbar sind, ist die Elektronik. Dass auch die immer besseren Computer im Wesentlichen immer dieselben Bedürfnisse erfüllen, habe ich bereits erwähnt. Aber ist dieses »qualitative Wachstum« überhaupt nichtmateriell? Natürlich nicht: Wenn die Computer, die Mobiltelefone und Musikgeräte immer besser werden, muss man auch immer neue solcher Geräte kaufen, um von der Verbesserung zu profitieren. Ein schnell wachsendes Elektronik-Müll-Problem ist die Folge.

- Dennis Meadows, einer der Autoren von *Die Grenzen des Wachstums* von 1972, sagte mir, er sei nicht gegen Wachstum, denn Wachstum könne ja bedeuten, Französisch zu lernen, das belaste die Umwelt nicht. Ja – aber wenn das Wachstum immer weitergeht, werden wir eines Tages auch noch Arabisch lernen müssen und dann vielleicht Chinesisch oder Swahili... Ein Gewerkschaftsökonom sagte mir, man trage auch zum Wirtschaftswachstum bei, wenn man abends ein gutes Buch lese und einen guten Wein trinke, statt mit dem Auto herumzufahren. Als ich ihn fragte, ob ich dann in ein paar Jahren abends zwei gute Bücher lesen und zwei Gläser Wein trinken müsse, sagte er, nein: nicht mehr, sondern besseren Wein und bessere Bücher..., womit wir wieder bei der Frage sind, was man sich unter immer besserem Wein und immer besserer Literatur vorstellen soll.
- Das Bruttoinlandprodukt kann nichtmateriell wachsen, indem es Bereiche menschlichen Wirkens, die bisher außerhalb der monetären Wirtschaft lagen, in diese einbezieht, sie »in Wert setzt«. Tatsächlich ist ein beträchtlicher Teil des BIP-Wachstums der Vergangenheit auf diese Weise zustande gekommen. Es handelt sich nicht wirklich um Wirtschaftswachstum, sondern um eine Verschiebung zwischen monetären und nicht monetären Bereichen der Wirtschaft. In der Geschichte geschah das vor allem, wenn die Weltwirtschaft unter Anwendung von Zwang in neue Gegenden expandierte – sei es durch »Entdeckungen« und Eroberungen; sei es, dass die Märkte militärisch »geöffnet« wurden (wie es im 19. Jahrhundert die Briten in China und die USA in Japan taten); sei es, dass Institutionen wie Weltbank und Währungsfonds ihre Schuldnerländer zwangen, ihre Volkswirtschaften von Selbstversorgung auf den Weltmarkt umzuorientieren.

  Der Geldwirtschaft erschließen sich neue Bereiche auch dann, wenn Güter, die bisher gemeinschaftlich genutzt wurden, privatisiert werden. Gerade mit Blick auf den Schutz der Ressourcen ertönt die Forderung, Gemeingüter zu privatisieren: Es ist eine Schulbuchweisheit der Ökonomie, dass Gemeingüter dazu tendieren, übernutzt zu werden. Garret Hardin prägte dafür 1968 den Begriff der »Tragik der Allmende« *(tragedy of the commons)*, der sich eingebürgert hat.[46] Meist wird aber übersehen, dass Hardins Überlegungen nur auf Gemeingüter zutreffen, die ohne Regeln von allen benutzt werden dürfen. Die 2009 mit dem Wirtschaftsnobelpreis ausgezeichnete Politologin Elinor Ostrom hat gezeigt, dass die gemeinschaftliche Nutzung eben gerade besser vor Übernutzung schützt als private Nutzung, falls gewisse Voraussetzungen erfüllt sind und gewisse Nutzungsregeln gelten.[47]

Ganz abgesehen von den Nachteilen, die die geschilderten Strategien nicht materiellen Wachstums sonst noch haben: Sie müssen vor allem deswegen scheitern, weil Wachstum immer weitergehen muss. Es geht ja nicht darum, viel zu konsumieren – sondern immer mehr; nicht darum, guten Wein zu trinken – sondern immer besseren, und zwar exponentiell. Alles, was exponentiell wächst, nimmt irgendwann groteske Dimensionen an. Der (vor allem in den USA sehr einflussreiche) Umweltökonom William Nordhaus hat ein allgemein verständliches Buch zur Klimaökonomie geschrieben, in dem er Szenarien bis ins Jahr 2200 entwirft.[48] Er nimmt an, dass die globale Wirtschaft um jährlich vier Prozent wachse. Dann wäre das Wirtschaftsprodukt in 200 Jahren 2500-mal so groß wie heute, und die Wirtschaft würde dann alle vier Tage um das gesamte heutige Wirtschaftsprodukt wachsen. Nie in der Geschichte hat es etwas Vergleichbares gegeben: In den letzten 200 Jahren ist die Weltwirtschaft »nur« etwa um das Sechzigfache gewachsen, und das bei einer Versechsfachung der Bevölkerung. Dem Ökonomen Nordhaus aber scheint eine Verzweitausendfünfhundertfachung keine absurde Vorstellung zu sein, denn er begründet seine Annahme nicht einmal. Man kann einwenden, Nordhaus übertreibe, man müsse mit geringeren Wachstumsraten rechnen, aber das hilft auch nicht wirklich: Dann dauerte es einfach länger, bis ebenso absurde Größenordnungen erreicht wären.

Wenn also das Wirtschaftswachstum sich vom wachsenden Ressourcenverbrauch nicht entkoppeln lässt; wenn billige Energie der wichtigste Wachstumsmotor ist: was dann, wenn dieser ausfällt, wenn es nicht mehr genug Erdöl gibt?

Antworten auf diese Frage sind selbstverständlich in höchstem Maß spekulativ. Ich will hier ein beispielhaftes Szenario skizzieren, das eine Studie der deutschen Bundeswehr entwirft.[49] Es ist das extremere von zwei Szenarien der Studie, die beide gleichermaßen als »plausibel« qualifiziert werden (schon das weniger extreme Szenario ist sehr ungemütlich): *Kurzfristig* reagiere die Weltwirtschaft »proportional zum Rückgang des Ölangebots«. Es komme zu Rezessionen; die Verteuerung des Transports verteuere alle gehandelten Waren. »Für einige Akteure brechen lediglich Einnahmequellen weg, andere können sich lebensnotwendige Nahrungsmittel nicht mehr leisten.« Staatshaushalte gerieten »unter extremen Druck«. *Mittelfristig* breche »das globale Wirtschaftssystem und jede marktwirtschaftlich organisierte Volkswirtschaft zusammen«. Sogenannte *tipping points* würden erreicht: Punkte, an denen Entwicklungen chaotisch und unumkehrbar würden. Ersparnisse würden nicht mehr investiert, weil Unternehmen keine Gewinne machten; das »Bankensystem, die Börsen und die Finanzmärkte insgesamt brechen zusammen«. Es käme zum Zusammenbruch von Währungen, zu Hyperinflation und Schwarzmärkten, zum Kollaps von Wertschöpfungsketten, zu Massenarbeitslosigkeit, Staatsbankrotten, zum Zusammenbruch kritischer Infrastrukturen und schließlich zu Hungersnöten. Internationale Organisationen wie die Uno und Akteure der Zivilgesellschaft wären bereits im glimpflicheren Szenario der Studie nur noch begrenzt handlungsfähig.

Tönt das nach Übertreibung? Gewiss. Dazu schreibt die Studie in ihrem Fazit: »Anschaulich ist, an was man sich gewöhnt hat. Das Durchdenken der Konsequenzen des Peak Oil wird nicht von den alltäglichen Erfahrungen und nur partiell von historischen Parallelen geleitet. Entsprechend schwierig ist es sich vorzustellen, welche Bedeutung ein sukzessiver Entzug einer der wichtigsten Energiequellen unserer Zivilisation haben kann. (...) Der Eintritt des Peak Oil ist jedoch unvermeidlich.«

Eines zieht die Bundeswehr in ihrer Studie nicht in Betracht: Dass die Menschheit intelligent handeln, dass sie rechtzeitig Alternativen zum bisherigen, auf Wirtschaftswachstum und Ressourcenverbrauch basierenden Wirtschaftsmodell entwickeln könnte.

7 Potenziale

Wie lange reichen die Vorräte? Aufgegebenes Ölfeld in Aserbaidschan.
© Basil Gelpke, www.acrudeawakening.com.

Eines Tages werden die endlichen Vorräte an Erdöl, Erdgas, Kohle und auch Uran aufgebraucht sein: Das leuchtet so unmittelbar ein wie die Aussage, unbegrenztes Wachstum in einer begrenzten Welt sei nicht möglich. Ein Streit kann sich, dürfte man naiverweise annehmen, höchstens um die Frage drehen, wie lange die Vorräte noch reichen. Wer aber, getreu dem Denkstil, den ich im letzten Kapitel skizziert habe, überzeugt ist, dass der Markt immer zum »Optimum« strebt, der wird auf die Frage, wann es zu einer Versorgungskrise kommt, antworten: Nie.

Knappheit ist in der Logik des Marktes immer eine relative Größe. Ohne Knappheit gäbe es keinen Markt, denn was nicht knapp ist, kann keinen Preis erzielen. Fällt das Angebot gegenüber der Nachfrage, wird das entsprechende Gut – also beispielsweise Erdöl – teurer. Dieses Preissignal bewirkt einerseits, dass die Konsumenten sparsamer damit umgehen: Sie werden es effizienter nutzen und Substitute entwickeln. Andererseits werden die Produzenten in die Exploration neuer Erdölvorkommen investieren und auch Vorkommen ausbeuten, die auszubeuten sich bisher noch nicht lohnte. Das führt dazu, dass die Nachfrage mit steigendem Preis allmählich zurückgeht und das Angebot die Nachfrage decken kann. Zusätzlich gemildert wird dieses Auslaufen durch die sogenannte Hotelling-Regel. Diese besagt, dass die Produzenten ein Interesse daran haben, ihre Ressourcen langsam abzubauen. Denn sie können erwarten, dass der Preis steigt, sobald eine Verknappung sich abzeichnet. Erdöl, das sie heute nicht fördern, werden sie morgen teurer verkaufen können.[1]

All das ist plausibel. Aber es bildet kaum die Realität ab. Denn in der Realität stören andere Faktoren die rein ökonomischen Mechanismen. In autoritär regierten und korrupten Ländern (und das sind viele der Ressourcenbesitzer) müssen die Eliten, die von der Ausbeutung des Öls profitieren, immer mit einem politischen Umsturz rechnen. Sie haben deshalb ein Interesse daran, das Erdöl rasch abzubauen und den Gewinn im Ausland anzulegen, wo er für sie auch nach einem Putsch noch zugänglich bleibt.[2] Zudem sind viele Erdölstaaten mittlerweile wichtige Akteure auf den internationalen Finanzmärkten. Als solche sind sie daran interessiert, den Ölpreis tief zu halten (obwohl sie als Ressourcenbesitzer an einem hohen Ölpreis mehr verdienen würden), da eine Rezession, die ein hoher Ölpreis auslösen könnte, die Erträge ihrer Wertanlagen gefährden würde. Und schließlich sind die Machthaber von Ländern wie Saudiarabien oder Kuwait auf politische Verbündete angewiesen, um an der Macht bleiben zu können: auf die Unterstützung durch die USA. Diese aber erwarten Gegenleistung, nämlich genug Erdöl zu einem tiefen Preis. Alle diese Faktoren führen dazu, dass Produzenten das Öl schneller abbauen, als sie es laut der ökonomischen Theorie tun müssten.

Vergessen wir also die reine Marktlehre, wonach es keine Knappheitskrise geben kann, und fragen: Wann wird es knapp? Welche Alternativen existieren, und was sind ihre Potenziale? Kommt es zu einem allgemeinen Energienotstand, oder lassen sich die schwindenden Energieressourcen ersetzen?

Die Literatur zum Thema ist episch, die Einschätzungen liegen sehr weit auseinander. Ich will in diesem Kapitel nur summarisch auf die einzelnen Energieträger eingehen; detailliertere Informationen wird der interessierte Leser, die interessierte Leserin anderswo finden.[3]

Peak Oil

Im 20. Jahrhundert ist der reale Ölpreis kontinuierlich gefallen, weil immer mehr Öl auf den Markt kam. Diese Tendenz endete 1973 abrupt, als das Erdölkartell Opec im Zuge des Jom-Kippur-Kriegs seine Macht demonstrierte und die Produktion drosselte. Die Erdölpreise verdreifachten sich innert kürzester Zeit, eine weltweite Rezession war die Folge (aber auch, dass Europa in der Nordsee und die USA im Golf von Mexiko neue Ölquellen erschlossen und der Marktanteil der Opec markant zurückging). 1979/1980 folgte mit der iranischen Revolution der zweite Ölpreisschock.

Der jüngste Preisanstieg begann nach der Jahrtausendwende, beschleunigte sich und erreichte 2008 seine Spitze mit 150 Dollar pro Fass Öl. Infolge der Wirtschaftskrise von 2008 brach der Preis dann zwar innert kurzer Zeit wieder ein, blieb aber auf einem Niveau, das wenige Jahre zuvor selbst Pessimisten nicht erwartet hätten (ich halte mich an die übliche Terminologie und nenne diejenigen pessimistisch, die mit einer baldigen Verknappung und hohen Preisen rechnen).

Die rasante Verteuerung des Erdöls hat die Debatte um die Endlichkeit der Vorräte wieder in die Öffentlichkeit gebracht. Angesichts der Komplexität des Ölmarktes sollte man die Ölpreissteigerung indes vorsichtig interpretieren.

Für das Preishoch existieren mindestens drei Erklärungen:

- Die Anhängerinnen und Anhänger der Peak-Oil-These sehen im Preisanstieg ein Zeichen dafür, dass die Vorräte zur Neige gehen.

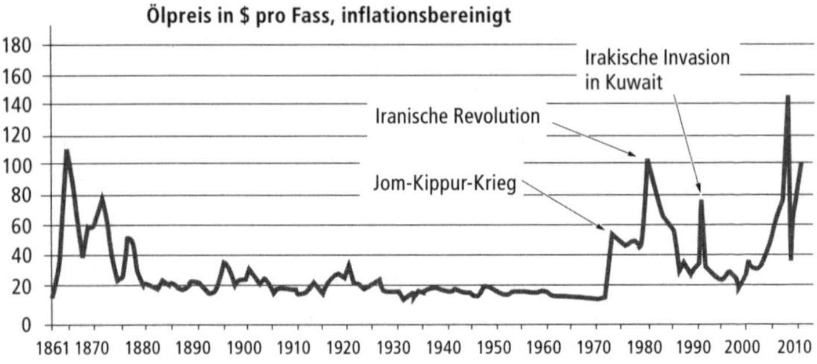

Verlauf des Rohölpreises seit 1861, inflationsbereinigt, in US-Dollar pro Fass.[4]

Sie meinen, der Zeitpunkt des Ölfördermaximums (Peak Oil) sei bereits überschritten oder stehe unmittelbar bevor.

- Andere, beispielsweise die Internationale Energieagentur IEA oder die Opec, sehen im Preisanstieg eine Verknappung des Öls, das auf den Markt gelangt – nicht, weil Öl geologisch knapp wäre, sondern weil während der Tiefpreisphase zwischen 1986 und 1999 zu wenig in die Erschließung neuer Quellen investiert worden sei (allerdings näherte sich die IEA in den letzten Jahren der Peak-Oil-These vorsichtig an).
- Eine dritte Interpretation schließlich sieht in den hohen Preisen eine Spekulationsblase, die im Sommer 2008 ebenso platzte wie die Immobilienblasen in den USA, Spanien und anderswo.[5]

Unstrittig ist, dass die Erdkruste noch ungeheure Mengen Erdöls und erdölähnlicher Stoffe (wie Teersande oder Ölschiefer) birgt. Unstrittig ist ebenso, dass davon nur der kleinere Teil mit heutiger Technik und bei den heutigen Preisen wirtschaftlich gefördert werden kann. Der Fachjargon unterscheidet zwischen »Ressourcen« und »Reserven«. Als Ressourcen bezeichnet man alle Vorräte in der Erdkruste. Reserven sind nur die Vorräte, die zu gegenwärtigen Bedingungen gefördert werden können. Mit Fortschritten in der Fördertechnik, Entdeckungen neuer Felder und einem steigenden Ölpreis, der aufwendigere Explorationen lukrativ macht, wird fortlaufend ein Teil der Ressourcen in Reserven verwandelt. Deshalb können die Reserven wachsen, obwohl ständig Öl verbraucht wird. So waren 1945 Erdölreserven bekannt, die beim damaligen Erdölverbrauch für zwanzig Jahre gereicht hätten, während die im Jahr 2000 bekannten Reserven den damaligen, viel höheren Verbrauch noch vierzig Jahre hätten decken können.[6] Optimistinnen und Optimisten verweisen gerne auf dieses Wachsen der Reserven. Es wäre aber töricht, daraus eine allgemeingültige Regel herleiten zu wollen.

Weil es immer Ressourcen geben wird, die in Reserven verwandelt werden könnten, wird tatsächlich nie der letzte Tropfen Öl aufgebraucht sein. Deshalb dreht sich die Debatte nicht um den Zeitpunkt, zu dem es nichts mehr gibt, sondern um den Zeitpunkt, zu dem das Maximum der Förderung überschritten wird – eben Peak Oil.

Die Meinungsverschiedenheit beginnt bei der Frage, wie schnell Ressourcen zu Reserven werden. Dazu gesellt sich die Unsicherheit, wie groß die gegenwärtigen Reserven sind: Die verfügbaren Zahlen basieren auf Angaben der Regierungen und sind unzuverlässig. Die Opec teilt ihren Mitgliedern Förderquoten aufgrund ihrer Reserven zu, was die Mitgliedstaaten dazu motiviert, ihre Angaben zu übertreiben. In den 1980er-Jahren kam es zu einem regelrechten Wettlauf der Neubewertungen: Irak steigerte seine Reserven während des Kriegs mit dem Iran von 30 (1980) auf 100 Gigabarrel (1987; ein Gigabarrel ist eine Milliarde Fass à 159 Liter). Kuwait erhöhte seine Angaben 1984 um vierzig Prozent. Auch die Opec-Mitglieder Venezuela, Abu Dhabi, Dubai, der Iran und Saudiarabien sowie das Nichtmitglied Mexiko erhöhten plötzlich.[7]

Fachleute und Organisationen, die vor einem baldigen Peak Oil warnen, stützen sich deshalb nicht auf die offiziellen Angaben zur Größe der Reserven, sondern betrachten, wie rasch neue Felder erschlossen werden. Deren Zahl ist in den letzten Jahrzehnten ständig gestiegen – aber die Felder wurden immer kleiner. So enthielten die Ölfelder, die zwischen 1960 und 1970 neu entdeckt wurden, durchschnittlich 527 Megabarrel Öl, zwischen 2000 und 2005 nur noch 20 Megabarrel: ein Dreißigstel![8] Die Energy Watch Group befand aufgrund ihrer Analyse im Jahr 2008, Peak Oil sei 2006 erreicht worden. Die Produktion werde nun »um einige Prozent pro Jahr« sinken; »bis 2020 und erst recht bis 2030 ist ein dramatischer Rückgang der weltweiten Ölförderung zu erwarten«.[9]

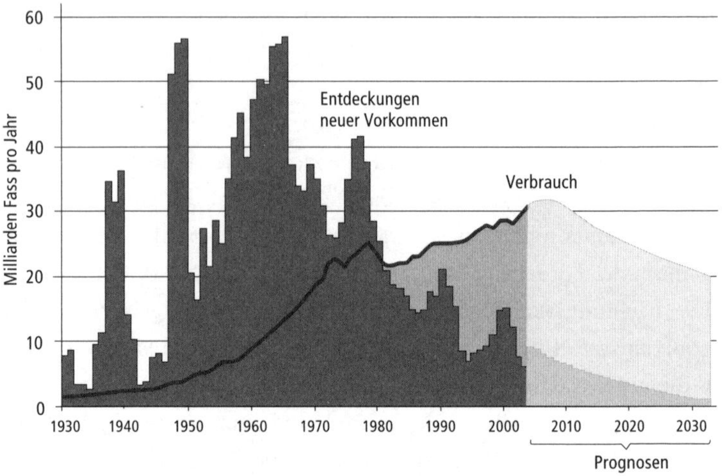

Entwicklung der Erschließung neuer Ölfelder und der Erdölproduktion seit 1930. Die Erschließung neuer Felder hat bereits in den 1960er-Jahren ihren Höhepunkt erreicht und stieg nach der Ölpreiskrise der 1970er-Jahre nochmals kurzzeitig an und ist seither rückläufig. Die Produktion dürfte ihren Höhepunkt ebenfalls erreicht haben oder bald erreichen. Quelle: Daniele Ganser, Universität Basel / www.peakoil.ch

Optimisten dagegen meinen, die Pessimisten, die sich in Organisationen wie der Energy Watch Group oder der Association for the Study of Peak Oil (ASPO) finden, unterschätzten den technischen Fortschritt. Sie verweisen gerne auf falsche Vorhersagen der Vergangenheit: Seit dem ersten Jahrzehnt des 20. Jahrhunderts ist das Ende des Öls immer wieder vorhergesagt worden (das Ende der Kohle bereits im 19. Jahrhundert[10]) – und noch immer haben wir genug. Eine spektakuläre Fehlprognose kam ausgerechnet vom Erdölkonzern British Petroleum, der

1979 voraussagte, die Erdölproduktion außerhalb des Warschauer Pakts werde ihren Peak 1985 erreichen und dann bis zur Jahrhundertwende um 25 Prozent fallen.[11]

Allerdings findet man Fehlprognosen genauso aufseiten der Optimisten. Bemerkenswert ist, dass in jüngster Zeit vermehrt Personen und Organisationen ins Lager der Warner gewechselt sind, die bis dahin beschwichtigten. Besonders fällt hier die Internationale Energieagentur IEA auf. Hatte sie zuvor nie etwas von Knappheit wissen wollen, obwohl sie jeweils ungebremstes Nachfragewachstum prognostizierte, warnte sie in ihrem *Welt-Energieausblick* von 2007 erstmals vor einer drohenden Verknappung. Wenig später sagte ihr Chefökonom Fatih Birol in einem Interview: »Eines Tages wird es definitiv zu Ende sein. Und ich denke, wir sollten das Öl verlassen, bevor das Öl uns verlässt.«[12]

Zwar empfiehlt die IEA als Mittel gegen die Knappheit vor allem vermehrte Anstrengungen zur Neuerschließung von Erdölvorkommen, doch gewinnt man beim Lesen der jüngsten *Energieausblicke* den Eindruck, die Einschätzungen der zahlreichen Autorinnen und Autoren gingen innerhalb der IEA weit auseinander. Noch im *Welt-Energieausblick* von 2009 verwendet die IEA den Begriff Peak Oil lediglich für regionale Vorkommen. Laut dem *Guardian* hat die IEA den Bericht aufgrund politischen Drucks aus den USA geschönt (natürlich dementierte die IEA).[13] Der *Welt-Energieausblick* von 2010 geht nun ausführlich auf die Peak-Oil-Debatte ein und stellt fest, die Produktion konventionellen Erdöls habe 2006 ihren Höhepunkt überschritten. Dank unkonventionellem Öl (Öl aus Teersanden, extraschweres Erdöl oder Tiefseeöl), könne die Produktion dennoch bis mindestens 2035 gesteigert werden, meint die IEA – eine äußerst optimistische Einschätzung des Potenzials der unkonventionellen Vorräte.[14]

Energie-Erntefaktoren

Hat man die Ölpreise im Auge, kann die Verwandlung von Ressourcen in Reserven immer weitergehen: Der Preis des Öls muss nur genug steigen, um auch die Ausbeutung noch der entlegensten Ölfelder lukrativ zu machen. Etwas anders sieht es aus, wenn man sich von der Ökonomie ab- und der Physik zuwendet und nicht nach Preisen fragt, sondern danach, wie viel Energie aufgewendet werden muss, um Erdöl oder eine andere Energieform zu produzieren. Die Energieökonomie spricht vom Energy Return on Energy Invested (EROEI[15]) oder Erntefaktor. Ein Erntefaktor von 10:1 bedeutet, dass man mit einem Energieaufwand von einem Joule zehn Joule Energie produziert.

Ein Erntefaktor von weniger als 1:1 bedeutet, dass bei der Produktion Energie verloren geht. Das heißt nicht zwangsläufig, dass es ökonomisch uninteressant wird, Erdöl zu produzieren, wenn der Erntefaktor unter 1:1 fällt: Wegen des Bedarfs an flüssigen Energieträgern mag das immer noch interessant sein. Deutschland hat im Zweiten Weltkrieg und Südafrika während der Apartheid-Zeit, als es wirtschaftlich isoliert war und kein Erdöl einführen konnte, synthetisches Öl aus Kohle hergestellt – ein Verfahren mit einem Erntefaktor deutlich unter 1:1. Noch heute deckt Südafrika ein Drittel seines Treibstoffbedarfs mit synthetischem Öl, und in China baut ein südafrikanisches Unternehmen zwei Anlagen zur Kohleverflüssigung. Aber man kann es sich nur leisten, Energie mit einem Erntefaktor von weniger als 1:1 zu produzieren, wenn man daneben andere Energie mit guten Erntefaktoren produziert. Fällt der durchschnittliche Erntefaktor aller Energieträger einer Gesellschaft (inklusive der Nahrung) zu tief, bedeutet dies, dass diese Gesellschaft den größten Teil ihrer Wirtschaftskraft auf die Energiegewinnung verwenden muss und nur noch wenig Kapazitäten übrig hat, um mit dieser Energie andere Dinge zu tun. Für Jäger- und Sammlergesellschaften wurde der Erntefaktor auf 10:1 geschätzt;[16] für Agrargesellschaften dürfte er nahe bei 1:1 gelegen haben. Können Ölpreise theoretisch beliebig hoch steigen, hat ein tiefer Erntefaktor prohibitiven Charakter: Der Erntefaktor ist der wichtigere Wert als der Ölpreis.

Und hier sieht bereits die Entwicklung der jüngeren Geschichte recht dramatisch aus. Um 1930 erzielte US-amerikanisches Erdöl fantastische Erntefaktoren um 100:1: Für die Energie, die man zum Bohren aufwandte, bekam man das Hundertfache zurück. 2006 lag der Erntefaktor des Erdöls im globalen Durchschnitt noch bei 19:1.[17] Für

Öl aus Teersanden werden Erntefaktoren zwischen 3:1 und 7,2:1 genannt.[18] Die Zeit der sehr billigen Energie ist – auch wenn die Marktpreise, aus unterschiedlichen Gründen, bis zur Jahrtausendwende ein anderes Bild zeichneten – vorbei.

Wird die Erdölgewinnung aufwendiger, steigt die Umweltbelastung. Synthetisches Öl und unkonventionelles Öl setzen pro Energieeinheit bis zu doppelt so viele Treibhausgase frei als konventionelles Öl. Teersande werden in großem Stil heute erst in der kanadischen Provinz Alberta abgebaut. Für die lokale Umwelt ist dies verheerend. Eigenartigerweise findet die Peak-Oil-Debatte aber fast abgelöst von der Umwelt- und Klimadebatte statt. Die *Welt-Energieausblicke* der IEA behandeln Klimawandel und drohende Energieknappheit, als hätten sie nichts miteinander zu tun, und gibt widersprüchliche Empfehlungen: aus der Nutzung der fossilen Energieträger auszusteigen, um einen katastrophalen Klimawandel abzuwenden – aber mehr in die Gewinnung dieser Energieträger zu investieren, um der Verknappung zuvorzukommen.

Für die Klimapolitik kann die Peak-Oil-Debatte eine Chance sein, weil die Aussicht auf eine Knappheitskrise die Politik vielleicht eher wachzurütteln vermag als der drohende Klimawandel – in beiden Fällen müsste es ja darum gehen, die Abhängigkeit vom Öl zu überwinden. Doch die Verknappung des Öls wird zuallererst den Druck erhöhen, Teersande auszubeuten und in Naturschutzgebieten zu bohren. »Drill, baby, drill« (Bohre, Schätzchen, bohre) lautete ein Schlachtruf im US-amerikanischen Präsidentschaftswahlkampf 2008 auf republikanischer Seite. Barack Obama, der die Wahlen schließlich für die Demokraten gewann, gab dem Druck der Öllobby nach und weitete die Ölförderung in den USA aus – wenige Wochen, bevor im Golf von Mexiko die Ölbohrplattform Deepwater Horizon explodierte, elf Menschen tötete und die größte Umweltkatastrophe in der Geschichte der USA auslöste.

Auf jeden Fall wird die Erdölverknappung das Klimaproblem nicht von allein lösen: Selbst wenn die pessimistische Prognose der Energy Watch Group stimmt, dass Peak Oil 2006 erreicht wurde, bedeutet das, dass in Zukunft noch einmal ähnlich viel Erdöl produziert und verbrannt werden dürfte wie seit der ersten kommerziellen Erdölbohrung 1859. Es gibt noch weit mehr als genug Öl, Gas und Kohle, um die Erde um mehrere Grad zu erwärmen.

Erdgas

Energien aus nicht erneuerbaren Quellen decken heute 87 Prozent der globalen Versorgung ab.[19] Können die anderen nicht erneuerbaren Energien Erdgas, Kohle und Atomkraft Erdöl ersetzen?

Erdgas hat gegenüber Erdöl ein paar Vorteile: Gas lässt sich ebenso leicht wie Erdöl in Pipelines transportieren (der Transport in Tankern dagegen ist aufwendiger, weil das Gas zuerst verflüssigt werden muss), es lässt sich beliebig fein dosieren und bei der Verbrennung entstehen außer Kohlendioxid kaum Schadstoffe. Gaskraftwerke können schnell an- und abgeschaltet werden; nutzen sie auch die Abwärme, weisen sie einen sehr hohen Wirkungsgrad auf. Kleine Kraft-Wärme-Koppelungsanlagen können Gas zur Wärme- und Stromgewinnung auch in einzelnen Haushalten nutzen.

Mit Erdöl teilt Erdgas den Nachteil, dass es endlich ist; es verbrennt wie Erdöl zu Kohlendioxid und trägt somit zur Klimaerwärmung bei. Über die ganze Kette von der Produktion bis zum Verbrauch verursacht Erdgas eine um ein Fünftel geringere Klimawirkung als Erdöl. Das verschafft dem Gas ein Image als klimafreundlicher Energieträger, ist aber angesichts der nötigen Emissionsreduktionen ein viel zu geringer Beitrag. Erdgas teilt mit dem Erdöl zudem den Nachteil, dass die Vorkommen sehr ungleich verteilt sind. Im Falle des Gases setzt vor allem Russland, das über dreißig Prozent der globalen Reserven verfügt, seinen Reichtum machtpolitisch ein. Schlechter als Öl ist Gas bezüglich seiner Energiedichte.

Gas hat in den vergangenen Jahren in Europa und weltweit an Marktanteilen gewonnen. Einige Umweltschutzorganisationen sehen im Gas eine »Brückentechnik« im Übergang zu einer vollständig erneuerbaren Energieversorgung (es wurde in den 1970er-Jahren auch schon als Brückentechnik von Erdöl zu Atomkraft gepriesen).[20] Vorteilhaft ist, dass sich die Infrastrukturen auch mit Gasen oder Gasgemischen aus erneuerbarer Produktion nutzen ließen.

Nach Angaben von BP betragen die weltweiten Erdgasreserven heute mehr als das Sechzigfache des Jahresverbrauchs. Von 1999 bis 2009 nahmen die »bewiesenen Reserven« um ein Viertel zu.[21] Die Deutsche Bank schrieb denn auch im Mai 2010 von einer »Erdgasschwemme«, die unter anderem auf technischem Fortschritten beruhe.[22] Die Peak-Oil-Studiengruppe ASPO mahnt indes, die Erdgas-Euphorie könnte »von kurzer Dauer« sein. Für Europa sei das Fördermaximum für 2010 bis 2015 zu erwarten, und weil die Gasmärkte regionaler funktionierten als der Ölmarkt, könnten Importe von Übersee zur Versorgung Europas nur wenig beitragen. Neue Gasfelder seien nur mit hohem Aufwand zu erschließen. Global dürfte Peak Gas um 2030 erreicht sein.[23]

Die Optimisten setzen ihre Hoffnungen vor allem in sogenannt unkonventionelles Erdgas, das in den USA seit ein paar Jahren einen Boom erlebt. Unkonventionelles Erdgas ist in dichtem, wenig porösem Muttergestein eingeschlossen. Während konventionelle Gasreserven an einem Punkt angebohrt werden können und sich dann quasi wie ein angestochener Ballon entleeren, muss zur Gewinnung des unkonventionellen Gases zuerst das Muttergestein aufgebrochen werden, indem mit hohem Druck Wasser in den Boden gepresst wird. Dieses Wasser wird mit zahlreichen Chemikalien durchsetzt – mit welchen genau, müssen die Bohrfirmen in den USA nicht offenlegen.

Eine Studie von ASPO Deutschland stellt fest, dass der Beginn des Booms der unkonventionellen Gasförderung in den USA zeitlich mit einer Gesetzesänderung zusammenfällt: Ein Gesetz vom Juli 2005 mit dem euphemistischen Namen Clean Energy Act befreit Öl- und Gasbohrungen weitgehend von den Auflagen des Trinkwasserschutzes. Diese Gesetzesänderung – und nicht die Verbesserungen der Fördertechnik – bilde »vermutlich den eigentlichen Grund für die neue Bewertung der unkonventionellen Gasvorkommen«.[24]

Zum Erntefaktor von Erdgas existieren kaum Zahlen. Eine Studie schätzt ihn für die USA auf 10:1. Die Studie wurde 2005, vor dem Boom der unkonventionellen Gasgewinnung, erstellt; beim unkonventionellen Gas liegt der Wert tiefer. Die besten Erdgasfelder in Russland oder am Persischen Golf dürften dagegen bessere Werte aufweisen.

Bisher noch unzugänglich sind enorme Erdgasvorkommen, die, in gefrorenem Wasser eingeschlossen, in Permafrostböden oder auf dem Meeresgrund lagern. Verlässliche Schätzungen zu den Mengen dieser sogenannten Gashydrate existieren nicht, doch dürfte es sich um ein Vielfaches aller konventionellen Reserven handeln. Ob dieses Gas sich je produzieren lässt, ist ungewiss; weil die gefrorenen Gashydrate in fester Form vorliegen, dürfte die Gewinnung jedenfalls aufwendig sein. Die Umweltrisiken wären unabsehbar: Durch eine Destabilisierung der Gashydrate könnten große Mengen Gas in die Atmosphäre gelangen, wo es als starkes Treibhausgas wirkt. Als unterseeische Erdrutsche vor 55 Millionen Jahren Gas aus Gashydraten freisetzten, hatte dies einen abrupten Klimawandel zur Folge.[25]

Kohle

Ist Erdgas in vieler Hinsicht das kleinere Übel als Erdöl, so gilt für die Kohle das Gegenteil: Kohle trägt pro Energieeinheit rund ein Drittel mehr zum Klimawandel bei als Erdöl und lässt sich schlechter transportieren als Öl, Gas oder Elektrizität.

Als der größte Vorteil der Kohle gilt, dass sie noch reichlich vorhanden ist. Kein anderer Energieträger hat in den letzten Jahren so zugelegt wie die Kohle; die Nachfrage steigt seit 2002 – also seit Erdöl deutlich teurer geworden ist – steiler an. China hat seit 2005 durchschnittlich zwei neue Kohlekraftwerke pro Woche in Betrieb genommen; seit 2002 hat sich sein Kohleverbrauch mehr als verdoppelt. Auch Deutschland setzt nach wie vor auf neue Kohlekraftwerke und in einigen europäischen Ländern wie Polen basiert die Stromproduktion fast ausschließlich auf Kohle. 85 Prozent der Kohlereserven konzentrieren sich in sechs Ländern.[26]

Laut BP entsprechen die heutigen Reserven dem 119-fachen der gegenwärtigen Jahresproduktion.[27] »Keine Möglichkeit für Engpässe im 21. oder 22. Jahrhundert« sieht der Umweltwissenschaftler Vaclav Smil.[28] Überflüssig zu sagen, dass die Pessimisten die Lage anders einschätzen. Die Energy Watch Group stellt fest, dass die Daten sehr unzuverlässig und die Angaben zu den Kohlereserven seit 1980 weltweit um die Hälfte nach unten korrigiert worden seien. Deutschland habe, als Extremfall, seine Reserven 2004 ohne Angabe von Gründen um mehr als 99 Prozent reduziert, Polen die seinen 1997 über Nacht halbiert; einzig Indien und Australien hätten ihre Angaben nach oben korrigiert. Die Energy Watch Group erwartet Peak Coal »im besten Fall« für das Jahr 2025 auf einem Verbrauchsniveau, das dannzumal um dreißig Prozent über dem heutigen liegen würde.[29] Das Wissenschaftsmagazin *Nature* warnte 2010, Peak Coal sei nur noch Jahre und nicht mehr Jahrzehnte entfernt.[30]

Der Erntefaktor der Kohle ist sehr hoch, fällt aber schnell. Für den Kohlebergbau des 18. Jahrhunderts wird der Erntefaktor auf bis zu 500:1 geschätzt.[31] Für das frühe 20. Jahrhundert schätzt eine Studie den Erntefaktor der Kohle in den USA (dem Land mit den größten Reserven) auf 177:1, für heute werden Werte zwischen 50:1 und 85:1 genannt und eine Studie erwartet gar, dass der EROEI der amerikanischen Kohle bis 2040 auf 0,5:1 fallen könnte.[32]

Wegen ihrer hohen Treibhausgasemissionen lässt sich die Nutzung der Kohle von allen fossilen Energieträgern am schlechtesten rechtfertigen. Viel ist deshalb von »sauberer Kohle« die Rede, die auf der Technik der Kohlendioxid-Abscheidung und -Speicherung (Carbon Capture and Storage, CCS) beruhen soll: CO_2 soll aus den Abgasen der Kraftwerke abgeschieden und unter dem Boden endgelagert werden. In Norwegen, Kanada und Algerien sind CCS-Anlagen in Betrieb, doch ist ungewiss, ob sich diese Technik je in großem Stil wird nutzen lassen.[33] In Fachkreisen geht man davon aus, dass das frühestens in etwa zwanzig Jahren möglich sein wird. 2010 wurden Pläne zum Bau von CCS-Pilotanlagen in Deutschland und in Norwegen gestoppt.[34] Dennoch wirkt CCS schon heute: als Ausrede, weiter auf Kohle zu setzen. Namentlich die Internationale Energieagentur setzt stark auf »saubere« Kohle.

CCS taugt, falls überhaupt, nur für große Anlagen wie Kraftwerke. Für jedes Kilogramm Kohle, das verbrannt wird, entstehen vier Kilogramm CO_2. Das CCS-Potenzial ist eng begrenzt, denn es braucht riesige unterirdische Lager und Transportinfrastrukturen. Die Abscheidung des CO_2 und sein Transport verbrauchen Energie, wodurch der Wirkungsgrad eines Kraftwerks reduziert wird. Gespeichertes CO_2 muss auf ewig sicher verschlossen sein. Träten große Mengen aus einem Endlager plötzlich aus, wäre das nicht nur für das Klima schlecht, sondern lokal katastrophal für menschliches und tierisches Leben: Da es schwerer ist als Luft, würde sich plötzlich austretendes CO_2 wie ein See über die Gegend legen und Tiere und Menschen ersticken.[35] Der heute größte künstliche CO_2-Speicher im Untergrund beim Weyburn-Ölfeld im kanadischen Saskatchewan scheint tatsächlich zu lecken; Todesfälle unter Tieren nahe gelegener Landwirtschaftsbetriebe werden damit in Verbindung gebracht.[36] Sichere Methoden zur CO_2-Speicherung befinden sich in Entwicklung, sie werden aber den Wirkungsgrad von Kohlekraftwerken noch weiter senken.[37]

Atomkraft

Reduziert man die Energiefrage auf das CO_2-Problem, bietet sich die Atomenergie als Alternative an, denn die Kernspaltung emittiert kein CO_2, und auch Urangewinnung- und Verarbeitung, Anlagenbau und -rückbau sowie die Endlagerung der Abfälle zusammengenommen verursachen deutlich weniger CO_2 pro Energieeinheit als fossile Energieträger. Doch die Schätzungen zur CO_2-Belastung des Atomstroms gehen weit auseinander – sie reichen von 3 bis 140 Gramm pro Kilowattstunde Strom – und sind teilweise irreführend.[38] Vor allem aber sagen Durchschnittswerte wenig aus: Will man die Atomkraft ausbauen, um fossile Energieträger zu ersetzen, muss man mit der Grenz-Umweltbelastung des Urans rechnen, das wegen der gesteigerten Nachfrage neu gefördert wird. Je mehr aber gefördert wird, desto mehr verschlechtert sich die Bilanz – und zwar rasant. Die besten Uranerze enthalten 20 Prozent Uran, im Durchschnitt der abgebauten Erze sind es 0,1 Prozent, und die schlechtesten heute abgebauten Erze enthalten gar nur 0,01 Prozent. Doch die dabei anfallenden CO_2-Emissionen fallen aus dem Raster der internationalen Klimapolitik, weil sich die meisten Uranbergwerke (im Gegensatz zu den Atomkraftwerken) in Ländern befinden, die ihre CO_2-Emissionen laut dem Kioto-Protokoll nicht reduzieren müssen.

Die vermeintliche Klimafreundlichkeit ist ein Grund für die gegenwärtige Renaissance der Atomenergie. In China befinden sich 27 Atomkraftwerke in Bau, in Russland 10, in Indien 7 und in Südkorea 5, weitere sind in verschiedensten Ländern geplant – auch in Ländern, die heute noch keine Atomkraftwerke besitzen.[39] Mit Italien und Schweden haben zwei europäische Staaten frühere Entscheide, auf Atomkraft zu verzichten, rückgängig gemacht, die deutsche Regierung will die alten Meiler länger als vorgesehen weiterlaufen lassen. In der Schweiz will die Stromwirtschaft zwei neue AKWs bauen. In den USA, wo der Neubau von Atomkraftwerken dreißig Jahre lang tabu war, will die Regierung Obama die Atomkraft nun wieder ausbauen. Und Bill Gates will mit der Firma Terrapower den alten Traum der Mini-Atomkraftwerke wahr machen.[40]

Nach der Katastophe in Fukushima infolge des Erdbebens vom 11. März 2011 sind neue Atomkraftwerke in einigen vor allem westeuropäischen Staaten wohl keine Option mehr. Doch sollte man vorsichtig sein, denn die deutschsprachige Öffentlichkeit ist in Sachen Atomkraft keineswegs repräsentativ. Doch auch unabhängig von »Fukushima« ist die Renaissance bislang vor allem eine der Absichtserklärungen. Seit 2004 stagniert die globale Produktion; 2008 und 2009 sank sie sogar leicht. Die Atomkraftwerke, die sich in Bau befinden, ersetzen lediglich alte Meiler, die vom Netz gehen. Schweden sieht für neue Atomkraftwerke Haftungsvorschriften vor, die deren Betrieb nicht lukrativ werden lassen. Die Baukosten der beiden Anlagen, die derzeit in Europa gebaut werden – auf der Halbinsel Olkiluoto in Finnland und in Flamanville in Frankreich – laufen aus dem Ruder. Potenzielle Investoren sagen offen, dass sie nur zu investieren bereit sind, wenn der Staat einen Teil des Risikos trage.[41]

Kann Atomkraft eine Option sein? Nein – und sie wäre es auch dann nicht, wenn Atomkraftwerke sicher wären. Denn eine Technik, die hochgefährliche Abfälle produziert, mit denen man nicht umzugehen weiß, ist nicht fertig: Das allein reicht als Grund, sie abzulehnen. Andere Probleme kommen dazu: die Gefahr von Unfällen, die Zehntausende töten und riesige Gebiete verstrahlen und unbewohnbar machen könnten; die Strahlenbelastung der Umgebung von Atomkraftwerken selbst im Normalbetrieb; die Umweltzerstörungen des Uranabbaus; die Gesundheitsschäden bei Minenarbeitern und Anwohnern von Uranminen; die unabschätzbaren Kosten des Rückbaus von Atomanlagen und der Stilllegung von Minen; die Möglichkeit, zivile Atomtechnik militärisch zu nutzen.

Und wenn man doch auf Atomenergie setzt: Wie lange reicht der Brennstoff? Laut der Energy Watch Group reichen die bekannten Reserven beim gegenwärtigen Verbrauch noch siebzig Jahre.[42] Natürlich gilt hier grundsätzlich dasselbe wie beim Öl: Die Uranreserven wachsen mit steigendem Uranpreis und besseren Abbautechniken. Weil aber damit zu rechnen ist, dass je länger, desto gehaltsärmere Erze abgebaut werden, dürfte relativ bald der Punkt erreicht sein, wo der Erntefaktor unter 1:1 fällt und der Abbau sich auch bei sehr hohen Preisen nicht mehr lohnt.[43]

Die Befürworterinnen und Befürworter der Atomkraft verweisen deshalb weniger darauf, dass die Reserven mit besserer Bergbautechnik und höheren Uranpreisen zunehmen können als auf neue Reaktortechniken. Diese erschlössen ganz neue Brennstoffvorräte, weil sie auch mit Natururan statt nur mit angereichertem Uran arbeiteten und andere Materialien wie beispielsweise Thorium nutzen könnten, während Brutreaktoren während des Betriebs sogar laufend neues Brennmaterial produzieren. Aber man sollte sich nicht zu sehr auf solche Hoffnungen verlassen: Neue, bessere Techniken hat die Atomforschung seit ihren Anfängen versprochen. Von all diesen wurden bisher lediglich einige Brutreaktoren gebaut, die meisten für den Testbetrieb; keiner funktioniert bis heute zufriedenstellend. Viele Brutreaktoren wie beispielsweise der französische Superphénix im Rhonetal wurden abgeschaltet, weil sie zu störungsanfällig waren. Brutreaktoren lassen sich als Brennstofflieferanten für Atombomben noch besser nutzen als herkömmliche Atomkraftwerke.

Zum Erntefaktor der Kernspaltung existieren nur ältere Angaben, die einigermaßen zuverlässig sind; sie bewegen sich zwischen tiefen 5:1 und 8:1.[44]

Bleibt die Kernfusion, das große Versprechen der Atomtechnik seit ihren Anfängen. Mit ihr kann man nicht rechnen, wenn es gilt, Probleme der nächsten Jahrzehnte zu lösen. Denn falls sie überhaupt je Anwendungsreife erlangt, dann zu spät.

Saubere Kernfusion?

Die Kernfusion entspringt wie die Kernspaltung der militärischen Forschung; ihre einzige bis heute mögliche Anwendung ist die Wasserstoffbombe. Ihre Befürworterinnen und Befürworter versprechen sich von der Kernfusion eine saubere, sichere Energiequelle, die mit unerschöpflichem Brennmaterial arbeitet. Die Kernfusion soll sicher sein, weil eine unkontrollierte Kettenreaktion, wie sie 1986 in Tschernobyl zur Katastrophe führte, unmöglich ist. Ihr Brennstoff könne aus gewöhnlichem Wasser gewonnen werden; in ein paar Litern Wasser stecke so viel Energie wie in einem Supertanker Erdöl. Und als Abfall falle lediglich ungiftiges Helium an, das eine sehr kurze Halbwertszeit hat, also nicht lange strahlt. »Zu schön, um wahr zu sein«, sagt zu dieser Vision selbst Edward Moses, der Direktor der National Ignition Facility (NIF) in Livermore (Kalifornien), die seit 1997 an einem Fusionsreaktor forscht.[45]

Die Fusion von Wasserstoffkernen erzeugt Temperaturen von über hundert Millionen Grad. Weil kein Material solche Hitze aushält, hält ein Magnetfeld das heiße Fusionsmaterial, das sogenannte Plasma, in der Schwebe. Doch auch so ist der Mantel des Reaktors extremen Temperaturen und beständiger Bestrahlung ausgesetzt. Ob ein Material gefunden werden kann, das diesen Bedingungen über längere Zeit standhält, ist ungewiss.[46]

Dass das Brennmaterial aus Wasser gewonnen werden kann und somit unerschöpflich ist, stimmt nur zur Hälfte: Brennstoff sind zwei Isotope (Varianten) des Wasserstoffs, Deuterium und Tritium. Davon lässt sich nur das erste aus Wasser gewinnen. Tritium kommt in der Natur fast nicht vor und muss nukleartechnisch hergestellt werden. Das geschieht in herkömmlichen Spaltreaktoren, wobei alle Reaktoren der Welt nur einen Bruchteil des Tritiums liefern, das gebraucht würde.[47] Fusionsreaktoren können das benötigte Tritium auch selber herstellen. Ausgangsmaterial hierzu ist aber nicht das in beliebigen Mengen vorhandene Wasser, sondern das in der Erdkruste nur spärlich vorhandene Metall Lithium.

Eine unkontrollierte Kettenreaktion ist bei der Kernfusion tatsächlich nicht möglich – aber sie birgt andere Gefahren. Weil Tritiumatome so winzig sind, lässt sich nicht vermeiden, dass immer etwas Tritium in die Umgebung gelangt. Das radioaktive Tritium ist besonders heimtückisch, weil es sich chemisch wie normaler Wasserstoff verhält und deshalb sehr leicht von Lebewesen aufgenommen und in organische Verbindungen eingebaut wird.

Auch wenn die Fusion selber wenig radioaktiven Abfall mit kurzer Halbwertszeit hinterlässt, so wird doch das Material des Reaktormantels durch die Neutronenbestrahlung radioaktiviert und damit selber zu radioaktivem Abfall. Wie langlebig dieser sein wird, hängt vom gewählten Material ab.

Sollte die Fusion eines Tages tatsächlich gelingen, wird sie also weder sauber sein noch ein Füllhorn. Und sie wird noch weiter zu einem zentralisierten Energiesystem beitragen, denn Fusionsreaktoren dürften bestenfalls dann wirtschaftlich zu betreiben sein, wenn sie Leistungen von mehreren Gigawatt aufweisen (das Mehrfache heute üblicher Atomspaltreaktoren).

Erneuerbare Energien

Wenn die nicht erneuerbaren Energieressourcen zur Neige gehen oder wenn man zur Einsicht gelangt, dass sie aus ökologischen und Sicherheitsgründen nicht weiter genutzt werden sollten, müssen Energien aus erneuerbarer Quelle an ihre Stelle treten. Ich will hier nur einen knappen Überblick über die wichtigsten Möglichkeiten geben.

- Die älteste Energiequelle, die der Mensch nutzt, ist Biomasse: Nahrung, Futter und Brennstoffe wie Holz, Dung, Wachs, Talg oder

Walrat (die wichtigste Quelle für Lampenöl im 19. Jahrhundert und der Grund dafür, weshalb der Pottwal beinahe ausgerottet wurde). Die Nutzung der »traditionellen« Biomasse wurde durch Kohle und Erdöl nicht etwa verdrängt, sondern ihr Verbrauch hat beständig zugenommen: von jährlich 700 Millionen Tonnen (ohne Nahrungs- und Futtermittel) im Jahr 1700 auf 1,8 Milliarden Tonnen 1990.[48] Heute stammen laut der IEA zehn Prozent der weltweit genutzten Energie aus Biomasse; für Milliarden Menschen ist sie immer noch die einzige Energiequelle zum Kochen und Heizen. Weil der Kohlenstoff in der Biomasse Teil des natürlichen Kohlenstoff-Kreislaufs ist, trägt ihre Verbrennung nichts zum menschengemachten Treibhauseffekt bei – zumindest dann nicht, wenn nicht mehr Biomasse verbrannt wird als nachwächst.

Wenn heute von Biomasse als Energiequelle die Rede ist, dann sind in der Regel neue Formen der Nutzung gemeint: Aus Biomasse lassen sich Diesel, Ethanol (Alkohol) und Biogas gewinnen, um sie namentlich in Verbrennungsmotoren einzusetzen. Die Verheißung, mit gutem Gewissen Auto fahren zu können, hat die Politik der letzten Jahre beflügelt: Zahlreiche Staaten haben Ziele festgelegt, wie hoch der Anteil der Biomasse an den Treibstoffen sein soll, und begünstigen Treibstoffe aus Biomasse steuerlich.

Biomasse wird in der Energieversorgung der Menschen immer eine bedeutende Rolle spielen, und neue Verfahren können ihr Potenzial steigern. Wenn aber eine Landwirtschaft, die in ihrer ganzen Funktionsweise nicht nachhaltig ist, auch noch Treibstoffe für einen unersättlichen Markt zu produzieren beginnt, kann das verheerende Folgen haben. Das Auto tritt in Konkurrenz mit den Hungernden der Welt; wer dabei auf dem Markt stärker ist, liegt auf der Hand. Der Druck auf die tropischen Wälder steigt. Vor allem in Malaysia werden riesige Flächen Regenwaldes gerodet, um Ölpalmen anzubauen. 87 Prozent der Entwaldung in Malaysia in den Jahren 1985 bis 2000 gingen auf das Konto von Ölpalmenplantagen.[49] Laut dem Institute for European Environment Policy führen die Maßnahmen zur Förderung von Treibstoffen aus Biomasse, mit denen die EU und ihre Mitgliedländer eigentlich das Klima schonen wollen, zu Rodungen, die bis 2020 so viel zusätzliche Klimabelastung verursachen wie 12 bis 26 Millionen Autos.[50]

Die Nutzung der Sonnenenergie über den Umweg der Biomasse ist nach technischen Maßstäben sehr ineffizient, denn Pflanzen brauchen den weitaus größten Teil der Sonnenenergie für den Stoffwechsel und wandeln nur einen kleinen Teil in Biomasse um. Das muss dann kein Nachteil sein, wenn man Pflanzen energetisch verwertet, die zuvor schon ökologisch wertvolle Aufgaben erfüllt haben – wenn man also beispielsweise Holz aus nachhaltig bewirtschafteten Wäldern verheizt. Es ist aber unsinnig, Pflanzen einzig zur Gewinnung von Sonnenenergie in Monokulturen anzubauen.[51] Je nach Anbaumethode ist die Umweltbelastung zur Gewinnung von Treibstoff aus Biomasse höher als die Umweltbelastung, die die gleiche Menge Treibstoff aus Erdöl verursachen würde. Die beste Ausbeute bietet heute Ethanol aus brasilianischem Zuckerrohr mit einem Erntefaktor von 8:1 bis 10:1; bei vielen anderen Biomasse-Treibstoffen liegt der Erntefaktor nur knapp über 1:1 oder darunter.

Flüssige und gasförmige Energieträger aus Biomasse haben den Vorteil, dass sie sich in die bestehenden Versorgungsinfrastrukturen von Erdöl und Erdgas leicht integrieren lassen und mit den herkömmlichen Anwendungen genutzt werden können. Biogas, chemisch identisch mit Erdgas, lässt sich in Kraft-Wärme-Koppelungsanlagen (Strom- und Wärmegewinnung) besonders effizient einsetzen. Das kann ökonomisch sinnvoll und ökologisch verträglich sein. Wenn aber solche Energieträger produziert werden, um Strukturen zu erhalten, die langfristig obsolet sind (beispielsweise den schnell wachsenden motorisierten Individualverkehr), verkehrt sich dieser Vorteil in einen Nachteil.[52]

– Ebenfalls schon sehr lange genutzt wird die Wasserkraft. Sie trägt gegenwärtig 2,2 Prozent zur weltweiten Energieversorgung bei. Ihre Nutzungen können sehr klein bis sehr groß sein: Das größte Kraftwerk überhaupt ist das chinesische Drei-Schluchten-Werk am Jangtsekiang, das bei Vollausbau eine Leistung von 18 Gigawatt aufweisen soll. Kleine Wasserwirbelkraftwerke mit wenigen Kilowatt Leistung nutzen Fallhöhen ab rund einem Meter.

Laufkraftwerke nutzen die Fließenergie des Wassers, ohne den Fluss zu verändern; sie können ihre Leistung nicht regulieren. Speicherkraftwerke (Wasserkraftwerke mit Stauseen) dagegen können ihre Leistung sehr flexibel und schnell variieren, indem sie mehr oder weniger Wasser aus dem Speicherbecken über die Turbinen fließen lassen. Schon die alten Mühlenweiher folgten diesem Prinzip.

Die großen Stauwerke folgen einer großtechnischen Logik. Ihre Nachteile liegen auf der Hand: Sie ertränken große Landflächen, verändern den Wasserhaushalt und das Lokalklima einer Region. Große Stauwehre waren immer auch Prestigebauten. In zahlreichen Ländern stoßen solche Projekte auf Widerstand der Bevölkerung – zurzeit etwa im brasilianischen Amazonas, in mehreren Anrainerstaaten des Mekong, am indischen Narmada, an der Tunguska in Sibirien oder am türkischen Tigris. Doch auch »klein« bedeutet noch nicht »umweltfreundlich«: Die Schweiz erlebt derzeit dank der Einspeisevergütung für Strom aus erneuerbaren Quellen einen Boom an Kleinst-Wasserkraftwerken: 620 Projekte haben Einspeisevergütungen beantragt. Weil aber in der Schweiz 95 Prozent des Potenzials der Wasserkraft ausgenutzt sind, bleibt nur ein kleiner Rest in Kleingewässern – der energetische Ertrag ist minim, die ökologischen Eingriffe in die Gewässer sind massiv.[53]

Wasserkraft kann extrem hohe Erntefaktoren aufweisen, wobei diese je nach Standort stark variieren – Werte von 11:1 bis 267:1 werden genannt.[54] Nach Schätzungen der International Hydropower Association ist weltweit ein Drittel des Potenzials der Wasserkraft ausgeschöpft, die Produktion ließe sich also theoretisch noch verdreifachen.[55] Wegen ökologischer und sozialer Folgekosten dürfte nur ein Bruchteil davon tatsächlich realisierbar sein. Der Klimawandel wird die Wasserkraftproduktion beeinflussen, weil sich Niederschlagsmuster verändern und Gletscher abschmelzen, die heute die Wassermengen in den Flüssen zwischen den Jahreszeiten ausgleichen. In den Alpen führt der Klimawandel nach Einschätzung des schweizerischen Bundesamts für Energie »langfristig zu beträchtlichen Produktionseinbußen aufgrund verminderter Zuflüsse«.[56]

– Wie die Wasserkraft wird auch die Windkraft in Windmühlen schon lange als Energiequelle genutzt. Einzelne, kleine Anlagen lassen sich fast überall aufstellen. Noch bis in die Mitte des 20. Jahrhunderts nutzten beispielsweise Farmen im Mittleren Westen der USA einzelne Windräder als Kraftquellen. Die energetischen Großprojekte des New Deal in der Folge der Weltwirtschaftskrise, das heißt vor allem die Wasserkraftwerke im Tennessee Valley, setzten dieser Nutzung ein Ende.

  Für die Stromproduktion wurde die Windenergie erst in jüngerer Zeit wiederentdeckt. In den letzten zehn Jahren wuchs die weltweit installierte Kapazität der Windkraftanlagen um durchschnittlich dreißig Prozent pro Jahr.[57] Dieses Wachstum findet aber noch auf sehr tiefem Niveau statt: Die Windenergie trägt erst im Promillebereich zur weltweiten Energieversorgung bei. Das theoretische Potenzial beträgt ein Vielfaches des gegenwärtigen Weltenergiebedarfs, doch ist strittig, wie viel davon sich zu ökonomisch vertretbaren Kosten realisieren lässt. Heute sind die Windanlagen in wenigen Ländern konzentriert: USA, Deutschland, Spanien, Indien und China weisen die höchsten Kapazitäten aus; Dänemark hat mit 19 Prozent den höchsten Anteil der Windenergie an seiner Stromproduktion. 39 Prozent aller im Jahr 2009 neu installierten Kapazitäten zur Stromproduktion in Europa und den USA entfielen auf Windenergie.[58]

  Im Gegensatz zu Kleinanlagen lohnen sich große Windparks nur in Gegenden, wo relativ konstant ein starker Wind weht, also vor allem in Küstenzonen. Windparks im Meer *(offshore)* erlauben bessere Ausbeuten; wegen der hohen Kosten von Untersee-Stromleitungen müssen Offshore-Anlagen größer sein als Onshore-Anlagen, damit sie sich lohnen. Viele der idealen Standorte liegen relativ weit von den Siedlungszentren entfernt, sodass der Strom über weite Strecken transportiert werden muss.

Windenergie ist relativ kostengünstig; ihr größter Nachteil sind die unberechenbaren Schwankungen. Der Erntefaktor ist stark standortabhängig. Für die bestehenden Anlagen werden Durchschnittswerte im Bereich von 18:1 bis 26:1 angegeben.[59]

– Vielleicht das größte praktische Potenzial weist die Sonnenenergie auf. Wie beim Wind sind die Potenziale riesig – ein verhältnismäßig kleiner Teil der Sahara würde ausreichend Energie liefern, um den gegenwärtigen Verbrauch der Welt abzudecken –, doch ist strittig, wie viel von diesem Potenzial technisch und ökonomisch sinnvoll genutzt werden kann. Die Stromgewinnung aus Sonnenenergie erlebt wie die Windenergie einen steilen Anstieg, der selbst die kühnsten Erwartungen übertrifft; wie bei der Windenergie findet dieser Anstieg aber noch auf sehr bescheidenem Niveau statt.

Strom lässt sich aus Sonnenenergie mit zwei Techniken gewinnen: Fotovoltaik und Solarthermie. Fotovoltaische Zellen wandeln Sonnenlicht direkt in elektrischen Strom um. Sie können überall eingesetzt werden und praktisch beliebig klein sein, was sie zum idealen Stromproduzenten einer dezentralen Versorgung macht. Ihre Effizienz ist bislang relativ gering; sie liegt bei rund 15 Prozent, wobei unter Laborbedingungen deutlich höhere Werte erreicht werden. Wenn man allerdings Flächen wie Hausdächer oder -wände nutzen kann, die sich auf andere Art nicht nutzen lassen, ist auch eine geringe Effizienz akzeptabel. Effizienter, aber noch wenig erprobt sind sogenannte Hybridkollektoren, die gleichzeitig fotovoltaisch Strom produzieren und Wasser erhitzen. Fotovoltaik ist verhältnismäßig teuer und setzt sich bisher vor allem dort durch, wo sie gezielt gefördert wird: Fast die Hälfte der weltweit bis Ende 2009 installierten Kapazität entfiel auf Deutschland, wo fotovoltaisch produzierter Strom seit 2000 mit einer Einspeisevergütung abgegolten wird.[60] Allerdings trug die Fotovoltaik auch in Deutschland 2009 erst ein Prozent zur gesamten Stromerzeugung bei.

Höhere Wirkungsgrade erzielen solarthermische Kraftwerke. Sie sind allerdings auf direkte Sonnenstrahlung angewiesen und eignen sich deshalb nur für Standorte mit geringer Luftfeuchtigkeit und wenig Bewölkung. Solche Kraftwerke konzentrieren Sonnenlicht mit Spiegeln und erhitzen damit eine Trägerflüssigkeit, die, wie in herkömmlichen thermischen Kraftwerken, eine Turbine antreibt. Indem sie tagsüber mit einem Teil der Wärme eine Salzlösung erhitzen, können diese Kraftwerke mit der in den Salztanks gespeicherten Hitze auch nachts arbeiten. Im Tagesverlauf lässt sich die Produktion so den Nachfrageschwankungen anpassen; jahreszeitliche Schwankungen indes lassen sich so nicht ausgleichen.

Der Erntefaktor der Fotovoltaik wird mit Werten zwischen 3,75:1 und 10:1 angegeben; für die Solarthermie gibt es noch kaum Studien, doch dürfte der Erntefaktor an den besten Standorten hoch sein.

Außer zur Stromgewinnung lässt sich Sonnenenergie ganz direkt nutzen: Eine gute Architektur sorgt dafür, dass die Sonne Räume heizt. Diese passive Sonnenenergienutzung taucht in den Statistiken in der Regel nicht auf. Für Neubauten ist das Potenzial groß; Altbauten dagegen lassen sich nicht einfach in »Passivhäuser« umbauen.

- Für noch eine erneuerbare Energiequelle gilt wie für Wind- und Sonnenenergie: Die Potenziale sind riesig, wie viel sich davon nutzen lässt, ist ungewiss, und der bisherige Anteil an der weltweiten Energieproduktion ist verschwindend. Erdwärmenutzung weist dort eine lange Tradition auf, wo heißes Wasser spontan an die Oberfläche gelangt; führend ist Island.

  Auch Erdwärme kann sowohl kleinskalig und dezentral als auch in größeren Kraftwerken genutzt werden. Erdwärmesonden zum Beheizen einzelner Häuser oder Siedlungen müssen nicht allzu tief reichen. Kraftwerke brauchen tiefere Bohrungen. Das sogenannte Hot-Dry-Rock-Verfahren presst unter hohem Druck Wasser in mehrere Tausend Meter tiefe Bohrlöcher, wo es sich erhitzt, um dann heiß wieder an die Oberfläche zu gelangen. Ein erstes europäisches Hot-Dry-Rock-Kraftwerk in Soultz-sous-Forêts im Elsass arbeitet mit einer Tiefe von 5000 Metern und Wassertemperaturen um 200 Grad. Die Technik ist noch wenig entwickelt und birgt unbekannte Risiken. Das Einpressen von Wasser in ein 5000 Meter tiefes Bohrloch bei Basel hat Ende 2006 und Anfang 2007 eine Serie mittelstarker Erdbeben (Stärke 3,5) ausgelöst.

Die Angaben für den Erntefaktor der Erdwärme bewegen sich zwischen 2:1 und 13:1, wobei die große Spannweite durch die verschiedenen Standorte und Techniken, aber auch durch unterschiedliche Berechnungsmethoden erklärt werden kann. Kritiker meinen, dass elektrische Wärmepumpen zur Gewinnung von Erdwärme Erntefaktoren unter 1:1 aufweisen, also Energie verschwenden.[61]

Schätzt man die Möglichkeiten künftiger Energiegewinnung aber nicht grundsätzlich zu pessimistisch ein, wenn man sich nur auf die heute verfügbaren Techniken und die absehbaren Entwicklungen stützt? Ist die Technikgeschichte nicht voller Überraschungen? Das Argument wird in der Energiedebatte häufig vorgebracht: Hätte denn jemand im Jahr 1970 die rasante Entwicklung der Computer, im Jahr 1990 die Entwicklung der Mobilkommunikation vorherzusehen gewagt? Können wir also nicht damit rechnen, dass auch die Zukunft der Energiegewinnung noch Überraschungen birgt? Die Antwort heißt Nein. Denn Überraschungen haben die unangenehme Eigenschaft, überraschend aufzutreten – könnte man mit ihnen rechnen, wären sie keine Überraschungen. Gewiss entwickelt sich Technik oft schneller, als es die größten Optimisten erwartet hätten – aber ebenso oft geschieht das Gegenteil. Man denke an die Kernfusion, die auf sich warten lässt. Man denke an den »Krieg gegen den Krebs«, den Präsident Richard Nixon 1971 mit dem Versprechen lancierte, den Krebs binnen 25 Jahren zu »besiegen«. Man denke an die Versprechungen der Agrargentechnik. Sich darauf zu verlassen, dass der technische Fortschritt uns irgendwelche Zaubermittel an die Hand gibt, wäre unverantwortlich.

Netze und Speicher

Um die Möglichkeiten einer erneuerbaren Energieversorgung zu beurteilen, reicht es nicht, die Energiegewinnung zu betrachten: Andere Energien brauchen auch andere Strukturen der Verteilung und Nutzung. Heute liegt die meiste Energie, die verbraucht wird, hoch konzentriert in flüssiger, fester oder in Gasform vor. Sie lässt sich leicht aufbewahren und transportieren. Unter den erneuerbaren Energien bietet die Biomasse dieselben Vorteile – das macht sie so attraktiv –, allerdings bei begrenztem Potenzial und geringen Erntefaktoren. Entwickelt sich der motorisierte Verkehr weiter wie bisher, können die Böden der Erde unmöglich die Menschen und ihre Fahrzeuge (und Flugzeuge) gleichzeitig ernähren. Eine erneuerbare Energieversorgung bedingt einen viel höheren Anteil elektrischer Energie. Nur schon deshalb wird man die Stromnetze ausbauen müssen. Allerdings wird entscheidend sein, ob eine Energiewende vor allem dezentral stattfinden wird, ob Haushalte ihren Strom mit Fotovoltaikanlagen selber produzieren und sich in lokalen Netzen zusammenschließen oder ob man auf zentralistische Strukturen setzt, mit Großkraftwerken, die ihren Strom über weite Distanzen zu den Nutzerinnen und Nutzern schicken.

Die größte Knacknuss einer erneuerbaren Energieversorgung bieten die Launen der Sonnen- und Windenergie: ihre Abhängigkeit von Wetter, Tages- und Jahreszeit. Heute herrscht auf dem europäischen Strommarkt einige Male pro Jahr bei gutem Wind ein Überangebot, sodass der Strom an den Börsen Negativpreise erzielt. Strom wird in diesen Zeiten zu einem Abfallprodukt, dessen Entsorgung kostet. Um das zu vermeiden, braucht es mehr Speicherkapazitäten.

Das herkömmliche Modell der Stromversorgung unterscheidet zwei Typen von Kraftwerken: Die einen liefern immer ungefähr gleich viel Strom, die sogenannte Bandenergie, die anderen können ihre Produktion flexibel dem Verbrauch anpassen. Wasser-Laufkraftwerke, die nicht regulieren können, wie viel Wasser den Fluss hinunterfließt, produzieren Bandenergie, ebenso Kohle- und Atomkraftwerke. Letztere könnten zwar ihre Leistung herunter- und wieder hochfahren, doch ist das teuer. Weil diese Anlagen hohe Fix-, aber tiefe Betriebskosten aufweisen, verkaufen die Kraftwerksbetreiber den Strom kurzzeitig lieber zu Dumpingpreisen oder zahlen sogar drauf, als das Kraftwerk abzuschalten. Flexibel sind dagegen Wasserspeicher- und Gaskraftwerke. Während die Bandenergie den Strom liefert, der zu allen Tageszeiten nachgefragt wird – die sogenannte Grundlast –, decken die flexiblen Kraftwerke den variablen Bedarf. Die Grundlast macht gegenwärtig in der Schweiz und in vergleichbaren Ländern rund siebzig Prozent der gesamten Stromnachfrage aus, wobei dieser hohe Anteil auch eine Folge des hohen Angebots an Bandenergie ist. Gäbe es weniger Bandenergie, wäre auch die Grundlast geringer.

Kraftwerke, deren Produktion stark schwankt, passen schlecht in dieses Modell. Doch der Gegensatz zwischen den konstanten Bandenergie-Kraftwerken und der launischen Wind- und Sonnenenergie ist gar keiner: Beide liefern den Strom nicht genau dann, wenn er gebraucht wird. Und die großen thermischen Kraftwerke reißen sofort große Löcher in die Versorgung, wenn sie wegen Pannen oder für Unterhaltsarbeiten ganz vom Netz genommen werden.

Um die Schwankungen aufzufangen, gibt es verschiedene Strategien:

- Flexibel steuerbare Kraftwerke können die erneuerbare Stromproduktion genauso ergänzen, wie sie heute die Bandenergie ergänzen. Der gegenwärtig wichtigste Typus eines solchen Kraftwerks, das Gaskraftwerk, kann in einer erneuerbaren Energieversorgung aber nur insoweit eine Option sein, als nachhaltig produziertes Bio- oder Synthesegas verfügbar ist. Setzte man ausschließlich auf diese Strategie, brauchte man zu jedem Sonnen- oder Windkraftwerk noch einmal ein flexibles Kraftwerk mit gleicher Leistung, das jenes bei Flaute ersetzen könnte.
- Eine großräumige Vernetzung kann die Wahrscheinlichkeit von Totalflauten senken, denn dass überall gleichzeitig weder Wind weht noch die Sonne scheint, ist unwahrscheinlich. Auch jahreszeitliche Schwankungen lassen sich so ein Stück weit auffangen, weil in den gemäßigten Zonen tendenziell im Winter mehr Wind weht, wenn wenig Sonne scheint. Diese Strategie tendiert zu zentralisierten, großtechnischen Strukturen, die beispielsweise Windkraft aus Nordeuropa mit Solarenergie aus Nordafrika vernetzt, und bedingt einen massiven Ausbau des Stromnetzes.
- Überschüssige Energie kann gespeichert werden. Weil elektrischer Strom selber nicht speicherbar ist, muss er dafür zuerst in eine andere Energieform umgewandelt werden. In großem Stil ist heute erst eine Speichertechnik in Betrieb: die Pumpspeicherung. Pumpspei-

cherwerke sind Wasser-Speicherkraftwerke mit mindestens zwei Speichern auf verschiedener Höhe, die mit Pumpen ausgerüstet sind. Ist viel Strom auf dem Markt, pumpen diese Werke Wasser in den oberen Speicher, um es dann wieder über die Turbinen fließen zu lassen, wenn das Stromangebot knapp ist. Mit Verlusten von etwas über zwanzig Prozent sind Pumpspeicherwerke sehr effizient. Oft hört man die Meinung, für die Pumpspeicherung eigneten sich nur Gebirgsstandorte, aber das stimmt nur, wenn man in großen Dimensionen denkt. Kleinskalige Pumpspeicherung ist fast überall möglich – mit unterirdischen Speichern sogar im Flachland.

Heute sind Pumpspeicherwerke für ihre Betreiber lukrativ, weil sie nachts billige Bandenergie aus Atom- und Kohlekraftwerken einkaufen, um sie tags wieder zu verstromen. In der Schweiz beispielsweise entstanden die Pumpspeicherkraftwerke denn auch vorwiegend in der Zeit, als die Schweizer Stromunternehmen ihre Atomkraftwerke in Betrieb nahmen (ab 1969). Den Gegnerinnen und Gegnern galten sie als »Filialen der Atomkraftwerke in den Bergen«. Pumpspeicherwerke gleichen heute vor allem Tag- und Nachtschwankungen aus, könnten aber auch saisonale Schwankungen auffangen.

Neuere Formen der Speicherung, die im Gegensatz zur Pumpspeicherung vor allem dezentral einsetzbar sind, befinden sich noch in der Entwicklungsphase. Dazu gehören etwa die Druckluftspeicherung, die sich nur zur kurzzeitigen Speicherung eignet, da die Druckluftkavernen nicht vollständig dicht sind. Schnell entwickeln sich Batterien- und Brennstoffzellentechniken. Wärme lässt sich in Wassertanks speichern – jeder Haushalt mit einem Boiler verfügt über einen solchen Speicher – oder in Tanks mit Salzlösungen, wie sie solarthermische Kraftwerke zum Ausgleich der Tag-Nacht-Schwankungen einsetzen. Im Erdreich lässt sich Wärme von Häusern oder ganzen Siedlungen über Monate hinweg speichern, sodass Wärmeüberschüsse des Sommers im Winter zum Heizen dienen können.[62] Und schließlich können mit Strom im Elektrolyseverfahren gasförmige oder flüssige Brennstoffe, beispielsweise Wasserstoff oder Methan, produziert werden. (Von diesen hat der Wasserstoff besondere mediale Aufmerksamkeit erfahren; das »Wasserstoffzeitalter« wurde gar schon ausgerufen. Doch Wasserstoff ist extrem flüchtig und lässt sich nur verlustreich transportieren, weshalb die Wasserstoffproduktion keine sehr sinnvolle Speicherstrategie ist.)

Insgesamt werden die Speichermöglichkeiten und ihre Potenziale ähnlich kontrovers diskutiert wie die Arten erneuerbarer Energiegewinnung; ähnlich wie diese sind sie, mit Ausnahme der Pumpspeicherung, erst wenig erprobt.

- Schließlich kann der Speicherbedarf reduziert werden, indem die Nachfrage nach Strom an die Produktion angenähert wird – im Fachjargon »Lastmanagement«. Nötig dazu sind »intelligente Netze« *(smart grids)*. Ein intelligentes Stromnetz liefert nicht nur Strom, sondern auch Informationen über das Stromangebot. Bei vielen elektrischen Geräten spielt es eine untergeordnete Rolle, wann genau sie laufen: Batterieladegeräte etwa oder Kühlgeräte, die mit einem Kältespeicher ausgerüstet sind, Boiler und so weiter. Sie könnten so gesteuert werden, dass sie nur dann Strom beziehen, wenn sie vom Netz die Information erhalten, dass das Angebot ausreichend (und der Strompreis tief) sei. Mit anderen Stromanwendungen ist ein solches Lastmanagement nicht möglich: Bürogeräte, Kochplatten und Backöfen oder Licht müssen den Strom dann beziehen, wenn sie gebraucht werden. Geräte, die rund um die Uhr in Betrieb sind, sind für ein Lastmanagement ebenso wenig zugänglich.

Konstanz und Rhythmus

In der Antike konnte eine Segelfahrt von Ägypten, Roms wichtigstem Getreidelieferanten, nach Italien eine Woche dauern, aber auch drei Monate. Noch um 1800 konnte es vorkommen, dass englische Schiffe bis zu drei Monate auf den richtigen Wind warten mussten, um in den Plymouth Sound einfahren zu können.[63]

Die modernen Verkehrstechniken haben das Leben viel verlässlicher gemacht und man kann sich schwer vorstellen, auf sie zu verzichten. Der größte Nachteil der Energiequellen Sonne und Wind ist denn auch ihre

Unberechenbarkeit: Bei Flaute leistet ein modernes Windkraftwerk so wenig wie ein vormodernes Segelschiff.

Aber ist das nur ein Nachteil?

Unsere Wirtschaft hat sich mit dem leicht speicher- und transportierbaren, jederzeit verfügbaren Erdöl als wichtigstem Energieträger entwickelt. Wäre eine Wirtschaftsform denkbar, in der die lokale und zeitliche Gebundenheit anderer Energieformen auch ein Vorteil sein könnte oder zumindest kein Nachteil sein müsste? *Smart grids* versuchen, mit den unberechenbaren Schwankungen umzugehen, indem sie elektrische Geräte dann ihre Batterien aufladen lassen, wenn gerade viel Strom verfügbar ist. Aber darüber hinaus? Könnte auch eine Unterwerfung unter diese Schwankungen Vorteile bieten?

Es ist schwer, sich eine Wirtschaftsform vorzustellen, in der es von Vorteil wäre, wenn Fabriken nur bei Sonnenschein arbeiteten. Doch ganze Berufsgruppen sind vom Wetter abhängig, etwa im Tourismus oder in der Landwirtschaft. Weltweit arbeitete bis weit ins 20. Jahrhundert und arbeitet in stark agrarisch geprägten Volkswirtschaften bis heute die Mehrheit der Menschen in solchen Berufen. Der Rhythmus des Alltags ist für sie von der Sonne bestimmt, ein Regentag kann willkommener Ruhetag sein. Vom Rhythmus der Sonne war das Leben aller Menschen bestimmt, als Kunstlicht teuer war; und die Siesta, die die sommerliche Mittagshitze den Menschen aufzwingt, widersteht in Spanien Abschaffungsversuchen bis heute.

Angesichts der Zunahme von Stresserkrankungen in einer Welt, in der fast alles fast überall und fast jederzeit möglich ist, könnte ein Lebensrhythmus, der sich an Zeit, Ort und Wetter orientiert, immerhin auch als attraktive Alternative erscheinen.

Nach diesem Abriss der möglichen erneuerbaren Energiequellen, der Speichermöglichkeiten und der Anforderungen an die Stromnetze sieht ein erstes Fazit so aus:

Die erneuerbaren Energien, vor allem Sonne, Wind und Erdwärme, haben enormes Potenzial, das noch kaum entwickelt ist. Die einzigen erneuerbaren Energien, die heute schon im Prozentbereich zur globalen Energieversorgung beitragen, Biomasse und Wasserkraft, haben ein begrenztes Potenzial und gravierende ökologische und soziale Nachteile.

Erneuerbare Energie liegt in großer Menge, aber in wenig konzentrierter Form vor und muss (mit Ausnahme der Erdwärme) in der Fläche gesammelt werden. Der Erntefaktor einer vollständig erneuerbaren Energieversorgung wird im Schnitt signifikant geringer sein, als er heute ist (allerdings wird der Erntefaktor einer Energieversorgung mit dem heute bekannten Energiemix wegen der Verknappung der Ressourcen vermutlich noch in diesem Jahrhundert unter den Erntefaktor fallen, der mit einer erneuerbaren Energieversorgung möglich ist). Kein Energieträger aus erneuerbarer Quelle weist die technisch idealen Eigenschaften von (konventionellem) Erdöl und Erdgas auf: flüssig oder gasförmig und dadurch leicht transportier- und speicherbar zu sein und gleichzeitig einen hohen Erntefaktor aufzuweisen. Vor allem auf mobile Energieanwendungen, also den Verkehr, wird sich ein Wechsel weg von den fossilen Energien stark auswirken.

Die meisten erneuerbaren Energien fallen schwankend an. Das verlangt nach anderen Infrastrukturen, »intelligenten« Netzen, neuen Speichermöglichkeiten und Lastmanagement, vielleicht nach einer radikalen Dezentralisierung der Versorgungsstrukturen – dazu weiter unten – und damit nach einem neuen Energienutzungsverhalten.

Hundert Prozent erneuerbar

Ist es möglich, die Energieversorgung vollständig und innert weniger Jahrzehnte auf erneuerbare Quellen zu stützen? Die Antwort muss Ja heißen, denn weiterzufahren wie bisher ist langfristig unmöglich und kurzfristig, ja schon heute ökologisch unverantwortlich. Aber was heißt »vollständig«? Kann das heißen, dass der heutige Energieverbrauch erneuerbar gedeckt werden kann – und der Energieverbrauch, der unter Fortschreibung der Wachstumstrends in Zukunft zu erwarten ist? Oder wird, damit alle Energie aus erneuerbaren Quellen kommen kann, der Verbrauch sinken müssen? Innert welcher Frist kann die Umstellung gelingen, und wie viel wird sie kosten?

Zahlreiche Studien rechnen vor, dass eine Umstellung innert nützlicher Frist (nämlich rechtzeitig, um den Klimawandel auf ein »erträgliches« Maß zu begrenzen) möglich und ökonomisch zu verkraften sei und selbst weiteres Wirtschaftswachstum nicht ausschließe. Entsprechende Szenarien gibt es für einzelne Städte, Regionen, Länder und für die ganze Welt.[64] Zahlreich sind aber auch die Einschätzungen, die ihnen widersprechen. Die Internationale Energieagentur IEA gilt für viele der ihr angeschlossenen Regierungen als wichtigste Referenz für die Energieplanung. Ihr zufolge lassen sich schwere Wirtschaftskrisen nur abwenden, wenn massiv in die Erschließung neuer Erdöl-, Erdgas- und Kohlevorkommen investiert und die Atomkraft ausgebaut wird.

Ich will als Beispiel zwei optimistische Szenarien und einen Skeptiker vorstellen:

– Das deutsche Umweltbundesamt hat im Juli 2010 seine Studie *Energieziel 2050: 100% Strom aus erneuerbaren Quellen* vorgestellt.[65] Demnach ist eine Umstellung der Stromversorgung bis 2050 »mit heutigem Lebensstil, Konsum- und Verhaltensmuster technisch möglich« und »auch ökonomisch vorteilhaft«. Eine stundengenaue Simulation mit den Wetterdaten aus vier Jahren ergab, dass »die Versorgungssicherheit auf dem hohen heutigen Niveau jederzeit gewährleistet« wäre – vorausgesetzt, »die vorhandenen Energiesparpotenziale beim Stromverbrauch [werden] weitgehend erschlossen«.[66] Ein Neubau von Kohlekraftwerken wäre »ebenso wenig notwendig wie die Verlängerung der Laufzeiten von Atomkraftwerken«,[67] schrieb das Bundesamt in der Studie – wenige Wochen, bevor die deutsche Bundesregierung bekanntgab, die Restlaufzeiten der Atomkraftwerke verlängern zu wollen. Dabei könnte sogar genug Strom erzeugt werden, um den privaten Autoverkehr elektrisch zu betreiben – für andere Fahrzeuge (Lastwagen), Schiffe und Flugzeuge dagegen würden »die in naher Zukunft erreichbaren Speicherdichten bzw. Speicherkapazitäten voraussichtlich nicht ausreichen«.[68]
  Das Umweltbundesamt geht in seinen Modellrechnungen von einem »Szenario Regionenverbund« aus; es will zwei andere Szenarien ebenfalls noch durchrechnen: ein Szenario »international-Großtech-

nik« mit großen, europaweit verteilten Kraftwerkanlagen, und ein Szenario »lokal-autark« mit kleinräumigen, dezentralen Strukturen, die ausschließlich die Potenziale zur Stromerzeugung in der jeweiligen Region nutzen. Das Bundesamt bezeichnet das Ziel als »ambitioniert«; es erfordere »entschlossenes politisches Handeln«.[69]

– Das optimistischste mir bekannte Szenario stammt von Mark Z. Jacobson von der Stanford University und Mark A. DeLucchi von der University of California in Davis.[70] Sie halten es für möglich, dass »Wind, Wasser und Sonne schon in zwanzig Jahren den gesamten Energiebedarf der Erde decken und fossile Brennstoffe komplett überflüssig machen« könnten, und zwar zu Kosten, die nur geringfügig über den Kosten einer Weiterführung des herkömmlichen Energiesystems lägen. Wobei sie mit dem »gesamten Energiebedarf« den Bedarf meinen, den die Energiebehörde der US-Regierung bei anhaltendem Wirtschaftswachstum für 2030 prognostiziert – minus ein Drittel, weil eine erneuerbare Energieversorgung, wie Jacobson und DeLucchi sie vorschlagen, ein Drittel effizienter wäre.
Nötig wären dafür weltweit 490 000 Gezeitenturbinen à 1 Megawatt, 5350 Erdwärmekraftwerke à 100 Megawatt, 900 Wasserkraftwerke à 1300 Megawatt, 3,8 Millionen Windturbinen à 5 Megawatt, 720 000 Wellenkraftwerke à 750 Kilowatt, 1,7 Milliarden (!) Fotovoltaikanlagen à 3 Kilowatt, 49 000 solarthermische Kraftwerke à 300 Megawatt und 40 000 Fotovoltaikkraftwerke à 300 Megawatt. Bedenke man, dass jedes Jahr 73 Millionen Autos produziert würden, seien diese Zahlen gar nicht so riesig, schreiben die Autoren.
Wind würde mehr als die Hälfte zur Energieversorgung beitragen, Sonnenenergie vierzig Prozent. Die Autoren berücksichtigen in ihrer Analyse nur Techniken, die anwendungsreif oder an der Schwelle zur Anwendungsreife sind. Auf die Nutzung von Biomasse als Energiequelle verzichten sie. Die Schwankungen der Produktion könnte ein »geschicktes Austarieren der Ressourcen abfangen«.
Die Autoren gestehen ein, dass ihr Plan »sehr ehrgeizig« sei und »vielleicht mehr Entschlossenheit erfordern würde, als die Mensch-

heit derzeit aufzubringen vermag«. Als »vernünftiges Ziel« könnten die Länder der Erde aber immerhin anstreben, »bis 2020 oder 2025 zumindest 25 Prozent ihrer Energieversorgung auf Wind, Wasser und Sonne umzustellen und dann in vierzig bis fünfzig Jahren 100 Prozent zu erreichen«.

– Als Beispiel für einen Skeptiker will ich einen Autor zitieren, der nicht im Verdacht steht, die erneuerbaren Energien schlechtreden zu wollen, weil sie ihm lästige Konkurrenz sind. Ted Trainer von der University of New South Wales in Australien ist erklärter Umweltbewegter und vehementer Befürworter einer Umstellung auf eine erneuerbare Energieversorgung – nur traut er einer solchen nicht zu, unser heutiges materielles Wohlstandsniveau aufrechtzuerhalten.[71] Seine Folgerung aus dieser Erkenntnis lautet nicht etwa, dass wir die herkömmliche Energieversorgung beibehalten sollten: Trainer fordert vielmehr eine Abkehr von der »Konsumgesellschaft«.

  Trainer bezweifelt beispielsweise die optimistischen Szenarien zur Windkraft. In der Regel werde angenommen, Windkraftanlagen erbrächten im Jahresdurchschnitt dreißig Prozent ihrer maximalen Leistung. Das sei zu hoch gegriffen: Laut dem deutschen Stromnetzbetreiber Eon Netz hätten die deutschen Windkraftanlagen tatsächlich nur durchschnittlich 11 Prozent ihrer Kapazität geleistet.[72] In Europa, schätzt Trainer, gebe es Platz für etwa 25 Onshore-Windkraftwerke im Gigawattbereich – aber Europa verbrauche so viel Strom, wie 350 Gigawatt-Kraftwerke produzieren. Vor allem aber betrachtet Trainer die Windenergie wegen der starken Schwankungen als wenig netzverträglich. So hätten etwa die dänischen Windmühlen 2002 während insgesamt 54 Tagen überhaupt keinen Strom produziert. Die großräumige Vernetzung bringe nur eine teilweise Entlastung, denn es gebe Zeiten, wo überall Flaute herrsche. In Südostaustralien seien Anlagen über 1500 Kilometer vernetzt, doch könne die Variabilität dadurch nur geringfügig reduziert werden.[73] Trainer kommt zum Schluss, Wind könne »nicht mehr als einen kleinen Bruchteil der Nachfrage nach Elektrizität decken«.[74] Mit allen erneuerbaren Energietechniken sowie mit den Speichertechniken verfährt Trainer ähnlich und folgert jedes Mal: Eine Konsumgesellschaft lässt sich mit dieser Technik nicht aufrechterhalten.

Problematische Argumente

Wer hat recht? Als Nicht-Energieexperte ohne wissenschaftliches Institut im Rücken kann ich die Szenarien inhaltlich nicht im Detail nachvollziehen und bewerten. Als Wissenschaftsjournalist muss ich aber immer wieder zu Aussagen Stellung beziehen, die zu beurteilen mir die fachliche Qualifikation fehlt. Unmöglich ist das nicht: Auch und gerade als Außenseiter kann ich darauf achten, wie eine Studie argumentiert. Welche Fragen stellt sie, welche nicht? Was für unausgesprochene und nicht reflektierte Prämissen stehen dahinter? Welche Werte manifestieren sich in der Art und Weise, wie gewisse Begriffe (wie Effizienz, Wohlstand, Optimum …) verwendet werden? Und ich kann in Betracht ziehen, welche Auftraggeber hinter einer Studie stehen und welche Interessen sie vertreten.

Die letzte Frage zuerst: Die Befürworter der erneuerbaren Energien werden nicht müde, darauf hinzuweisen, dass »ihre« Energien von den Vertretern der etablierten Energiewirtschaft schlechtgeredet würden. Das ist zweifellos richtig. Der deutsche Erneuerbare-Energien-Pionier, der 2010 verstorbene SPD-Bundestagsabgeordnete Hermann Scheer, zeigt, wie die etablierte Energiewirtschaft in den USA Ansätze zur Umorientierung unter den Präsidenten Nixon und Carter erstickt hat.[75]

Wenn man wie Scheer davon überzeugt ist, dass die herkömmliche Energiewirtschaft implodiert, sobald die erneuerbaren Energien einen gewissen Marktanteil überschreiten, dann ist der Kampf gegen diese Konkurrenz für die Vertreter jener Energiewirtschaft tatsächlich eine Überlebensfrage. Ich zweifle aber daran, ob sie Scheers Überzeugung teilen und die heute noch so kleine Konkurrenz der erneuerbaren Energien tatsächlich so ernst nehmen. Eher vermute ich, dass es ein mit der etablierten Energiewirtschaft verbundener Denkstil ist, der die Entwicklung hemmt: ein Denkstil, der für große Probleme »große« Lösungen sucht; ein Denken in zentralistischen Kategorien; ein marktwirtschaftlich argumentierendes, in Energiefragen aber letztlich planwirtschaftlich ausgerichtetes Denken.

Von Interessen geleitet sind aber nicht nur die Bremserinnen und Bremser: Viele Studien, die sich optimistisch zu den erneuerbaren Energien äußern, entstanden im Auftrag von Umweltschutzorganisationen. Leider, schreibt Ted Trainer, würden die Leute, die am meisten von erneuerbaren Energien verstünden, wenig zu einer realistischen Bewertung dieser Techniken beitragen, denn »sie haben ein starkes Interesse daran, das Potenzial ihrer Lieblingstechnik zu übertreiben und ihre Schwächen und Limiten zu ignorieren«.[76] Man kann sogar vermuten, dass die Befürworter erneuerbarer Energien stärker von Interessenkonflikten geleitet sind als ihre Gegner: Würde sich der Anteil von Sonne, Wind und Erdwärme an der weltweiten Energieversorgung von einem auf zwei Prozent erhöhen, bedeutete das für die Solar-, Wind- und Erdwärmewirtschaft eine Verdoppelung ihres Geschäfts, für die herkömmliche Energiewirtschaft aber nur den Verlust von einem Prozent Marktanteil. Selbst unter einer Verzehnfachung der erneuerbaren Energien würden diese weniger leiden als jene davon profitierten.

Wie sieht es mit den verwendeten Argumenten aus? Auf eines verweisen die Erneuerbare-Energien-Optimisten häufig: »Ihre« Techniken wachsen exponentiell, deren Kosten fallen exponentiell. So verweist etwa die Energy Watch Group darauf, dass die weltweit installierte Windenergiekapazität seit den 1990er-Jahren durchschnittlich dreißig Prozent pro Jahr zulegt – das bedeutet eine Verdoppelung alle zweieinhalb Jahre.[77]

Problematisch wird es, wenn dieses Wachstum unbesehen in die Zukunft extrapoliert wird. Die Studie der Energy Watch Group rechnet mit verschiedenen Szenarien: Im ersten Szenario wachsen die Windenergiekapazitäten mit den bisherigen Raten weiter, die anderen drei Szenarien rechnen mit einem halb so schnellen Wachstum. Das ist zwar vorsichtiger – doch so lange mit Wachstums*raten* gerechnet wird, geht man von einem exponentiellen Wachstum aus – und riskiert, dieselben Fehler zu begehen wie die Fürsprecherinnen und Fürsprecher ewigen Wirtschaftswachstums.

Gegenwärtig wachsen die Kapazitäten der erneuerbaren Energieproduktion exponentiell, weil Skaleneffekte das Wachstum beschleunigen: Die Techniken sind noch jung, also erzielt man schnell technische Fortschritte; die immer höheren Stückzahlen drücken die Produktionskosten. Weil ihr Anteil an der Energieversorgung heute noch gering ist, müssten die erneuerbaren Energien aber in ganz andere Größenordnungen weiter wachsen, sollten sie die herkömmlichen Energiequellen ablösen. Damit ändern sich die Wachstumsbedingungen: Jede Skalenökonomie vermag die Fessel des abnehmenden Grenznutzens lediglich zu vertagen. Es ist davon auszugehen, dass die ersten Windkraftanlagen an den jeweils besten Standorten der jeweiligen Länder entstehen. Diese werden eines Tages besetzt sein, also muss man auf die zweitbesten Plätze ausweichen – ein Schulbuchbeispiel für einen abnehmenden Grenznutzen. Auch der technische Fortschritt dürfte sich verlangsamen, wenn die Pionierphase überwunden ist und Effizienzpotenziale ausgereizt sind.

Die Energiegewinnungstechniken mit stark schwankender Produktion profitieren heute davon, dass sie erst einen kleinen Anteil am Gesamtmarkt haben: Sie können das Stromnetz als Puffer nutzen. Das geht nicht mehr, wenn sie einmal einen gewissen Anteil überschritten haben. Zwar gewinnt Dänemark heute bereits neunzehn Prozent seines Stroms aus der Windkraft – aber Dänemark ist nicht isoliert, sondern exportiert Teile seines Windstroms. Wiesen alle Nachbarländer Dänemarks ebenso hohe Anteile Windstrom aus, fiele es diesen Ländern bedeutend schwerer, den Windstrom in ihr Netz zu integrieren.[78]

Schließlich dürften, wenn die neuen Techniken andere Dimensionen erreichen, Materialien knapp (und teurer) werden. Namentlich Kupfer wird es in sehr viel größeren Mengen brauchen als heute. Wo sonst noch Knappheiten zu erwarten sind, ist schwer zu sagen. Solarzellen werden heute meist aus Silizium hergestellt, das überreichlich vorhanden ist, doch neuere, effizientere Solarzellen benötigen teilweise sehr seltene Rohstoffe wie Gallium, Indium oder Tellur.

In die Irre führt das Argument, die Preise für Strom aus erneuerbaren Quellen fielen so rasch, dass sie bald Netzparität erreichten oder bei gewissen Techniken schon erreicht hätten, das heißt ohne Subventionen kostendeckend bis gewinnbringend ins Stromnetz eingespeist werden könnten. Ironischerweise argumentieren hier die Erneuerbare-Energien-Optimisten wie die marktgläubigen Peak-Oil-Entwarner – dass nämlich alles sich von allein regle, wenn der Ölpreis weiter steige und die Kosten der erneuerbaren Energien sänken: Der Markt sorgt über den Preis selber dafür, dass die knappen Güter substituiert werden. Ich werde im nächsten Kapitel näher darauf eingehen, hier nur so viel: Das Argument der Netzparität vergleicht Äpfel mit Birnen – respektive Produktionskosten (der erneuerbaren Energien) mit Marktpreisen (der herkömmlichen Stromproduktion). Der Marktpreis für Erdöl (und das Analoge gilt für jede Ressource) entspricht – theoretisch – den Produktionskosten des am teuersten zu produzierenden Fasses Öl, das es gerade noch auf den Markt schafft. Darunter aber gibt es sehr viel Öl, das zu sehr viel tieferen Kosten produziert werden kann. Würde nun der Boom der erneuerbaren Energien dafür sorgen, dass fossile Energieträger in großem Stil und weltweit ernsthaft konkurriert würden, hätten die Produzenten mit ihren großen Margen viel Spielraum, den Preis zurückzunehmen – womit der erneuerbar produzierte Strom seiner Netzparität wieder verlustig ginge. (Atomstrom wird sowieso unschlagbar billig sein, solange sich seine Produktion auf vollständig abgeschriebene Atomkraftwerke stützen kann – solange die Subventionen der Vergangenheit noch wirken.) Anders formuliert: Dass es billiger wird, Energie erneuerbar zu gewinnen, ist eine gute Nachricht, wenn es darum geht, knapper werdende Energieressourcen zu ersetzen. Geht es hingegen darum, die fossilen Energien schneller zu ersetzen, als sie knapp werden – und das tut angesichts der Klimaerwärmung not –, so ist mit den sinkenden Preisen wenig gewonnen.

Insgesamt also scheinen mir die Szenarien, die einen schnellen Umstieg auf erneuerbare Energien zu geringen Kosten bei gleichbleibendem materiellem Wohlstand und Wirtschaftswachstum für möglich halten, zu optimistisch zu argumentieren. Umgekehrt halte ich den Skeptiker Trainer für zu pessimistisch (und teilweise fehlerhaft[79]): Die wissenschaftlichen Studien, Potenzial- und Kostenabschätzungen, auf die er sich stützt, scheinen nach einer Investitionslogik von Großkraftwerken in den herkömmlichen Strukturen zu funktionieren.

Aber wenn ich auch Trainers Einschätzungen für zu pessimistisch halte, leuchtet doch seine Schlussfolgerung ein: Unser Lebensstil, unsere auf Wachstum beruhende Wirtschaft brauchen immer mehr Energie; noch viel mehr Energie brauchte es, wollte man allen Menschen den materiellen Lebensstandard zugestehen, wie ihn heute die Bewohnerinnen und Bewohner der reichen Länder kennen. Früher oder später wird es sowieso eng.

Mit Richard Heinberg schreibt denn auch ein Autor, der die erneuerbaren Energietechniken ausgeglichener beurteilt als Trainer: »Können alternative Energiequellen unsere Art der Gesellschaft erhalten? Ach, wir meinen: Nein.«[80] Heinberg folgert aus seiner Betrachtung aller verfügbaren Energietechniken, »dass wir in Zukunft auf der Welt fast sicher deutlich weniger Energie zur Verfügung haben werden als heute. (...) Die Frage lautet nicht, ob die Welt ihren Energiebedarf senken müsse, sondern wie.«[81]

Groß und zentral oder klein und dezentral

Ted Trainer beurteilt die erneuerbaren Energien pessimistisch, indem er fragt, wie diese sich ins bestehende Energieversorgungssystem einfügen könnten. Er fragt nach Standorten mit genug Sonne oder Wind für Großkraftwerke, und er fragt nach Kostenvorteilen von Standorten und Energietechniken. Aber sind das die richtigen Fragen? Soll man Großkraftwerke errichten, soll man Anlagen nur dort bauen, wo die komparativen Kostenvorteile dafür sprechen? Oder anders gefragt: Sollen sich die erneuerbaren Energien in ein System einfügen, das mit den nicht erneuerbaren entstanden ist?

Einer, der diese Frage klar verneinte, war Hermann Scheer. Scheer hat als Gründer und Präsident der Europäischen Vereinigung für Erneuerbare Energien Eurosolar, als einer der Väter des deutschen Erneuerbare-Energien-Gesetzes und als Initiant der Internationalen Organisation für Erneuerbare Energien (IRENA) sehr viel zur Förderung der erneuerbaren Energien beigetragen, aber sein vielleicht wichtigster Beitrag zur Debatte bestand darin, dass er darauf beharrte, die Energiefrage als ökonomisch-politische Strukturfrage zu sehen. Obwohl er selber mit Herzblut für erneuerbare Energien kämpfte, zeigte er sich gegenüber der Erneuerbare-Energien-Euphorie zuletzt auch skeptisch: »Alle Welt«, beginnt sein letztes Buch, »redet neuerdings von erneuerbaren Energien, mit Sympathie wie für schönes Wetter.«[82]

Das dominierende Deutungsmuster nimmt die Energiedebatte entlang der Bruchlinie »gute (aber allenfalls zu teure oder unrealistische) erneuerbare versus böse (aber allenfalls notwendige) nicht erneuerbare Energie« wahr. Doch es gibt noch eine zweite, ebenso wichtige oder vielleicht noch wichtigere Bruchlinie, die sich mit der ersten teilweise überschneidet. »Es ging [beim Energiekonflikt] immer nur vordergründig um das Pro oder Contra zu erneuerbaren Energien«, schreibt Scheer, »im Kern doch stets um die Strukturen der Energieversorgung und die Verfügungsmacht darüber.«[83] Die zweite Bruchlinie ist die zwischen zentral und dezentral.

Was Scheer vorschwebte, nennt er »Energieautonomie«. »Der Leitbegriff der Energieautonomie bedeutet, dass eine selbst- statt fremdbestimmte Verfügbarkeit über Energie das Ziel sein muss – frei und unabhängig von äußeren Zwängen, Erpressungs- und Interventionsmöglichkeiten, nach eigenen Entscheidungskriterien. (...) Die autonome Aneignung erneuerbarer Energien durch eine Vielzahl von Akteuren ist die einzige Erfolg versprechende Methode, den Energiewechsel rechtzeitig und unumkehrbar gegen die Funktionslogik des überkommenen Energiesystems durchzusetzen.«[84] Es gehe »beim Wechsel zu erneuerbaren Energien um nichts weniger als um den tiefgreifendsten und weitreichendsten wirtschaftlichen Strukturwandel seit Beginn der industriellen Revolution.«[85]

Das wesentliche Strukturmerkmal der herkömmlichen Energieversorgung ist für Scheer die »Entkoppelung der Räume der Energieförderung von den Räumen des Energiekonsums«. Den Energiefluss von den wenigen Punkten, wo Energie gewonnen werde, zur Energienutzung, die immer dezentral erfolge, könnten »nur große, transnational tätige oder kooperierende Energiekonzerne leisten. Und da es an keiner Stelle der Kette eine Unterbrechung geben darf, sind diese auf eine enge Zusammenarbeit mit den Regierungen angewiesen – und umgekehrt. Daher sind Regierungen zum integralen Bestandteil der atomaren/fossilen Energiewirtschaft geworden.«

Scheer wendet sich deshalb scharf gegen Projekte wie Desertec, das in Nordafrika – wo die Sonne intensiver scheint als in Europa – riesige solarthermische Kraftwerke bauen und den produzierten Strom mit Hochspannungs-Gleichstrom-Übertragungsleitungen (HGÜ) nach Europa bringen will. Wer einzig in den Kategorien »erneuerbar« und »nicht erneuerbar« denkt, kann diesen Widerstand nicht verstehen.

Desertec

Eine der derzeit ehrgeizigsten Initiative für den Ausbau erneuerbarer Energien ist Desertec. 2003 vom Club of Rome angeregt, hat das Deutsche Zentrum für Luft- und Raumfahrt in den Jahren 2005 bis 2007 in einer Reihe von Machbarkeitsstudien untersucht, inwieweit sich in Nordafrika und im Nahen Osten produzierter Solarstrom nach Europa bringen lässt. Aufbauend auf diese Studien, will die 2009 gegründete Desertec Industrial Initiative (Dii) GmbH die Vision umsetzen. Hinter Desertec stehen große Finanzdienstleister wie die Münchner Rück oder die Deutsche Bank, Industrieunternehmen wie Siemens, ABB oder Alstom und Energie- und Netzkonzerne wie Eon und RWE (Deutschland), EdF (Frankreich), Enel (Italien) oder Red Eléctrica (Spanien). Auch die Weltbank hat Ende 2009 bekannt gegeben, mit ihrem Clean Technology Fund in solarthermische Kraftwerke in Nordafrika investieren zu wollen.

Die Investoren wollen mit 400 Milliarden Euro solarthermische Kraftwerke und die dazugehörigen Infrastrukturen bauen, die bis 2050 fünfzehn Prozent des europäischen Bedarfs decken sowie zur Versorgung der Standortländer beitragen sollen.[86] Die Abwärme ließe sich nutzen, um Meerwasser zu entsalzen. Ein europaweites »Supernetz« könnte zudem Strom aus Wind- und Wasserkraft Nordeuropas oder aus Erdwärme Islands integrieren (die entsprechenden Bemühungen laufen unter dem Namen North Sea Offshore Grid). Allein über das Mittelmeer wären zwanzig Hochspannungs-Gleichstrom-Übertragungsleitungen von je 5 Gigawatt Kapazität nötig.

Fürsprecherinnen und Fürsprecher einer ökologisch orientierten Energieversorgung beurteilen das Projekt kontrovers. So waren sich etwa die prominentesten Kämpfer für erneuerbare Energien im deutschen Bundestag, Hans-Josef Fell (Grüne) und Hermann Scheer (SPD), in dieser Frage uneins. Fell sieht in Desertec eine »Initialzündung zur Ökologisierung der Wirtschaft«.[87] Für Scheer (der die projektierten Kosten für unrealistisch tief hält) zementiert das großtechnisch-zentralistisch konzipierte Projekt die bisherigen Versorgungsstrukturen und mindert die Chancen dezentraler Energieproduktion. Greenpeace wiederum kontert, angesichts des Klimawandels könnten »wir es uns nicht leisten, auf solarthermische Kraftwerke in Wüsten oder Offshore-Windparks zu verzichten«.

Man glaubte in der Geschichte schon öfter, auf eine Technik nicht verzichten zu können. Entscheidend für eine Bewertung von Desertec im Hinblick auf den Klimawandel ist nicht, ob sich auf diese Weise die Kapazitäten erneuerbarer Energieproduktion wirkungsvoll steigern lassen. Sondern ob die zusätzlichen Kapazitäten tatsächlich die fossile Energieproduktion zurückdrängen. Die europäischen Energiekonzerne RWE, Eon, Enel oder EdF scheinen diese Frage für sich mit einem Nein zu beantworten. Andernfalls würden sie kaum in ein Projekt investieren, von dem bis dato ungewiss ist, ob es außer etwas Imagepflege je einen Gewinn abwirft, das aber ihre heimische Produktion konkurriert. Das Engagement der Energiekonzerne ergibt nur Sinn, wenn sie darin ein zusätzliches Geschäft sehen.

Strebte man eine möglichst wirkungsvolle Substitution an, dürfte Desertec zudem nicht (oder allenfalls in einer Spätphase) exportorientiert sein. Die ersten Anlagen will die Dii GmbH in Marokko bauen. Marokko versorgt sich heute selber mit Strom und exportiert einen kleinen Überschuss, doch es produziert diesen Strom mit importiertem Erdöl. Substitution hieße, die neuen, solarthermischen Kraftwerke zu nutzen, um die bestehenden, fossilen abzulösen.

Ein »Supernetz«, das in der Lage wäre, riesige Mengen Strom über große Distanzen zu übertragen, wäre eine neue, sehr investitionsintensive Infrastruktur, die für eine ganz spezifische Form der Energiebereitstellung geschaffen würde. Solche Infrastrukturen schaffen Zwänge, sie auch in der vorgesehenen Form zu nutzen (sogenannte Pfadabhängigkeiten oder Lock-ins[88]). Pfadabhängigkeiten reduzieren Freiheitsgrade. Man sollte sich in einem Bereich, der sich so schnell entwickelt wie die Energietechnik, nicht vorschnell durch Anlagen, die für Jahrzehnte errichtet werden, auf einen bestimmten Pfad festlegen: Schnelle Anpassungsfähigkeit kann für Erfolg oder Misserfolg einer Umstellung auf erneuerbare Energieproduktion entscheidend sein.

Ungewiss ist, was Desertec den Standortländern bringt. Gerade in Afrika leiden zahlreiche Staaten unter dem »Ressourcenfluch«. Die Abhängigkeit der Wirtschaft von Rohstoffexporten festigt Machtstrukturen, trägt aber wenig oder nichts zum Wohlergehen breiterer Schichten bei. Sozialwissenschaftliche Studien zur Frage, wie Desertec sich auf die Standortländer auswirken könnte, fehlen. Ein Bericht des Wuppertal Instituts für Klima, Umwelt und Energie sowie des algerischen Forschungszentrums CREAD stellt fest, dass Desertec und ähnliche Konzepte »fast ausschließlich auf generalistischen techno-ökonomischen Studien aus europäischer Perspektive basieren«.[89]

Und gerade für Afrikas Entwicklung könnte eine Fixierung auf zentralisierte Stromproduktion besonders nachteilig sein (zumal, wenn die Desertec-Strategie dereinst auf Afrika südlich der Sahara ausgedehnt werden sollte). Die meisten ländlichen Regionen Afrikas, aber auch große Teile der Städte, sind bis heute nicht ans Stromnetz angeschlossen, und das Geld für ein flächendeckendes Netz fehlt. Diese Regionen können sich nur dezentral mit Strom versorgen. Konzentriert sich die Energiepolitik dieser Länder auf zentralistische Lösungen, bringt das eine weitere Marginalisierung der nicht ans Netz angeschlossenen Gegenden mit sich.[90]

Als ein Beispiel für eine »energieautonome«, dezentrale Versorgung nennt Scheer die Organisation Decentralised Energy Systems India (D.E.S.I. Power), die in hundert Dörfern der Provinz Bihar eine solche aufbaut.[91] Könnte es sein, dass arme Weltregionen im Aufbau einer künftigen, autonomen Energieversorgung vorangehen? Einiges spricht dafür: Für abgelegene Regionen in Ländern mit schwacher Infrastruktur sind lokal erzeugbare, erneuerbare Energien eine besonders attraktive Alternative, ja oft die einzig bezahlbare Möglichkeit, zu einer sicheren Energieversorgung zu gelangen – so wie in großen Teilen Afrikas, wo nie ein verlässliches Telefonnetz entstanden ist, die Mobiltelefonie besonders wichtig ist. In der internationalen Klimapolitik ist viel von Technologietransfer die Rede, und dabei ist ein Transfer von Techniken aus den reichen in die armen Länder gemeint. Vielleicht wird aber eines Tages ein solcher Transfer in die andere Richtung stattfinden müssen.

Doch schließen sich zentrale und dezentrale Lösungen aus? Soll, muss man nicht beides tun? Die Antwort lautet Nein oder allenfalls Jein, wenn die Ressourcen an Investitionskapital, Forschungs- und Entwicklungskapazitäten sowie medialer und politischer Aufmerksamkeit begrenzt sind. Dann wird man sich für eine Strategie entscheiden müssen: Entweder man tut, was ökonomisch am effizientesten ist, also pro investiertem Dollar am meisten abwirft. Das dürfte zunächst das sein, was sich in die bestehenden Strukturen am besten einfügt. Oder man tut, was zu einer Struktur hinführt, die den Ansprüchen und Problemen der Zukunft am ehesten zu genügen vermag. Bis zu einem gewissen Grad können sich zentrale und dezentrale Strukturen sicher ergänzen; in einer Übergangsphase wird es anders gar nicht möglich sein. Aber in den meisten Fällen dürften sich die beiden Strategien eher gegenseitig behindern. Wenn und solange es ein Nebeneinander von Zentral und Dezentral gibt, muss gewährleistet sein, dass die zentralen Strukturen die dezentralen nicht dominieren oder ausbremsen. Zumindest aufmerksamkeitsökonomisch hat das Großtechnische heute immer die längeren Spieße.

Heute äußert sich die Machtstruktur der herkömmlichen Energieversorgung besonders in der Verfügungsgewalt über die Netze. Die

Stromnetze wurden mit der europäischen Strommarktliberalisierung in den 1990er-Jahren zwar in eigene Netzgesellschaften ausgelagert. In den meisten Ländern gehören die Netzgesellschaften aber den großen Stromkonzernen; eine wirkliche Trennung hat also nicht stattgefunden.[92] Nur wenige europäische Länder behalten die Netzgesellschaften in staatlicher Hand. Doch Netze sind »natürliche Monopole« – ähnlich den Verkehrswegen: Es ist wenig sinnvoll, Stromnetze, Autobahnen oder Eisenbahnlinien mehrfach parallel zu bauen, um darauf verschiedene Anbieter konkurrieren zu lassen.

Wer den Zugang zu den Netzen kontrolliert, kontrolliert die Struktur der Versorgung. Eine dezentrale Stromversorgung mit sehr vielen kleinen und nur wenigen großen Stromproduzenten braucht keine HGÜ-»Supernetze«, sondern kleinräumige, untereinander verbundene, aber weitgehend autonome Lokalnetze. Solange die großen Produzenten die Netze in ihrer Hand haben, können sie den Aufbau solcher Strukturen behindern.

Strebt man Energieautonomie an, kann es nicht darum gehen, jede erneuerbare Energietechnik nur an dem für sie jeweils geeigneten Standort einzusetzen: Die ökonomische Lehre der komparativen Kostenvorteile verliert in diesem Konzept ihr Gewicht. Energieautonomie würde mit den Zwängen des herkömmlichen Energieversorgungssystems, mit der Erpressungsmacht der großen Energiekonzerne und der Produzentenstaaten aufräumen – aber sie muss sich gegen diese Zwänge erst einmal durchsetzen.

Es brauche, sagen prominente Stimmen der Klima- und Energiedebatte, Anstrengungen wie die der US-amerikanischen Kriegswirtschaft im Zweiten Weltkrieg[93] oder des Apollo-Programms zum Flug auf den Mond.[94] Für eine Energieautonomie sind solche zentral geplanten Großmanöver das falsche Vorbild.

Einspeisevergütung

Wie lässt sich politisch erreichen, dass die Umstellung gelingt? Gegenwärtig fördert Deutschland erneuerbare Energien am erfolgreichsten. Das ist wesentlich eine Frucht von Scheers politischer Arbeit. Scheer ist einer der Väter des Erneuerbare-Energien-Gesetzes (EEG), das 2000 in Kraft trat. Kernstück des Gesetzes ist die mittlerweile von 47 Staaten (in einer kümmerlichen Version auch von der Schweiz) kopierte Einspeisevergütung: Wer erneuerbaren Strom produziert, kann diesen zu jeder Zeit ins Stromnetz einspeisen und erhält dafür einen fixen Preis pro Kilowattstunde. Diese Vergütung soll den Techniken, die sich noch in der Pionierphase befinden, eine Starthilfe sein, bis sie ohne diese Krücke konkurrenzfähig sind. Finanziert werden die Einspeisevergütungen durch einen Preisaufschlag auf den Strom aus nicht erneuerbaren Quellen.

Von 2000 bis 2009 hat sich die Stromproduktion aus Fotovoltaik in Deutschland um das 155-fache gesteigert. Das ist berauschend, wenn man die Wachstumsraten im Auge hat – aber noch bescheiden, wenn es um absolute Zahlen geht: 2009 produzierten Solarzellen in Deutschland 1 Prozent des Stroms. Die Produktion aus Windkraft hat sich vervierfacht und lieferte 2009 6,3 Prozent des deutschen Stroms. Alle erneuerbaren Stromproduktionen zusammen (inklusive Müllverbrennung) haben sich von 10 Prozent im Jahr 2000 auf 20 Prozent im Jahr 2009 verdoppelt.

Der Einspeisevergütung liegt eine Idee zugrunde, die den Forderungen »starker« Nachhaltigkeit an die Nutzung endlicher Ressourcen gerecht wird (vgl. S. 23): Als »stark nachhaltig« gilt die Nutzung einer nicht erneuerbaren Ressource, wenn ein Teil des durch sie erzielten Gewinns dafür eingesetzt wird, Realersatz für diese Ressource bereitzustellen. Genau das bewirkt die Quersubventionierung erneuerbarer durch nicht erneuerbare Energieträger. Einem Ökonomen indes, der auf die selbstregulierenden Kräfte des Marktes vertraut, muss es ein Gräuel sein, wenn ein Gut zu einem staatlich festgelegten Preis verkauft werden kann – egal, ob zu dem gegebenen Zeitpunkt gerade eine Nachfrage danach besteht oder nicht.

Die wichtigsten Kritikpunkte am EEG lauten:

- Es sei teuer und ineffizient. Laut einer Studie des Rheinisch-Westfälischen Instituts für Wirtschaftsforschung kostet die Vermeidung einer Tonne CO_2 durch das EEG 716 Euro, wenn damit Fotovoltaik, oder 54 Euro, wenn damit Windanlagen gefördert werden.[95] Das sei ein »alles andere als kosteneffektiver Weg«, CO_2 einzusparen, schreiben die Autoren – kostet doch die Vermeidung einer Tonne CO_2 auf dem europäischen Emissionsmarkt nur rund 15 Euro. Ich werde im nächsten Kapitel abzuschätzen versuchen, wie viel eine Tonne CO_2 kosten sollte, wenn der Emissionshandel wirklich darauf angelegt würde, das Klimaproblem in den Griff zu bekommen. Aber die Frage nach der »Kosten-Effektivität« ist die falsche: Sie wäre relevant, wenn es darum ginge, kurzfristig eine begrenzte Menge CO_2 möglichst billig einzusparen. Es geht aber darum, eine neue Struktur der Energiebereitstellung und -nutzung zu errichten, die dauerhaft die Emission von CO_2 bannt. Kurzfristig kosteneffektiv zu handeln würde bedeuten, zuerst das zu tun, was am billigsten ist. Das wäre langfristig gerade nicht effektiv: Das wäre, als begänne man den Totalumbau eines Hauses damit, dass man die Fenster putzt.

- EEG-Befürworterinnen und -Befürworter meinen, das Gesetz schaffe Arbeitsplätze. »Wohl wahr: Mit jeder neuen Maßnahme, die Geld zu den hierzulande erzeugten regenerativen Energien lenkt, entstehen Arbeitsplätze«, schreibt der prominente EEG-Kritiker Hans-Werner Sinn vom Münchner Institut für Wirtschaftsforschung. »Man kann aber schwerlich davon ausgehen, dass diese Arbeitsplätze zusätzlich entstehen und einen Nettozuwachs an Beschäftigung bedeuten, denn das Geld, das jetzt für die regenerativen Industrien ausgegeben wird, steht nicht mehr für andere Produkte zur Verfügung.« Komme dazu, dass die größten Hersteller von Solartechnik chinesische Firmen seien, das EEG also chinesische Arbeitsplätze auf Kosten der deutschen Industrie fördere.[96] Wohl wahr. Aber wieder wird um die falsche Frage gestritten. Wir müssen den Umbau des Energiesystems wollen, weil wir ein anderes Energiesystem brauchen – nicht als Arbeitsplatzgenerator und schon gar nicht als Motor für weiteres Wirtschaftswachstum.
- Subventionen, sagen die EEG-Kritiker, schafften falsche Anreize und sorgten für neue Überkapazitäten. Das lässt sich angesichts der

gelegentlichen Negativ-Strompreise nicht leugnen, denn was sind Negativpreise anderes als Ausdruck von Überkapazitäten. Das Argument hätte aber mehr Überzeugungskraft, wenn die Leute, die es vorbringen, sich gleichzeitig für die Abschaffung der bestehenden Subventionen für nicht erneuerbare Energien einsetzten. Und selbst wenn diese Subventionen abgeschafft wären, hätte die herkömmliche Energiewirtschaft noch immer die längeren Spieße im Wettbewerb, kann sie sich doch auf bestehende Infrastrukturen stützen, die für ihre Bedürfnisse gebaut worden sind. Die herkömmliche Energiewirtschaft profitiert heute von den Subventionen von gestern – sowie von ihren Monopolprivilegien, die sie einst besaß oder immer noch besitzt und unter deren Schutz sie ihre Infrastrukturen aufgebaut hat. Dass Deutschland noch bis 2018 die Steinkohleförderung direkt subventionieren will und Atomstrom indirekt subventioniert, den so subventionierten Strom dann mit einer Abgabe belastet, um Strom aus erneuerbaren Quellen querzusubventionieren, ist selbstverständlich ein Schildbürgerstreich erster Güte. Das spricht aber nicht gegen das EEG, sondern gegen die Subventionen für Kohle und Atom.

Doch ganz falsch ist das Argument nicht, dass Subventionen falsche Anreize schaffen. Es kommt sehr darauf an, wie die Details geregelt sind. Die Schweiz etwa hat festgelegt, dass die Hälfte aller Einspeisevergütungen der Wasserkraft zugutekommen soll (und nur 5 Prozent der Solarenergie). Hier haben die starken Alpenkantone im Parlament ihre Interessen durchgesetzt. Das ist nun tatsächlich ökonomisch sehr ineffizient – und ökologisch problematisch: Gefördert wird eine altbekannte Technik und nicht eine Technik in ihrer Pionierphase; eine Technik zudem, die wenig bringt und die Gewässer stark belastet.

– In Kombination mit dem Emissionshandel (Cap and Trade) bringen Einspeisevergütungen keine CO_2-Einsparungen. Der Emissionshandel der Europäischen Union legt fest, wie viel CO_2 eine Branche, beispielsweise die deutsche Elektrizitätswirtschaft, emittieren darf (ich gehe im nächsten Kapitel näher auf das Funktionieren des

Emissionshandels ein). Emittiert sie mehr, muss sie Zertifikate zukaufen, also Unternehmen finden, die an ihrer statt weniger emittieren; emittiert sie weniger, kann sie Zertifikate verkaufen, die ihre Käufer berechtigen, umso mehr zu emittieren. In der Summe wird immer genau so viel emittiert, wie die zuständige Behörde vorab festgelegt hat. Zusätzliche Maßnahmen zur Senkung der CO_2-Emissionen der Stromproduktion sorgen im Rahmen des Cap and Trade lediglich für eine Verschiebung der Emissionen in andere Wirtschaftszweige – immer vorausgesetzt natürlich, der Emissionshandel funktioniere wie vorgesehen (das tut er heute nicht). Die Einspeisevergütung ist unter dem Gesichtspunkt der CO_2-Einsparung mit einem Cap and Trade inkompatibel.

Die zwei Seiten der Substitution

Deutschland hat gezeigt, dass sich mit der Einspeisevergütung der Aufbau einer erneuerbaren Energieversorgung erfolgreich fördern lässt. Aber taugt sie auch, wenn das Ziel nicht heißt, mehr erneuerbare Energien zur Verfügung zu haben, sondern weniger Energie aus fossilen und atomaren Quellen zu verbrauchen? Stimmt Hermann Scheers Einschätzung, dass die »atomar-fossile Energiewirtschaft« in sich zusammenbricht, wenn nur die dezentral-erneuerbaren Energien einen Marktanteil von vierzig Prozent überschritten haben?[97]

In der Energiedebatte heißt die Strategie, Energiealternativen auszubauen, Substitution (Ersetzung). Etwas zu ersetzen, beinhaltet immer zwei Schritte: Man fügt etwas (in diesem Fall: erneuerbare Energien) hinzu und nimmt etwas anderes (die fossilen und atomaren Energien) weg. Worauf es zumindest aus ökologischer Sicht einzig ankommt, ist Letzteres; wovon die Energiepolitik fast ausschließlich spricht, ist Ersteres. Wenn der Ausbau der neuen automatisch zu einem Rückbau der alten Energien führt, dann ist die Einspeisevergütung das ideale Klimaschutzinstrument. Aber ist das so? Um das einschätzen zu können, muss ich mich etwas näher mit dem Funktionieren der Märkte befassen.

8 Angebot und Nachfrage

Wieviel eines Guts konsumiert wird, entscheidet sich innerhalb der politischen Rahmenbedingungen auf dem Markt – handle es sich um Blumen oder Erdöl. Bild: Dominique Meienberg.

Seit der Mensch fossile Energie in großem Umfang nutzt, ist Energie extrem billig. Ein Liter Benzin enthält so viel Energie, wie ein körperlich arbeitender Mensch in hundert Arbeitsstunden leistet – man vergleiche den Preis eines Liters Benzin mit hundert Stundenlöhnen! Dass Energie so billig ist, hat zur extremen Energieabhängigkeit der industrialisierten Gesellschaft mit all ihren Folgen geführt.

Ist es also eine gute Nachricht, wenn Erdöl teurer wird? Manche meinen das und jubelten deshalb, als der Ölpreis 2008 sein Rekordhoch erreichte und Öl fast neunmal so viel kostete wie zehn Jahre zuvor. Es leuchtet ja auch ein: Ein hoher Ölpreis führt zu einer effizienteren Nutzung des Öls und macht es lukrativ, Alternativen zu entwickeln. Wind-, Solarenergie oder Erdwärme werden konkurrenzfähiger.

Doch die Alternative, die vom hohen Preis des Öls gegenwärtig vor allem profitiert, ist keine erneuerbare, sondern die alte, dreckige Kohle. Und der hohe Preis macht es nicht nur lukrativ, Solarpanels oder Windturbinen weiterzuentwickeln, sondern auch, stärker in die Exploration neuer Erdölressourcen zu investieren. Das war ein (für die Opec unerfreulicher) Effekt der Ölpreiskrise in den 1970er-Jahren: Damals wurden die Vorkommen in der Nordsee und im Golf von Mexiko erschlossen, während die Anstrengungen, die erneuerbare Energiegewinnung auszubauen, zaghaft blieben. Heute ist es wegen des hohen Ölpreises lukrativ geworden, in Kanada Teersande auszubeuten – ein ökologisch besonders verheerendes Geschäft, das außerdem Kanada »von einer schönen, kultivierten Nation in einen korrupten Petrostaat verwandelt hat«.[1] Der hohe Ölpreis macht es lukrativ, immer tiefer im Meer nach Öl zu suchen – mit entsprechend steigendem Risiko. Der hohe Ölpreis erhöht den Druck, in Naturschutzgebieten Öl zu fördern. Und es wird noch lukrativer, tropische Wälder abzuholzen, um Energiepflanzen-Monokulturen zu errichten.

Wer einen hohen Ölpreis aus ökologischen Gründen willkommen heißt, hat die Nachfrage im Blick und macht die Rechnung ohne den Wirt – nämlich den Anbieter. Ein hoher Ölpreis motiviert die Produzenten, mehr Öl aus dem Boden zu holen. Sinkt dagegen der Ölpreis, werden die Produzenten, deren Öl am teuersten zu produzieren ist, nichts mehr verdienen und die Produktion aufgeben.

Damit der Verbrauch von Erdöl (das Analoge gilt für Kohle oder Gas) zurückgeht, müssen mit dem Preis zwei Dinge geschehen: Für Konsumentinnen und Konsumenten müssen Erdölprodukte teurer werden – nur so fragen sie weniger nach. Für die Produzenten aber muss der Preis fallen – nur so bieten sie weniger an. Es muss sich zwischen dem Preis am einen und dem Preis am anderen Ende der Pipeline eine Schere öffnen. Dass die Differenz zwischen den beiden Preisen abgeschöpft wird, kann nur politisch erreicht werden.

Es geht nicht darum, ob man lieber »mehr Staat« oder lieber »mehr Markt« hat: Es geht darum, vom Markt nicht zu erwarten, wozu der Markt nicht taugt. Der Markt kann mittels des Preises zwischen Angebot und Nachfrage vermitteln; er kann dafür sorgen, dass knappe Güter in ökonomischem Sinne effizient genutzt werden. Aber er sorgt nicht selber für Knappheit.

Emissionshandel (Cap and Trade)

Die Politik muss also die Schere öffnen zwischen dem Preis, den ein Produzent erhält, und dem Preis, den ein Konsument bezahlt. Das kann geschehen, indem ein Staat auf das entsprechende Gut eine Lenkungsabgabe erhebt. Oder der Staat (oder eine Staatengemeinschaft) legt fest, wie viel von diesem Gut noch verbraucht werden darf. Die klassische Rationierung, wie sie zu Kriegszeiten beispielsweise für Lebensmittel gilt, tut genau das: Jeder Konsument und jede Konsumentin erhält Marken für eine bestimmte Menge Lebensmittel.

Eine Weiterentwicklung der Rationierung ist das sogenannte Cap and Trade. »Cap« bedeutet »Deckel« und bezeichnet die politisch festgesetzte Menge, die noch gehandelt werden darf – Cap ist Rationierung. Wer an einem Cap-and-Trade-System teilnimmt, erhält für das entsprechende Gut Bezugsrechte – analog den Lebensmittelmarken. Das zweite Element, »Trade«, bezeichnet die Möglichkeit, unterhalb des Deckels mit den Bezugsrechten zu handeln. Was in einer herkömmlichen Rationierung der Lebensmittelmarken-Schwarzhandel ist, ist im Cap and Trade erlaubt.

Das funktioniert so: Angenommen, Teilnehmer A und Teilnehmer B erhalten je ein Cap auferlegt, das sie verpflichtet, ihren Verbrauch des entsprechenden Guts um 1000 Einheiten zu reduzieren. A müsste dafür in teure neue Anlagen investieren, während B das Ziel kostengünstig erreichen könnte, indem er seine Abläufe optimierte. Nun senkt B seinen Verbrauch gleich um 2000 Einheiten und hat dadurch Bezugsrechte für 1000 Einheiten zu viel. Er verkauft diese an A, der seinen Verbrauch dadurch nicht mehr reduzieren muss. Insgesamt wird der Verbrauch so gleich stark reduziert, wie wenn jeder Teilnehmer seine

Pflicht für sich allein erfüllt hätte – aber zu geringeren Kosten. Sowohl A wie B sparen Geld.

Theoretisch sind eine Lenkungsabgabe und ein Cap and Trade gleichwertige Maßnahmen, den Verbrauch eines Guts einzuschränken. Der Unterschied besteht darin, dass im ersten Fall die Politik die Höhe der Abgabe festlegt. Auf welche Verbrauchsreduktion das hinausläuft, wird sich zeigen. Im zweiten Fall setzt die Politik fest, wie hoch der Verbrauch noch sein darf. Der Preis bildet sich auf dem Markt.

Dass der Verbrauch fossiler Energieträger gesenkt werden muss, um den Treibhauseffekt zu begrenzen, ist heute allgemein anerkannt. In der politischen Praxis existieren beide genannten Ansätze – Abgabe wie auch Cap and Trade –, um dieses Ziel anzustreben. Die Schweiz setzt auf eine Abgabe auf fossilen Energieträgern, die CO_2-Abgabe (sie tut dies allerdings nur halbbatzig und belegt nur Brennstoffe wie Heizöl mit der Abgabe, nicht aber Treibstoffe wie Benzin, Diesel oder Kerosin). Die EU setzt auf ein Cap and Trade und auch das Kioto-Protokoll hat ein Cap-and-Trade-System installiert.

Die EU unterwirft allerdings nicht den Bezug von fossilen Energieträgern dem Cap and Trade, sondern den CO_2-Ausstoß, der beim Verbrauch entsteht. Statt Bezugsrechte für Energieträger werden Emissionsrechte für CO_2 ausgegeben. Das Cap-and-Trade-System der EU heißt deshalb Emissionshandel (EU Emissions Trading Scheme, EU-ETS) – eine etwas verschämte Übersetzung von »Cap and Trade«, die das umweltwirksame Element des Instruments, das »Cap«, verschweigt.

Der Emissionshandel genießt in der kritischen Umweltbewegung keinen sehr guten Ruf. Oft wird er mit dem Ablasshandel der spätmittelalterlichen katholischen Kirche verglichen, weil er den einzelnen Teilnehmern erlaubt, zusätzliche Emissionsrechte zu kaufen, statt selber Emissionen reduzieren zu müssen.[2] Man muss aber unterscheiden, ob die Kritik das Instrument grundsätzlich trifft – oder nur seine konkreten Ausgestaltungen im EU-ETS oder dem Kioto-Protokoll.

Cap and Trade bietet große Chancen – und ebensolche Risiken, je nachdem, wie es konkret umgesetzt wird. Die verschiedenen Handelssysteme, die heute bereits existieren, funktionieren unterschiedlich und überlappen sich teilweise, was die Sache sehr unübersichtlich macht. Ich will versuchen, kurz die wichtigsten Punkte zu skizzieren:[3]

- Das Kioto-Protokoll hat einen Emissionshandel zwischen Staaten installiert. Der Handel läuft von 2008 bis 2012. Was danach geschieht, ist noch unklar, weil sich die Vertragsstaaten bislang nicht auf eine Nachfolgeregelung haben einigen können. Das Kioto-Protokoll unterscheidet – etwas willkürlich – zwischen Industrieländern einerseits und Entwicklungs- und Schwellenländern andererseits. Erstere haben sich verpflichtet, ihre Treibhausgas-Emissionen zu begrenzen. Gegenstand dieser Verpflichtung sind außer CO_2 noch weitere Treibhausgase, die miteinander verrechnet werden. Ein Staat, der zu viel emittiert, kann Rechte von einem anderen Industriestaat kaufen, der weniger emittiert als erlaubt. Die Industriestaaten dürfen überzählige Emissionen auch in Entwicklungs- und Schwellenländern »kompensieren«.
- Das Emissions Trading Scheme der EU verpflichtet nicht Staaten, sondern Unternehmen. Die Unternehmen aus den emissionsintensivsten Industriezweigen brauchen Emissionsrechte, um CO_2 ausstoßen zu dürfen. Die EU-Mitgliedstaaten plus Norwegen, Island und Liechtenstein geben den teilnehmenden Unternehmen für jeweils eine Handelsperiode Emissionsrechte aus. Sie betreffen nur CO_2-Emissionen (wobei »Kompensationen« auch mit anderen Gasen zulässig sind). Die erste Handelsperiode dauerte von 2005 bis 2007, die zweite läuft von 2008 bis 2012, die dritte von 2013 bis 2020; in jeder Periode sollen etwas weniger Emissionsrechte ausgegeben werden. Das EU-ETS anerkennt in einem gewissen Umfang auch Emissionsrechte des Kioto-Handels.
- Schließlich besteht der freiwillige CO_2-Markt. Hier kann beispielsweise, wer nicht auf Fliegen verzichten will, dabei aber ein schlechtes Gewissen hat, die Emissionen seines Flugs »kompensieren«. Dieser Markt ist gesetzlich nicht geregelt; es werden CO_2-»Kompensationen« aus sinnvollen wie aus nutzlosen bis kontraproduktiven Projekten angeboten (zum Funktionieren des »Kompensierens« gleich mehr).

Tönt das kompliziert? Das ist es auch. Beim EU-ETS handelt es sich um das komplexeste Umwelt-Gesetzeswerk, das es je gab. Die Wirtschaftszeitschrift *The Economist* hat sarkastisch bemerkt, seine Kompliziertheit und Intransparenz seien die Hauptvorteile des europäischen Emissionshandels.[4] Denn eine Rationierung, die als solche erkennbar wäre, hätte politisch kaum Chancen gehabt, eingeführt zu werden …

	Teilnehmer	**Gegenstand des Handels**	**Handelsperiode**	**Vergabe der Emissionsrechte**	**Kontrollbehörde**	**»Kompensationen« *(offsetting)* zugelassen?**
Flexible Mechanismen des Kioto-Protokolls	Industrieländer, wie sie im Anhang zum Protokoll aufgelistet sind	Emissionen mehrerer Treibhausgase gemäß Protokoll	1. Periode 2008–2012. 2. Periode noch ungewiss	Aufgrund politischer Verhandlungen; im Prinzip *grandfathering*	Uno-Klimasekretariat in Bonn	Ja (Clean Development Mechanism)
EU Emissions Trading Scheme	12 000 Unternehmen in emissionsintensivsten Branchen der EU plus Norwegen, Island und Liechtenstein	Nur CO_2-Emissionen (Ausnahme: »Kompensationen«)	1. Periode: 2005–2007 2. Periode: 2008–2012 3. Periode: 2013–2020	Heute: Hauptsächlich *grandfathering,* zu einem kleinen Teil Versteigerung; ab der 3. Periode: mehr Versteigerungen; sonst nach dem Prinzip der »besten verfügbaren Technik«	Umweltbehörden der beteiligten Staaten sowie EU-Kommission	Ja, in begrenztem Umfang
Freiwilliger Emissionsmarkt	Wer will	Je nach Anbieter	--	--	keine	nur *offsetting*

Die bestehenden Emissionshandelssysteme

Dass der Emissionshandel den Ausstoß von CO_2 begrenzt, läuft theoretisch auf dasselbe hinaus, wie wenn der Bezug von kohlenstoffhaltigen Energieträgern begrenzt würde, denn jedes Kohlenstoffmolekül, das in die Wirtschaft eingespeist wird, verlässt die Wirtschaft als

CO_2-Molekül. In der Praxis aber kommt es sehr wohl drauf an, an welchem Ende das Cap and Trade ansetzt: CO_2 verlässt die Wirtschaft an Milliarden Punkten – alle Fabriken, alle Haushalte und alle Fahrzeuge, die mit fossilen Energieträgern arbeiten, emittieren CO_2. Sie alle mit Emissionsrechten auszustatten und zu kontrollieren, ist nicht praktikabel. Deshalb unterwirft die EU auch nur die Unternehmen der emissionsintensivsten Branchen dem Cap and Trade und erfasst damit nur die Hälfte der Emissionen. Der bürokratische Aufwand ist auch so noch gigantisch: 12 000 Unternehmen müssen für jede ihrer Anlagen nachweisen, wie viel CO_2 sie ausstößt, um jeweils Ende Jahr die entsprechenden Emissionsrechte mit den nationalen Umweltbehörden abzurechnen.[5] Es gibt aber nur relativ wenige Punkte, wo fossiler Kohlenstoff in die Wirtschaft eingespeist wird. Setzte das Cap and Trade beim Kohlenstoff-Input statt beim CO_2-Output an, würde mit viel geringerem Aufwand der gesamte Verbrauch (respektive die gesamten Emissionen) erfasst.[6]

Aus Sicht seiner Fürsprecherinnen und Fürsprecher liegt der Hauptvorteil des Cap and Trade in seiner Effizienz. Der Handel bewirkt, dass die Emissionen zuerst da reduziert werden, wo die Reduktion am wenigsten kostet. Das Argument der ökonomischen Effizienz ist allerdings wenig stichhaltig, wenn es letztlich darum geht, die Energieversorgung total umzubauen.

Die Flexibilität, die Cap and Trade schafft, hat aber einen anderen, entscheidenden Vorteil, oder besser: hätte diesen Vorteil, wenn es richtig umgesetzt würde. Es geht um die Frage, wer noch wie viel fossile Energie verbrauchen (respektive wie viel CO_2 ausstoßen) darf: um die Frage der Gerechtigkeit. Eine mögliche Antwort hieße: Alle sollen gleich viel verbrauchen dürfen. Das käme der Gerechtigkeit zumindest viel näher als der heutige Zustand, wo jeder so viel verbraucht, wie er sich leisten kann – ohne für die Schäden aufkommen zu müssen, die er damit verursacht.[7] Politische Schwergewichte wie Bundeskanzlerin Angela Merkel oder der indische Premierminister Manmohan Singh haben sich zumindest rhetorisch schon zu einer solchen Zuteilung bekannt. Aber natürlich ist es einer Nordamerikanerin oder einem

Europäer gar nicht möglich, von einem Tag auf den anderen mit gleich viel fossilem Kohlenstoff auszukommen wie ein Afrikaner oder eine Inderin. Es sei denn dank der Flexibilität des Cap and Trade: Nun müsste eben die Nordamerikanerin oder der Europäer beim Afrikaner oder der Inderin Bezugsrechte kaufen.

Konkret könnte das so aussehen, dass eine supranationale Organisation wie die Uno den beteiligten Staaten Bezugsrechte proportional zu ihrer Bevölkerungsgröße zuteilt. Staaten, die pro Kopf mehr verbrauchen, müssten bei Staaten, die weniger verbrauchen, Rechte kaufen. Auf nationaler Ebene könnten die Staaten die Bezugsrechte an Unternehmen versteigern, die Energieressourcen produzieren oder importieren. Diese Unternehmen würden die Kosten der Bezugsrechte auf den Preis der von ihnen verkauften Energieträger schlagen, sodass der Preis am Ende bei den Endverbrauchern ankäme.[8]

Cap and Trade könnte also eine gerechte Verteilung der verbleibenden Ressourcen ermöglichen, wie sie ohne Cap and Trade nicht möglich ist. Die bestehenden Emissionshandelssysteme verspielen diesen Vorteil aber weitgehend. Das Kioto-Protokoll hat für jedes Industrieland festgelegt, um wie viel es seine Emissionen gegenüber dem Vergleichsjahr senken muss (einige dürfen sie auch erhöhen). Indem es von allen ähnlich starke Reduktionsleistungen verlangt, gesteht es denen, die bisher viel emittiert haben, auch in Zukunft mehr Emissionen zu als anderen, die bisher wenig emittiert haben. Nach dem gleichen Prinzip (im Jargon: *grandfathering)* verteilte bisher auch die EU die Emissionsrechte an ihre Unternehmen: Basis der Zuteilung ist, wie viele diese Unternehmen in der Vergangenheit emittiert haben. Die Zuteilung erfolgt bisher mehrheitlich gratis, ist also ein gigantisches Geschenk, von dem am meisten profitiert, wer das Klima in der Vergangenheit am stärksten belastet hat.[9]

Eine weitere wichtige Eigenschaft eines Cap and Trade ist seine Zielgenauigkeit: Bestehen keine Schlupflöcher und funktionieren die Kontrollen, so wird unter einem Cap and Trade genau so viel verbraucht, wie das Cap zulässt. Überraschungen gibt es keine – weder böse noch gute. Das kann ein Nachteil sein: Infolge der Finanzkrise von 2008 ist die Wirtschaftsleistung in Europa 2009 deutlich zurückgegangen – und damit auch die Emissionen. Das hätte eine gute Überraschung sein können. Weil das EU-ETS aber eine geringere Reduktion vorgesehen hat, haben die Unternehmen jetzt überzählige Emissionsrechte, die sie später einsetzen können, das heißt: Sie müssen sich später umso weniger um CO_2-Reduktionen bemühen. Eine solche Situation konnte aber nur eintreten, weil die vom EU-ETS vorgegebenen Reduktionen bei Weitem zu wenig ambitioniert waren.[10]

Indem die EU nur einen Teil ihrer Wirtschaft dem Cap and Trade unterwirft, hält sie gewissermaßen einen zu kleinen Deckel auf einen zu großen Topf. Dasselbe tut das Kioto-Protokoll, das für die Entwicklungs- und Schwellenländer kein Cap vorsieht. Natürlich sucht sich der Dampf aus dem Topf den Weg um den Deckel herum: So bauen etwa polnische Elektrizitätsunternehmen Kohlekraftwerke in Weißrussland, das nicht am EU-ETS teilnimmt. Der Bahnverkehr der EU muss die Kosten der Emissionsrechte mittragen, weil die Stromproduzenten dem ETS unterworfen sind, Autos aber sind davon befreit – das Resultat ist eine Quersubventionierung des Autoverkehrs durch den Bahnverkehr im Namen des Klimaschutzes.

Dieses Ausweichen der Emissionen institutionalisiert das Kioto-Protokoll gewissermaßen noch mit der Möglichkeit, Emissionen zu »kompensieren« *(offsetting)*. Staaten, die ihre Emissionen gemäß Kioto-Protokoll begrenzen müssen, können das auch dadurch tun, dass sie für Treibhausgasreduktionen in Ländern sorgen, die keiner Begrenzung unterliegen. Das entsprechende Instrument heißt CDM (Clean Development Mechanism). Das EU-ETS lässt CDM-Zertifikate ebenfalls zu.

Wer in einem sogenannten Entwicklungs- oder Schwellenland in ein Projekt investiert, das Emissionen reduziert, kann sich diese Einsparungen unter dem CDM anrechnen lassen. Reduziert das Projekt 1000 Tonnen CO_2, darf der Investor 1000 Tonnen mehr emittieren (oder Emissionsrechte für 1000 Tonnen weiterverkaufen). Aber was bedeutet die Aussage, ein Projekt – sagen wir ein Windkraftwerk – spare 1000 Tonnen CO_2 ein?

Um zu errechnen, wie viel CO_2 das Windkraftwerk einspart, werden die Emissionen der realen Welt (mit dem Windkraftwerk) mit den Emissionen einer hypothetischen Welt (ohne das Kraftwerk) verglichen. Ohne das Kraftwerk wäre, so nimmt man an, die gleiche Strommenge mit einem landesüblichen Kraftwerkmix produziert worden. Man nimmt also an, das Windkraftwerk decke eine Energienachfrage, die sowieso bestanden hätte – was natürlich eine grobe Vereinfachung ist: Jedes neue Angebot stimuliert auch die Nachfrage; jede Investition stimuliert das lokale Wirtschaftswachstum, was wieder zu Mehremissionen führt. Der CDM bewertet Treibhausgasreduktionen also systematisch zu optimistisch. Diese hypothetischen, mutmaßlich zu optimistisch bewerteten Minderemissionen auf der einen Seite erlauben reale Mehremissionen auf der anderen Seite.[11]

All das bedeutet nicht, dass das Instrument an sich falsch ist. Cap and Trade wäre ein ideales Instrument, den Verbrauch fossiler Energieträger einzudämmen, wenn es

- nicht bei den CO_2-Emissionen, sondern beim Kohlenstoff-Input ansetzte,
- genügend ambitionierte Reduktionsvorgaben machte,
- die gesamte Wirtschaft und nicht nur einen Teil erfasste und
- keine »Kompensationen« zuließe.

Schließlich stellt sich noch die Frage, was mit dem Geld geschehen soll, das die Staaten beim Verkauf der Bezugsrechte einnehmen. Man kann den Preis für die Bezugsrechte als Entschädigung betrachten für die ökologischen und sozialen Schäden, den die Verbrennung fossilen Kohlenstoffs anrichtet. Weil diese Schäden von der Allgemeinheit getragen werden, muss auch das Geld der Allgemeinheit gehören. Es müsste also zu gleichen Teilen an alle Einwohnerinnen und Einwohner verteilt werden. (Entscheidet sich ein Staat für eine Abgabe auf fossilen Energieträgern statt für ein Cap and Trade, muss analog die Abgabe an die Bevölkerung zurückerstattet werden.[12])

Es wird nicht gelingen, auf Anhieb alle Länder der Welt für ein Cap and Trade (oder eine gleichwertige Abgabe auf fossilen Energieträgern) zu gewinnen. Unternehmen, die einem Cap and Trade oder einer Energieabgabe unterliegen und für ihren Verbrauch fossiler Energie Bezugsrechte kaufen müssen, wären im globalen Wettbewerb benachteiligt gegenüber Unternehmen in Ländern ohne entsprechende Instrumente. Deshalb müssten die Länder, die ein Cap-and-Trade-System kennen oder eine Energieabgabe erheben, ihre Unternehmen schützen. Das ließe sich mit einem sogenannten *border tax adjustment* bewerkstelligen, wie es beispielsweise der französische Präsident Nicolas Sarkozy (bislang erfolglos) vorgeschlagen hat: Importprodukte aus Ländern ohne Cap and Trade oder Energieabgabe würden beim Import mit einer Abgabe belastet, Exportprodukte in solche Länder erhielten ihre Auslagen für den Kauf der Kohlenstoffrechte respektive die Energieabgabe erstattet. Das wäre mit Freihandelsprinzipien vereinbar, auch wenn die Gegner des Vorschlags von »Protektionismus« sprechen: Die Mehrwertsteuer wird genauso gehandhabt.

Ein Argument habe ich noch nicht genannt, das gegen eine Energieabgabe oder ein Cap and Trade häufig ins Feld geführt wird: Eine Verteuerung der Energie sei unsozial, da sie die Armen härter treffe als die Reichen. Tatsächlich hat der Ölpreisanstieg, wie ihn die Welt seit der Jahrhundertwende gesehen hat, viele Arme hart getroffen, während die Erdölproduzenten absahnten. Mit einem Cap and Trade oder einer Energieabgabe flössen die Mehrkosten der fossilen Energieträger aber gerade nicht in die Taschen der Ölscheichs, sondern würden an die Bevölkerung zurückverteilt. Wer nämlich weniger fossile Energie verbraucht als der Durchschnitt – und das sind tendenziell die Ärmeren –, erhält mehr Geld, als er oder sie für Energiemehrkosten bezahlen muss. Interessanterweise taucht das Argument, hohe Energiepreise seien unsozial, in unseren Breiten meist in der Form »Es darf nicht sein, dass sich nur noch die Reichen das Autofahren leisten können« auf – als wäre Autofahren ein Grundrecht. Sollte es tatsächlich zu sozialen Härten führen, wenn Autofahren teurer wird, dann bestünde eine kluge Politik bestimmt nicht darin, es wieder (für alle) zu verbilligen. Sondern darin, ausreichende Mobilität für alle auch ohne Auto zu ermöglichen.

Cap and Trade und Energieabgaben senken den Verbrauch fossiler Energie, indem sie das Angebot verknappen oder verteuern. Auf eine solche Verknappung oder Verteuerung kann eine Gesellschaft respektive ihre Wirtschaft auf drei Arten reagieren: Sie kann die Energie effizienter nutzen – dasselbe mit weniger Energie tun. Sie kann die fossile Energie substituieren – dasselbe mit anderer Energie tun. Oder sie kann weniger tun. (Von den ersten beiden Wegen, Energieeffizienz und Substitution, ist in der Energiedebatte sehr viel die Rede; der dritte Weg – die sogenannte Suffizienz – geht in einer wachstumsverliebten Gesellschaft in der Regel vergessen.) Das Elegante an den Instrumenten Cap and Trade und Energieabgabe ist, dass sie nicht vorschreiben, zu welchen Teilen die Antwort darauf aus Effizienzsteigerung, Substitution und Suffizienz bestehen soll.

Eine Energie- oder Klimapolitik könnte aber auch von der anderen Seite her versuchen, den Verbrauch fossiler Energie zu senken: Sie kann auf die Nachfrage abzielen, indem sie vorschreibt, wie effizient Geräte sein müssen, indem sie Energiesubstitute, erneuerbare Energie fördert oder eine Politik der Suffizienz verfolgt. Alle Staaten, die überhaupt eine aktive Energie- und Klimapolitik verfolgen, kennen Maßnahmen in den Bereichen Energieeffizienz und erneuerbare Energie (die Suffizienz wird stiefmütterlicher behandelt). Doch die beiden gegensätzlichen Herangehensweisen – Angebot verknappen oder verteuern einerseits, Energieeffizienz oder erneuerbare Energien fördern andererseits – lassen sich nicht sinnvoll kombinieren. Wenn eine Abgabe auf fossilen Energieträgern hoch genug ist, wird sie automatisch zu einem effizienteren Umgang mit diesen Energieträgern führen – dann muss man nicht noch zusätzlich Effizienzvorschriften erlassen. Wenn eine Abgabe fossile Energie verteuert, braucht es nicht gleichzeitig Subventionen für Energiealternativen. Wenn ein Cap die Menge der Energieträger, die auf den Markt gelangen, begrenzt, kann gar nicht mehr verbraucht werden – da bringt eine Förderung von Energieeffizienz oder erneuerbaren Energien keine zusätzliche Reduktion. Das gilt auch für die Einspeisevergütung: Sie kann selbst in Kombination mit einem Cap and Trade allenfalls sinnvoll sein, wenn es darum geht, bestimmte, aus welchen Gründen auch immer politisch erwünschte Formen der Energiebereitstellung zu fördern. Sie wird aber nicht zu zusätzlichen Einsparungen des Verbrauchs fossiler Energie führen – vorausgesetzt natürlich, das Cap and Trade funktioniert wirklich und weist keine Schlupflöcher auf.

Wenn sich die beiden Herangehensweisen nicht sinnvoll kombinieren lassen: Welche ist besser? Sollte man nicht besser die Nachfrage senken statt das Angebot zu verknappen? Energie wird heute sehr ineffizient verbraucht – Energieökonomen sprechen davon, dass gegenwärtig 80 bis 85 Prozent der Energie nutzlos verpufft.[13] Liegt nicht deshalb gerade in Effizienzsteigerungen ein enormes Potenzial, das sich ohne Einbuße an materiellem Lebensstandard heben ließe?

Dass die Effizienzpotenziale so groß sind, ist eine gute Nachricht, denn es heißt, dass hier viel Spielraum besteht, um auf Energieverknappungen zu reagieren. Aber gilt auch das Umgekehrte? Führt die effizientere Nutzung dazu, dass der Verbrauch sinkt? Das ist leider keineswegs gewiss. Dagegen spricht ein heimtückischer Effekt, den die Energieökonomie mit einem Wort aus der Basketballsprache *Rebound* (Abpraller) nennt. Rebound ist die Bezeichnung verschiedener Effekte, die potenzielle Effizienzgewinne teilweise oder ganz wieder zunichte machen.[14]

Wird eine Energiedienstleistung effizienter erbracht – zum Beispiel durch Autos, die weniger Benzin pro Kilometer verbrauchen –, dann wird diese Energiedienstleistung billiger. Was billiger wird, wird mehr nachgefragt: Das ist der *direkte Rebound.* Man mag einwenden, man fahre doch nicht mehr Auto, bloß weil das Benzin weniger koste, und tatsächlich ist Benzin in den reicheren Ländern der Welt für die meisten Menschen (immer noch) so billig, dass sein Preis wenig Einfluss darauf hat, wie viel jemand fährt. In Ländern, in denen das Benzin gemessen am Einkommen teurer ist, sieht das anders aus – und das von vielen Umweltschützern erträumte Einliterauto dürfte dort zum Albtraum werden. Zudem fahren viele Menschen nur mit schlechtem Gewissen Auto. Kaufen sie nun ein »sparsameres« Auto, sinken gewissermaßen ihre Gewissenskosten – auch das dürfte dazu führen, dass sie mehr fahren (wäre dieser Effekt vernachlässigbar, gäbe es nicht so viel Werbung für »umweltfreundliche« Autos). Reduzieren ließe sich der direkte Rebound, wenn man die Effizienz nicht auf technischer, sondern auf institutioneller Ebene steigerte. Damit meine ich beispielsweise das sogenannte Contracting. Bei diesem Modell verkauft ein Energieunternehmen nicht die Energie (zum Beispiel Heizöl), sondern die Energiedienstleistung (zum Beispiel Raumwärme): Es erstellt eine Heizanlage und betreibt sie so, dass die Wohnungen der Kundinnen und Kunden immer ausreichend warm sind. Während ein Heizöllieferant daran interessiert ist, möglichst viel Öl zu verkaufen, ist der Anbieter eines Contractings daran interessiert, seine Dienstleistung mit einem möglichst geringen Energieaufwand, also möglichst effizient zu erbringen. Auch im Verkehr wären Contracting-Modelle denkbar. Dem steht freilich entgegen, dass das Auto für die meisten Menschen eben nicht in erster Linie ein Verkehrsmittel ist.

Der direkte Rebound frisst einen Teil der Effizienzgewinne weg, aber doch kaum alles. Das heißt aber, dass die Betreffenden tatsächlich Energie sparen – und damit Geld. Dieses Geld werden sie für etwas anderes ausgeben (oder sie legen es auf die Bank und die Bank gibt es für sie aus). Aber dieses Andere braucht auch Energie: Das ist der *indirekte Rebound.* Salopp gesagt: Wer sein Haus besser isoliert, kann mit dem Geld, das er nicht mehr für Heizöl ausgibt, öfter mit dem Flugzeug verreisen. Vermeiden ließe sich dieser Rebound, indem man um das Geld, das man dank effizienterer Energienutzung spart, weniger arbeitete – das wäre dann Suffizienz.

Aber sogar die Suffizienz unterliegt einer weiteren Form von Rebound *(general equilibrium effects):* Gesparte Energie nämlich wirkt auf dem Markt wie ein zusätzliches Angebot; ein zusätzliches Angebot aber stimuliert die Nachfrage. Salopp gesagt: Was ich nicht verbrauche, verbraucht ein anderer.

Die Ökonomie spricht nur im Zusammenhang mit Effizienzsteigerungen von Rebound. Ähnliche Effekte treten aber auch bei der Substitution auf: Ein neues Solarkraftwerk von 100 Megawatt Leistung ersetzt nicht einfach 100 Megawatt Leistung herkömmlicher Stromgewinnung, sondern es ist zunächst ein zusätzliches Angebot – das zusätzliche Nachfrage hervorbringt. Und deshalb greift auch das Argument für die Atomkraft zu kurz, die radioaktiven Abfälle stellten das kleinere Übel dar als die Klimaerwärmung: Ein zusätzliches AKW bedeutet noch lange nicht, dass ein Kohlekraftwerk weniger gebaut wird.

Rebound-Effekte werden in der Energieökonomie seit ungefähr 1980 diskutiert, doch werden sie bis heute in weiten Teilen der Wissenschaft vernachlässigt und von der Politik kaum zur Kenntnis genommen.[15] Das Uno-Expertenpanel für den Klimawandel IPCC erwähnt Rebound in seinem zuletzt erschienenen Bericht von 2007 zwar fünfmal, geht aber nicht darauf ein.[16] Der renommierte Umweltökonom Jeroen van den Bergh schreibt, viele Umweltökonomen seien sich »des Rebound-Effekts und seiner Bedeutung in der Umwelt- und Klimapolitik nicht bewusst«.[17]

In Diskussionen wird gelegentlich gesagt, es sei besser, wenn Rebound unbekannt bleibe, denn wenn die Leute wüssten, dass ihre Sparanstrengungen durch Rebound wieder teilweise zunichtegemacht werden, würden sie ganz aufhören zu sparen. Ich halte nichts von diesem Argument. Die Meinung, das eigene Verhalten falle angesichts globaler Probleme sowieso nicht ins Gewicht, kann man auch ohne Rebound vertreten. Sie ist nicht unbedingt sachlich falsch, wohl aber moralisch: »Wenn ich es nicht tu, tut es ein anderer« war noch nie eine gültige moralische Rechtfertigung, etwas zu tun, was man eigentlich als falsch erkannt hat.

Das vergessene Angebot

Wie groß ist der Rebound? Fressen die verschiedenen Rebound-Effekte ein paar Prozent der möglichen Effizienzgewinne weg, die Hälfte, alles – oder führen sie gar zu Mehrverbrauch? Es gibt Versuche, direkten Rebound zu messen; der Gesamt-Rebound indes ist nicht messbar. Man könnte deshalb auch auf den Reboundbegriff verzichten und lapidar feststellen: Was an Öl, Kohle und Gas aus dem Boden geholt wird, wird verbrannt. Das tut der Präsident des Instituts für Wirtschaftsforschung Ifo, Hans-Werner Sinn, in seinem Buch *Das grüne Paradoxon*.[18] Sinn ist in weiten Teilen der Umweltbewegung eine Hassfigur: Er gilt als knallharter Neoliberaler, befürwortet Atomkraftwerke und lässt kein gutes Haar am deutschen Erneuerbare-Energien-Gesetz. Verharmloser des Klimawandels, die eine ambitionierte Klimapolitik ablehnen, berufen sich gerne auf Sinn. Aber Sinn schreibt einige sehr interessante Dinge, denen man schwerlich widersprechen kann. Und er ist gewiss kein Verharmloser: Das letzte Kapitel seines Buchs ist »Martin Luther als Dank für den Apfelbaum« gewidmet.[19] Das Luther-Zitat, auf das Sinn anspielt, lautet: »Auch wenn ich wüsste, dass morgen die Welt zugrunde geht, würde ich heute noch einen Apfelbaum pflanzen.«

Sinn stellt fest, dass in der Energiedebatte alle von der Nachfrage sprächen und das Angebot vergäßen. Diese Kritik richtet Sinn namentlich an so prominente Figuren wie etwa Nicholas Stern. Sinn fragt nicht nach der Höhe von Rebound-Effekten, sondern danach, ob eine Maßnahme bewirkt, dass weniger Kohlenstoff aus dem Boden geholt wird: Nur darum gehe es letztlich. Und er bestreitet, dass eine Politik, die auf eine Senkung der Nachfrage abzielt, dies bewirken kann.

Auf den ersten Blick scheinen die Entwicklungen auf dem Ölmarkt nach dem Rekord-Preishoch im Sommer 2008 Sinn zu widerlegen: Wegen der Wirtschaftskrise ging die Nachfrage nach Erdöl zurück, worauf die Produzentenländer ihre Produktion drosselten. Heißt das nicht, dass man über eine Senkung der Nachfrage erreichen kann, dass weniger Öl, Gas und Kohle auf den Markt gelangt?

Leider nein. Denn eine Wirtschaftskrise bewirkt etwas anderes, als wenn die Nachfrage mit politischen Mitteln gesenkt wird. In einer Wirtschaftskrise haben die Ressourcenbesitzer guten Grund anzunehmen, die Krise werde überwunden und die Nachfrage steige wieder. Sie wären dumm, zu viel Öl zum Spottpreis zu verkaufen, wenn sie damit rechnen können, dass sie damit später wieder bessere Preise erzielen. Senkt aber eine politische Maßnahme die Nachfrage dauerhaft, können die Ressourcenbesitzer nicht mehr mit steigenden Preisen rechnen. »Die Ölscheichs«, schreibt Sinn, »können deshalb nichts gewinnen, wenn sie ihr Angebot aufschieben. Im Gegenteil, wenn sie befürchten müssen, dass die Preissteigerungsrate dauerhaft verringert wird (...), werden sie ihr Angebot sogar noch vorziehen.«[20] Laut Sinn hilft deshalb nur eines: ein weltweites Cap and Trade (Sinn spricht auch von einem »Nachfragekartell«). Das wäre zwar »ein Stück Kommunismus«, doch, schreibt der erzliberale Sinn, es »könnte sein, dass der Menschheit im Endeffekt nichts anderes übrig bleibt«.[21]

Bewirkt eine Senkung der Nachfrage und damit auch der Preise wenigstens, dass jene Produzenten zu produzieren aufhören, deren Produktionskosten sehr hoch sind? Grundsätzlich ja. Und weil die Produktion mit den höchsten Kosten, nämlich die Ölgewinnung aus kanadischen Teersanden, auch die größten Umweltschäden verursacht, wäre mit deren Ausscheiden schon einiges gewonnen. Die Frage ist nur, ab wann das geschieht und wie viel es ausmachen wird. Oder anders gefragt: Um wie viel müsste ein Cap and Trade oder eine Energieabgabe fossile Energie verteuern, damit der Verbrauch signifikant zurückginge – damit er weit genug zurückginge, um das drängendste Problem der fossilen Energienutzung, die Klimakrise, in den Griff zu bekommen? Wie weit muss die Schere zwischen dem Preis, den Konsumentinnen und Konsumenten für Öl zahlen, und dem Preis, den Produzenten erhalten, sich öffnen? Wie hoch muss der »Preis des CO_2« sein?

Wie teuer muss CO_2 sein?

Entscheidet man sich für ein Cap and Trade, ist die Frage sekundär, denn der »richtige« Preis wird sich auf dem Markt einstellen. Will man dagegen eine Abgabe auf fossiler Energie erheben, stellt sich die Frage, wie hoch sie sein muss, damit ein erwünschtes Ziel erreicht wird. Man könnte mit einer bescheidenen Abgabe beginnen und sie dann so lange erhöhen, bis die erwünschte Reduktion erreicht ist.[22] Dafür wäre aber jedes Mal ein politischer Willensakt nötig, und der politische Wille dürfte geringer werden, je mehr die Abgabe steigt. Die Schweiz lässt jedenfalls nicht viel Gutes erwarten: Das hiesige CO_2-Gesetz sieht vor, dass die Regierung die Abgabe erhöht, wenn sich abzeichnet, dass das Reduktionsziel verfehlt wird. Aber obwohl die Schweiz sowohl das Ziel des Gesetzes wie auch die etwas weniger ambitionierte Verpflichtung aus dem Kioto-Protokoll verfehlen wird, nutzt die Regierung ihren Spielraum zur Erhöhung der Abgabe bei Weitem nicht aus.

Heute beträgt die CO_2-Abgabe in der Schweiz 36 Franken pro Tonne CO_2. Weil ein Fass Öl (159 Liter) zu rund 400 Kilogramm CO_2 verbrennt, entsprechen 36 Franken pro Tonne CO_2 etwa 14 Franken pro Fass Öl. Auf dem Emissionsmarkt der EU kostet ein Emissionsrecht für eine Tonne CO_2 gegenwärtig (Anfang 2011) um 15 Euro (das entspricht 6 Euro pro Fass Öl).[23] Der Uno-Klimarat IPCC hat in seinem Bericht von 2007 die Wirkungen von drei CO_2-Preisen betrachtet: 20, 50 und 100 Dollar (8, 20 respektive 40 Dollar pro Fass). Ist das die Größenordnung, um die es geht?

Möchte man – wie es die Uno an der Klimakonferenz 2010 in Cancún festgelegt hat – die Erwärmung auf maximal 2 Grad gegenüber vorindustriellem Niveau limitieren, müsste man die weltweiten Emissionen bis 2050 laut dem IPCC um rund 85 Prozent senken.[24] Laut dem Wissenschaftlichen Beirat Globale Umweltveränderungen (WBGU) der deutschen Bundesregierung dürfen zwischen 2010 und 2050 noch maximal 750 Milliarden Tonnen CO_2 in die Atmosphäre gelangen, damit das 2-Grad-Ziel erreichbar bleibt. Falls die Emissionen nach 2010 sofort zu sinken begännen, müssten sie bis 2050 um 50 bis 80 Prozent, danach allmählich auf null gesenkt werden. Begännen die Emissionen später zu sinken, müsste der Verbrauch fossilen Kohlenstoffs bereits vor 2050 vollständig aufgegeben werden.[25] Es geht also nicht um etwas effizientere Automotoren oder Sparlampen statt Glühbirnen: Es wird nötig sein, den »Preis des CO_2« so anzusetzen respektive bis 2050 so weit zu erhöhen, dass bis dann der Verbrauch von Kohle, Öl und Gas um 80, 90 oder mehr Prozent zurückgeht.

Es gibt verschiedene Ansätze, den für dieses Ziel nötigen CO_2-Preis abzuschätzen. Man kann die Grenzvermeidungskosten betrachten. Das bedeutet: Wie viel kostet die teuerste Tonne CO_2, die gerade noch vermieden werden muss, um das Reduktionsziel zu erreichen? Die CO_2-Abgabe müsste ebenso hoch sein. Oder man fragt nach der Preiselastizität der Energienachfrage. Dieser Wert drückt aus, um wie viel die Nachfrage sinkt, wenn der Preis steigt. Daraus lässt sich der richtige Preis des CO_2 ebenfalls errechnen. Beides tönt relativ einfach, aber weder die Grenzvermeidungskosten noch die Preiselastizität sind fixe Größen: Sie verändern sich mit der Höhe der Energiepreise, sie sind anders, wenn der Preis langsam steigt, als wenn er schnell steigt, und sie verändern sich mit dem technischen Fortschritt. Will man sämtliche Faktoren, die Grenzvermeidungskosten und Preiselastizität beeinflussen, mit all ihren Wechselwirkungen modellieren, wird das so komplex, dass selbst universitäre Großcomputer an ihre Leistungsgrenze stoßen.[26] Für die Schweiz hat eine grobe Modellrechnung ergeben, dass der CO_2-Preis 245 Franken pro Tonne (100 Franken pro Fass Öl) betragen müsste, damit bis 2020 20 Prozent weniger CO_2 ausgestoßen wird[27] – mehr, als das CO_2-Gesetz als Obergrenze für die CO_2-Abgabe vorsieht.[28]

Ein anderer Ansatz zur Bestimmung des CO_2-Preises geht von der Idee aus, dieser müsse den externen Kosten der CO_2-Emissionen entsprechen. Indem eine Abgabe in entsprechender Höhe erhoben würde, »internalisierte« sie diese Kosten, überbürdete sie also dem Verursacher. Die Forderung, externe Kosten zu internalisieren, mithin Kostenwahrheit zu schaffen, ist alt und im Grundsatz kaum umstritten. Gemäß der reinen Lehre des Marktes führt eine solche Internalisierung dazu, dass der Markt perfekt funktionieren kann: Er würde die Umweltbelastung (respektive den Temperaturanstieg) auf das Niveau limitieren, das ökonomisch »optimal« wäre.

Das Problem mit diesem Ansatz liegt darin, dass man die externen Kosten nicht objektiv bestimmen kann (obwohl viele Umweltökonomen genau das ständig zu tun versuchen): Erstens weiß man viel zu wenig über die Auswirkungen globaler Umweltprobleme, zweitens müssen zur Berechnung der externen Kosten zahlreiche Wertentscheide getroffen werden, die hochgradig subjektiv sind: Wie hoch sind die Kosten einer verschandelten Landschaft zu bewerten? Wie ist ein Schaden zu bewerten, der erst in hundert Jahren auftritt? Was ist der Wert eines Menschenlebens?

Kosten-Nutzen-Analysen und Vorsorgeprinzip[29]

Wer eine größere Investition plant, stellt mit Vorteil eine Analyse der zu erwartenden Kosten und des zu erwartenden Nutzens an, um abschätzen zu können, ob die Investition sich lohnt. Das ist vernünftig – aber lässt es sich auf die Politik und vor allem: lässt es sich auf globale Probleme übertragen?

Grundsätzlich lässt sich das Instrument auf beliebig große Probleme anwenden. Ronald Reagan hat kurz nach Amtsantritt 1981 verfügt, alle Umweltschutzmaßnahmen der US-Umweltbehörde EPA seien einer Kosten-Nutzen-Analyse zu unterziehen: Umweltschutz sollte sich lohnen. Seither hat dieser Ansatz in der Umweltökonomie an Gewicht gewonnen. Der einflussreiche US-amerikanische Ökonom William Nordhaus verspottet die Ansicht, die Umwelt sei an sich und jenseits von Kosten-Nutzen-Überlegungen schützenswert, als »ultrakonservativ«.[30]

Kosten-Nutzen-Analysen versuchen zu errechnen, bei welcher Umweltbelastung die Summe aller Kosten und aller Nutzen aller Beteiligter optimal ist. Dieses Optimum entspricht dem Maß an Umweltbelastung, das sich auf einem perfekten Markt, der keine externen Kosten kennt, einstellen würde. Die Kosten-Nutzen-Analytiker haben den Anspruch, objektiv-wissenschaftlich »tatsächliche« Werte abzubilden und keine ethischen Entscheide zu treffen. Und sie neigen dazu, ihre Sichtweise als die einzig richtige zu betrachten.

Eine Kosten-Nutzen-Analyse muss Faktoren wie Gesundheit, eine intakte Landschaft, Artenvielfalt und vieles mehr mit monetären Kosten und Gewinnen in Euro oder Dollar verrechnen. Wie viel aber ist, beispielsweise, eine intakte Landschaft wert? Ökonominnen und Ökonomen beantworten die Frage mit der sogenannten Zahlungsbereitschaft: Wie viel sind Menschen zu zahlen bereit, um eine schöne Landschaft zu genießen, gesunde Fische aus einem sauberen Fluss essen zu können oder bei guter Gesundheit zu leben? Die Krux dabei ist, dass Menschen weniger zahlungsbereit sind, wenn sie ärmer sind – ganz einfach, weil sie weniger zahlen können. Wer keinen anderen Weg sieht, seine Familie zu ernähren, wird seine Gesundheit auch für einen schlecht bezahlten

Job aufs Spiel setzen: Die Zahlungsbereitschaft für sein eigenes Leben ist geringer als die eines Reichen.

Im Entwurf zum Bericht des Uno-Klimarats IPCC von 1995 stand, ein Menschenleben sei mit 1,5 Millionen Dollar zu bewerten, wenn der Mensch in einem Industrieland, und mit 150 000 Dollar, wenn er in einem Entwicklungsland lebe.[31] Kein Wunder, protestierten vierzig Wissenschaftler in einem offenen Brief in der Zeitschrift *Nature* gegen diese Aussage. Die Passage wurde gestrichen, mehrere ihrer Autorinnen und Autoren zogen sich beleidigt aus dem IPCC-Prozess zurück. Die gestrichene Aussage war natürlich zynisch – aber im Sinne der Kosten-Nutzen-Analyse korrekt. »Solche Zahlen«, schrieb der Klimaökonom Samuel Fankhauser, »bedeuten natürlich nicht, dass das Leben beispielsweise eines Chinesen weniger wert ist als das eines Europäers. Es widerspiegelt nur die Tatsache, dass die Zahlungsbereitschaft für ein geringeres Sterberisiko in entwickelten Ländern höher ist.«[32]

Die Kosten-Nutzen-Analytiker wollen ihre Analysen von ethischen Wertannahmen frei halten, sie verstehen ihre Arbeit als rein deskriptiv (»widerspiegelt die Tatsache«). Aber indem solche Berechnungen als Basis für politisches Handeln dienen, wirken sie normativ. Und natürlich ist auch der Entscheid, nicht ethisch werten zu wollen, ein ethischer Entscheid. Es ist das Gefährliche dieser Analysen, dass sie etwas, was nur in einem politischen Prozess ausgehandelt werden kann, als objektiv und wertfrei ausgeben; dass sie Wertentscheide in angeblich objektive Wissenschaft verwandeln.

Wie problematisch und willkürlich die Annahmen, die Kosten-Nutzen-Rechnungen zugrunde liegen, sein können, zeigt das Beispiel der »Freizeitgewinne« des Klimawandels. Richard Tol, der heute am Economic and Social Research Institute in Dublin lehrt, hat 1995 als Erster in Zahlen ausgedrückt, wie viel Nutzen der Klimawandel in Form zusätzlicher sonniger Tage bringt. Indem er dies tut, wiegt er mehr Hungertote nach Dürren dadurch auf, dass in einer wärmeren Welt häufiger ohne Regenschirm Golf gespielt werden kann. Tol gilt unter den Umweltökonomen als Extremist und hat sich in den letzten Jahren zunehmend isoliert. Aber sein Konzept der »Freizeitgewinne« wurde aufgegriffen. William

Nordhaus setzte beispielsweise die »Freizeitgewinne« in China infolge des Klimawandels dreimal so hoch an wie die dortigen Verluste durch gesteigerte Sterblichkeit und Krankheitsanfälligkeit.[33]

Ich habe Tol gefragt, ob er auch die »Freizeitgewinne« von Maßnahmen zur Reduktion der Treibhausgasemissionen berücksichtige. Sicher würde er das tun, sagte Tol, wenn es welche gäbe. Doch solche Maßnahmen brächten nur »Freizeitkosten« mit sich, da sie ja das Reisen verteuerten. Auf meine Frage, ob man nicht als »Freizeitgewinn« bewerten müsste, dass eine griffige Klimapolitik – eben weil das Reisen teurer würde – zu weniger Verkehr führe, wodurch man die Straßen wieder zum Spielen und Plaudern nutzen könnte, stutzte Tol – auf die Idee war er nicht gekommen. Nein, sagte er schließlich, das habe er nicht berücksichtigt, denn kein Politiker würde den Verkehr einschränken, weil er sonst seine Wiederwahl aufs Spiel setzte.[34] Damit erweist sich Tol nicht nur als schlecht informiert (der seinerzeitige Bürgermeister von Seoul Lee Myung-bak, der die Stadtautobahn abriss, um den Autoverkehr einzudämmen, wurde danach zum Präsidenten von Südkorea gewählt – um nur ein Beispiel zu nennen). Tol zeigt damit auch, dass seine wissenschaftliche »Objektivität« nicht gerade mit einer ausgeprägten gesellschaftspolitischen Fantasie einhergeht, oder anders gesagt: dass er, der für sich beansprucht, allgemeingültige Aussagen zu machen, seine eigenen Präferenzen mit der Wahrheit verwechselt. Der Glaube, es lasse sich für die gesamte Menschheit ein »optimales« Maß an Umweltbelastung berechnen, ist anmaßend – und mit egalitär-demokratischen Werten unvereinbar.

Gibt es eine Alternative zu Kosten-Nutzen-Analysen? Ja: das Vorsorgeprinzip, das in der Umweltdiplomatie seit dem Montreal-Protokoll zum Schutz der Ozonschicht von 1988 etabliert ist. Das Vorsorgeprinzip benennt gewisse Risiken als so groß, dass sie um (fast) keinen Preis in Kauf genommen werden dürfen. Das Vorsorgeprinzip bedeutet auch, dass man handelt, um ein Risiko abzuwenden, bevor letzte Gewissheit über dieses Risiko besteht – weil es sonst zu spät sein könnte. Mit anderen Worten: Es nimmt lieber in Kauf, zu viel als etwas zu wenig vorzukehren. Hätten sich in Montreal 1988 die Anhängerinnen und Anhänger der Kosten-Nutzen-Analyse durchgesetzt, hätte das Anwachsen des »Ozonlochs« nicht gestoppt werden können – mit unabsehbaren Folgen.

Viele lehnen das Vorsorgeprinzip als fortschrittsfeindlich ab. Anthony Giddens, der geistige Vater von Tony Blairs »New Labour«, schreibt, das Vorsorgeprinzip wurzle in der Grundhaltung der grünen Bewegung, die Risiko immer als etwas Schlechtes sehe. Ohne die Bereitschaft, Risiken einzugehen, gebe es aber keinen wissenschaftlichen Fortschritt.[35] In der Tat wäre es töricht, in jeder Lebenslage nach dem Vorsorgeprinzip handeln zu wollen. Genau so töricht wäre es aber, das Vorsorgeprinzip grundsätzlich abzulehnen: Dann ließe man sich nicht mehr impfen, verwendete beim Seitensprung kein Kondom, schlösse keine Versicherungen ab und sperrte beim Verlassen des Hauses die Tür nicht zu. Das Vorsorgeprinzip bedeutet nicht – wie Giddens unterstellt –, keine Risiken einzugehen. Es bedeutet, gewisse Risiken, die als zu groß erkannt werden, abzulehnen. Ein Blick auf den Klimawandel (und andere globale Umweltprobleme) zeigt ziemlich klar, wohin die Reise geht – das hat mit einem »Pessimismus der grünen Bewegung« nichts zu tun.

Trotz der Schwierigkeiten, abzuschätzen, wie hoch der Preis des CO_2 sein müsste, will ich hier eine eigene grobe Abschätzung wagen. Ich will dies gewissermaßen von der anderen Seite her tun als die üblichen Ansätze: Ich gehe nicht nachfrageseitig von den Grenzvermeidungskosten oder von der Preiselastizität der Nachfrage aus, sondern vom Angebot. Denn, noch einmal: Worauf es ankommt, ist letztlich, dass möglichst viel Kohlenstoff dort bleibt, wo er ist – im Boden. Der CO_2-Preis muss dafür sorgen, dass Konsumenten für fossile Energieträger mehr bezahlen müssen und Produzenten gleichzeitig weniger dafür erhalten.

Ich vereinfache stark, betrachte allein das Erdöl und ignoriere Kohle und Erdgas. Die Produzenten müssen für ihr Öl so viel weniger erhalten, dass bis 2020 ein markanter Teil von ihnen und bis 2050 die weitaus meisten aus dem Geschäft aussteigen. Sie tun das dann, wenn der Preis unter die Produktionskosten fällt – weil sie dann nichts mehr verdienen. Das Institut für Wirtschaftsforschung Ifo hat Anfang 2010 einen Überblick über vorhandene Schätzungen der Produktionskosten publiziert.[36] Der Autor meint nach Würdigung dieser Schätzungen, die »durchschnittlichen Förderkosten für Rohöl dürften derzeit bei rund 11 bis 12 US-Dollar pro Barrel [Fass] liegen«. Für neu zu erschließende Ölquellen hätten die Kosten 2009 16,70 Dollar pro Fass betragen, bei einer großen Bandbreite: 4,10 Dollar im Nahen Osten, 11,70 Dollar im Golf von Mexiko, 20,30 Dollar in der Nordsee und 41,20 Dollar für Öl aus Teersanden.

Nun liegen die größten Vorkommen – nämlich 56 Prozent der offiziell ausgewiesenen »bewiesenen Reserven« – dort, wo ihre Produktion am billigsten ist: im Nahen Osten.[37] Damit auch diese Produzenten auszusteigen beginnen, muss also der Ölpreis auf unter 4,10 Dollar pro Fass fallen. Allerdings habe ich die Transport- und Raffineriekosten unterschlagen, und einige Fachleute halten die im Ifo-Papier genannten Zahlen für viel zu tief: »2 oder 5 Dollar pro Fass im Nahen Osten, das war einmal«, sagt Werner Zittel, einer der führenden Experten hinter der Energy Watch Group. Aber selbst wenn ich mit 10 oder 15 Dollar rechne, müsste der Erdölpreis von gegenwärtig (April 2011) 125 Dollar pro Fass um 110 bis 115 Dollar fallen. Ebenso billig müssten die nicht-fossilen Energiealternativen (inklusive sämtlicher Umstellungskosten) sein, damit sie die fossilen Energieträger von sich aus verdrängen würden.

Allerdings würde, wenn Zittel recht hat, schon ein relativ geringer (dauerhafter) Rückgang der Ölpreise bewirken, dass wenigstens die Erschließung neuer Vorkommen gebremst würde. Die Grenzkosten der Ölförderung – also die Kosten des teuersten Fasses Öl, das gerade noch produziert wird – schätzt Zittel nämlich auf 60 bis 80 Dollar pro Fass für konventionelles Öl und 100 Dollar für kanadische Teersande.[38] Die Neuerschließung lohnt sich mithin nur, wenn die Produzenten längerfristig mit Ölpreisen rechnen können, die über diesen Werten liegen.

Während der Preis des Öls auf dem Weltmarkt fallen muss, muss Öl für die Konsumenten gleichzeitig teurer werden, damit die Nachfrage sinkt. Ich will mich nicht auf Spekulationen einlassen, wie teuer es sein müsste, um eine markante Nachfragesenkung zu bewirken – hier kommen nun eben die Grenzvermeidungskosten, die Preiselastizitäten der Nachfrage und die Kosten der Energiealternativen ins Spiel. Ich stelle lediglich fest, dass der Markt von sich aus den Erdölpreis auf 150 Dollar hochtreiben kann – wie im Sommer 2008 –, ohne dass diese Preisspitze bereits allzu viel auslöst. Um die Nachfrage signifikant zu senken, müsste der Preis wohl deutlich höher liegen.

Wenn Konsumenten einen höheren Preis zahlen müssen als die 150 Dollar pro Fass vom Sommer 2008 und die Produzenten nicht mehr erhalten dürfen als die tiefen Produktionskosten im Nahen Osten von 15 Dollar, müsste der »Preis des CO_2« mithin eine Differenz von mindestens 135 (150 minus 15) Dollar pro Fass Öl oder 330 Dollar pro Tonne CO_2 abschöpfen. Das ist weit mehr als alles, wovon in der politischen Debatte derzeit die Rede ist.[39]

Subventionen und sich selbst erfüllende Prophezeiungen

Statt Gewinnmargen abzuschöpfen, wird derzeit das Gegenteil gemacht: Fossile Energie wird rund um den Erdball subventioniert – obwohl das Kioto-Protokoll fordert, »Marktverzerrungen, steuerliche Anreize, Steuer- und Zollbefreiungen und Subventionen, die im Widerspruch zum Ziel des Übereinkommens stehen, zu verringern oder schrittweise abzuschaffen«,[40] obwohl die OECD in ihrem »Umweltausblick« vom März 2008 dazu aufruft, klimaschädliche Subventionen zu eliminieren,[41] obwohl die Weltbank 2004 schrieb, »die Weltbankgruppe sollte Investitionen in die Ölförderung bis 2008 auslaufen lassen und ihre knappen Ressourcen der Entwicklung erneuerbarer Energieressourcen widmen« (woran sie sich nicht annähernd gehalten hat),[42] obwohl die G-20 2009 beschlossen hat, »ineffiziente Subventionen für fossile Energieträger, die verschwenderischen Verbrauch fördern, mittelfristig auslaufen zu lassen«,[43] und obwohl all diejenigen, die sich mit wirtschaftsliberalen Argumenten gegen energie- und klimapolitisch motivierte Eingriffe in die »Wirtschaftsfreiheit« wehren, einen Abbau der Subventionen begrüßen müssten.

Die Realität hat mit den Absichtsbekundungen nichts gemein. Laut der IEA betrugen die Subventionen für fossile Energie weltweit 342

Milliarden Dollar im Jahr 2007, 557 Milliarden 2008 und 312 Milliarden 2010.[44] Am meisten Subventionen zahlte ausgerechnet ein Land, das reich an billigem Erdöl ist: der Iran (2008: 101 Milliarden Dollar, 2009: 66 Milliarden).[45] Bei den internationalen Subventionen für fossile Energien liegen die EU und die USA an der Spitze.[46]

Energiepolitik funktioniert heute so, dass mit Effizienzvorschriften, Subventionen und Sparappellen versucht wird, die Nachfrage zu senken – während gleichzeitig das Angebot subventioniert und ausgebaut wird. Die Energiepolitik gleicht in dieser Hinsicht der Verkehrspolitik: Man stellt fest, dass die Nachfrage (nach Energie respektive Verkehrskapazitäten) trotz aller Bemühungen steigt, und fühlt sich gezwungen, diesem Anstieg stattzugeben. Täte man es nicht, drohte eine Versorgungslücke (oder ein Verkehrskollaps). Mit eindrücklichen Zahlen werden düstere Szenarien entworfen, wie groß die Versorgungslücke werde, wenn nicht neue Kraftwerke, oder wie schlimm der Verkehrskollaps, wenn nicht neue Straßen gebaut würden.

Man sollte sich unter diesen Umständen nicht wundern, dass die Sparanstrengungen nicht fruchten und die Energienachfrage steigt und steigt. Denn die Nachfrage nach einem Produkt ist nie autonom. Nachfrage und Angebot beeinflussen sich immer wechselseitig. Das Argument mit der Versorgungslücke ist eine sich selbst erfüllende Prophezeiung, wenn man ihm stattgibt: Jemand (im internationalen Kontext war das in den letzten vier Jahrzehnten vor allem die IEA) prophezeit einen Anstieg der Nachfrage. Die Politik basiert ihre Planung auf dieses Szenario und stellt das angeblich benötigte Angebot zur Verfügung. Und wenn dieses auf den Markt gelangt, wird es auch konsumiert: Das Szenario ist eingetreten.

Folgt man den Prognosen nicht, bleibt auch die Lücke aus. Die Schweizer Stromwirtschaft mahnte in den 1970er-Jahren eindringlich, es brauche neue Atomkraftwerke, weil sonst spätestens Ende der Achtzigerjahre eine Stromlücke drohe.[47] Die geplanten Atomkraftwerke Kaiseraugst, Graben und Inwil wurden (dank dem Widerstand der Bevölkerung, nicht dank besserer Einsicht von Politik oder Elektrizitätswirtschaft) nie gebaut – die Stromlücke blieb aus. Wolf Häfele, der von 1960 bis 1972 das Projekt Schneller Brüter am Kernforschungszentrum Karlsruhe geleitet hatte, malte 1977 ein besonders düsteres Bild. Bis 2030 werde sich nur »das absolute Minimum an [globalem] Energiebedarf« überhaupt decken lassen. Im Jahr 2030 müssten Atomkraftwerke die Energie liefern, um aus Kohle synthetisches Methanol zu gewinnen. Zudem brauche es eine »großtechnische Nutzung der Sonnenenergie als eine Art zweite Landwirtschaft«: Bis 2100 würden Solaranlagen »einige Millionen Quadratkilometer« umfassen (die Landwirtschaft beanspruchte damals 13 Millionen Quadratkilometer). Das notwendige Kapital werde sich nur bereitstellen lassen, wenn der Konsum drastisch eingeschränkt werde.[48] Nichts von all dem ist heute zu befürchten.

Energieangebote haben sich ihre Nachfrage noch immer selber geschaffen. Selber schuld, möchte man sagen, wer sein Verhalten derart von Sachzwängen leiten lässt.

9 Lösungen

Tocco da Casauria in den Abruzzen ist eine von noch wenigen Gemeinden in Europa, die mehr Strom produzieren als verbrauchen. © Dave Yoder.

Zwischen 1972 und 1984 wurde die Sahelzone von einer Dürreperiode heimgesucht. »Die Dürrejahre haben den Leuten so zugesetzt, dass sie ganz andere Denkweisen entwickeln mussten«, sagt Jacouba Sawadogo aus Burkina Faso mit Blick auf diese Zeit.[1] Sawadogo ist Bauer, Analphabet und Pionier einer Anbaumethode, die er nicht nur als Reaktion auf vergangene Dürren, sondern auch mit Blick auf die kommende Klimaerwärmung entwickelt hat. Sawadogo gräbt um seine Nutzpflanzen kleine flache Kuhlen, um das wenige Regenwasser in der Nähe der Wurzeln dieser Pflanzen aufzufangen. Diese Methode der Wasserernte wurde im Sahel jahrhundertelang angewandt, ging dann aber vergessen. Als Sawadogo wieder damit anfing, belächelten ihn die Nachbarbauern.

Sawadogo experimentierte mit der alten Methode und gab in der Trockenzeit Viehdung in die Kuhlen. Da geschah etwas, womit er nicht gerechnet hatte: Der Dung enthielt Baumsamen, die nun keimten. Statt die Sprösslinge auszureißen, ließ Sawadogo die Bäume wachsen.

Einst gab es in der Gegend viel mehr Bäume als heute. Als die französische Kolonialregierung die Bäume aber zu Staatsbesitz erklärte und das Holzschlagen unter Strafe stellte, hörten die Bauern auf, sie zu pflegen, und ließen keine jungen Bäume mehr nachwachsen. Sawadogo stellte nun fest, dass die Bäume ihm mehrfach nützen: Sie spenden Schatten, schützen den Boden vor Austrocknung und Erosion und bauen Humus auf. Sawadogo verkauft heute Bau- und Brennholz sowie Rohstoffe zur Herstellung traditioneller Heilmittel, die er aus den Baumrinden gewinnt. Die ursprünglich kultivierten Nutzpflanzen profitieren vom neuen Nebeneinander und werfen höhere Erträge ab. Der Grundwasserspiegel, der jahrelang wegen Übernutzung zurückgegangen war, begann wieder zu steigen. Sawadogo ließ immer mehr Bäume wachsen und begann, mit seinem Motorrad durch die Dörfer der Gegend zu ziehen, um über den Klimawandel zu referieren und seine Methode – die Agrarwissenschaft spricht von Agrarforstwirtschaft *(agroforestry)* – bekannt zu machen.

Normannen und Inuit

Die Probleme, die aus dem Energieverbrauch erwachsen, sind erdrückend, die Schwierigkeiten, von den gewohnten Energiestrukturen wegzukommen, enorm, und das Problembewusstsein vielerorts noch überhaupt nicht vorhanden. Man könnte angesichts der Zukunftsaussichten verzweifeln.

Wie anders das Bild, wenn man das Augenmerk statt auf die Probleme auf die Lösungen richtet, wenn man Erfolgsgeschichten wie die von Jacouba Sawadogo liest! Es beeindruckt, welche neuen Werkzeuge für nachhaltiges Leben entwickelt, welche alten Werkzeuge wieder entdeckt und neu belebt (und weiterentwickelt) werden. In verschiedensten Feldern arbeiten Menschen an wirklich zukunftsfähigen Antworten auf die ökologischen Probleme der Gegenwart: in der Energietechnik;

in Architektur und Haustechnik, Städtebau und Raumplanung; in der Landwirtschaft. Neue Formen des Zusammenlebens und der Produktion werden entworfen und ausprobiert.

Aber können solche Hoffnungsgeber bestehen vor einem erneuten Blick auf die wichtigsten Umweltindikatoren – das Artensterben, die Bodenverluste, den Klimawandel, die Verschmutzung, die Abholzung? Die Kräfte des Status quo sind, bis dato zumindest, stärker als alle Sawadogos der Welt. Die beste Technik wird die Probleme nicht lösen, denn Ressourcenprobleme sind nicht technische, sondern politische Probleme, und die bedürfen einer politischen Antwort. Die fantasievollsten kommunalen und regionalen Initiativen werden nicht genügen, weil globale Probleme global gelöst werden müssen.

In der Menschheitsgeschichte sind immer wieder Kulturen wegen ökologischer Probleme untergegangen, immer wieder haben aber auch Kulturen ökologische Probleme gemeistert. Manchmal überlebte eine Kultur die Bedingungen, die einer anderen Kultur den Untergang brachte. Jared Diamond zeigt das am Beispiel Grönlands im Spätmittelalter: Die normannischen Siedler überlebten die Klimaverschlechterung und die selbst verschuldeten Umweltveränderungen wie die Erosion des kargen landwirtschaftlichen Bodens nicht, weil sie an überkommenen Gewohnheiten festhielten und sich weigerten, von den Inuit zu lernen. Die Inuit, die erst nach den Normannen nach Grönland gekommen waren, erwiesen sich als lern- und anpassungsfähig und haben bis heute überlebt.[2] Was unsere Lage ernster macht als die aller historischen Gesellschaften, ist die globale Dimension der Umweltprobleme. Was wir den historischen Gesellschaften voraus haben, ist das Wissen: Nie zuvor hat eine Gesellschaft so genau voraussagen können, wie die von ihr ausgelösten Umwelteingriffe sich mutmaßlich auswirken werden. Wir brauchen, was wir wissen, nur umzusetzen. Ob wir es schaffen, hängt wohl davon ab, wie gut es gelingt, die richtigen Kräfte zu stärken. Derzeit sind die falschen stark.

In diesem Kapitel soll es darum gehen, was die Politik zur Lösung der Energieprobleme tun muss – und was sie tun muss, um die richtigen Kräfte zu stärken. Was sie tun muss, damit die vielen Initiativen eine

Chance haben, sich zu entwickeln, aus dem Nischendasein herauszutreten, sich durchzusetzen und die nicht nachhaltigen Lebens- und Wirtschaftsformen schließlich abzulösen. Letztlich braucht es auf globale Probleme politische und globale Antworten »von oben« – aber »von unten« müssen die richtigen Werkzeuge bereitstehen, diese Antwort umzusetzen.

Welche Energieprobleme gibt es und was bedarf es zu ihrer Lösung?

- Das erste Problem muss mit der Bereitstellung von mehr Energie gelöst werden: Zwei Milliarden Menschen haben keinen Zugang zu ausreichend sicherer und sauberer Energie, um ihre Grundbedürfnisse zu befriedigen. Zu den Grundbedürfnissen zähle ich neben Essen, Wohnen, Gesundheitspflege und Bildung auch den Transport eigener Erzeugnisse zum nächsten Markt oder die Teilnahme am modernen Leben mittels eines Minimums an Telekommunikation, nicht aber den Nachvollzug des energieintensiven Entwicklungspfads der »entwickelten« Länder. Die unzureichende Energiegrundversorgung hat gesundheitliche und ökologische Probleme zur Folge: die Innenraum-Luftverschmutzung durch schlechte Brennmaterialien oder Entwaldung und Erosion durch das Sammeln von Brennholz. Obwohl sehr viele Menschen Zugang zu mehr und besserer Energie brauchen, fällt die hierzu gesamthaft benötigte Energie im Vergleich zum globalen Energieverbrauch kaum ins Gewicht. Dieses Problem ließe sich, politischer Wille vorausgesetzt, vergleichsweise einfach lösen.
- Eine zweite Gruppe von Problemen betrifft die negativen Folgen nicht nachhaltiger Energieproduktion. Dazu gehört als drängendstes aller gegenwärtigen Energieprobleme die Klimakrise. Dazu gehören die radioaktiven Abfälle, für die es bis heute keine Lösung gibt, für die aber eine Lösung gefunden werden muss, da bereits große Mengen radioaktiven Mülls vorhanden sind. Dazu gehören die Risiken und Umweltschäden der Energiegewinnung: das Unfallrisiko der Kernspaltung oder der Erdölförderung in der Tiefsee, Umweltbelastungen durch große Wasserkraftanlagen oder durch die Uranförderung und so weiter. Diese Probleme lassen sich theo-

retisch lösen, indem auf andere, erneuerbare Energien umgestellt wird. Weil aber die erneuerbaren Energien nicht in der Lage sein werden, die herkömmlichen Energien innert nützlicher Frist vollständig zu ersetzen und auch noch das bisherige Wachstum der Energienachfrage zu decken, werden diese Probleme nur zu lösen sein, wenn weniger Energie verbraucht wird.

- Das dritte Problem ist die Abhängigkeit der Versorgungssicherheit von Energieressourcen, die sich verknappen, und von zentralisierten Versorgungsstrukturen sowie von Produktionsländern und Unternehmen mit Quasimonopolmacht. Die Versorgungssicherheit zu gewährleisten heißt nicht, dass das Energieangebot auf keinen Fall zurückgehen dürfte. Aber das Energieangebot darf nicht so plötzlich zurückgehen, dass die Funktion von Wirtschaft und Gesellschaft gefährdet würden. Auch dieses Problem kann abgewendet werden, indem man Energiealternativen ausbaut und Versorgungsvielfalt schafft; auch dieses Probleme wird man letztlich nur in den Griff bekommen, wenn insgesamt weniger Energie verbraucht wird.
- Eine vierte Gruppe von Problemen bilden bewaffnete Konflikte um Energieressourcen und Transportinfrastrukturen, Korruption, Kleptokratie und Menschenrechtsverletzungen in ressourcenreichen, politisch labilen Staaten. Solche Probleme haben immer mehrere Ursachen und können nicht allein auf Ressourcenkonflikte zurückgeführt werden. Politische Stabilität und eine starke Zivilgesellschaft wären zu ihrer Lösung nötig – aber dagegen setzen sich die Profiteurinnen und Profiteure zur Wehr. Auf Potentaten und Konzerne muss politisch und juristisch Druck ausgeübt werden. Es braucht politische Arbeit in Staaten, die aktiv dazu beitragen, andere Staaten zu destabilisieren – wie dies in der Vergangenheit etwa Großbritannien (im Iran), die USA (im Iran, im Irak und anderswo) oder Frankreich (in mehreren afrikanischen Staaten) getan haben. Die Probleme verschwinden aber erst, wenn die Ressourcen, deren Ausbeutung die Konflikte nährt und die Entwicklung hemmt, nichts mehr wert sind – weil sie niemand mehr braucht.

– Schließlich zeitigt die Anwendung von zu viel Energie schädliche gesellschaftliche Folgen – unabhängig davon, wie die Energie bereitgestellt wird. Ich meine die Folgen, die ich in den ersten Kapiteln dargelegt habe: die Tendenz einer Wirtschaft zu Machtkonzentrationen, die demokratisch nicht mehr kontrollierbar sind; die Tendenz »großer« Strukturen, lokale Vielfalt zu vernichten; die Tendenz eines auf billigem Transport beruhenden Weltmarkts, funktionierende Formen lokaler Subsistenzwirtschaft zu zerstören; ein menschenfeindlicher Straßenverkehr und so weiter. Diese Probleme sind vielfältig und müssen nicht primär energiepolitisch, sondern verkehrspolitisch, raumplanerisch, landwirtschaftspolitisch, handelspolitisch oder industriepolitisch angegangen werden. Dennoch ist Energie ein Schlüssel zur Lösung oder doch zumindest zur Linderung dieser Probleme.

Fazit: Es braucht mehr (aber nicht viel mehr) und bessere Energie in gewissen Weltregionen; es braucht andere und weniger (und zwar sehr viel weniger) Energie weltweit. Die Politik muss das Bestreben aufgeben, für ein möglichst großes Energieangebot zu sorgen – denn »ein höherer Energiekonsum allein garantiert gar nichts außer größerer Umweltbelastung«, wie der Umweltautor Vaclav Smil schreibt. »Die historische Evidenz ist klar: Ein höherer Energieverbrauch sichert keine verlässliche Nahrungsproduktion (…); er bietet keine strategische Sicherheit (…); er sichert nicht zuverlässig politische Stabilität (…); er führt nicht zwingend zu einer aufgeklärteren Politik (…); und er bringt nicht automatisch Verbesserungen des Lebensstandards für breite Schichten.«[3]

Die schlimmstmögliche Wendung verhindern

Dass die CO_2-Emissionen gesenkt werden müssen, ist international anerkannt. 1988 hat die Uno-Vollversammlung den Klimarat IPCC eingerichtet. 194 Staaten (auch die USA) haben sich in der 1992 ausgehandelten Uno-Rahmenkonvention zum Klimawandel verpflichtet, eine »gefährliche anthropogene Störung des Klimasystems« zu verhindern. 2005 trat das Kioto-Protokoll in Kraft. Das Bewusstsein, dass Peak Oil dramatische Folgen haben kann, gewinnt immer breitere Kreise. Dennoch ist bis heute politisch nichts geschehen, was den weltweiten Verbrauch fossiler Energieträger gemindert hätte. Wohl nutzt die Technik Energie immer effizienter, wohl boomen Unternehmen, die sich mit der Entwicklung »grüner« Technik befassen, wohl sprechen immer mehr Menschen auf Produktewerbung an, die einen »nachhaltigen« Konsum anpreist – aber der Energieverbrauch steigt.

Billige Energie hat geholfen, Hunger und Mangelernährung zu überwinden und (zumindest in den reicheren Ländern) Menschenrechte, Demokratie und soziale Sicherheit für alle durchzusetzen. Billige Energie hat aber auch zu Machtballungen geführt, die nicht demokratieverträglich sind. Die schlimmstmögliche Wendung träte ein, wenn die Errungenschaften, die mit der billigen Energie einhergegangen sind, wegbrächen, gleichzeitig aber die demokratiefeindliche und antiegalitäre Tendenz der Hochenergiegesellschaft bekräftigt würde, weil eine immer kleinere Schicht von Privilegierten an ihrer Energiesucht festhielte (und diese mithilfe von viel Energie verteidigte). Es gibt Anzeichen, dass eine solche Wendung eintreten könnte: Reiche füllen heute die Tanks ihrer Autos mit Treibstoffen, die aus Lebensmitteln gewonnen wurden, die sich Arme nicht leisten können. Superreiche in armen Ländern verschanzen sich in geschützten, von Mauern umgebenen Stadtteilen, die sie nur in Autos mit getönten Scheiben oder Hubschraubern verlassen, damit sie die Stadtteile nicht betreten müssen, in denen die Menschen in Armut leben. Die Regierungen von Margaret Thatcher in Großbritannien (1979 bis 1990) und Ronald Reagan in den USA (1981 bis 1989) haben weltweit einer Politik die Bahn geebnet, die soziale Unterschiede verschärft, die Macht der großen Konzerne stärkt und den demokratisch kontrollierten Staat zurückdrängt. Es war nicht zufällig die Zeit nach den Ölpreisschocks von 1973 und 1979/80, als diese Politik die Bühne erfolgreich betrat: Die Ölpreisschocks hatten Rezessionen zur Folge, die halfen, den bisherigen, auf sozialen Ausgleich bedachten politischen Konsens zu diskreditieren.

Was hat die Politik zu tun, um die schlimmstmögliche Wendung zu verhindern?

- Die Atomenergie muss aufgegeben werden. Nur so lässt sich verhindern, dass der Berg radioaktiver Abfälle weiter anwächst; nur so lässt sich ein untragbares Unfallrisiko stoppen.
- Die Nutzung fossiler Energie muss bis ungefähr 2050 kontrolliert verlassen werden. Dazu braucht es politische Maßnahmen, die dafür sorgen, dass weniger fossile Energie auf den Markt gelangt. Infrage kommen ein lückenloses Cap and Trade oder eine ausreichend hohe CO_2-Abgabe – wobei ein sinnvoll ausgestaltetes Cap and Trade mit weniger Unsicherheiten behaftet ist. Geht man davon aus, dass politisch beschlossene, in internationalen Abkommen oder in Gesetzen festgeschriebene Ziele ernst gemeint sind, gibt es für ein Land, das sich ein CO_2-Reduktionsziel setzt, keinen Grund, mehr Kohlenstoff auf den Markt zu lassen, als verbrannt werden darf. Selbstverständlich sind alle Subventionen abzuschaffen.
- Für alle Energieformen, ob erneuerbar oder nicht, braucht es ökologische und soziale Mindeststandards.

Verknappt ein Staat (oder eine Staatengemeinschaft) das Angebot an fossiler Energie und schließt die Atomenergie aus, so ist es aus Umweltsicht unerheblich, zu welchen Teilen die Gesellschaft darauf mit einer Steigerung der Energieeffizienz, mit Substitution durch erneuerbare Energie oder mit Suffizienz reagiert. Ich halte es nicht für wünschenswert, dass die Politik hier Vorgaben macht und die Spielräume dadurch einengt.

Heißt das, der Staat muss das Angebot unerwünschter Energien verknappen – und sonst nichts tun? Einige meinen das. Aber: Der Staat betreibt Infrastrukturpolitik, Forschungspolitik, Handelspolitik und so weiter und setzt damit Rahmenbedingungen, unter welchen eine Gesellschaft sich entwickelt. Auf diesen Feldern kann ein Staat gar nicht nicht handeln. Ob er etwas tut oder unterlässt, ob er eine Straße baut oder nicht, beides ist ein Entscheid, der gewisse Entwicklungen ermöglicht und gewisse andere verhindert. Es wäre töricht, eine Politik zu betreiben, die auf der einen Seite Energie verknappt und damit verteuert, auf der anderen Seite Verkehrszwänge schafft: Damit würde der Staat seinen Bürgerinnen und Bürgern nur das Leben schwer machen. Die verschiedenen Politiken außerhalb der Energiepolitik sind also so auszurichten, dass mit weniger Energie auch leichter auszukommen ist.

Konkret hieße das zum Beispiel, eine Raumplanung der kurzen Wege zu verfolgen. Es ist Unfug, sich zur Senkung der CO_2-Emissionen zu verpflichten und weiter Autobahnen zu bauen. Oder es hieße, eine (Agrar-) Handelspolitik zu betreiben, die lokalen Märkten erlaubt, sich gegen globale Konkurrenz zu schützen, weil die Produktion nicht nur Produkte bereitstellen, sondern auch ihren Produzentinnen und Produzenten einen Lebensunterhalt ermöglichen soll. Es hieße, Energieversorgungsinfrastrukturen wie Stromnetze, Gasnetze oder Fernwärmenetze, die ein natürliches Monopol bilden, in die Hände demokratisch kontrollierter Gesellschaften zu geben. Es hieße, Wirtschafts-, Arbeits- und Sozialpolitiken zu entwickeln, die nicht auf Gedeih und Verderb auf ein wachsendes Bruttoinlandprodukt angewiesen sind: Selbst wenn man Wirtschaftswachstum für eine gute Sache hält, sollte man sich darauf vorbereiten, dass die Wirtschaft eines Tages vielleicht nicht weiter wachsen kann.

Global und lokal, »von oben« und »von unten«

Bei einer angebotsverknappenden Politik werden nicht alle Länder mitmachen. Im Kioto-Protokoll haben sich zwar alle Industriestaaten außer den USA bereits einmal zu genau so einer Politik verpflichtet – doch hat das Kioto-Protokoll mit seinen viel zu schwachen Zielen, seinen Schlupflöchern und Inkonsistenzen nirgends wirklich zu einer Angebotsverknappung geführt. Ein internationales Abkommen, das das Angebot an fossilen Energieträgern in ausreichendem Umfang reduziert, ist nicht in Sicht. Einen Deckel auf den Kochtopf zu halten nützt aber letztlich nur dann etwas, wenn der Deckel so groß ist wie der Topf: Es braucht ein globales Cap and Trade (oder eine globale CO_2-Abgabe). Staaten, deren Regierungen den weiteren Entwicklungsweg in einem gesteigerten Energieverbrauch sehen, sind dafür ebenso wenig zu haben wie Staaten, die von Erdöl-, Erdgas- oder Kohleexporten leben.

Sollen einzelne Länder oder Ländergruppen vorangehen? Soll ein Staat für sich allein den Verbrauch fossiler (und atomarer) Energie begrenzen, wenn andere nicht mitmachen? Hans-Werner Sinn argumentiert, dass ein Klimaregime, bei dem nicht alle mitmachen, nicht nur wenig bringe, sondern sogar kontraproduktiv sei: Gebe es eine solche Regelung, müssten Ressourceneigner fürchten, dass sich die Klimapolitik ausweite und verschärfe, wodurch Nachfrage und Preis sinken würden. Das motiviere sie, dieser Entwicklung zuvorzukommen und möglichst viel ihrer Ressourcen zu verkaufen, bevor sich die Konditionen verschlechterten. Sie würden ihre Förderung steigern und den Klimawandel beschleunigen.[4]

Aus ökonomischer Sicht lässt sich gegen Sinns Argumentation wenig einwenden. Ich kann Sinns Schlussfolgerung, dass eine partielle Regelung schlechter sei als gar keine Klimapolitik, gleichwohl nicht teilen, obwohl ein möglichst umfassendes »Nachfragekartell« das Ziel sein muss. Denn Politik funktioniert nicht so, dass die perfekte, theoretisch erdachte Lösung von einem Tag auf den anderen eingesetzt werden kann (laut Sinn müsste das idealerweise sogar ohne Ankündigung geschehen, weil schon die Erwartung kommender energiepolitischer Maßnahmen die Produzenten mehr Öl, Kohle und Gas fördern ließe). Es ist politisch einfach kein anderer Weg denkbar, als dass einige vorangehen.

Es gibt aber weitere Gründe, weshalb Staaten, Städte oder Einzelpersonen, die heute viel Energie verbrauchen, diesen Verbrauch senken sollten, selbst wenn die anderen nicht mitmachen. Ein Grund ist ethisch (ethische Überlegungen spielen in Sinns Buch kein Rolle): Es ist unmoralisch, sich von einem Kuchen ein übergroßes Stück abzuschneiden, wenn der Kuchen nicht für alle reicht (und außerdem immer kleiner wird).

Andere Gründe sind eigennützig: Wer mit weniger Energie auskommt, ist besser auf künftige Knappheiten vorbereitet – aus welchen Gründen auch immer sie auftreten mögen. Und vor allem – das hoffe ich mit diesem Buch gezeigt zu haben – wird ein geringerer Energieverbrauch eine Gesellschaft anders prägen als ein hoher Energieverbrauch – er wird eine Gesellschaft dem menschlichen Maß wieder näher bringen. Wer argumentiert, es sei zu teuer, auf Alternativen zu fossilen Energieträgern zu setzen, solange nicht alle anderen dasselbe täten, geht von Kosten-Nutzen-Überlegungen aus. Diese sind immer konservativ. Für sie ist mehr Energie immer besser, weil mehr Energie die Fortführung des bisherigen Pfads erlaubt. Fragte man nicht nach Kosten und Nutzen, sondern danach, welche Gesellschaft man sich wünscht und wie viel Energie einer solchen Gesellschaft bekommt, sähe die Antwort anders aus. So zu fragen bedarf gesellschaftspolitischer Fantasie. Gesellschaftspolitische Fantasie tut not: Ob eine Gesellschaft schwere ökologische Krisen übersteht, entscheidet sich laut Jared Diamond daran, ob es ihr gelingt, sich von überkommenen Verhaltensweisen und Werten zu lösen.[5] Doch die Ressource Fantasie scheint knapp zu sein. Sie scheint mir ironischerweise gerade bei denen besonders knapp zu sein, die die These vertreten, das Wachstum unserer Wirtschaft beruhe nicht auf der Ausbeutung natürlicher Ressourcen – sondern auf der »menschlichen Imaginationskraft«.

Deshalb braucht es die Sawadogos, die experimentieren, Bäume hegen und mit dem Motorrad durch die Dörfer touren, um ihre Erkenntnisse weiterzuverbreiten. Es braucht Dörfer wie das burgenländische Güssing, das niedersächsische Jühnde oder das abruzzesische Tocco da Casauria[6], die aus lokalen erneuerbaren Ressourcen mehr Energie produzieren als verbrauchen (auch wenn sich diese Modelle selbstverständlich nicht auf die ganze Welt übertragen lassen). Es braucht bürgereigene Energiegesellschaften wie die aus der Anti-AKW-Bewegung hervorgangenen Elektrizitätswerke Schönau im Schwarzwald, die die Großen herausfordern (auch wenn sie zu klein sind, um die etablierten Konzerne zu verdrängen).[7] Es braucht Lokalpolitiker wie den grünen Tübinger Oberbürgermeister Boris Palmer, der seine Stadt mit einer fantasievollen Kampagne unter dem Motto »Eine Stadt macht blau« auf einen klimaverträglichen Kurs zu bringen versucht und darüber ein Buch schreibt (auch wenn dabei eine gute Portion Politmarketing mitspielen dürfte).[8] Es braucht Städte wie Zürich, das beschlossen hat, seinen Energieverbrauch auf ein Drittel des aktuellen Werts zu senken (auch wenn noch in den Sternen steht, ob und bis wann das gelingt).[9] Es braucht vertragslandwirtschaftliche Arrangements,[10] es braucht Transition Towns und Eco-Villages (siehe unten) und es braucht auch die Bürgerproteste gegen verantwortungslose Energie- und Verkehrsprojekte. Nicht, weil solche Initiativen das Problem lösen könnten. Aber auf lokaler Ebene kann mehr ausprobiert werden, sind andere Koalitionen über Parteigegensätze, ideologische Gräben und sprachliche Differenzen hinweg möglich als auf nationaler oder internationaler Ebene. Lokale Initiativen können als Leuchttürme auf die nationale und internationale Politik ausstrahlen. Sie können, indem sie zeigen, dass man auch anders gut leben kann, helfen, Ängste abzubauen. Es braucht solche Initiativen, weil Politik »von oben« auf Legitimation »von unten« angewiesen ist – und es braucht sie, damit Politikerinnen und Politiker aufhören, Plattitüden zu sagen wie: »Niemand will verzichten.«

Transition Towns

2005 bauten einige Studentinnen und Studenten der dortigen Fachhochschule im irischen Dorf Kinsale ein Theater aus lokalen Baumaterialien. An den Tagen der offenen Tür zeigen die Studierenden seither Theaterstücke und bieten Pizza aus dem selbst gebauten Lehmofen sowie Salat aus dem eigenen Gemüsegarten feil.

Was irgendeine Schule, sei es ein Kindergarten oder eine Uni, tun könnte, tat die Fachhochschule Kinsale als Teil des Versuchs, Antworten zu finden auf Energieverknappung und Klimawandel. Die Studierenden erarbeiteten einen »Energiewende-Aktionsplan« für Kinsale und organisierten eine Konferenz. Der Initiant Rob Hopkins wechselte 2006 an eine Schule in der englischen Kleinstadt Totnes, wo er ein ähnliches Projekt lancierte. 2008 publizierte er, aufbauend auf diese Erfahrungen, sein *Transition Handbook,* das noch im selben Jahr unter dem Titel *Energiewende – das Handbuch* auf Deutsch erschien.[11] Daraus ist eine Bewegung geworden: Ende 2010 zählt die Transition-Website 348 Transition-Town-Initiativen weltweit[12] (der Begriff »Energiewende« des deutschen Buchtitels ist zu eng gefasst; die Bewegung firmiert deshalb auch im deutschen Sprachraum unter dem Begriff »Transition«, also »Übergang«[13]).

Für Hopkins erfordern Klimawandel und Peak Oil die gleichen Antworten. Im Zentrum seines Konzepts steht die Resilienz – also die Fähigkeit eines Systems, sich an wechselnde Bedingungen anzupassen. Es gehe namentlich darum, die Handlungsfähigkeit einer Gesellschaft auch dann zu erhalten, wenn eine Verknappung der Energierohstoffe zu einer Rezession führe, gleichzeitig aber immer mehr Geld nötig wäre, um mit den Folgen des Klimawandels fertigzuwerden.

Eine resiliente Gesellschaft muss laut Hopkins sehr viel lokaler ausgerichtet sein als die heutige globalisierte Wirtschaft. Die wichtigsten Güter müssten lokal produziert werden, sodass die Grundversorgung noch gewährleistet sei, wenn globale Verkehrsströme zusammenbrächen. Ebenso müsse die Energiegrundversorgung lokal funktionieren. Die Prinzipien, die Hopkins auf Städte überträgt, entlehnt er weitgehend dem Konzept der »Permakultur«, das die beiden Australier Bill Mollison und David Holmgren in den 1970er-Jahren zuerst vor allem für die Landwirtschaft entwickelt haben.

Hopkins' Buch ist eine detaillierte Anleitung, wie man selber eine Transition-Initiative gründet – von Bewusstseinsbildung über Aktionstage und Kurse bis zum Erarbeiten lokaler Energiewendepläne. Das Anlegen von Stadtgärten gehört dazu; Kurse, in denen ältere Menschen jüngeren Kulturtechniken vermitteln, die sonst vergessen gingen; das Pflanzen von Bäumen, die Früchte tragen, Schatten spenden und Humus schaffen; lokale Energiewende-Aktionspläne – und gemeinsame Feste. Hopkins spricht von »vielen kleinen Lösungen« für die globalen Probleme. Viele Menschen könnten sich »nur zwei Handlungsebenen vorstellen: was jeder auf privater Ebene zu Hause tun kann und was die Regierung auf staatlicher Ebene macht. Das Energiewendemodell erforscht das dazwischenliegende Terrain: Was nämlich können wir auf kommunaler Ebene erreichen?«

Die Rückbesinnung auf das Lokale liegt auf der Hand, wenn Energie knapp und Transport teuer wird. Doch diese Rückbesinnung kann auch ein reaktionäres Konzept sein. Hopkins macht klar, dass es ihm nicht um Heile-Welt-Romantik und auch nicht um Autarkie geht: Es sei sinnvoll, gewisse Güter und Dienstleistungen auch in Zukunft global auszutauschen. Nicht die Globalisierung soll abgeschafft werden (am wenigsten ihre kulturelle Dimension), sondern gewisse ihrer Formen und Exzesse.

Man mag die Erwartung für naiv halten, kleine Initiativen, die in den Städten und Dörfern Nussbäume pflanzen, Gartenbaukurse organisieren und mit Lokalwährungen handeln, könnten globale Probleme wie den Klimawandel oder Peak Oil lösen helfen. Und diese Erwartung ist gewiss naiv, wenn man glaubt, solche Initiativen allein reichten aus. Aber als Aktivitäten »von unten«, die ergänzen (und inspirieren), was politisch »von oben« geschehen muss, zielen sie in die richtige Richtung.

Neustart Schweiz

Einen mit der Transition-Town-Bewegung verwandten, aber unabhängig davon entstandenen Ansatz skizzierte der Zürcher Schriftsteller P. M. 2008. P. M. fragte, wie die kleine Schweiz sich »für die Welt nützlich machen könnte«. Seine Antwort: Sie sollte sich zum Modell für eine Gesellschaft machen, die in einem umfassenden Sinne nachhaltig wäre. Ein solches Modell beschreibt P. M. auf neunzig Seiten in seinem Büchlein *Neustart Schweiz*[14], wobei sich die »Schweiz« im Titel durch jedes andere Land ersetzen ließe. Es ist ein »Sofortprogramm, das nicht von den großen epochalen Strukturveränderungen abhängt, aber mit diesen kompatibel ist«.

Damit nachhaltiges Leben möglich sei, müsse der Energieverbrauch auf tausend Watt pro Person gesenkt werden. Privatautos, Flugreisen oder auch private Haushaltmaschinen lägen da nicht mehr drin. Jedes Jahr mit dem Flugzeug in die Tropen: geht nicht mehr – dafür vielleicht alle vier Jahre eine sechsmonatige Auszeit. Die Löhne müssten sinken – aber wenn gleichzeitig die Lebenskosten sänken, bliebe die Lebensqualität erhalten.

Markant tiefere Lebenskosten seien möglich, wenn die Produktion regionalisiert und die Verwaltung vereinfacht werde und mehr Aktivitäten gemeinsam statt von jedem für sich allein ausgeübt würden. P. M. s Gesellschaft ist modular organisiert. Die tiefste Organisationsstufe ist die Nachbarschaft mit rund 500 Mitgliedern – klein genug, dass man sich persönlich kennt, und doch so groß, dass man sich nicht zu sehr auf die

Nerven geht. Zu jeder Nachbarschaft gehört ein Landwirtschaftsbetrieb von rund achtzig Hektaren für die Grundversorgung. Die Nachbarschaften »füllen die Lücke, die durch die Auflösung traditioneller Solidargemeinschaften wie Familien, Sippen, Stämmen, Dörfern entstanden ist. Im Unterschied zu diesen sind sie jedoch offene Beitrittsvereine.« Man muss nicht zwingend Mitglied einer Nachbarschaft sein.

Nachbarschaften sind anfällig für Intrigen und Blockaden. Deshalb braucht es die höheren Ebenen – selbst die Anonymität der Großstadt soll möglich bleiben. Die kooperativen Quartiere und Kleinstädte umfassen 10 000 bis 20 000 Menschen. Auf dieser Ebene findet ein großer Teil der Politik statt – demokratisch, als »moderne Wiederbelebung der [antiken] Polis«. Die agrourbanen Regionen haben 100 000 bis zu einer Million Einwohnerinnen und Einwohner, die autonomen Territorien fünf bis zehn Millionen; darüber stehen die subkontinentalen Kooperationsgebiete und schließlich eine planetarische Organisation für »Ressourcenverteilung, Katastrophenschutz usw.«. Grundsätzlich wird alles, was Gesellschaften brauchen, auf einer möglichst tiefen Ebene bereitgestellt; möglichst alle Bewohnerinnen und Bewohner finden das Wichtigste für den Alltag – Lebensmitelläden, Schulen, Treffpunkte, Kulturangebote und so weiter – innerhalb Gehdistanz. Das heißt nicht, dass die Globalisierung einfach aufgegeben würde: Forschung, die Produktion gewisser Industriegüter, aber auch die Produktion von Landwirtschaftsgütern wie Gewürzen oder Kaffee fänden weiterhin global statt.

P. M. hat ein ähnliches Gesellschaftsmodell schon 1983 in seinem Buch *Bolo'bolo* entworfen. Die 2001 eröffnete Genossenschaftssiedlung Kraftwerk in Zürich ist von *Bolo'bolo* inspiriert; P. M. selber wohnt dort.[15] Die Siedlungen Kraftwerk 2 bis 4 sind in Bau oder geplant; als Kraftwerk 4 soll auf einer Industriebrache eine »Rohform eines neuen städtischen Quartiers [entstehen], dessen Ecken und Kanten auch in Zukunft ständig überarbeitet, uminterpretiert und umgebaut werden können«.[16] Unabhängig von der Kraftwerk-Genossenschaft gründete sich 2010 der Verein Neustart Schweiz.[17]

P. M. schlägt zur Umsetzung seines Konzepts keine Organisation mit hierarchischer Parteistruktur vor, keine Revolution und keine zusätzlichen Regulierungen – sondern »eher eine Epidemie, die von Ansteckungspunkten ausgeht und zu einem veränderten gesellschaftlichen Zustand führt«. Dazu brauche es in erster Linie Treffpunkte: »Wie wär's mit Dienstagabend um 20 Uhr?«

»Niemand will verzichten«

»Sie haben schon recht«, sagte mir ein Schweizer Nationalrat nach einer gemeinsamen Podiumsdiskussion, »aber als Politiker kann man nicht von Suffizienz sprechen, wenn man gewählt werden will.« – »Deine Thesen sind nicht sexy«, sagte mir ein anderer Nationalrat, der sich vor allem als Umweltpolitiker versteht. Anhänger eines *lifestyle of health and sustainability* und Fürsprecherinnen der schönen Welt der grünen Technik verspotten die angebliche Lustfeindlichkeit einer Umweltbewegung, die Verzicht anmahnt. Selbst Umweltorganisationen machen um Wörter wie »Suffizienz« und »Verzicht« lieber einen Bogen, um ihre Anhängerinnen und Anhänger nicht zu verschrecken. »Die Menschen«, heißt es weit herum, »wollen nicht verzichten.«

Wollen sie nicht?

Ich glaube nicht, dass ein Politiker nicht mehr gewählt würde, wenn er von Verzicht spräche (zumal für eine Wahl in ein Legislativgremium relative Mehrheiten genügen). Keiner von denen, die mir sagten, es gehe nicht, hat es probiert. Aber was heißt »verzichten«, und wer sind »die Menschen«, die das angeblich nicht wollen?

Die Rede von »den Menschen« ist immer suspekt, denn Menschen, die sagen, dass »die Menschen« etwas nicht wollen, sind ja selber welche. Der Satz sagt zwischen den Zeilen »Ich würde ja schon – aber die Menschen …!«. Das ist paternalistisch. »Bürgerinnen und Bürger, die politischen Subjekte des Gemeinwesens, haben sich in ›die Menschen‹ verwandelt, eine biologische Kategorie von Lebewesen, denen man Politik vermitteln und erklären muss, weil sie nicht verstehen, was ›die Politik‹ und ›die Wirtschaft‹ umtreibt«, schreiben Claus Leggewie und Harald Welzer.[18]

Auch das Wort »Verzicht« sollte man etwas genauer betrachten. Müssen wir verzichten, um den Klimawandel zu begrenzen? Müssen wir verzichten, wenn Erdöl knapp wird? Ja, gewiss! – aber diese Antwort ist trivial, denn jede Veränderung bringt Gewinne hier und Verluste da, nötigt einigen Verzichte ab und bringt anderen Gewinne. Die Frage muss lauten: Worauf müssen wir verzichten – und was gäbe es dabei zu gewinnen?

Die Wahrnehmung dessen, was »Verzicht« sei, ist sehr einseitig und ändert sich mit der Zeit. Denn der Begriff hat nur Sinn im Kontext dessen, was als normal gilt. Kaum jemand wird es als Verzicht empfinden, im Urlaub nicht ins Weltall fliegen zu können, selbst wenn er oder sie das gerne täte: weil es normal ist, dass man es nicht kann. Nicht mehr jedes Jahr mit dem Flugzeug in die Ferien fliegen zu können, dürften indes viele als Verzichtleistung empfinden – obwohl das noch vor einer Generation keineswegs normal war und obwohl auch heute 95 Prozent der Weltbevölkerung noch nie ein Flugzeug bestiegen haben. Jederzeit mit dem eigenen Auto überallhin fahren zu können, erscheint den meisten (in den reichen Ländern) als normal und viele erleben schon den alljährlichen Osterstau auf der Autobahn als Zumutung. Dass aber Kinder nicht mehr auf der Straße spielen und in vielen Fällen das Haus nicht unbegleitet verlassen dürfen, nehmen nur wenige als Verzicht wahr – obwohl diese Freiheitsbeschränkung ohne jeden Zweifel einschneidender ist als der Ärger, selbst verschuldet im Stau zu stehen. Weil die Gewohnheiten sind, wie sie sind, »wird Veränderung umstandslos mit Verzicht gleichgesetzt, wodurch in dem Augenblick, in dem man ›Verzicht‹ sagt, der Status quo als ein Optimum erscheint, an dem um Gottes willen nicht herumgeschraubt werden darf«, sagt der Sozialpsychologe Welzer.[19] Die Feststellung, niemand wolle verzichten, ist immer konservativ.

Normal ist, was man sich gewohnt ist; normal ist auch, was Werbung, Lobbying und Medien als normal propagieren. Viel wäre gewonnen, wir könnten uns von solchen Normalitätsvorstellungen lösen, würden als normal nicht die Welt betrachten, wie sie ist, sondern wie wir sie uns wünschen. Viel wäre gewonnen, die Definitionsmacht über Normalität würde demokratisch ausgehandelt und läge nicht in der Hand derer, die die Macht besitzen, mittels Werbung, Lobbying und auf anderen Wegen die öffentliche Meinung zu dominieren.

Wenn man versucht, sich von gängigen Vorstellungen von Normalität zu verabschieden: Wo erkennt man dann den Lebensstil, der den Menschen am meisten Verzicht abnötigt? Eine originelle Antwort stammt von Max Weber: Gerade in der Grundlage des Lebensstils, der unsere Wohlstandsgesellschaft hervorgebracht hat, erkennt Weber eine »asketische Ethik«: Zu Wirtschaftswachstum führt das Reinvestieren von Überschüssen, und das ist asketisch, weil man Überschüsse nur reinvestieren kann, wenn man darauf verzichtet, sie sofort aufzuzehren.[20] Natürlich ist Webers These umstritten. Der Technikhistoriker Lewis Mumford sieht den Grundstein der Wachstumsgesellschaft nicht wie Weber im protestantischen Geist, sondern in den benediktinischen Klöstern gelegt: Die Benediktiner hätten technische Fortschritte angestrebt, um mehr Zeit zum Gebet zu haben. Die weltlichen Schüler der Benediktiner hätten deren Streben nach Fortschritt, nicht aber ihre Motivation übernommen und begonnen, Überschüsse für ihr diesseitiges Wohl anzuhäufen.[21] Obwohl Mumford sich explizit gegen Max Weber abgrenzt, ist auch in seiner Analyse das Streben nach immer mehr ein asketischer Zug – Teil einer streng asketischen Ordensregel aus dem 6. Jahrhundert.

Es mag wenig einleuchten, dass unsere Kultur auf einer asketischen Ethik beruhe – spricht sie doch zumindest in der Werbung, dem für das Konsumverhalten einflussreichsten Diskurs, die Sprache des Hedonismus. Doch man findet auch heute Aussagen, die fast schon mit der Absicht gemacht zu sein scheinen, Weber zu bestätigen. So schrieb die *Neue Zürcher Zeitung* im Mai 2008 als Argument gegen die Erbschaftssteuer: »Da könnten viele [künftige Erblasser] versucht sein, lieber das Leben zu geniessen (…), als ein Vermögen anzuhäufen.«[22]

Was als Verzicht erlebt wird, hängt aber nicht nur davon ab, was der Einzelne für sich selbst als normal betrachtet, sondern auch davon, was die anderen tun. Selbst wer Autofahren hasst, kann das Nichtfahren oder das Nicht-Fahren-Können als Verzichtleistung empfinden, wenn alle anderen fahren – und er oder sie Mühe hat, sich als Nichtfahrerin oder Nichtfahrer am sozialen Leben zu beteiligen oder auf dem Arbeitsmarkt zu bestehen. Deshalb greift es zu kurz, ökologisches

Handeln dem Gewissen der Einzelnen zu überlassen oder zu glauben, das Verhalten der Mehrheit spiegle auch die Wünsche jedes Einzelnen wider. Ein Gewerkschaftsführer, der persönlich zur Einsicht kommt, dass man auch mit weniger Lohn gut leben kann, wäre schlecht beraten, diese Meinung an Vertragsverhandlungen kundzutun: Die Unternehmer würden sich bedanken und in ihre Tasche stecken, worauf die Angestellten verzichten; für eine suffizientere Welt wäre nichts gewonnen. Ich halte deshalb nicht viel von Appellen an die Sparsamkeit der Bürgerinnen und Bürger: Solche überbürden die Verantwortung vollständig den Individuen und ignorieren gesellschaftliche Zwänge.

Soll also der Staat Suffizienz einfordern? Auch das nicht. Der Staat soll Suffizienz aber ermöglichen und Politiken aufgeben, die nicht suffizientes Verhalten erzwingen. Indem beispielsweise eine Stadt eine Raumplanung der kurzen Wege betreibt, ermöglicht sie mehr Mobilität mit weniger Verkehr. Das wäre Suffizienzpolitik, die für fast alle (außer natürlich für Auto-Aficionados) einen Gewinn und keinen Verzicht darstellt. Selbst wenn eine Stadt die Zahl der Parkplätze beschränkt, erzwingt sie dadurch nicht so sehr ein suffizienteres Verkehrsverhalten, wie das auf den ersten Blick aussehen mag, als dass sie die Zwänge für nicht suffizientes Verhalten mindert.

Schöner verzichten

Aber einiges wird, wenn Energie knapper und teurer wird, auch tatsächlich Verzicht abverlangen, den viele als solchen erleben. Auch das ist nicht einfach unangenehm: Man kann das Leben ohne Verzicht gar nicht genießen. Sosehr diese Feststellung in einer Konsumgesellschaft nach Sonntagspredigt tönen mag, so trivial ist sie doch: Man stelle sich nur eine Welt vor, in der einem jederzeit alle materiellen Wünsche sofort erfüllt würden. Wenn Kinder sich auf Weihnachten oder Geburtstag so unbändig freuen können, so doch gerade deshalb, weil sie 364 Tage im Jahr darauf verzichten müssen. Alle Tage Weihnachten wäre sehr schnell sehr öde.

Eine Gesellschaft, die »Verzicht« leistet auf die Segnungen überreichlich billiger Energie, meine ich, könnte eine freiere Gesellschaft sein. Eine Welt mit weniger materiellem Wohlstand zwar, dafür mit mehr Zeit der Menschen füreinander, mit weniger Ungerechtigkeit, weniger »Entfremdung«. Aber man darf sich wohl nichts vormachen: Wenn die Satten und Selbstgerechten einmal das Gefühl erhalten, man wolle ihnen etwas wegnehmen, was sie als ihr angestammtes Recht betrachten, kann es ungemütlich werden. Das zeigt der Erfolg der Tea-Party-Bewegung in den USA mit ihrer aggressiven Rhetorik des nationalen Egoismus, das zeigen die Erfolge rechtsnationaler Bewegungen und Parteien in vielen Ländern Europas. Wie ungemütlich es wird, wird viel damit zu tun haben, ob ein »Verzicht« als frei gewählt oder von außen aufgezwungen erlebt wird – es wird viel mit Demokratie und Freiheit zu tun haben.

Eine der wichtigsten, vielleicht die wichtigste Errungenschaft des Billigenergiezeitalters ist die politische Freiheit. Die billigen Energien haben – wenn auch der Exzess ihrer Nutzung oft freiheitsfeindlich war und ist – zu ihrer Etablierung beigetragen. Ist es möglich, vom Hochenergiepfad loszukommen, ohne diese Errungenschaft zu opfern? Lässt sich das oben skizzierte Programm einer Energie-Angebotsverknappung freiheitlich gestalten?

10 Freiheit

Die Amischen sind keine liberale Gesellschaft. Aber sie haben sich Freiheiten erhalten, von denen »liberale« Gesellschaften weit entfernt sind.
© Jean Louis Atlan / Sygma / Corbis.

Im Film *A Crude Awakening: The Oil Crash* von Basil Gelpke werden immer wieder Bilder von Amischen (Amish people) in den USA eingeblendet. Der Einfall des Regisseurs liegt nahe, sind doch die Bilder von amischen Bauern und Bauersfrauen, die mit ihrem Pferdefuhrwerk unbeirrt ihres Wegs ziehen und dabei von Autos und Lastwagen überholt werden, von starker Symbolkraft. Und wenn man sich fragt, ob es so etwas wie ein energetisch oder ökologisch richtiges Leben im falschen gebe, so scheinen die Amischen dem am ehesten zu entsprechen: Mitten in einer industrialisierten Hochenergiegesellschaft leben sie ihr Leben in der von ihnen gewählten Geschwindigkeit. Gemessen pro Person, dürfte das Ausmaß ihrer Umweltbelastung nachhaltig sein.

Dass ich dieses Kapitel mit dem Titel »Freiheit« mit Überlegungen zu den Amischen beginne, mag befremden. Die Amischen sind eine christliche, streng bibeltreue Sekte mit rigider Sozialkontrolle zwischen ihren Mitgliedern. Zwar stellen es die Amischen ihren Jugendlichen frei, ob sie dem rechten Weg folgen wollen (wenige wollen es nicht), doch wer sich dagegen entscheidet, zahlt einen hohen Preis, denn er schließt sich damit aus der Gesellschaft aus. Die Amischen sind ganz gewiss keine liberale Gesellschaft – und doch lohnt sich, einen Moment bei ihnen zu verweilen.

Selbstbestimmung

Oft heißt es, die Amischen seien auf dem technologischen Entwicklungsstand von 1700 stehen geblieben, hätten also seit der Zeit, als Jakob Ammann die Gemeinschaft gründete, alle Neuerungen abgelehnt. Das stimmt nicht. Aber die Amischen lehnen einige für unsere industrialisierte Welt zentrale Techniken ab – wobei zwischen den Gemeinden große Unterschiede bestehen. Allen gemeinsam ist die Ablehnung von Motorfahrzeugen (wobei einige Gemeinden ihren Mitgliedern erlauben, in Motorfahrzeugen, die sie nicht selber steuern und besitzen, mitzufahren), der Verzicht, sich ans Stromnetz anzuschließen (wobei einige Gemeinden ganz auf die Nutzung der Elektrizität verzichten, während andere Strom aus eigenen Generatoren nutzen) und die Weigerung, Versicherungen abzuschließen (gegenseitige Hilfe nach einem Schadensfall ist selbstverständlich, Versicherungen könnten diese Selbstverständlichkeit unterminieren). Die Schulzeit ist für alle auf acht Jahre begrenzt.

Die Amischen sind »nicht gegen Fortschritt, aber gegen den Geist des Fortschritts – gegen Anmaßung, und gegen Fortschritt als ein Ziel«.[1] Oft ziehen ihre Pferde moderneres Ackergerät als die Traktoren ihrer nicht amischen Nachbarn.[2] Die Amischen behalten sich die Freiheit vor zu entscheiden, welche Techniken sie annehmen wollen und welche nicht. Der Buchautor und Umweltaktivist Bill McKibben sagte mir einmal, die Amischen seien die einzige Gemeinschaft, die darüber nachdenke, welche Technik sie wolle. Das ist gewiss zugespitzt, denn es ist keineswegs der Normalfall, dass eine Gesellschaft alles Neue unbesehen akzeptiert: Im 19. Jahrhundert wurde heftig über das Für und Wider der Eisenbahn gestritten. Die USA stoppten in den frühen 1970er-Jahren nach intensiver öffentlicher Technikfolgen-Debatte das Programm zur Entwicklung eines zivilen Überschallflugzeugs. Viele Staaten verbieten die Agrogentechnik und ihre Produkte oder die Atomenergie. Und wenn die Ablehnung von Motorfahrzeugen als der radikalste Zug der Amischen erscheint: Auch die Stimmbürger Graubündens widersetzten sich dem Auto ein Vierteljahrhundert lang, bis ihr Widerstand unter äußerem Druck zusammenbrach.

Aber die Amischen halten dem Druck stand, wobei ihnen zweifellos ihre starke religiöse Identität hilft. Der Umweltverbrauch der Amischen ist – pro Person gerechnet – zukunftsverträglich, aber die Regeln sind nicht ökologisch motiviert, denn ihr einziges Ziel ist ein Leben, das dem Evangelium gerecht wird. Für eine streng bibelgläubige Gemeinde, deren Gott über das Schicksal der Menschheit verfügt, wäre es Hybris zu glauben, die Menschen könnten die Umwelt mit ihrem Walten zerstören – oder vor der Zerstörung retten. Einige Regeln der Amischen sind aus ökologischer Sicht falsch: So dürfte der Strom aus eigenen Dieselgeneratoren in den meisten Fällen eine schlechtere Ökobilanz aufweisen als Strom aus dem öffentlichen Netz. Vor allem aber eine Gewohnheit der Amischen ist mit Nachhaltigkeit unvereinbar (und man muss kein Anhänger Malthus' sein, um das festzustellen): Familien mit sieben, acht Kindern sind die Regel.[3]

Die Gründe, etwa das Auto abzulehnen, sind nicht ökologisch, sondern sozial – und »basieren auf einer Argumentation, die man nur extrem rational nennen kann«, wie der Amischen-Forscher Marc Olshan schreibt.[4] Eine amische Schrift nennt acht Gründe:

»Das Auto bricht Nonkonformität;
es trägt maßgeblich zum moralischen Zerfall der Nation bei;
das moderne Automobil ist ein Luxusprodukt;
Autos sind teuer;
sie sind gefährlich;

das Auto entfernt die Gemeindemitglieder räumlich voneinander;
es hat die Tendenz, das Radio mit sich zu bringen [das diese Gemeinde ebenfalls ablehnt];
es bringt die Versicherung.«[5]
Mit einem Wort: Auto zerstört Gemeinschaft.

Ich will die Amischen nicht zu einer liberalen Gemeinschaft verklären, aber: Sich eine solche Haltung zu leisten und sie gegen jeden äußeren Druck zu halten, das ist freiheitlich! Während gerade Verkehrs- und Energiepolitiker, die sich liberal nennen, oft mit Sachzwängen argumentieren – »der Verkehr« wächst, »die Energienachfrage« wächst, und der Staat kann nur dafür sorgen, dass keine Versorgungsengpässe entstehen –, zeigen die Amischen solchen Zwängen die kalte Schulter und erlangen damit, in den Worten Olshans, »eine Art von Freiheit, die viele Amerikaner nie erleben«.[6]

Welche Freiheit?

Eine Energie- und Klimapolitik, wie ich sie im letzten Kapitel geschildert habe, führt zu drastischen Veränderungen. Ist eine solche Politik in einem liberalen und demokratischen Staat politisch umsetzbar? Der Vorsitzende des Uno-Klimarats IPCC, Rajendra Pachauri, sagte an der Präsentation des jüngsten IPCC-Berichts 2007, wir müssten unseren Lebensstil ändern. Darf Politik über den Lebensstil der Menschen entscheiden?

Manche meinen Nein. Der tschechische Staatspräsident Václav Klaus warnt vor dem Ökologismus als einem neuen Kommunismus.[7] Der ehemalige EU-Kommissar für Industrie Günter Verheugen sah schon in Plänen, Autos eine geringfügige Schadstoffbegrenzung vorzuschreiben, einen Totalitarismus am Werk.[8] Die Liste ließe sich verlängern.

Aber man muss es nicht mit Heißspornen wie Klaus halten, um skeptisch zu sein? Eine angebotsbegrenzende Politik, mit anderen Worten: eine Rationierung, noch dazu eine Rationierung eines der wichtigsten Grundstoffe unseres wirtschaftlichen Wohlstands, tönt nicht nach liberaler Politik. Der erziehende Staat, der seine Bürger zum Sparen aufruft, weckt wenig sympathische Assoziationen.[9] Die Vorstellung, dass wissenschaftliche Analysen der Politik ihre Richtung vorgeben, macht aus liberaler Sicht wenig Freude (auch wenn man es nicht den Wissenschaften vorwerfen sollte, dass wir in eine Situation geraten sind, aus der wir ohne ihre Hilfe nicht herauskommen: Sie haben frühzeitig gewarnt). Die dänische Soziologin Thora Bertilsson spricht vom »sehr harten Dilemma«, die »wissenschaftlich festgestellte Notwendigkeit mit der etablierten rechts- und marktbasierten Demokratie zu harmonisieren«.[10]

Es gibt Stimmen innerhalb der Umweltbewegung, die der Demokratie nicht zutrauen, eine Gesellschaft auf einen nachhaltigen Entwicklungspfad zu bringen, und die deshalb eine »Ökodiktatur« herbeisehnen, weil nur ein Diktator, der uns zur Vernunft zwingt, uns noch retten kann.[11] Der 1993 verstorbene Herbert Gruhl, Mitbegründer der deutschen Grünen, forderte einen autoritären Nationalstaat gegen die Umweltkrise und begründete dessen Notwendigkeit sozialdarwinistisch.[12] Der Autor und Kolumnist der *New York Times* Thomas Friedman – ein weit liberalerer Kopf als Gruhl – wünschte sich, die USA möchten sich nur für einen Tag in das autokratische China verwandeln.[13]

Die Antwort auf solche Wünsche kann nur ein klares Nein sein: Es darf nicht sein, dass wir der Rettung der Welt vor dem Menschen die wichtigsten Errungenschaften der Zivilisation opfern. Wir brauchen keinen Diktator, der die Freiheit zu unserer Rettung beschneidet. Denn die Antwort auf die Frage, ob eine nachhaltige Energiepolitik in einer freiheitlichen Gesellschaft möglich sei, ist ein klares Ja: Eine nachhaltige Energiepolitik wird Freiheiten einschränken – aber das tut jede Politik. Sie wird andere Freiheiten ermöglichen und sie wird Freiheitsbeschränkungen abwenden, die sich aus einem Nichthandeln ergäben (etwa aus den Folgen einer katastrophalen Klimaerwärmung). Jede liberale Politik beinhaltet immer auch eine Verteidigung der Freiheiten der einen gegen Freiheiten der anderen. Freiheitliche Politik ist immer auch Interessenabwägung und es gibt keine freie Gesellschaft ohne (möglichst demokratisch beschlossenen) Zwang. Das ist das liberale Urdilemma. In dieser Hinsicht stellt das Kriterium der Nachhaltigkeit keinen Sonderfall dar.

»Die« Freiheit gibt es nicht, sondern es gibt Freiheiten, die oft miteinander im Konflikt liegen. Deshalb sollte man immer, wenn man von Freiheit spricht, sagen, welche man meint. Was also meine ich, wenn ich sage, dass ich die freiheitlichen Werte der Menschheit nicht aufs Spiel setzen will? Ich meine einen Freiheitsbegriff, der breiter ist als das, was eine Politik, die sich heute (in Europa) liberal nennt, darunter versteht. Ich habe einen Freiheitsbegriff im Sinn, wie ihn der politische Liberalismus des 18. Jahrhunderts prägte, einen Freiheitsbegriff, der die Gesellschaft als Ganzes und nicht nur ihre Wirtschaft im Blick hatte.

Der heutige Sprachgebrauch pflegt »liberal« mit »permissiv« gleichzusetzen. Es hat sich eingebürgert, beispielsweise eine Technikgesetzgebung »liberal« zu nennen, die neuen Techniken möglichst wenig Einschränkungen auferlegt. Ein solcher Freiheitsbegriff hat die Freiheit der Dinge, nicht der Menschen im Auge. Unter einem solchen Begriff erscheint der Umgang, den etwa die Amischen mit der Technik pflegen, als das Gegenteil von liberal. Aber die Amischen sind in ihrem Umgang mit Technik frei, weil sie sich ihre Selbstbestimmung nicht von scheinbaren Sachzwängen und Konformitätsdruck nehmen lassen und weil sie das Recht der Menschen über das der Dinge stellen. Sie wägen die Freiheit, eine Technik zu nutzen, ab gegen die Freiheit von dieser Technik. Auch wenn man die Positionen der Amischen nicht teilt, muss man anerkennen, dass diese Positionen auf einer Wahl basieren. Frei sein bedeutet, wählen zu können.

Folgende Kriterien scheinen mir für eine freiheitliche Politik wichtig:

- Politik soll nicht mehr vorschreiben und nicht mehr verbieten als nötig, um die Freiheiten anderer zu schützen. Die Freiheiten der schwächsten Mitglieder der Gesellschaft bedürfen besonderen Schutzes.
- Politik soll dort, wo sie nicht umhin kommt, der gesellschaftlichen Entwicklung Leitplanken zu setzen – etwa in der Infrastrukturpolitik –, diese Leitplanken so setzen, dass persönliche Freiheiten unter gegebenen Rahmenbedingungen möglichst wenig eingeschränkt werden.

- Politik soll fehlertolerant sein. Entscheide, die unumkehrbare Folgen zeitigen, sind zu vermeiden, denn sie reduzieren die Freiheit der Menschen in der Zukunft.
- Politik soll großen Machtkonzentrationen entgegenwirken, denn sie lassen sich nur schwer demokratisch kontrollieren.
- Politik soll von einem liberalen Menschenbild ausgehen: Sie muss an die Fähigkeit des Menschen glauben, zwischen Handlungsoptionen und Lebensentwürfen zu wählen und Gesellschaft zu gestalten.

Wichtige Voraussetzung einer in diesem Sinne freien Gesellschaft ist, mit einem Begriff aus der Ökologie, »Resilienz«: die Fähigkeit, auf sich verändernde Lebensbedingungen angemessen zu reagieren.

Das skizzierte Liberalismusverständnis ist nicht gegen den Wirtschaftsliberalismus gerichtet: Handels- und Gewerbefreiheit sind wichtige bürgerliche Freiheiten. Aber es gilt die Prioritäten zu achten: Wirtschaft hat den Menschen zu dienen und wirtschaftliche Freiheit die Freiheit der Menschen zu mehren – nicht umgekehrt. Und wirtschaftliche Freiheit muss mehr sein als die Freiheit des jeweils wirtschaftlich Stärkeren. Zur wirtschaftlichen Freiheit gehört auch die Freiheit unterschiedlicher Wirtschaftsformen, gehört auch die Freiheit der Kleinen, die Freiheit der Subsistenzwirtschaft, die Freiheit der unbezahlten Wirtschaft. Zu glauben, es gebe nur eine richtige Form, wie eine Gesellschaft ihre Wirtschaft organisieren kann, ist nicht liberal.

Energiepolitik für die Freiheit

Der Liberalismus hat sich herausgebildet gegen die Anmaßungen menschlicher Herrschaft in den Monarchien des Ancien Régime, und er hat sich weiterentwickelt in der Abwehr der totalitaristischen Regimes und des Kolonialismus des 20. Jahrhunderts. Er hegt aus gutem Grund größere Abneigung gegenüber Freiheitsbeschränkungen, die Menschen von Menschen auferlegt werden, als gegen solche, die von Naturereignissen wie Dürren, Stürmen oder Hochwasser ausgehen. Deshalb sehen viele Liberale die Freiheit eher durch politische Maßnahmen gegen den Klimawandel gefährdet denn durch den Klimawandel und seine Folgen.

Doch die Grenzen zwischen menschlichen und natürlichen Freiheitsbeschränkungen sind heute nicht mehr so scharf. Eine Dürrekatastrophe ist dann, wenn sie wegen der vom Menschen verursachten Klimaerwärmung wahrscheinlicher wird, eben nicht mehr ein reines Naturphänomen – sondern auch Ausdruck von Herrschaftsverhältnissen von Menschen über Menschen. Umgekehrt ist eine vom Menschen verhängte politische Maßnahme wie eine Energierationierung nicht allein eine menschliche Freiheitsbegrenzung, wenn sie dazu dient, natürliche Limiten vorwegzunehmen.

Wie hat eine liberale Energiepolitik idealerweise auszusehen?

Erstens: Was soll aus liberaler Sicht die Basis energiepolitischen Handelns sein?

Die größte Dringlichkeit stellt der Klimawandel dar. Gelingt es, den Klimawandel abzuwenden, wird auch die Verknappung der nicht erneuerbaren Energieressourcen kein Problem mehr darstellen. Die Uno-Vollversammlung hat 1988 das IPCC gegründet und ihm den Auftrag erteilt, die Politik mit den nötigen wissenschaftlichen Grundlagen zu versorgen, um einen Klimawandel abzuwenden, »deren Auswirkungen für die Menschheit katastrophal sein könnten«.[14] Das ist natürlich tendenziell eine Überforderung der Wissenschaft, und es gibt immer guten Grund, an wissenschaftlichen Erkenntnissen zu zweifeln. Im Falle des Klimawandels ist der wissenschaftliche Konsens allerdings beeindruckend und die Evidenz erdrückend. Wir haben heute das Wissen, das den grönländischen Normannen fehlte, als sie sich ihre Lebensgrundlage zerstörten.

Aufgrund dieser wissenschaftlichen Erkenntnisbasis muss die Politik, möglichst im globalen Verbund, Entscheide treffen, die individuelle Freiheiten tangieren. Es gibt nur eine Erde, es kann kein Nebeneinander geben von solchen, die lieber mehr Erwärmung in Kauf nehmen, und solchen, die sich lieber mehr anstrengen. Aber wie weit soll die Klimapolitik gehen, damit sie individuelle Freiheiten möglichst wenig beschneidet? Wie soll mit den Unsicherheiten umgegangen werden? Genau so, wie es in einem der sechs IPCC-Szenarien steht, wird es nicht kommen. Prognosen können falsch liegen – in beiden Richtungen.

Kosten-Nutzen-Analytiker beantworten die Frage nach dem richtigen Maß der Klimapolitik mit ihrer Suche nach dem ökonomischen »Optimum«. Das ist aus freiheitlicher Sicht problematisch, weil solche Analysen zahlreiche eminent politische Fragen – nach dem Wert von Menschenleben, Ökosystemen, Tier- und Pflanzenarten, Landschaften – auf ökonomische Fragen reduzieren. Damit vernichten sie Wahlfreiheiten. Wem davor graut, dass naturwissenschaftliche Modelle unser politisches Handeln diktieren könnten, der sollte sich vor einer Methode erst recht hüten, die den Ausgleich sich widerstrebender Interessen und Wertvorstellungen auf eine Kostenoptimierung reduziert.

Die Suche nach dem »Optimum« ist aber auch deshalb problematisch, weil aus dieser Sicht ein Zuviel und ein Zuwenig an politischen Maßnahmen gleichermaßen unerwünscht ist. Aber diese scheinbare Symmetrie ist in Wirklichkeit keine. Tut die Politik zu viel, so mag das teuer werden. Politische Maßnahmen können aber zurückgenommen werden, wenn sie als Irrtum erkannt sind. Tut die Politik dagegen zu wenig, dann gibt es oft nichts mehr zu korrigieren: Ausgestorbene Arten kommen nicht zurück, abgeschmolzenes Grönlandeis bildet sich (in historischen Zeiträumen) nicht neu, selbst wenn es wieder kälter würde, und aus aufgetauten Permafrostböden entwichenes Methan gelangt nicht dorthin zurück, wenn die Böden wieder zufrieren.

Fehlertoleranz ist ein Kriterium freiheitlicher Politik. Das Vorsorgeprinzip ist die fehlertolerante Alternative zu den Kosten-Nutzen-Analysen. Die Uno-Mitgliedstaaten haben sich 2010 offiziell auf das Ziel verständigt, die Erwärmung der Erdoberfläche auf maximal 2 Grad gegenüber vorindustriellem Niveau (1,3 Grad gegenüber heute) zu begrenzen. Das dürfte bereits zu viel sein, und im Moment ist kein Abkommen in Sicht, das die Erreichung dieses Ziels auch ermöglichen würde. Zöge man aber die Konsequenz aus der Absichtserklärung und ließe nur noch so viele Emissionen zu, dass dieses Ziel nicht überschritten würde, wäre das eine Umsetzung des Vorsorgeprinzips.

Zweitens: Wenn man sich auf das Ziel geeinigt hat: Welche Instrumente soll eine liberale Politik wählen, um es zu erreichen?

Auf den ersten Blick mag eine Politik als am liberalsten erscheinen, die den Verbrauch fossiler Energieträger dadurch reduziert, indem sie Anreize setzt, weniger oder andere Energie zu verbrauchen. Die unerwünschten Energieträger politisch zu bannen wirkt dagegen illiberal. »Anreize statt Verboten«, lautet eines der oberflächlich-liberalen Schlagworte. Doch wer so rechnet, macht seine Rechnung ohne den Wirt – und ohne den Rebound-Effekt.

Eine Politik, die auf Nachfragesenkung abzielt, wird wegen des Rebound-Effekts ihr Ziel verfehlen. Sie gestattet bei genauerem Hinschauen aber auch weniger Freiheiten als die auf den ersten Blick so illiberale Angebotsverknappung. Eine Politik, die Anreize schafft, weniger zu verbrauchen oder Energiealternativen aufzubauen, gibt vor, wo Einsparungen gemacht und welche Alternativen gefördert werden sollen. Damit riskiert sie nicht zuletzt, neue Überkapazitäten aufzubauen. Eine Politik, die festlegt, wie viel fossiler Kohlenstoff noch verbrannt werden darf, und die nur noch so viel auf den Markt lässt, kann es dagegen offen lassen, wie das Ziel umgesetzt wird. Eine angebotsbegrenzende Politik stellt fest, was es festzustellen gilt, und überlässt den Rest den Energiekonsumentinnen und Energiekonsumenten. Sollen diese die fossile Energie, die sie noch verbrauchen dürfen, effizienter nutzen? Sollen sie die fossile Energie, die sie nicht mehr verbrauchen dürfen, durch andere Energie substituieren? Sollen sie mit weniger auskommen? Das geht eine solche Politik nichts an. Die meisten Politikerinnen und Politiker bevorzugen heute die Effizienzsteigerung: Sie verspricht, auf nichts »verzichten« zu müssen. Aber weshalb sollte die Politik diesen Weg vorschreiben, wenn die Menschen das vielleicht gar nicht wollen?[15]

Die Veränderungen, die für eine klima- und allgemein umweltverträgliche Lebensweise nötig sind, werden tief greifend sein – sie müssen sich »von unten« bilden und können nicht »von oben« vorgeschrieben werden. Das kann nur gut herauskommen, wenn der Staat gesellschaftlichen Experimenten größtmögliche Freiheit lässt. Gesellschaftliche Großexperimente von oben sind gefährlich und tendieren zum Totalitarismus; ohne gesellschaftliche Kleinexperimente von unten gibt es keinen sozialen Fortschritt.

Drittens: Ein wirksames, lückenloses Cap-and-Trade-System oder eine gleichwertige politische Maßnahme, die dafür sorgt, dass nicht mehr fossiler Kohlenstoff auf den Markt gelangt, als aufgrund der wissenschaftlichen Erkenntnisse noch verbrannt werden darf, reicht aus, den Klimawandel zu begrenzen. Eine solche Maßnahme reicht ebenfalls aus, um einer plötzlichen Verknappung der Energieressourcen zuvorzukommen. Aber damit ist der Staat nicht aus der Verantwortung entlassen: Nun geht es darum, dass der Rückgang der Kohlenstoffzufuhr die Freiheit seiner Bürger so wenig als möglich beschneidet. Das erfordert keine zusätzliche Politik, aber eine Ausrichtung der Politik, die sowieso stattfindet, auf die neuen Umstände.

Zunächst geht es darum, überhaupt erst zu erkennen, wo welche Politik Freiheiten beschneidet und Zwänge setzt. Wie ich am Beispiel des Verkehrs gezeigt habe, zwingen Verkehrsinfrastrukturen meist ebenso sehr zu gewissen Mobilitätsformen, wie sie Mobilität überhaupt ermöglichen. Eine Straße zu bauen scheint die Freiheit dessen, der sie benutzt, zu erhöhen; in Wirklichkeit zwingt sie ihn auch, sie zu benutzen. Eine Siedlungs-, Verkehrs- oder Handelspolitik der kurzen Wege ist das Paradebeispiel einer Politik der Suffizienz, die Freiheit schafft: Sie ermöglicht mehr Mobilität mit weniger Verkehr. Das erhöht namentlich die Chancen der Schwachen (Kinder, Betagte, Behinderte), an der allgemeinen Mobilität teilzuhaben – ganz abgesehen davon, dass die heutige Politik der immer längeren Wege mit ihren gigantischen offenen und versteckten Subventionen jedem Wirtschaftsliberalen ein Gräuel sein müsste.

Viertens: Liberale Politik muss von der Idealannahme ausgehen, dass die Individuen tun, was sie tun wollen. Die Annahme ist in ihrer platten Form falsch, weil viele Faktoren bewirken, dass Menschen freiwillig Dinge tun, die sie »eigentlich« nicht tun wollen – denn Menschen unterliegen sozialen Zwängen, sind von Mentalitäten und Denkgewohnheiten geprägt, sind Opfer von Süchten. Ginge die Politik aber nicht vom Ideal des frei entscheidenden Individuums aus, liefe das auf die Anmaßung des Staats hinaus, besser als seine Bürger zu wissen, was diese wollen. Es kann deshalb nicht darum gehen, beispielsweise den

Autoverkehr einzuschränken, weil »die Menschen« glücklicher wären, wenn sie weniger Auto führen. Es kann einzig darum gehen, den Autoverkehr einzuschränken, weil er ökologische und soziale Schäden anrichtet: weil er Freiheit heute lebender Menschen wie künftiger Generationen vernichtet.

Damit eine Gesellschaft erkennt, wo die Freiheiten liegen, die sie verteidigen will, und wodurch diese bedroht sind, muss sich eine demokratische Öffentlichkeit die Hegemonie dort zurückerobern, wo sie sie an Werbung, Lobbygruppen und übermächtige Medienkonzerne verloren hat. Nur wenn die Menschen mehr Citoyens und Citoyennes und weniger Konsumentinnen und Konsumenten sind, wird das gelingen. Es braucht keine Ökodiktatur, sondern eine Weiterentwicklung und Stärkung der Demokratie.

Fünftens: Es gibt nur zwei theoretische Möglichkeiten, eine katastrophale Klimaerwärmung abzuwenden, ohne den Verbrauch fossiler Energieträger einzuschränken: Das CO_2 im Boden oder auf dem Meeresgrund lagern oder das Klima durch großtechnische Eingriffe in Atmo- oder Biosphäre direkt beeinflussen (»Geo-Engineering«). Beide Möglichkeiten sind Zukunftsmusik, doch wird an ihnen intensiv geforscht. Angenommen es kommt so weit, dass sie einsetzbar wären: Sind sie wünschbar?

Aus liberaler Sicht können sie es nicht sein. Eingelagertes CO_2 muss praktisch auf ewig sicher verschlossen bleiben. Mit einer CO_2-Einlagerung schafft man sich ein zweites Endlagerproblem neben dem der radioaktiven Abfälle. Wie dieses würde die Endlagerung des CO_2 und zuvor schon der Transport und die Zwischenlagerung einen gigantischen Kontrollaufwand bedingen, um Missbrauch und Unfälle zu verhindern. Geo-Engineering wiederum gibt dem, der es kontrolliert, ungeheure Macht. Könnte man die Oberflächentemperatur der Erde technisch manipulieren: wer hätte das Recht zu bestimmen, welches die wünschbare Temperatur sei? So warm wie zu Beginn der menschengemachten Klimaerwärmung – oder doch ein bisschen wärmer, um in Sibirien und Kanada Landwirtschaftsland zu gewinnen? Wer übt die Kontrolle aus, wer schützt vor Missbrauch? Sowohl die Endlagerung von CO_2 wie Geo-Engineering widersprechen dem liberalen Gebot, allzu große Machtballungen zu verhindern. Aus demselben Grund sind auch die herkömmliche Atomenergie, schnelle Brüter oder gar die Kernfusion keine freiheitsverträglichen Alternativen zu den fossilen Energieträgern.

Ich fasse zusammen: Eine freiheitliche Klimapolitik stützt sich erstens auf die besten verfügbaren wissenschaftlichen Erkenntnisse und auf das Vorsorgeprinzip ab und tut deshalb lieber zu viel als zu wenig. Sie geht zweitens die CO_2-Problematik an, indem sie das Angebot fossiler Energieträger (drastisch) limitiert, es aber dem Markt überlässt, was mit dem verkleinerten Angebot geschehen soll. Sie sorgt drittens für Rahmenbedingungen, die ein Leben in Freiheit auch mit weniger Energieverfügbarkeit erlauben. Sie tut dies viertens nicht paternalistisch, sondern mit dem Ziel, Freiheiten zu bewahren, die in einer offenen, demokratischen Debatte als schützenswert erkannt wurden. Und sie verzichtet fünftens auf gefährliche großtechnische Experimente.

Nun kann man sich fragen: Kann all das gelingen? Hier müsste der Liberalismus mit einer Überzeugung antworten, die für ihn zentral ist: dass Gesellschaft gestaltbar, dass der Mensch ein vernunftbegabtes und lernfähiges Wesen und dass sozialer Fortschritt möglich ist.

Freiheit zwischen »Machbarkeitswahn« und »Alternativlosigkeit«

Der Glaube, dass die Menschen ihre Gesellschaft gestalten können, ist ein fundamentales Merkmal des Liberalismus. Es grenzte diesen (wie auch den Sozialismus) im 19. Jahrhundert vom Konservatismus ab, der an die von Gott gegebene, richtige Ordnung glaubte. Der Glaube an die Gestaltbarkeit der Gesellschaft hat allerdings zu Exzessen geführt, zu politischen wie technizistischen Utopismen, die den Menschen ihr Glück – was sie dafür hielten – aufzuzwingen versuchten. Ein erstes Mal geschah das in der *terreur* der Französischen Revolution; dann im 20. Jahrhundert in ganz anderer Größenordnung in den antiliberalen Diktaturen des Kommunismus sowie des Faschismus und Nationalsozialismus.

Diese Pervertierungen der Idee einer besseren Welt brachten nach dem Zweiten Weltkrieg eine verständliche Ablehnung jedes Utopismus hervor. So unterschiedliche Denker wie Friedrich August von Hayek und Hans Jonas teilten diese Ablehnung von Utopien, zogen daraus aber ganz andere Schlüsse. Und auch die Antiutopien liefen letztlich auf utopische Gesellschaftsentwürfe hinaus, am deutlichsten vielleicht in Karl Poppers »offener Gesellschaft«.

Jonas kritisierte politische und technizistische Utopien als Schwestern im Geist. Die meisten Anhängerinnen und Anhänger einer Spielart des Liberalismus, die unter Freiheit in erster Linie die Freiheit (heutiger) Wirtschaftssubjekte versteht, teilen mit Jonas indes nur die Abneigung gegen politische Utopien und sind gleichzeitig ausgesprochen technikgläubig. Oftmals ersetzt der Technikglaube nicht nur jede politische Utopie, sondern richtet sich gegen politisches Wollen schlechthin – denn wenn die Technik die Welt besser macht, muss die Politik das nicht mehr anstreben. »Der Ruf nach technischer Innovation ist, paradoxerweise, ein üblicher Weg, Wandel zu vermeiden, wenn Wandel unerwünscht ist. Das Argument, Wissenschaft und Technik der Zukunft erlösten uns von der Klimaerwärmung, ist ein Beispiel dafür«, schreibt der Technikhistoriker David Edgerton.[16]

Bei wichtigen Figuren dieser Liberalismus-Spielart führte die Ablehnung jeglicher zielgerichteten Politik, kombiniert mit dem Glauben, technischer Fortschritt ersetze sozialen Fortschritt, zur Umkehrung des ursprünglichen liberalen Glaubens an die Gestaltbarkeit der Gesellschaft: zu Margaret Thatchers There-is-no-alternative-Liberalismus oder Francis Fukuyamas Ende-der-Geschichte-Determinismus.

Die Ablehnung der Idee, die Gesellschaft lasse sich gestalten, ist im Liberalismus des 20. Jahrhunderts unter anderem motiviert durch eine erkenntnistheoretische Bescheidenheit. Sie basiert auf der Einsicht, dass Menschen, wenn sie das Gute wollen, oft das Böse schaffen, weil sie nicht genug wissen, um die Folgen ihres Handelns abzuschätzen: *Die Anmaßung von Wissen* heißt eines der Bücher Hayeks. Doch wer es mit der Ablehnung der Utopie so weit treibt, dass er jeden gestaltenden Eingriff in das »freie« Funktionieren der Gesellschaft (und vor allem, wie Hayek, ihrer Wirtschaft) ablehnt, der legitimiert damit nur den Status quo – mit all seinen Ausbeutungen von Mensch und Umwelt. Die

Kritik an der »Anmaßung des Wissens«, das Plädoyer für eine erkenntnistheoretische Bescheidenheit, wird so zur Apologie einer Wirtschaft, die mit Bescheidenheit gar nichts zu tun hat, und freiheitliches Pathos redet einem Gesellschaftsbild das Wort, das dem Menschen seine Freiheit nicht zugesteht.

Dieses Paradox will ich an einem Text illustrieren, den ein Hayek-Verehrer und Mitglied der von Hayek mitbegründeten Mont-Pelerin-Gesellschaft im Oktober 2010 in der *Neuen Zürcher Zeitung* publiziert hat: am Leitartikel »Chaos, Ordnung und Machbarkeitswahn« von Gerhard Schwarz.[17] Schwarz war jahrelang Wirtschaftschef der NZZ; seit Oktober 2010 leitet er den wirtschaftsliberalen Thinktank Avenir Suisse. Seine journalistische Funktion nahm er als eine Art Hohepriesteramt des Liberalismus wahr. Der Leitartikel war seine Abschiedspredigt.

Schwarz konstatiert einen zunehmenden »Glauben an die Machbarkeit aller Dinge«. Dieser gefährde »Dezentralität« und baue »Anpassungsfähigkeit ab«, wodurch »Freiheitsgrade reduziert« würden. Die Kritik richtet sich gegen Manager und Unternehmer wie gegen »Ökonomen, die einem naturwissenschaftlichen Ideal nacheiferten und meinten, mit ihrem modellbasierten Wissen die Welt verstehen und erklären zu können«. Der Text gipfelt im Aufruf, es brauche »Mut zur wirtschaftspolitischen Demut« statt »konstruktivistischer Hybris«.

»Anpassungsfähigkeit«: Das ist, was ich »Resilienz« genannt habe. Die Kritik am »Machbarkeitswahn«, der Aufruf zum »Mut zur Demut« könnte von einem Autor wie Illich stammen; die Forderung nach Dezentralität von Hermann Scheer. Doch Schwarz zieht daraus ganz andere Folgerungen. Seine Kritik gilt in erster Linie einer Politik, die versucht, regulierend einzugreifen, statt das »Chaos«, das Freiheit zwangsläufig bedeute, zu akzeptieren. Das führt ihn dazu, »äußerste Zurückhaltung in der Wirtschafts-, Sozial- und Umweltpolitik« anzumahnen. »Demut« soll heißen, der Ausbeutung der Umwelt nur mit »äußerster Zurückhaltung« Grenzen zu setzen – eine ziemlich sportliche Volte! Schwarz kritisiert die Ökonomen, die sich wie Naturwissenschaftler zu gebärden pflegten – aber auch die naturwissenschaftliche Klimaforschung mochte er nie recht ernst nehmen.[18]

Welche und wessen Freiheit er meint, sagt Schwarz nicht explizit, doch heißt es im letzten Absatz: »Wenn wir hingegen dem ›Chaos‹ mit Einzelmaßnahmen begegnen, wenn wir es überwinden und beherrschen statt nur nützen möchten, begeben wir uns in einen Teufelskreis des Interventionismus und des Machens. Wir beschädigen die Funktionstüchtigkeit der Marktwirtschaft, ohne ihre unvermeidbare Volatilität, die konjunkturellen und strukturellen Einbrüche und Umbrüche, die Arbeitslosigkeit, die Preisausschläge, die Spekulation und vieles mehr auch nur annähernd in den Griff zu bekommen.« Die »Funktionstüchtigkeit des Marktes«: Darum also geht es ihm. Die Gesetze des Marktes aber sind keine Naturgesetze – er selber stellt es fest –, denn der Markt ist eine gesellschaftliche, von Menschen gemachte Einrichtung. Schwarz' Liberalismus fordert also letztlich Demut vor der Herrschaft des Marktes – und setzt sich damit der ursprünglichen Intention des Liberalismus, den Menschen von menschlicher Herrschaft zu befreien, diametral entgegen.

Wer wie Schwarz jegliche Zielorientierung in der Politik ablehnt (»Herkömmliche Politik will immer konkrete Ziele erreichen. Dass das an den Grundlagen einer freien Gesellschaft rüttelt, ist den meisten Politikern nicht bewusst«), redet im Namen der Freiheit einer Alternativlosigkeit das Wort, die dem Menschen die Fähigkeit abspricht, zu wählen: frei zu sein. Wenn diese Position von einem vertreten wird, der zu den Satten und Reichen gehört, und wenn aus dieser Perspektive die Zerstörungen der Umwelt oder die Milliarde unterernährter Menschen zur »unvermeidlichen Volatilität« der freien Gesellschaft erklärt werden, wird die Aufforderung zu »Demut« hier zur Anmaßung denen gegenüber, die nicht frei sind. Es ist die Position des europäischen Textilindustriellen um 1800, der die Sklaven, die seine Baumwolle gepflückt haben, für ihr Los bedauert, aber jeden Versuch, die Sklaverei abzuschaffen, als einen Mangel an Demut vor dem Unvermeidlichen verurteilt.

Sklaverei und Umweltausbeutung

Die Sklavenhaltergesellschaft, dieses extreme Gegenteil von Freiheit, ist abgeschafft. Es gibt nach wie vor Sklaven und Sklavinnen, Zwangsarbeit und sklavereiähnliche Ausbeutungsverhältnisse, aber ganze Volkswirtschaften, die auf Sklavenhalterei basieren, gibt es nicht mehr.

Die größte organisierte Massenunfreiheit der Geschichte fand zur Zeit der Hochblüte des Liberalismus statt – die größte Umweltzerstörung findet statt zur Zeit des größten ökologischen Wissens. Die Parallele ist gewagt; ich will sie wagen – spekulativ, als Hoffnung für unsere Zukunft.

Ein politisch angestrebter Ausstieg aus der Nutzung der wichtigsten Energieträger erscheint vielen als ökonomische Unmöglichkeit oder doch zumindest als unverhältnismäßig teuer. Auch die Aufgabe der Sklaverei erschien den Sklavenhaltergesellschaften Nordamerikas, Brasiliens und der Karibik im 18. und 19. Jahrhundert als eine ökonomische Unmöglichkeit.

Die Sklavenplantage war aus rationalen ökonomischen Gründen entstanden und nicht aus Verachtung gegenüber afrikanischen Menschen. Der Rassismus als ideologische Grundlage der Sklaverei – die Idee vom primitiven Neger, der der starken Hand (Peitsche) seines Herrn bedarf – entstand erst, als die Sklaverei angegriffen zu werden begann. Bis ins 19. Jahrhundert war die Sklaverei zu selbstverständlich, als dass sie einer Legitimation bedurft hätte. Die christlichen Kirchen waren sich im Grundsatz zwar einig, dass Sklaverei in einer idealen Welt keinen Platz haben könne; in der realen Welt wurde sie als Tatsache auch von den Kirchen hingenommen.

Auch die Umwelt wird nicht aus Verachtung ausgebeutet. Niemand behauptet heute noch allen Ernstes, das Verbrennen fossiler Energieträger sei nachhaltig – aber wir scheinen nicht anders zu können. Die Rechtfertigung der Umweltausbeutung, nämlich die Wachstumsideologie der modernen Wirtschaft, ist mit dieser selbst entstanden, so wie die Rechtfertigung der Sklaverei mit der Sklaverei entstand.

Wie kam es zum Ende der Sklavenhaltergesellschaften? Dieses Ende war, anders als ihr Anfang, nicht wirtschaftlich bedingt: Die Sklaverei

»war in jenem Moment dem Untergang geweiht, als mit jedem Löffelgriff in die Zuckerdose das Seufzen der fernen und unsichtbaren Sklaven zu ertönen schien«, und die Zuckerabstinenz radikaler Abolitionisten war »das erste bekannte Beispiel für den moralisch motivierten Konsumboykott«, schreibt der Historiker Jürgen Osterhammel.[19] Der offensichtliche Widerspruch zwischen dem Ideal einer freiheitlichen Gesellschaft und der ökonomischen Realität der Sklaverei wurde freilich dadurch kaschiert, dass »die Sklaverei ausgelagert und an die koloniale Peripherie verbannt war. Die Produkte der Sklaven wurden in der Metropole konsumiert; die Erzeuger dieser Güter waren unsichtbar.«[20]

Hätten die Abolitionisten nur auf Zucker verzichtet und sich nicht politisch engagiert, hätte das die Sklaverei nicht abgeschafft. Ebenso wenig überwindet das Kaufen von Bioäpfeln und das Installieren von Solarpanels allein die fossilenergetische Wirtschaftsform. Und wenn heute beispielsweise Autos, die zwanzig Prozent weniger Benzin verbrauchen, als »umweltfreundlich« gepriesen werden, so ist das, als hätte man vor zweihundert Jahren Baumwollwaren damit angepriesen, dass bei der Produktion der Baumwolle die Zahl der Peitschenhiebe um zwanzig Prozent habe gesenkt werden können. Die Sklavenemanzipation, schreibt Osterhammel, war »eines der besten Beispiele für das Zusammentreffen von normativem Wandel (...) und politischen Systemkrisen als einem wichtigen Antrieb der Geschichte«.[21] Auch darin könnte man eine Parallele zur Gegenwart sehen, wo die Umweltkrise mit Energie-, Nahrungsmittel- und Finanzkrise zusammentrifft.

Wird die Überwindung des fossilenergetischen Zeitalters verlaufen wie die Abschaffung der Sklaverei? Das kaum; dafür sind die Unterschiede denn doch zu groß. Die Bedeutung der Sklaverei für die Gesamtwirtschaft am Vorabend ihrer Abschaffung ist schwer zu bestimmen; die Sklaverei hatte aber bei Weitem nicht die dominierende Stellung, die die Erdölwirtschaft heute hat.[22] Die Abolition ging vom damals mächtigsten Staat der Welt aus, von Großbritannien. Großbritannien profitierte von der Sklaverei, war selber aber keine Sklavenhaltergesellschaft. Dagegen gibt es heute keine Weltregion, deren Wirtschaft nicht von fossiler Energie abhängig wäre. Das Schicksal der

Sklavenhaltergesellschaft wurde besiegelt durch einen Krieg: den amerikanischen Bürgerkrieg (1861–1865), den Osterhammel einen »Weltbürgerkrieg« nennt. Das war schon damals schrecklich; im Zeitalter der Massenvernichtungswaffen kann ein Weltbürgerkrieg keine Option mehr sein. Und: Die Abolition nahm rund hundert Jahre in Anspruch, von den 1780er- bis in die 1880er-Jahre; es dauerte noch einmal fast ein Jahrhundert bis zur politischen Gleichberechtigung der Sklavennachfahren. So viel Zeit bleibt nicht für die Überwindung der fossilen Energien.

Der Vergleich zwischen Sklavenhalter- und Fossilenergiegesellschaften ist gewagt. Ich will mit ihm einzig zeigen: Es kommt in der Geschichte zu Entwicklungen, die scheinbar Unüberwindbares obsolet machen. Der Mensch ist fähig, seine Gesellschaft zu gestalten. Zivilgesellschaftliche Bewegungen haben die Macht, auch fest etablierte Machtverhältnisse umzustürzen.

Das immerhin macht hoffnungsvoll.

*

Die Leserin, der Leser mag sich fragen, ob dies nun ein pessimistischer oder ein optimistischer Ausblick gewesen sei. Vielleicht bin ich gleichzeitig pessimistischer und optimistischer als die dominierenden Stimmen in der Energiedebatte: pessimistischer, weil ich nicht glaube, dass sich unsere Energie- und Umweltprobleme lediglich mit technischen Mitteln lösen lassen. Die tröstliche Botschaft der Erneuerbaren-Energien-Propheten, man müsse nur genug Solarpanels und Windräder aufstellen und alle Geräte durch effizientere ersetzen: ich mag sie nicht glauben. Ich bin überzeugt, dass die meisten unterschätzen, wie wichtig billige Energie in der spezifischen Form, wie wir sie kennen – flüssig, brennbar –, für die Wirtschaft und Gesellschaft in ihrer gegenwärtigen Verfassung ist, und ich halte es für unvermeidlich, dass wir in Zukunft über weniger und teurere Energie verfügen werden.

Und doch bin ich optimistischer als viele: denn ich glaube ebensowenig, dass es ein Unglück sei, weniger Energie zu haben. Ich mag den

Auguren nicht folgen, die sich die Welt nur so vorstellen können, wie sie ist. Ich glaube nicht, dass die Welt, wie wir sie kennen, ohne billige Energie weiterbestehen kann, aber ich glaube auch nicht, dass die Alternative zu dieser Welt nur Barbarei und der Untergang der Zivilisation heißen kann. Wir werden die Form der Nahrungsproduktion, wie wir sie gegenwärtig betreiben, ohne Erdöl nicht aufrechterhalten können – aber das heißt nicht, dass sich nicht genug Nahrung für alle produzieren ließe. Wir werden den motorisierten Massenindividualverkehr nicht aufrechterhalten können – aber das heißt nicht, dass wir deswegen weniger mobil werden müssten. Wir werden die Konsumgesellschaft und die Wachstumswirtschaft aufgeben müssen – aber das heißt nicht, dass die Lebensqualität sinken muss. Wir werden wieder mit so wenig Energie auskommen müssen wie vielleicht vor fünfzig Jahren – aber das heißt nicht, dass das Rad der Geschichte zurückgedreht wird.

Was ich vor allem versucht habe zu zeigen, ist, dass die Welt sich nicht so hat entwickeln müssen, wie sie sich entwickelt hat. Geschichte ist nicht deterministisch. Wir haben die Wahl – und könnten die Welt auch anders einrichten.

Anmerkungen

Einleitung

1 Clive Staples Lewis, *The Abolition of Man,* London 1943, Kap. 3; zitiert nach www.columbia.edu/cu/augustine/arch/lewis/abolition3.htm.

2 Tony Judt, *Dem Land geht es schlecht,* München 2011, S. 11.

3 Tiefbau- und Entsorgungsdepartement der Stadt Zürich (Hrsg.), *Zürichs Verkehr 2050 – Eckpunktbilder.* Synthesebericht, Zürich 2009.

4 Ausnahmen, auf die meine Kritik nicht zutrifft, sind *Leben ohne Erdöl* (Zürich 2009) von Vandana Shiva und, als eines von zahlreichen Büchern mit dem Wort *Energiewende* im Titel, Rob Hopkins, *Energiewende – das Handbuch. Anleitung für zukunftsfähige Lebensweisen,* Frankfurt am Main 2008.

5 Den Club of Rome, der 1972 das bis heute bekannteste Umweltbuch dieser Zeit herausgab – *Die Grenzen des Wachstums* von Donella Meadows et al. –, zähle ich nicht zu diesen Stimmen. So wichtig dieses Buch für das Umweltbewusstsein breiter Kreise war, ist es doch eine ziemlich unpolitische Studie. Carl Amery (*Natur als Politik. Die ökologische Chance des Menschen,* Reinbek 1978, S. 11) spottete über den »autoritätsumwitterten Club of Rome« als »Club von Technokraten und Managern, der sozusagen aus heiterem Himmel und vom Großen Computer abgesegnet den Weltuntergang verkündete«.

6 Zur Frage, inwieweit die Verfügbarkeit von Energie historische Vorgänge determiniert, siehe Vaclav Smil, *Energy in World History,* Boulder 1994, S. 242–256.

7 Das International Assessment on Agricultural Knowledge, Science and Technology for Development (IAASTD) kommt in seinem Bericht von 2007 zum Schluss, dass es möglich sei, die Weltbevölkerung auch im Jahr 2050 zu ernähren; dass es dazu freilich drastische Änderungen in der Landwirtschaft und Landwirtschaftspolitik brauche. Optimisten halten auch sehr viel größere Bevölkerungen für grundsätzlich problemlos, wenn man nur den technischen Fortschritt in Betracht ziehe. Der extremste Vertreter dieser Position ist wohl Cesare Marchetti, der die Tragfähigkeit der Erde (natürlich bewusst provokativ) auf eine Billion Menschen (140-mal mehr als heute) schätzt. (Cesare Marchetti, »10 to the 12th. A Check on the Carrying Capacity of Earth«, in: *Energy* 4 (1974), S. 1107–1117)

8 Von Ehrlich stammt auch die in den Umweltwissenschaften weit verbreitete Formel »I = PAT«, wobei I für die Umweltwirkung *(impact)* steht, P für die Bevölkerung *(population),* A für Wohlstand *(affluence,* verstanden als Bruttoinlandprodukt – BIP – pro Kopf) und T für einen »Technologiefaktor« (verstanden als Umweltwirkung pro Einheit des BIP). Die Formel ist trivialerweise korrekt, doch handelt es sich um eine willkürliche Zerlegung der Umweltwirkung in Faktoren. Werden diese Faktoren so gewählt, scheinen nur drei Strategien möglich, um die Umweltwirkung zu reduzieren: Bevölkerung reduzieren, Wohlstand senken oder Technik verbessern. Man hätte auch eine Faktorenzerlegung wählen können, in der die Wohlstands*verteilung* eine Rolle gespielt hätte.

9 Siehe Elmar Altvater, *Der große Krach oder die Jahrhundertkrise von Wirtschaft und Finanzen, von Politik und Natur,* Münster 2010. – Harald Welzer weist darauf hin, dass das Wort »Krise« unpassend sei, weil eine Krise etwas sei, das vorübergehe: »Wir haben es nicht mit einer Krise zu tun, sondern mit Funktionsgrenzen unseres Wirtschaftssystems und unserer kulturellen Praxis.« *(Sternstunde Philosophie,* Schweizer Fernsehen, 20. Juni 2010)

10 Das Verhältnis von Kraft zu Energie im Verständnis der modernen Physik ist das folgende: Energie ist gleich Kraft mal Weg.

11 Der erste Hauptsatz der Thermodynamik besagt, dass die Energie in einem geschlossenen System immer erhalten bleibt. Das gilt zwar nur für den Bereich, der von der klassischen Physik beschrieben wird, doch dieser Bereich deckt unsere gesamte Alltagserfahrungswelt ab. Bei der Energiegewinnung aus Kernfusion oder -spaltung dagegen handelt es sich um eine Umwandlung von Materie in Energie.

12 Der zweite Hauptsatz der Thermodynamik besagt, dass in einem geschlossenen System die Entropie immer zunimmt.

1 Kohle

1 Reproduziert aus John Farey, *A Treatise on the Steam Engine. Historical, Practical, and Descriptive,* London 1828, Plate I. Reprografie: ETH-Bibliothek Zürich.

2 Bereits 1698 erhielt Thomas Savery ein Patent für eine Dampfpumpe, und gleichzeitig, aber unabhängig von Savery, entwickelte auch Denis Papin – er hatte zuvor schon den Dampfkochtopf erfunden – eine Dampfpumpe. Newcomen stützte sich sowohl auf Papins wie auf Saverys Vorarbeiten.

3 Vaclav Smil, *Energy in World History,* S. 232.

4 G. N. von Tunzelmann, *Steam Power and British Industrialization to 1860,* Oxford 1978, S. 45.

5 33 Prozent der Primärenergien entfallen weltweit auf Erdöl, 27 auf Kohle und 21 auf Erdgas (Zahlen der IEA für 2008; www.iea.org/stats).

6 Es gibt keine klare Schwelle, ab wann der Klimawandel nicht mehr zu »bewältigen« wäre; regionale Katastrophen, die durch den vom Menschen verursachten Klimawandel begünstigt sind, bedrohen schon heute Hunderte Millionen Menschen. In der öffentlichen Debatte hat es sich eingebürgert, eine durchschnittliche Erwärmung der Erde um 2 Grad gegenüber vorindustreller Zeit (1,2 Grad gegenüber heute) als die Grenze zur »gefährlichen« Klimaerwärmung zu betrachten. Dieser Wert ist erstmals von der Europäischen Union während internationaler Klimaverhandlungen ins Spiel gebracht worden. Mit der Kopenhagener Vereinbarung *(Copenhagen Accord)* von 2009 hielt die 2-Grad-Schwelle erstmals Eingang in ein offiziöses Uno-Dokument; an der Klimakonferenz von Cancún 2010 wurde es offiziell von der Uno anerkannt. Die Allianz der Kleinen Inselstaaten und Bolivien fordern aber nach wie vor, die Klimapolitik auf eine Schwelle von 1,5 Grad zu orientieren. Diese Schwelle dürfte allein mit den Treibhausgasen, die sich heute in der Atmosphäre befinden, bereits überschritten werden.

7 Eine Universalgeschichte der Energie hat außer dem bereits erwähnten Smil beispielsweise Fred Cottrell vorgelegt: *Energy and Society. The Relation between Energy, Social Change, and Economic Development,* New York 1955. Siehe auch Rolf Peter Sieferle, *Der unterirdische Wald. Energiekrise und Industrielle Revolution,* München 1982.

8 Rolf Peter Sieferle, *Rückblick auf die Natur,* München 1997, S. 135–136.

9 Zum Holzbedarf des Schiffbaus siehe Joachim Radkau, *Holz. Wie ein Naturstoff Geschichte schreibt,* München 2007, S. 69–75.

10 Im forstwirtschaftlichen Lehrbuch *Sylvicultura oeconomica, oder haußwirthliche Nachricht und Naturmäßige Anweisung zur wilden Baum-Zucht von* Hans Carl von Carlowitz aus dem Jahr 1713.

11 In Gegenden ohne eigenen Kohlebergbau wurde die Dampfmaschine – sobald sie außerhalb des Bergbaus genutzt wurde – mit Holzkohle befeuert, und der Bedarf an Hartholz-Schwellen für die Eisenbahn vernichtete ganze Eichenwälder. Kohlebergwerke brauchten große Mengen Holz als Sprieße zur Befestigung ihrer Stollen. Joachim Radkau (*Holz,* S. 24–25) weist darauf hin, dass der Tiefpunkt der Waldbestände in den meisten Regionen Europas erst im 19. Jahrhundert erreicht wurde – selbst im Mittelmeerraum, der nach landläufiger Meinung bereits in der Antike weitgehend entwaldet wurde. Am Ende des 20. Jahrhunderts wurde weltweit mehr denn das Dreifache an Biomasse als Brennstoff verbrannt als im Jahr 1700, nämlich 1,8 Milliarden Tonnen (1990) gegenüber 700 Millionen Tonnen. Smil, *Energy in World History,* S. 185.

12 World Commission on Environment and Development, *Our Common Future (Brundtland-Report),* New York 1987, Kapitel I–3, Artikel 27.

13 Radkau, *Holz,* S. 97–101.

14 »[Malthus'] aim was not to reduce population pressures but to reduce the obligation of the rich to mitigate human misery.« Eric B. Ross, »The Malthus Factor. Poverty, Politics and Population in Capitalist Development«, 2000, S. 1–5.

15 Laut Angus Maddison (www.ggdc.net/maddison) lag das weltweite Bruttoinlandprodukt (BIP) 1820 bei 666 Dollar pro Kopf; 2008 bei 7614 Dollar (inflationsbereinigt auf das Jahr 1990). Allerdings stellen die BIP-Zahlen das Wachstum als zu eindrücklich dar: Das BIP erfasst Selbstversorgung und Naturalwirtschaft nicht. Mit der Industrialisierung gaben sehr viele Menschen die Selbstversorgung auf und trugen somit zu einem höheren BIP bei, ohne dass dem ein wirklicher Anstieg des materiellen Wohlstands entsprochen hätte.

16 Sieferle, *Rückblick,* und ders., *Der unterirdische Wald.*

17 Die Rede ist hier von Idealtypen. Tatsächlich sind Jäger- und Sammlerkulturen von Agrarkulturen nicht so eindeutig abgrenzbar; auch die meisten Jäger und Sammler kultivieren in gewissem Umfang Pflanzen. Al Imfeld (*Elefanten in der Sahara. Agrargeschichten aus Afrika,* Zürich 2009, S. 106–109) verweist mit Blick auf Afrika darauf, dass der Begriff »Jäger und Sammler« von einer europäisch geprägten Geschichtsschreibung oft diskriminierend verwendet wurde.

18 So ernten beispielsweise die !Kung oder San im südlichen Afrika beim Sammeln von Mongongo-Nüssen – je nach Distanz, die sie dabei zurücklegen – das Drei- bis Vierfache der Energie, die sie dazu aufwenden. David und Marcia Pimentel, *Food, Energy, and Society,* Boca Raton 2008, S. 50–51.

19 Beträgt das Verhältnis zwischen Energieertrag und -aufwand beispielsweise 1,05, so bewirkt eine Steigerung der Produktivität um 5 Prozent eine Verdoppelung des Überschusses von 0,05 auf 0,1.

20 Für das antike Ägypten beispielsweise, eine früh hoch entwickelte Agrargesellschaft, rechnet man mit Überschüssen von 5 Prozent, das heißt, 95 Prozent der Bevölkerung mussten in der Landwirtschaft arbeiten, um mit ihren Energieüberschüssen die restlichen 5 Prozent zu ernähren. Das reichte immerhin für den Bau der Pyramiden. Pimen-

tel/Pimentel, *Food, Energy, and Society,* S. 3–4. – Sehr viel höhere Energieüberschüsse waren schon in vorindustrieller Zeit außerhalb der Landwirtschaft möglich, namentlich in der Schifffahrt: Die effizientesten Segelschiffe erzielten Leistungen, die dem 200- bis 250-fachen der Leistung ihrer Crew entsprachen. Cottrell, *Energy and Society,* S. 50.

21 Eric Hobsbawm, *Das Zeitalter der Extreme. Weltgeschichte des 20. Jahrhunderts,* München 1995, S. 365. »Für 80 Prozent der Menschheit«, schreibt Hobsbawm, »hörte das Mittelalter in den Fünfzigerjahren schlagartig auf; genauer gesagt, in den Sechzigerjahren wurden sich die Leute dessen bewusst, dass es zu Ende war.«

22 Einen guten Überblick bietet Fred Luks, *Die Zukunft des Wachstums. Theoriegeschichte, Nachhaltigkeit und die Perspektiven einer neuen Wirtschaft,* Marburg 2001.

23 »The progressive state is, in reality, the cheerful and the hearty state to all the different orders of the society; the stationary is dull; the declining melancholy.« Adam Smith, *An Inquiry into the Nature and Causes of the Wealth of Nations,* London 1776, Buch 1, Kapitel 6, zitiert nach www.gutenberg.org/ebooks/3300.

24 »Ich kann [...] den stationären Zustand nicht mit der ungerührten Abneigung betrachten, die ihm die Ökonomen der alten Schule entgegenbringen. Ich neige zu der Auffassung, dass dieser insgesamt eine sehr beträchtliche Verbesserung gegenüber unserer jetzigen Situation brächte. Ich gestehe, dass mich das Lebensideal jener nicht entzückt, die den beständigen Kampf des Menschen für den Normalzustand halten; dass der gegenwärtige Typus des gesellschaftlichen Lebens, das Niedertrampeln, Drängeln, Ellbögeln und Sich-auf-die-Hacken-Treten das erstrebenswerteste Los der Menschheit sei [...].« Mill 1848; hier zitiert nach Donella Meadows et al., *Grenzen des Wachstums – das 30-Jahre-Update. Signal zum Kurswechsel,* Stuttgart 2006, S. 267.

25 Hans Magnus Enzensberger, »Zur Kritik der politischen Ökologie«, in: ders./Karl Markus Michel (Hrsg.), *Kursbuch 33. Ökologie und Politik oder Die Zukunft der Industrialisierung,* Berlin 1973, S. 18.

26 Earl Cook (*Man, Energy,* Society, San Francisco 1976, S. 193) schreibt dazu: »The importance of an energy surplus is that without it a society has no choice. (...) The form of society appears to change to accommodate choice as the per capita energy surplus mounts. In other words, a society seems to become more democratic in structure as it becomes more able to tolerate individual choice in energy use.«

27 Ich beziehe mich hier im Wesentlichen auf mein Interview mit Sieferle (»Demokratie ohne Erdöl?«, in: *WOZ Die Wochenzeitung,* 22. November 2007, archiviert unter www.mhaenggi.ch).

28 Claus Leggewie/Harald Welzer, *Das Ende der Welt, wie wir sie kannten. Klima, Zukunft und die Chancen der Demokratie,* Frankfurt am Main 2009.

29 Sieferle, *Rückblick,* S. 133.

30 Zahlen unter anderem aus aus Cottrell, *Energy and Society,* S. 49–50; Smil, *Energy in World History,* S. 268–269, sowie Karl Otto Henseling, *Am Ende des fossilen Zeitalters. Alternativen zum Raubbau an den natürlichen Lebensgrundlagen,* München 2008, S. 20.

31 Grobe Schätzung: 200 000 Pferde à 750 Watt und 500 000 Soldaten à 100 Watt.

32 Eine ausführliche und ziemlich technische Studie zum Zusammenhang zwischen Dampfkraft und industrieller Revolution liefert für Großbritannien von Tunzelmann, *Steam Power.* Er verweist darauf, dass die Kohle als Energieträger in England erst im

zweiten Viertel des 19. Jahrhunderts in der Industrie wirklich weit verbreitet war – neben der Pferde- und der Wasserkraft.

33 Joachim Radkau, »Zum ewigen Wachstum verdammt? Jugend und Alter großer technischer Systeme«, in: Ingo Braun/Bernward Joerges (Hrsg.), *Technik ohne Grenzen,* Frankfurt am Main 1994, S. 64.

34 »The manufactures of Leeds, Halifax, Sheffield, Birmingham and Wolverhampton (...) are the offspring of agriculture.« Smith, *Wealth of Nations,* Buch 3, Kapitel 3. Siehe dazu auch Tom Standage, *An Edible History of Humanity,* London 2009, S. 119–133.

35 Amartya Sen (*Poverty and Famines. An Essay on Entitlement and Deprivation,* Oxford 1981, S. 161) weist darauf hin, dass man die Hungersnot nicht allein auf die einseitige Ausrichtung der irischen Landwirtschaft auf die Kartoffel zurückführen dürfe: Die Armut der irischen Bevölkerung (gerade im Vergleich zum englischen Mutterland) und das Desinteresse der britischen Regierung hätten ebenso dazu beigetragen, dass die Kartoffelfäule in eine Hungersnot gemündet sei. Selbst zu den schlimmsten Zeiten des Hungers fuhr Irland fort, Weizen nach England zu exportieren.

36 Die Zahl der Sklaven, die aus Afrika nach Amerika verschleppt wurden, wird auf 12 Millionen geschätzt; dabei sind nur die Sklaven gerechnet, die Amerika lebend erreichten.

37 Der transatlantische Sklavenhandel erreichte im letzten Jahrzehnt des 18. Jahrhunderts seinen Höhepunkt mit 888 000 verschleppten Menschen. Danach ging der Handel zurück, weil die englische Navy ihn zu unterdrücken begann – eine Art früher humanitärer Militärintervention; die Zahl der Sklaven vervielfachte sich von 1790 bis 1860 dennoch um den Faktor 6 (von 660 000 auf fast 4 Millionen) in den Südstaaten der USA und gar um den Faktor 18 (von 136 000 auf 2,4 Millionen) in den Staaten des »tiefen Südens« (South Carolina, Georgia, Florida, Arkansas, Alabama, Louisiana, Mississippi, Texas). Paul E. Lovejoy, *Transformations in Slavery,* Cambridge UK 1983, S. 50, und Peter Kolchin, *American Slavery 1619–1877,* New York 1993.

38 Zum wechselseitigen Zusammenhang von Sklaverei und Industrialisierung siehe Albert Wirz, *Sklaverei und kapitalistisches Weltsystem,* Frankfurt am Main 1984.

39 Standage, *An Edible History of Humanity,* S. 133.

40 Zur Japanischen Ressourcenkrise und ihrer Überwindung in der Tokugawa-Zeit siehe Jared Diamond, *Kollaps. Warum Gesellschaften überleben oder untergehen,* Frankfurt am Main 2003, S. 366–381. – Nichtsdestotrotz wurde Japan nach dem russisch-japanischen Krieg 1905 in der kohlereichen Mandschurei zum Energieimperialisten; es setzte die Kohle vor allem zur Stromgewinnung ein. Jürgen Osterhammel, *Die Verwandlung der Welt. Eine Geschichte des 19. Jahrhunderts,* München 2009, S. 933.

41 »In den Niederlanden wurden Dampfpumpen ab etwa 1850, also relativ spät, zur Drainage und Polderanlage verwendet. 1896 wurden nur noch 41 Prozent der trockengelegten Oberflächen durch Windmühlen drainiert. Die höheren Kosten wurden weniger durch größere Leistungsfähigkeit als durch den Vorteil ausgeglichen, dass Dampfmaschinen besser steuerbar waren.« Ebd., S. 937.

42 1885 wurden in Deutschland praktisch 100 Prozent der erzeugten elektrischen Energie für Beleuchtung aufgewendet, 1894 immer noch 96 Prozent, 1900 nur noch 60 Prozent, 1936 schließlich 20 Prozent. Roman Sandgruber, *Strom der Zeit. Das Jahrhundert der Elektrizität,* Linz 1992, S. 115. Zum Vergleich: Heute werden in Deutschland für die Beleuchtung 11 Prozent des Stroms aufgewendet. – Gleichmäßig helles Licht hatte schon die Gasbeleuchtung gebracht, die mit Gas arbeitete, das beim Verkoken von Steinkohle anfiel. Doch die Gaslampen verbrauchten den Sauerstoff in geschlossenen

Räumen, sodass empfindlichere Menschen kein Theater oder Konzert besuchen konnten, ohne Kopfschmerzen zu kriegen. Elektrisches Licht war demgegenüber emissionsfrei. Siehe Wolfgang Schivelbusch, *Lichtblicke. Zur Geschichte der künstlichen Helligkeit im 19. Jahrhundert,* München/Wien 1983.

43 Es gab im 19. Jahrhundert aber sehr ausgeklügelte Wasserkraftnutzungen auf Distanz ohne Elektrizität: Stauseen speisten Druckwasser-Leitungssysteme, die das Druckwasser in tiefer gelegenen Industriegebieten auf die Fabriken verteilte, die damit ihre Geräte und Maschinen betreiben konnten.

44 Sandgruber, *Strom der Zeit,* S. 11.

45 Thomas Hughes, *Die Erfindung Amerikas,* München 1991, S. 309, ohne genauere Angaben zitiert ebd., S. 12.

46 Zitiert ebd., S. 227.

47 Zum historischen Potenzial der Elektrizität, zu einer dezentralen statt einer zentralisierten, »großtechnischen« Energieversorgung beizutragen, siehe Radkau, »Zum ewigen Wachstum verdammt?«, S. 80–82.

48 Die Errichtung zahlreicher Stauwerke zur Elektrizitätserzeugung im Tennessee Valley war eines der zentralen Programme in Präsident Franklin D. Roosevelts New Deal. Die damals geschaffene Tennessee Valley Authority betreibt heute Großkraftwerke verschiedener Typen, auch Atomkraftwerke. Der 1960 bis 1971 errichtete Assuan-Staudamm in Ägypten war ein Prestigeprojekt Präsident Gamal Abd el Nassers, das mit sowjetischer und chinesischer Finanzhilfe errichtet wurde, nachdem die USA und die Weltbank sich als Geldgeber zurückgezogen hatten. Der Damm sollte gleichzeitig die Energieproduktion und die Landwirtschaft voranbringen. Er unterbrach die Überschwemmungszyklen des Nils, die jahrtausendelang der Lebensrhythmus der Landwirtschaft im Niltal gewesen waren. 1969 begann Portugel im Norden seiner Kolonie Mosambik mit dem Bau eines Stauwerks, das vor allem für den Apartheidstaat Südafrika Strom produzieren sollte. Die Widerstandsbewegung Frelimo bekämpfte den Bau als Symbol des Kolonialismus; erst 1981 konnte Cahora Bassa seinen Betrieb aufnehmen. Es machte Mosambik zu einem bis heute großen Strom-Exporteur und Aluminiumproduzenten. Der 2007 fertiggestellte Drei-Schluchten-Damm soll sowohl den Jangtsekiang bändigen, der immer wieder für verlustreiche Überschwemmungen sorgte, wie Strom produzieren. Für den Bau des Stausees respektive wegen seiner Folgen wurden oder werden noch mehrere Millionen Menschen umgesiedelt.

49 »Die Zentrale Elektrizitätsversorgung wurde im 20. Jahrhundert zum Prototyp des expansionistischen, technische Sachzwänge produzierenden Netzwerks, das darauf angewiesen war, sich seinen Bedarf zu schaffen, und daher frühzeitig eine ausgeprägte propagandistische Einstellung entwickelte. Der Übergang von der für einen lokal begrenzten Abnehmerkreis eingerichteten Gleichstromanlage zur Wechselstromzentrale, die potentiell flächendeckend und expansionsfähig war und nur durch Expansion rentabel zu werden versprach, bedeutete einen großen Sprung, verbunden mit einem Wandel der Strategie.« Radkau, »Zum ewigen Wachstum verdammt?«, S. 80.

50 Damit will ich nicht sagen, dass ich glaube, wir wüssten heute alles und könnten keine Überraschungen mehr erwarten. Es gibt aber ein paar Gebiete, wo wir Überraschungen mit größter Wahrscheinlichkeit ausschließen können: Die Gesetze der Thermodynamik werden sich nicht als falsch erweisen, und ein Perpetuum mobile wird es nicht geben. Und wir wissen so viel über Geologie und über Chemie, dass wir nicht damit rechnen dürfen, eine neue, der Kohle, dem Öl und dem Gas vergleichbare, leicht zu-

gängliche Ressource zu finden – selbst wenn noch viel Kohle, Erdöl, Erdgas, Teersand, Gashydrat und Ähnliches gefunden wird.

51 Bis zur großen Krise der Automobilindustrie im Jahr 2008 hatten die Automobilhersteller die Liste der Unternehmen mit den größten Forschungs- und Entwicklungsausgaben (F&E) dominiert: 2003 wies Ford die größten F&E-Ausgaben aus, gefolgt von Pfizer, DaimlerChrysler, Siemens, Toyota, GM, Matsushita, VW, IBM und Nokia. 2008 stand Toyota an der Spitze, gefolgt von Nokia, Roche, Microsoft, GM, Pfizer, Johnson&Johnson und Ford. 2009 führte Roche die Liste an, es folgte als erster Autohersteller Toyota auf Platz 4, GM auf Platz 11, VW auf Platz 15, Honda auf Platz 19 und Ford auf Platz 20. Booz & Company, *Global Innovation 1000,* 2010; zitiert nach NZZ vom 3. November 2010.

2 Entwicklung

1 Richard White, *It's Your Misfortune and None of My Own. A History of the American West,* Norman OK 1991, S. 23–24; Wolfgang Lindig/Mark Münzel, *Die Indianer. Kulturen und Geschichte der Indianer Nord-, Mittel- und Südamerikas,* München 1976, S. 90, 94, 99–105.

2 Ein körperlich arbeitender Mensch leistet etwa 100 Watt, eine Pferdestärke ist 736 W. Für kurze Zeit vermag ein Mensch unter großer Anstrengung bis etwa 1000 W, ein Pferd bis 7000 W zu leisten.

3 Fred Cottrell, *Energy and Society,* S. 26.

4 Für die meisten Männer blieb die Einfrauen-Ehe indes der Normalfall. Dass es nun zu viele Männer und zu wenig Frauen gab, wurde teilweise durch den Krieg ausgeglichen, dem mehr Männer zum Opfer fielen; teilweise wurde es damit aufgefangen, dass Männer sozial zu Frauen werden konnten.

5 UNDP United Nations Development Programme (Hrsg.), *Achieving the Millennium Development Goals: The Role of Energy Services. Case studies from Brazil, Mali, and the Philippines,* New York 2005. Die folgenden Daten und Projektinformationen zu Mali stammen aus demselben Dokument.

6 IEA International Energy Agency (Hrsg.), *World Energy Outlook 2009,* Paris 2009, S. 128.

7 World Health Organization; die Zahlen beziehen sich auf das Jahr 2002: www.who.int/quantifying_ehimpacts/countryprofilesebd.xls.

8 Minoru Takada, »Pro-Poor Energy Policies and Technologies«, Vortrag an der Jahreskonferenz des Nord-Süd-Zentrums der ETH Zürich »Competing Claims on Energy: Access and Benefit Sharing«, 10. September 2009.

9 Ivan Illich, »Energie und Gerechtigkeit«, in: ders., *Fortschrittsmythen,* Reinbek 1978, S. 74–113. Die Rückständigkeit definierte Illich so: »Ein Land muss dann als untertechnisiert bezeichnet werden, wenn es nicht in der Lage ist, jedem Bürger das für ihn geeignete ›Fahrrad‹ zur Verfügung zu stellen. Es ist untertechnisiert, wenn es nicht gute ›Fahrradstraßen‹ bereitstellen kann und karg bemessene, kostenlos verwendbare Hilfsmotoren.« (ebd., S. 110). (Illich setzt das Wort »Fahrrad« in Anführungszeichen, weil er damit nicht nur Fahrräder, sondern allgemein Techniken meint, die dem Menschen das Leben erleichtern, ohne ihm ihre Logik aufzuzwingen – »konviviale Techniken«, wie er es nannte.)

10 Ein Energieforscher, der wie wenige sich explizit (wenn auch etwas technisch und ohne allzu konkret zu werden) zur Frage äußert, ob es aus sozialer Sicht ein Zuviel an Energieverbrauch gibt, ist Daniel Spreng von der ETH Zürich. Spreng (»Distribution of Energy Consumption and the 2000 W/Capita Target«, in: *Energy Policy* 33 (2005), S. 1905–1911) argumentiert, dass erstens aus ökologischen Gründen der globale durchschnittliche Pro-Kopf-Energieverbrauch auf 2000 Watt begrenzt werden müsse. Zweitens dürfe aus Gründen der Gerechtigkeit die Ungleichheit des Energieverbrauchs nicht allzu groß sein. Daraus folge, dass es eine Obergrenze des zulässigen Pro-Kopf-Energieverbrauchs gebe. Spreng nennt keine Zahl, schreibt aber, dass »we may have already reached or perhaps even surpassed the sustainability limit of energy consumption inequality«.

11 Sogar Hans Jonas *(Das Prinzip Verantwortung. Versuch einer Ethik für die technologische Zivilisation,* Frankfurt am Main 1978), der der »Herrschaft des Menschen über die Natur« sehr kritisch gegenübersteht, glaubt, die Kernfusion (die er allerdings zu optimistisch beurteilte: »…fast frei von langlebigen radioaktiven Nebenprodukten…«, S. 335) könnte die Energieprobleme lösen. Trotz ihrer Risiken »wäre die Erschließung der Kernfusionsenergie zu friedlichen Zwecken ein hochwillkommenes Geschenk und es liegt nur bei uns, dass es nicht ein Danaergeschenk werde. (…) Nur muss dieses Geschenk weise und sinnvoll genutzt werden, mit dem Blickpunkt globaler Verantwortung und nicht großartiger globaler Hoffnung.« (S. 337)

12 Paul J. Crutzen, »Geology of Mankind«, in: *Nature* 415 (2002), S. 23–23.

13 Das Paradox, dass gerade zeitsparende Innovationen, die Arbeit durch Energie ersetzen, dazu führen, dass Zeit ein immer knapperes Gut wird, hat Staffan B. Linder bereits 1970 beschrieben (*The Harried Leisure Class,* New York/London 1970).

14 Siehe dazu die eindrückliche Studie von Elizabeth Shove, *Comfort, Cleanliness + Convenience. The social organization of normality,* New York/Oxford 2003.

15 »Jenseits einer kritischen Stufe des Energieverbrauchs pro Kopf, behaupte ich, müssen das politische System und der politische Kontext jeder Gesellschaft verkümmern. Gewaltige Verkehrsmittel, Bauten und Werkzeuge entmachten den politischen Prozess und zwingen den wehrlosen Menschen in ihren Dienst. (…) Energieanwendung vergewaltigt die Gesellschaft, bevor sie die Natur zerstört.« Illich, »Energie und Gerechtigkeit«, S. 77.

16 Cook *(Man, Energy, Society,* S. 193–198) merkt an, Gesellschaften könnten Energieüberschüsse grundsätzlich auf vier Arten verwenden: für Freizeit (eine Option, die vor allem wenig komplexe Gesellschaften wählten), für zwecklose Luxusgüter (wofür sich komplexere Gesellschaften mit stärkeren Hierarchien entschieden, wobei die Luxusgüter dann sehr ungleich unter den Mitgliedern der Gesellschaft verteilt sind – häufig genanntes Beispiel sind die ägyptischen Pyramiden), zum Bau von Maschinen, die noch mehr Überschüsse produzieren (die »kapitalistische« Wahl, die zur Wachstumsgesellschaft führt), oder für Krieg und Kriegsvorbereitung oder andere Formen der Destruktion.

17 Die Epidemiologen Richard Wilkinson und Kate Pickett (*Gleichheit ist Glück. Warum gerechte Gesellschaften für alle besser sind,* Berlin 2009) zeigen mit umfangreichen Datenanalysen, dass Verteilungsungleichheit nicht nur für die Armen, sondern auch für den Mittelstand und die Reichen nachteilig sei. Siehe auch José Goldemberg, »One Kilowatt per Capita«, in: *Bulletin of the Atomic Scientists* 46,1 (1990), S. 13–14.

18 José Goldemberg et al., »Basic Needs and Much More with One Kilowatt per Capita«, in: *Ambio* 14 (1985), S. 190–200.

19 Goldemberg verwendete als Indikator den *Physical Quality of Life Index*. Dieser kombiniert Daten zu Alphabetisierung, Kindersterblichkeit und Lebenserwartung.

20 Nicht mitgezählt ist die Energie aus Nahrungs- und Futtermitteln respektive tierische und menschliche Arbeit; ebenso wenig enthält die Zahl »passive« Energienutzungen – also das Sonnenlicht, das ohne weitere Technik die Stuben erhellt und erwärmt.

21 Der Energieumsatz aller Landlebewesen (ohne den technischen Energieumsatz des Menschen) wird auf 40 bis 65 Terawatt geschätzt (Dank an Marco Morosini von der ETH Zürich). Bei der gegenwärtigen Weltbevölkerung von fast 7 Milliarden Menschen würde ein Pro-Kopf-Verbrauch von 5700 bis 9200 Watt diese Werte erreichen.

22 Allerdings müssten die Autokilometer mit einem für heutige Maßstäbe sehr effizienten Auto zurückgelegt werden, das mit 3 Litern Benzin auf 100 Kilometer auskommt.

23 Davon entfielen in Goldembergs Rechnung rund 10 Prozent auf die Haushalte, 27 Prozent auf Transport, 58 Prozent auf Bergbau und Industrie und 4 Prozent auf die Landwirtschaft.

24 Automotoren erreichen unter Alltagsbedingungen einen technischen Wirkungsgrad von rund 20 Prozent, das heißt, 20 Prozent der im Benzin oder Diesel enthaltenen Primärenergie werden in Bewegungsenergie umgesetzt. Bei einem Auto, das 1,5 Tonnen wiegt und eine Fracht von 75 Kilogramm – einen Menschen – transportiert, dienen neunzehn Zwanzigstel dieser Bewegungsenergie dazu, das Gefährt zu transportieren, und nur ein Zwanzigstel – ein Prozent der Primärenergie – dazu, die Fracht zu transportieren. Man kann die Effizienz des Autos auch zu bestimmen versuchen, indem man es mit der effizientesten Technik vergleicht, die dasselbe tut. Da die meisten Autofahrten wenige Kilometer lang sind und Autos innerorts im Durchschnitt mit rund 20 Stundenkilometern unterwegs sind, kann ein Fahrrad dieselbe Dienstleistung auch erbringen. Ein Fahrradfahrer leistet vielleicht 150 Watt und braucht für einen Kilometer drei Minuten. Daraus errechnet sich ein Energieverbrauch von 7,5 Wattstunden. Ein Auto, das auf 100 Kilometer 7,5 Liter Benzin verbraucht, verbraucht für einen Kilometer 0,75 Deziliter, das sind 750 Wattstunden. Es braucht also hundertmal so viel Energie wie das Fahrrad für dieselbe Dienstleistung, was wiederum eine Effizienz von einem Prozent ergibt.

25 Peter Hennicke/Susanne Bodach, *Energierevolution. Effizienzsteigerung und erneuerbare Energien als neue globale Herausforderung,* München 2010, S. 55. Die Autoren stützen ihre Aussage auf Eberhard Jochem, »Energie rationeller nutzen: Zwischen Wissen und Handeln. Es fehlt kaum am Know-how, vielmehr an Lobby und (Medien-)Appeal«, in: *Gaia* 12, 1 (2004), S. 9–14.

26 Georges Charbonnier, *Entretiens avec Claude Lévi-Strauss,* Paris 1989, S. 38.

27 Ich bin hier nicht ganz neutraler Journalist: Ich habe im Auftrag des Umwelt- und Gesundheitsschutzes der Stadt Zürich 2010 eine Broschüre zum Thema verfasst; zudem war Bernhard Piller, Projektleiter der Schweizerischen Energie-Stiftung, als Gemeinderat der Stadt Zürich eine der treibenden Kräfte hinter dem 2000-Watt-Beschluss des Parlaments.

28 Artikel 2 der Gemeindeordnung. Siehe zu Zürich und die 2000-Watt-Gesellschaft www.stadt-zuerich.ch/2000watt.

29 Siehe die gemeinsame Plattform dieser Institutionen www.novatlantis.ch/2000-watt-gesellschaft/vision.html.

30 »Wer sonst soll vorwärts machen, wenn nicht wir«, in: *Tages-Anzeiger,* 27. Juni 2008.

31 *Wir Schwätzer im Treibhaus. Warum die Klimapolitik versagt,* Zürich 2008, 163–165.

32 Die Energiedichte von Benzin beträgt 36 MJ/kg. Lithium-Ionen-Batterien erreichen 0,36 bis 0,65 MJ/kg, $NiCl_2$-Batterien 0,4 bis 0,54 MJ/kg, NiCd-Batterien 0,22 MJ/kg. Die Bilanz der Batterien wird im Vergleich zum Benzin zwar durch einen höheren Wirkungsgrad des Elektromotors etwas verbessert, doch die Unterschiede bleiben enorm. Für die Zahlen danke ich Franz Baumgartner von der Zürcher Hochschule für Angewandte Wissenschaften in Winterthur.

3 Nahrung

1 Bereits einige Jahre vor Habers und Boschs Erfindung wurde Ammoniak im Lichtbogenverfahren hergestellt. Dieses Verfahren war aber viel energieintensiver und konnte sich nicht durchsetzen. Namentlich zu Kriegszwecken war das Haber-Bosch-Verfahren besser geeignet. Sandro Fehr, *Die »Stickstofffrage« in der deutschen Kriegswirtschaft des Ersten Weltkriegs und die Rolle der Schweiz,* Bern 2008.

2 Zitiert nach Vaclav Smil, *Enriching the Earth. Fritz Haber, Carl Bosch, and the Transformation of World Food Production,* Cambridge MA/London 2001, S. 155.

3 William Crookes, »The Wheat Problem«, Vortrag vor der British Association 1898, Reprint Princeton 1976.

4 Dieter Osterroth, *Soda, Teer und Schwefelsäure. Der Weg zur Großchemie,* Reinbek 1985, S. 164.

5 Eine detaillierte Analyse der Versorgungslage der deutschen Armee mit Stickstoffverbindungen liefert Fehr, *Die »Stickstofffrage«.*

6 Vaclav Smil, *Enriching the Earth. Fritz Haber, Carl Bosch, and the Transformation of World Food Production,* Cambridge MA 2001, S. 245.

7 Ich stütze mich bei der Bezeichnung der Agrarrevolutionen auf Marcel Mazoyer/Laurence Roudart, *A History of World Agriculture. From the Neolithic Age to the Current Crisis,* London 2006.

8 Imfeld, *Elefanten.*

9 Mazoyer/Roudart, *History of World Agriculture,* S. 439.

10 Millennium Ecosystem Assessment, *Ecosystems and Human Well-being. Synthesis,* Washington DC 2005, S. 9.

11 Johan Rockström et al., »Planetary Boundaries: Exploring the Safe Operating Space for Humanity«, in: *Ecology and Society* 14,2 (2009).

12 David Pimentel/Marcia Pimentel, *Food, Energy, and Society,* Boca Raton 2008.

13 Der Brandrodungsanbau erzielt hohe Energieüberschüsse, kann aber nur in Gegenden mit geringer Bevölkerungsdichte über lange Zeit aufrechterhalten werden.

14 Für eine umfassende Bewertung der Umweltauswirkungen der globalen Fleischproduktion siehe FAO/LEAD, *Livestock's Long Shadow. Environmental issues and options,* Rom 2006; eine kritische Betrachtung der FAO-Sicht bietet Simon Fairlie, *Meat. A Benign Extravagance,* Hampshire 2010.

15 Richard Heinberg/Michael Bomford, *The Food and Farming Transition: Toward a Post-Carbon Food System,* Post Carbon Institute, Sebastopol 2009, S. 2.

16 Die Berechnungen finden sich auf der Website von Stefanie Böge, www.stefanie-boege.de/texte/joghurt.pdf.

17 Beispielsweise arbeiten in Burundi 91,5% der aktiven Bevölkerung in der Landwirtschaft, in Deutschland 3,8%, in den USA 2,4%. Pimentel et al., *Food, Land, Population,* S. 31. Allerdings muss man die tiefen Zahlen der Industrieländer relativieren, da darin die Arbeitskräfte nicht mitgezählt sind, die in der der Landwirtschaft vor- und nachgelagerten Industrie tätig sind und also Aufgaben übernehmen, die einst die Landwirtschaft selbst übernommen hatte.

18 So argumentierten beispielsweise der in seinem Fach einflussreiche Professor für Pflanzenwissenschaften der ETH Zürich Wilhelm Gruissem und seine Kommunikationsbeauftragte Petra Bättig-Frey (»Für eine Welt ohne Hunger«, in: *NZZ am Sonntag,* 12. April 2009).

19 Mazoyer/Roudart, *History of World Agriculture,* S. 14.

20 Siehe zum Thema »Land Grabbing« Weltbank, *Rising Global Interest in Farmland. Can It Yield Sustainable and Equitable Benefits?,* Washington, DC 2010 und – Weltbank-kritisch – www.grain.org/articles/?id=70 sowie zahlreiche Berichte auf http://farmlandgrab.org.

21 Walden Bello, *Politik des Hungers,* Berlin/Hamburg 2010, S. 102 und 109.

22 Das sogenannte Hybridsaatgut ist eine Kreuzung zweier genetisch homogener, ingezüchteter Linien einer Pflanze. Diese haben optimierte Eigenschaften – aber nur in der ersten Generation, weshalb die Bauern das Saatgut immer wieder neu kaufen müssen. Gentechnisch verändertes Saatgut ist patentgeschützt; wer es selber weiterzüchtet, riskiert Klagen des Patentinhabers.

23 Eine sehr aktuelle Analyse, die diesen Punkt besonders herausarbeitet, liefert Bello, *Politik des Hungers.*

24 Mazoyer/Roudart, *History of World Agriculture,* S. 11. Die Produktivität einer landwirtschaftlichen Arbeitskraft hatte zu Beginn des 20. Jahrhunderts in den produktivsten Gegenden der Welt zehnmal so hoch gelegen wie in den unproduktivsten; bis Ende des Jahrhunderts hatte sich dieses Verhältnis auf 2000:1 erhöht.

25 So steht im Weltentwicklungsbericht der Weltbank aus dem Jahr 2008: »Die Strukturanpassung der 1980er-Jahre hat das komplizierte System öffentlicher Einrichtungen demontiert, das den Bauern Zugang zu Land, Krediten, Versicherungsinputs und kooperativen Organisationsformen bot. (...) Dabei sollten die Kosten verringert, die Qualität der Angebote gesteigert und deren regressive Ausrichtung aufgehoben werden. Allzu oft ist es anders gekommen. (...) Diese [kleinbäuerlichen] Betriebe waren vom Verlust ihrer Wettbewerbsfähigkeit und oft auch vom Untergang bedroht.« *World Development Report 2008: Agriculture for Development,* Washington 2008, S. 138; zitiert nach Bello, *Politik des Hungers,* S. 111.

26 Es ist eine besondere Ironie, dass die Agrarkonzerne, die zur Verarmung der Sortenvielfalt am meisten beigetragen haben, auf Spitzbergen ein Projekt – das Svalbard Global Seed Vault – mitfinanzieren, das die Agrarbiodiversität erhalten helfen soll, indem es Saatgut von möglichst vielen Kulturpflanzen in einem unterirdischen Bunker aufbewahrt.

27 »To compensate for the on site and off site damage inflicted by soil erosion and associated rapid water runoff on agricultural production, an additional 1.8 million kcal of fossil energy per hectare are expended each year, assuming an average erosion rate of 17 t/ha/yr. This means that approximately 10% of all the energy used in U.S. agriculture today is expended just to offset losses of soil nutrients, water and crop productivity caused by erosion.« Pimentel et al., *Food, Land, Population,* S. 19.

28 Pressemitteilung zum IAASTD-Bericht von 2007, www.agassessment.org/docs/Global_Press_Release_final.doc. Im Bericht selber (IAASTD [Hrsg.], *Synthesis Report. A Synthesis of the Global and Sub-Global IAASTD Reports,* Washington DC 2009) ist diese Aussage so komprimiert nicht zu finden, sie verteilt sich aber in mehreren Teilaussagen und diplomatischen Formulierungen über den ganzen Bericht.

29 John Perkins, *Geopolitics and the Green Revolution. Wheat, Genes, and the Cold War,* New York 1997, S. 258.

30 Diese gibt es schon: Die heute kommerziell eingesetzten gentechnisch veränderten Pflanzen weisen zwei Eigenschaften auf: Die einen sind resistent gegen das Herbizid Glyphosat (Markenname: Roundup), die anderen produzieren das Insektengift Bt, sodass sie nicht mehr mit Insektiziden behandelt werden müssen. Allerdings haben sich nach wenigen Jahren der Anwendung bereits Glyphosat-resistente Unkräuter und Bt-resistente Schädlinge gebildet, sodass die entsprechenden Pflanzen mittlerweile mehr statt weniger mit Agrochemikalien behandelt werden.

31 Mazoyer/Roudart, *History of World Agriculture,* S. 439.

32 R.E. Evenson/D. Gollin, »Assessing the Impact of the Green Revolution, 1960 to 2000«, in: *Science* 300, 5620 (2003), S. 760. Die Produktion in Lateinamerika, Asien und Afrika stieg laut den Statistiken der Food and Agriculture Organization FAO zwischen 1961 und 1980 jährlich um durchschnittlich 3,2 Prozent, danach bis 2000 um 2,2 Prozent.

33 Pimentel et al., *Food, Land, Population,* S. 22. Die Pro-Kopf-Produktion nahm von 1981 bis 1994 um 12, von 1967 bis 1994 um 22 Prozent ab.

34 Gregg Easterbrook, »Forgotten Benefactor of History«, in: *Atlantic Monthly,* 1/1997.

35 Basil Gelpke, *The Oil Crash* (DVD), München/Zürich 2007. Siehe auch Walter Youngquist, »The Post-Petroleum Paradigm—and Population«, in: *Population and Environment* 4/1999.

36 Robert W. Fogel, »The new Economic History: its Findings and Methods«, in: *Economic History Review* 19 (1966), S. 642–656.

37 Zur Kritik an Fogel siehe Radkau, »Zum ewigen Wachstum verdammt?«, S. 71.

38 Zur Kritik der Vorstellung, eine kleinbäuerlich organisierte, nicht den Prinzipien der Grünen Revolution folgende Landwirtschaft sei rückständig, siehe Jan Douwe van der Ploeg, *The New Peasantries. Struggles for Autonomy and Sustainability in an Era of Empire and Globalization,* London/New York 2008, sowie Miguel Altieri/Clara Nicholls, »Scaling up Agroecological Approaches for Food Sovereignity in Latin America«, in: *Development* 51 (2008), S. 472–480.

39 William S. Gaud von der US-amerikanischen Agentur für Internationale Entwicklung verwendete den Begriff als Erster am 8. März 1968: »It is not a violent Red Revolution like that of the Soviets, nor is it a White Revolution like that of the Shah of Iran. I call it the Green Revolution.« Ironischerweise prägte er den Terminus als Gegenbegriff nicht nur zu der von den Amerikanern gefürchteten kommunistischen, sondern auch zu der von den Amerikanern unterstützten Revolution des Schah! (»The Green Revolution: Accomplishments and Apprehensions. Address by The Honorable William S. Gaud, Administrator, Agency for International Development, Department of State, before The Society for International Development«, 1968)

40 »Based on the oversimplification of the population-national security theory, leaders from the United States embraced higher production of cereal grains as the key to solving hunger in the third world. With hunger solved, the threat they perceived from

communist insurrection would diminish.« Perkins, *Geopolitics and the Green Revolution,* S. 259.

41 Vor der Reform besaßen nur 2 Prozent der Bevölkerung 70 Prozent des landwirtschaftlichen Landes.

42 Ross, »The Malthus Factor. Poverty«, S. 13.

43 Theodore W. Schultz, späterer Träger des Wirtschaftsnobelpreises, legte die für die USA maßgebliche Agrartheorie für Entwicklungsländer vor, in der er sich für die Ausrottung jeder Art von Subsistenzwirtschaft aussprach: *Transforming Traditional Agriculture,* New Haven 1964, zitiert in: Martina Kaller-Dietrich, *Ivan Illich (1926–2002). Sein Leben, sein Denken,* Weitra 2007, S. 117.

44 Ivan Illich verweist öfter auf den chinesischen Weg, Klaus Traube (*Müssen wir umschalten? Von den politischen Grenzen der Technik,* Reinbek 1978) ist des Lobes voll für China. Angesichts der Art und Weise, wie die chinesische Führung ihre Reformen durchsetzte, und angesichts der großen Hungersnot irritiert diese Bewunderung aus heutiger Sicht.

45 Jonathan Fenby, *The Penguin History of Modern China. The Fall and Rise of a Great Power, 1850–2008,* London 2008, insbesondere S. 383–385.

46 In der Literatur ist von 20 bis 40 Millionen Todesopfern die Rede, das offizielle China spricht von 15 Millionen.

47 Mehrere Thesenpapiere widmen sich der Frage, wie eine globale Landwirtschaft nach Peak Oil aussehen könnte: Siehe bspw. Nicholas Parrott et al./Greenpeace London, *The Real Green Revolution. Organic and Agroecological Farming in the South,* London 2002; Rob Hopkins/Patrick Holden, *One Planet Agriculture. The Case for Action,* Edinburgh 2007, oder Richard Heinberg/Michael Bomford, *The Food and Farming Transition: Toward a Post-Carbon Food System,* Post Carbon Institute, Sebastopol, 2009.

48 Marcel Mazoyer sagt: »Die letzten fünfzig Jahre haben wir die Mikroorganismen im Boden zerstört. Man muss sie wieder entdecken. Ich kenne Bauern, die keinen Dünger mehr einsetzen, aber gezielt mit den Mikroorganismen arbeiten – und höhere Erträge ernten als zuvor.« Marcel Hänggi, »Eine hellgrüne Revolution. Interview mit Marcel Mazoyer«, in: *WOZ Die Wochenzeitung,* 3. April 2008.

49 Jules N. Pretty et al. (»Resource-Conserving Agriculture Increases Yields in Developing Countries«, in: *Environmental Science & Technology* 4 [2006], S. 1114–1119) haben 286 ressourcenschonende »recent interventions« in 57 armen Ländern untersucht und dabei eine durchschnittliche Zunahme der Erträge um 79 Prozent festgestellt. – Der Weltagrarbericht hält es nicht nur für möglich, die Weltbevölkerung bis 2050 mit ökologisch verträglichen, kleinbäuerlichen Strukturen zu ernähren; er hält eine solche Landwirtschaft für notwendig. IAASTD, *Synthesis Report.* – Ebenso argumentiert der Uno-Sonderberichterstatter für das Recht auf Nahrung, Olivier de Schutter: An einem Biolandbau-Treffen am 21. und 22. Juni 2010 in Brüssel sagte er: »Governments and international agencies urgently need to boost ecological farming techniques to increase food production and save the climate«. Pressemitteilung des Uno-Büros Genf vom 22. Juni 2010. – Siehe auch Nadia Scialabba/FAO, *Organic Agriculture and Food Security,* Rom 2007, oder H. Charles J. Godfray et al., »Food Security: The Challenge of Feeding 9 Billion People«, in: *Science* 327, 5967 (2010), S. 812–818.

50 Der Evolutionsbiologe Richard Lewontin (*Biology as Ideology. The doctrine of DNA,* New York 1993, S. 53–54) bringt mit Blick auf das Hybridsaatgut ein ähnliches Argu-

ment vor. Im Allgemeinen wird davon ausgegangen, die wissenschaftlich gezüchteten Sorten seien vor allem dank der Hybridtechnik derart leistungsfähig. Lewontin wendet ein, es gebe keinen Grund anzunehmen, konventionell gezüchtetes Saatgut hätte nicht ebenso leistungsfähige Sorten hervorgebracht, wenn ebenso viel in ihre Entwicklung investiert worden wäre. Das Hybridsaatgut hat indes einen großen Vorteil für den Züchter: Es kann vom Bauern nicht selber weitergezüchtet, sondern muss jedes Jahr neu gekauft werden.

51 »Of the total domestic consumption of cereal grains [in den USA] 72% are used to feed livestock, 11% are for direct human consumption, and the remaining 17% are used by the food industry to produce different food products and alcoholic beverages«. Pimentel et al., *Food, Land, Population,* S. 15.

52 Tristram Stuart, *Waste. Uncovering the Global Food Scandal,* New York 2010.

53 Kevin D. Hall et al., »The Progressive Increase of Food Waste in America and Its Environmental Impact«, in: *PLoS One,* 11/2009.

54 Angaben der Weltgesundheitsorganisation WHO.

55 Eigene Grafik, Daten: FAO, http://faostat.fao.org/site/368/default.aspx.

56 »Global hunger and obesity are symptoms of the same problem and, what's more, the route to eradicating world hunger is also the way to prevent global epidemics of diabetes and heart disease, and to address a host of environmental and social ills. Overweight and hungry people are linked through the chains of production that bring food from fields to our plate. Guided by the profit motive, the corporations that sell our food shape and constrain how we eat, and how we think about food.« Raj Patel, *Stuffed and Starved. Markets, power and the hidden battle for the world food system,* London 2007, S. 1.

57 IEA, www.iea.org/stats/index.asp.

58 Angus Maddison, www.ggdc.net/maddison/maddison-project/index.htm.

59 FAO, http://faostat.fao.org/default.aspx.

60 Ich beziehe mich im Folgenden vor allem auf den Dokumentarfilm von Faith Morgan, *The Power of Community. How Cuba Survived Peak Oil* (DVD), Yellow Springs 2006.

61 Arcadio Ríos/Instituto de Investigación Agropecuaria (Hrsg.), *Improving Animal Traction Technology in Cuba,* La Habana 1998.

62 Niels Boeing, »Es grünt so grün, wenn Kubas Lampen glüh'n«, in: *Technology Review online* (Deutschland), 11. August 2009.

63 WWF/Global Footprint Network/Zoological Society of London, »Der Zustand unseres Planeten. Living Planet Report 2006«, S. 21.

64 David Edgerton, *The Shock of the Old. Technology and Global Change since 1900,* London 2006, S. 36.

65 Patel, *Stuffed and Starved,* S. 162. – In den Jahren 2007 und 2008 zeichnete sich allerdings wieder eine gewisse Trendumkehr ab: Die kubanische Landwirtschaft setzte wieder deutlich mehr Kunstdünger ein, der Energieverbrauch stieg 2008 gegenüber dem Vorjahr steil an. Ob sich der Trend fortsetzt, ist ungewiss; neuere Zahlen sind noch nicht erhältlich.

66 Siehe zu Via Campesina und zur Ernährungssouveränität Bello, *Politik des Hungers,* S. 176–185.

67 58 Staaten haben den Bericht des IAASTD unterzeichnet; drei weitere – die USA, Kanada und Australien – haben unter Vorbehalt unterzeichnet. Das offizielle Deutschland

hat den Weltagrarrat ignoriert. Die Schweiz hat am Bericht intensiv mitgearbeitet und das Schlussdokument unterzeichnet, doch ging die Mitarbeit von der Direktion für Entwicklung und Zusammenarbeit aus, während das mächtige Staatssekretariat für Wirtschaft, das für die Schweizer Position in den WTO-Verhandlungen zum Agrarfreihandel verantwortlich zeichnet, den Bericht ignoriert.

4 Raum und Zeit

1 Heinrich Heine, *Lutetia. Berichte über Politik, Kunst und Volksleben,* in: *Werke,* München 1984, 2., revid. Auflage, Bd. 5, S. 449.

2 Im Referenzszenario der Internationalen Energieagentur (*World Energy Outlook 2009,* S. 42) für die Entwicklung von 2007 bis 2030 fallen 97 Prozent der Zunahme der Nachfrage nach Erdöl in dieser Zeitspanne auf den Transportsektor.

3 Wolfgang Schivelbusch, *Geschichte der Eisenbahnreise. Zur Industrialisierung von Raum und Zeit im 19. Jahrhundert,* Frankfurt am Main 1977, S. 32.

4 Grafik aus: G. Wolfgang Heinze/Heinrich Kill, *Freizeit und Mobilität. Neue Lösungen im Freizeitverkehr,* Hannover 1997, S. 11.

5 Leggewie/Welzer, *Das Ende der Welt,* S. 88.

6 Winfried Wolf, *Verkehr Umwelt Klima. Die Globalisierung des Tempowahns,* Wien 2007, spricht von vier »Transportrevolutionen«: der Errichtung eines Kanalsystems ab dem 17. Jahrhundert; dem Eisenbahnbau; dem Siegeszug des Automobils und dem Aufschwung der Luftfahrt. Ich gehe hier nur auf Eisenbahn und Auto näher ein. Wolf sei hier als Standardwerk für die Geschichte des Verkehrs, seiner Förderung und seiner sozialen und ökologischen Folgen empfohlen.

7 »Die Industrialisierung von Raum und Zeit im 19. Jahrhundert« lautet der Untertitel von Schivelbuschs schöner *Geschichte der Eisenbahnreise.*

8 1858 kostete bei Osnabrück der Erztransport von der Grube zu den Hochöfen mit dem Pferdefuhrwerk je nach Witterung 2,50 bis 5 Mark pro Tonne, nach der Eröffnung der Eisenbahnlinie 1866 noch 30 Pfennig. Wolf, *Verkehr Umwelt Klima,* S. 47. – Im Vergleich zur Kanalschifffahrt war der Vorteil der Eisenbahn weit geringer. In Großbritannien trugen zur Konkurrenzfähigkeit der Bahn in der ersten Hälfte des 19. Jahrhunderts auch die Corn Laws bei, die die Preise für Getreide – die Energie der Pferdekutschen – hochhielten.

9 Edgerton, *Shock of the Old,* S. 33. Die laut Edgerton größte und fortschrittlichste Eisenbahngesellschaft, die London, Midland and Scottish, besaß 1924 gleich viele Pferde wie Lokomotiven.

10 »Eine für die Wirtschaftsgeschichte bedeutsame Wirkung der Holzverknappung war schon im 16. Jahrhundert der Trend zur Dezentralisation unter den Holzgroßverbrauchern: Man war darauf angewiesen, den Waldressourcen zu folgen. Metallproduktion und Metallverarbeitung konnten nicht gut in der gleichen Gegend konzentriert werden. (…) Während die Kohle im 19. Jahrhundert zu gewaltigen industriellen Zusammenballungen führte, zog das Holz Frühformen der Industrialisierung aufs Land und in die Wälder. Die wachsende Bedeutung des Wassers als Antriebskraft verstärkte diesen Trend. Je knapper Holz und Wasserkraft wurden, desto mehr wurden diese Produktionsfaktoren standortbestimmend. Eine ganze Periode der Wirtschaftsgeschichte, die vom Ende des Mittelalters bis ins frühe 19. Jahrhundert reicht, ist durch diese Standortorientierung zum Holz und Wasser hin gekennzeichnet.« Radkau, *Holz,* S. 98.

11 Der Osteuropahistoriker Karl Schlögel hat die Mobilität eines Kulturschaffenden vor dem Ersten Weltkrieg am Beispiel des russischen Ballettimpresarios Sergej Djagilew schön gezeigt: »Djagilews Spur in Europa«, in: Karl Schlögel, *Im Raume lesen wir die Zeit. Über Zivilisationsgeschichte und Geopolitik,* München 2003, S. 411–430; siehe auch ebd. S. 371–378: »Karl Baedeckers Handbuch für Reisende oder die Konstruktion Mitteleuropas«.

12 Was die »Vernichtung des Raums« angeht, präsentierte sich die Situation in den USA anders als in Europa: Hier »zerstörte« die Eisenbahn – und das Dampfschiff – den Raum nicht, hier erschloss sie neuen Raum, machte den Raum größer und nicht kleiner; ein Umstand, der wohl zu einem von Europa verschiedenen kulturellen Verhältnis der Amerikaner zur Naturausbeutung beitrug. »Werden in Europa Mechanisierung und Industrialisierung weithin als zerstörerisch erlebt, weil sie eine hoch entwickelte handwerkliche Kultur sowie eine ebenso hoch entwickelte Reisekultur ersetzen, so ist das Gegenteil in den USA der Fall. Hier gibt es zu Beginn des 19. Jahrhunderts, als die Dampfkraft eingeführt wird, weder eine entwickelte handwerkliche Kultur noch eine Kultur des Reisens. Die Situation ist gekennzeichnet durch ungeheure und praktisch wertlose Naturressourcen auf der einen Seite sowie einen chronischen Mangel an Arbeitskräften auf der anderen. Jede Form der Mechanisierung wird daher, weil niemand durch sie arbeitslos wird, als schöpferisch erfahren.« Schivelbusch, *Eisenbahnreise,* S. 85.

13 Zitiert ebd., S. 17.

14 Ebd., S. 52.

15 Otto Julius Bierbaum, *Yankeedoodlefahrt und andere Reisegeschichten,* München 1910, zitiert nach Wolfgang Sachs, *Die Liebe zum Automobil. Ein Rückblick in die Geschichte unserer Wünsche,* Reinbek 1984, S. 111.

16 Schivelbusch, *Eisenbahnreise,* S. 18.

17 Christoph Maria Merki, *Der holprige Siegeszug des Automobils 1895–1930. Zur Motorisierung des Straßenverkehrs in Frankreich, Deutschland und der Schweiz,* Wien 2002, S. 38–71. – Der erste registrierte Autobesitzer im Kanton Bern, Oberst Hamberger, der auch Autos verkaufte, beklagte sich 1895 beim Hersteller über die Pannenanfälligkeit des »Patent-Motorwagens« von Benz. Er antwortete ihm: »Herr Hamberger, Sie befinden sich in einem grossen Irrtum. Sie scheinen zu glauben, meine Motorwagen seien dazu bestimmt, als Verkehrsmittel zu dienen. Das ist durchaus nicht der Fall. Nach meiner Erfahrung haben sie lediglich den Zweck, Leuten, die sich gerne mit Maschinen befassen, gewissermassen als großes Spielzeug zu dienen, wobei es nichts ausmacht, wenn sie gelegentlich auch auf der Straße kleinere Störungen beheben müssen!« Zitiert in Marcel Motzet, »Von der Pferde- zur Benzinkutsche«, in: Lukas Märki (Hrsg.), *Mit Vollgas ins 20. Jahrhundert. Eine Geschichte über die Auto-Mobilmachung im Schweizer Mitelland,* Büren 2010.

18 Zitiert nach Sachs, *Liebe zum Automobil,* S. 15.

19 So wurde der Touring Club Schweiz, heute ein Lobbyverband des Autoverkehrs, 1896 als Fahrradclub gegründet; erst 1901 nahm er auch Automobilisten auf. Die Tour de France wurde 1903 von der Automobilzeitschrift *L'Auto* ins Leben gerufen – notabene um sich gegen die Konkurrenz des Konkurrenzblatt *Le Vélo* durchzusetzen!

20 Sachs (*Liebe zum Automobil,* S. 125) formuliert es so: »Weil es körperliche Anstrengung verlangt, taugte das Fahrrad nicht zum Klassensymbol; denn eine privilegierte

Stellung heißt zuallererst, über fremde Energien zu gebieten und andere für einen schwitzen zu lassen.« – Die jüngste Zeit erlebt einen Boom an Elektrofahrrädern, bei denen die Kraft, die der Fahrende auf die Pedalen überträgt, von einem Motor unterstützt wird. Diese Fahrzeuge übernehmen die Machterfahrung des Autos, dass der Druck auf ein Pedal ungewohnte Kräfte auszulösen vermag, während doch die sportliche Aktivität erhalten bleibt. Der Erfolg dieser Fahrzeuge dürfte zu einem guten Teil damit zu erklären sein (ich danke Niklaus Schefer für den Hinweis).

21 Mercier, *Bilder aus dem vorrevolutionären Paris,* Zürich 1990, S. 358; zitiert nach Markus Schmidt, »Die Unrechtsordnung«, in: Klaus Gietinger, *Totalschaden. Das Autohasserbuch,* Frankfurt am Main 2010, S. 177–204.

22 Illich, »Energie und Gerechtigkeit«, S. 102.

23 Für die Angaben zu England und Deutschland: Gietinger, *Totalschaden,* S. 26–227; für die Angaben zur Schweiz: Uwe Fraunholz, »›Automobilistisches Feindesland‹. Motorisierte Schweiztouristen in der Pionierzeit des Autos«, in: Beat Hächler et al. (Hrsg.), *Autolust. Ein Buch über die Emotionen des Autofahrens,* Baden 2002, S. 120. – Das Auto prägte seine Realität mit Bezug auf die Geschwindigkeitswahrnehmung von Anfang an selbst: Vom Autoerfinder Carl Benz ist die Anekdote überliefert, er habe die Erlaubnis bekommen, sein Auto mit 6 Stundenkilometern durch die Straßen zu fahren. Als er aber Beamte des Ministeriums, das diese Erlaubnis erteilt hatte, herumchauffierte, drängten ihn diese, doch bitte zu zeigen, was die Maschine hergebe. Kurt Möser, *Die Geschichte des Autos,* Frankfurt am Main 2001, S. 90.

24 Andernorts gab es Bemühungen um ein Autoverbot: Angeführt von der Bauerngemeinde Mumpf am Rhein forderten 1908 42 Aargauer Gemeinden die Regierung ihres Kantons auf, »die allgemeine Kalamität« und »Gefährdung der öffentlichen Sicherheit, hervorgerufen durch die unsinnige, immer mehr überhandnehmende Automobilraserei« zu beenden – ohne Erfolg. Die Mumpfer Gemeindebehörden stellten vor dem Dorfeingang kurzerhand einen Schlagbaum auf die Hauptstraße Zürich–Basel, den sie aber wieder entfernen mussten. Auf ebendieser Straße wurde mein Großvater 1939 von einem Automobilisten zu Tode gefahren.

25 Sachs, *Liebe zum Automobil,* S. 31–34.

26 Schivelbusch, *Lichtblicke,* S. 86–87.

27 Hermann Knoflacher hat mit seiner Forschung nachgewiesen, dass zwischen Fahrbahnbreite und gefahrener Geschwindigkeit ein direkter Zusammenhang besteht und dass die üblichen Richtlinien für den Straßenbau durchwegs Fahrbahnbreiten vorsehen, die für die zugelassene Geschwindigkeit zu großzügig bemessen sind. So läge die angebrachte Fahrbahnbreite für Tempo 50 bei 4,80 bis 5,20 Metern; gebaut werden aber 6 bis 6,50 Meter breite Fahrbahnen. Hermann Knoflacher, *Virus Auto. Die Geschichte einer Zerstörung,* Wien 2009, S. 112.

28 In Ghana beobachtete ich im Jahr 2007 einen besonders dreisten straßenbauerischen Schildbürgerstreich. Fährt man von der Hauptstadt Accra kommend in die zweitgrößte Stadt des Landes, Kumasi, ein, fällt auf den letzten Kilometern die erstklassige Qualität des Straßenbelags auf. Die Fahrbahnen sind breit wie Autobahnen, die Fahrtrichtungen und die Gehsteige mit begrünten Streifen voneinander abgetrennt. Diese mit Rasen bepflanzten Streifen ändern ihre Breite, sodass die Fahrbahn in Schlangenlinie verläuft, was die Geschwindigkeit bremsen soll; zudem sind Schwellen in den Belag eingebaut. Hier wurde also eine Straße von der Belagsqualität und der Fahrbahnbreite her als Autobahn konzipiert; bauliche Maßnahmen sollen daraus eine fußgänger-

freundliche Straße machen. Die teuren, gut gefederten Autos pflegen mit weit über hundert Stundenkilometern über die Schwellen zu rasen; dass die Fahrbahn nicht genau geradlinig verläuft, ist wegen der Breite der Fahrbahn vollkommen irrelevant. Der Schildbürgerstreich ist ein europäischer: Am Rand der Straße stehen Schilder, die darauf verweisen, dass diese Straße von der EU finanziert worden sei…

29 Illich, »Energie und Gerechtigkeit«, S. 90.

30 John Adams, »Seat Belts: Another Look at the Data«, Blog vom 5. November 2009, http://john-adams.co.uk.

31 Im August 2008 hat die Europäische Kommission Funkfrequenzen für die »intelligente Fahrzeugkommunikation« reserviert; die Schweiz wird sich an einem solchen System beteiligen.

32 Die Regierung der Weimarer Republik fand denn auch, Autobahnen seien »unproduktiv wie Kieshaufen«; zitiert nach Sachs, *Liebe zum Automobil,* S. 66.

33 Zitiert in Ulf Poschardt, *Über Sportwagen,* Berlin 2002, S. 77–78.

34 Zitiert in Heinz Hitzer, *Die Straße. Vom Trampelpfad zur Autobahn. Lebensadern von der Urzeit bis heute,* München 1971, S. 307.

35 Die BRD schaffte dieses Limit 1953 für kurze Zeit wieder ab – mit der Begründung, Hitler habe es eingeführt! Gietinger, *Totalschaden,* S. 230.

36 Poschardt (*Sportwagen,* S. 76) schreibt dazu: »Dass Italien und Deutschland, beide faschistische Diktaturen, auch zu den wichtigsten Produzenten von Autos, besonders von Sportwagen wurden, hat historische, nämlich wehrtechnische und weltanschauliche Gründe.« – Zu »Fordismus und Faschismus« siehe auch Winfried Wolf, *Verkehr Umwelt Klima. Die Globalisierung des Tempowahns,* Wien 2007, S. 153–166.

37 »Die Technisierung macht einstweilen die Gesten präzis und roh und damit die Menschen. Sie treibt aus den Gebärden alles Zögern aus, allen Bedacht, alle Gesittung. (…) So wird etwa verlernt, leise, behutsam und doch fest eine Tür zu schließen. Die von Autos und Frigidaires muß man zuwerfen (…). Welchen Chauffierenden hätten nicht schon die Kräfte seines Motors in Versuchung geführt, das Ungeziefer der Straße, Passanten, Kinder und Radfahrer, zuschanden zu fahren? In den Bewegungen, welche die Maschinen von den sie Bedienenden verlangen, liegt schon das Gewaltsame, Zuschlagende, stoßweis Unaufhörliche der faschistischen Mißhandlungen.« Theodor W. Adorno, *Minima Moralia. Reflexionen aus dem beschädigten Leben,* Frankfurt am Main 1951, S. 43–44, Abschnitt 19.

38 Filippo Tommaso Marinetti, *Futuristisches Manifest,* 1909, zitiert nach www.futurismus.org.

39 Wie sehr die Verkehrswissenschaften vor allem der Nachkriegszeit vom »Virus Auto« infiziert waren, beschreibt der emeritierte Wiener Professor für Verkehrsplanung Hermann Knoflacher *(Virus Auto,* namentlich S. 106–113).

40 Victor Fournel, zitiert nach Schivelbusch, *Geschichte der Eisenbahnreise,* S. 158.

41 »Zweifellos wurden die Avenuen und Boulevards auch als Truppenaufmarsch-Straßen angelegt. Doch diese Funktion war lediglich die bonapartistische Ergänzung zum ansonsten primär für den kommerziellen Verkehr bestimmten Straßensystem. Die Form und die Systematik von Haussmanns Straßenschneisen ist autoritär-militärisch; ihr Zweck ist, wie der des bonapartistischen Regimes insgesamt, die Förderung der Geschäfte der Bourgeoisie.« Ebd., S. 160.

42 Zitiert in Vittorio Magnago Lampugnani, *Die Stadt im 20. Jahrhundert. Visionen, Entwürfe, Gebautes,* Berlin 2010, S. 388. Le Corbusier nannte die Grundeinheit seiner Entwürfe für eine »zeitgenössische« Stadt *Maison Citrohan* – der Anklang an die Automarke Citroën war Absicht.

43 Ebd., S. 404.

44 Zitiert ebd., S. 415.

45 Zur Geschichte der autogerechten Stadtplanung siehe ebd., S. 529–559.

46 Giles Slade, *Made to Break. Technology and Obsolescence in America,* Cambridge MA/London 2006, S. 134. Slade nennt als Beispiel vor allem William Levitt, den »Vater der amerikanischen Suburbs«. Zu den Charkteristika der »Levittowns« gehörten kurvenförmige Straßen, was die Nachbarhäuser weniger sichtbar mache, und »the absence of sidewalks to discourage foot traffic«.

47 Noch heute ist der Straßen-Gütertransport auf kürzeren Strecken wirtschaftlicher, der Eisenbahntransport auf längeren von mehreren Hundert Kilometern. Das ist einer der Gründe, weshalb der Anteil des Schienenverkehrs am Gütertransport – im Gegensatz zum Personentransport – in großen Ländern wie den USA oder Kanada deutlich höher liegt als in Europa.

48 www.nestown.org.

49 Ich stütze mich auf Gespräche mit zwei Vätern von Nestown: Franz Oswald, emeritierter Architekturprofessor der ETH Zürich, und sein Partner Peter Schenker, SSSVT Architekten, Bern. Siehe auch Franz Oswald, »The Idea of a Town. Nestown – New Energy Self-Sustaining Town«, in: Marc Angélil/Dirk Hebel, *Cities of Change – Addis Ababa. Transformation Strategies for Urban Territories in the 21st Century,* Basel 2009, S. 238–245.

50 www.eartharchitecture.org.

51 Marc Angélil/Cary Siress, »Addis Through the Looking-Glass«, in: *Construction Ahead,* Mai–August 2009, S. 20–25.

52 Zur Sprawl-Debatte: Hänggi, *Schwätzer,* S. 167–168.

53 Wolf, *Verkehr Umwelt Klima,* passim. Die Zahlen in den folgenden Abschnitten stammen aus Wolf.

54 Ebd. S. 245–248. – Wenn Bahnunernehmen privatisiert oder auch nur in Aktiengesellschaften in Staatsbesitz umgewandelt werden, müssen sie nach Wirtschaftlichkeitsüberlegungen funktionieren, während der Privatverkehr von solchen Zwängen frei ist. Würden Autobesitzerinnen und Autobesitzer ihr Verkehrsverhalten rationalen Wirtschaftlichkeitsüberlegungen unterwerfen, besäße kaum mehr jemand ein eigenes Auto.

55 Der Plan nennt als seine »Vision«: »To emerge as the destination of choice in the world for design and manufacture of automobiles and auto components with output reaching a level of US$ 145 billion accounting for more than 10 per cent of the GDP and providing additional employment to 25 million people by 2016.« Ministry of Heavy Industries & Public Enterprises, Government of India, *Automotive Mission Plan 2006–2016,* New Delhi 2006, S. 2.

56 Shiva, *Leben ohne Erdöl,* insbesondere S. 89–134.

57 In Asien sind zwischen 60 und 75 Prozent der bei Straßenverkehrsunfällen Getöteten Fußgänger oder Radfahrer und weitere 15 bis 30 Prozent Passagiere öffentlicher Busse; nur 10 Prozent sind selber Automobilisten. Gietinger, *Totalschaden,* S. 247.

58 Das World Resources Institute (http://earthtrends.wri.org) gibt als aktuellste Zahl die Zahl der Privatautos in Indien für das Jahr 2000 mit 5,9 pro 1000 Einwohner an, was nicht ganz 6 Millionen Autos entsprach. Rechnet man die Zunahme der Autos von 12 Prozent pro Jahr auf das Jahr 2010 hoch, so ergibt das bei einer Bevölkerung von mittlerweile 1,2 Milliarden 15 Autos pro 1000 Einwohner Indiens.

59 Wolf, *Verkehr Umwelt Klima,* S. 197.

60 Schweizerinnen und Schweizer legten 2005 durchschnittlich 7993 Fahrzeugkilometer auf der Straße zurück, Deutsche 7752. Daten: World Resources Institute, gestützt auf die International Road Federation; http://earthtrends.wri.org.

61 Die Studie betrachtete die Aufwendungen der Städte für den Straßenverkehr: Straßenbau und -unterhalt sowie die Anteile der Kosten von Polizei, Feuerwehr und so weiter, die dem Autoverkehr zugeordnet werden können. Beiträge von Bund und Ländern wurden nicht erfasst, soziale und ökologische Kosten ebenso wenig. ICLEI (Hrsg.), *Hidden Subsidies for Urban Car Transportation. Public Funds for Private Transport,* Freiburg i. B. 2005.

62 Infras/Institut für Wirtschaftspolitik und Wirtschaftsforschung 2007, zitiert nach Wolf, *Verkehr Umwelt Klima,* S. 333–335.

63 So verursachen Personenwagen pro tausend Personenkilometer 76 Euro externe Kosten. Der Transport einer Tonne Güter belastet die Öffentlichkeit pro tausend Kilometer mit 19,90 Euro auf der Schiene, mit 70 Euro in schweren Lastwagen, mit 250 Euro in leichten Lastwagen und mit 271 Euro in der Luftfracht. – In der Schweiz lagen die externen Kosten des Straßenverkehrs (ohne Staukosten) 2005 bei etwas über 8 Milliarden Franken (wovon der öffentliche Straßenverkehr 2 Prozent ausmachte); das entsprach 7 Prozent des Bruttoinlandprodukts. Der Schienenverkehr verursachte externe Kosten von 455 Millionen Franken (0,4 Prozent des BIP). In Deutschland betrugen die externen Kosten der Straße 2005 77 Milliarden Euro (3,4 Prozent des BIP), die von Schienen- und Luftverkehr sowie Binnenschifffahrt zusammen 3,4 Milliarden (0,15 Prozent des BIP). Infras/Allianz pro Schiene (Hrsg.), *Externe Kosten des Verkehrs in Deutschland. Aufdatierung 2005,* Zürich 2007, und Infras/Ecoplan, *Externe Kosten des Verkehrs in der Schweiz,* im Auftrag des Bundesamts für Raumentwicklung, Bern 2008. Dass die externen Kosten, gemessen am BIP, in Deutschland markant tiefer sind als in der Schweiz, hat teilweise methodische Gründe – die Schweizer Rechnung ist detaillierter und erfasst mehr Faktoren.

64 Einen externen *Nutzen* des Verkehrs gibt es nicht, denn aller Nutzen ist intern, das heißt, er fällt bei den Verkehrsteilnehmern an sowie bei denen, die am Verkauf und Unterhalt von Fahrzeugen, an Bau und Unterhalt von Verkehrsinfrastrukturen, an der Bereitstellung von Verkehrsdienstleistungen und so weiter verdienen.

65 www.bmbf.de/de/13886.php

66 Sven Behrisch, »Mr. Electric«, in: *Das Magazin,* 21. November 2008.

67 Harald Welzer, »Wohlstand ohne Wachstum – Perspektiven der Überflussgesellschaft«, in: *Deutschlandfunk – Hintergrund,* 1. Januar 2010.

68 D. A. Notter et al., »Contribution of Li-Ion Batteries to the Environmental Impact of Electric Vehicles«, in: *Environmental Science & Technology* 44, 17 (2010), S. 6550–6556.

69 In Ländern, die den Ausbau der erneuerbaren Stromproduktion mit einer Einspeisevergütung fördern, wird sich eine zusätzliche Nachfrage nach Ökostrom durch »umweltbewusste« Elektroautofahrer *nicht* auf die Produktion auswirken, weil der Preis, den

Ökostromproduzenten erhalten, nicht von dieser Nachfrage bestimmt wird, sondern gesetzlich festgelegt ist.

70 Im Oktober 2010 gibt die Schweizer Firma Catecar bekannt, die Produktion von Druckluftfahrzeugen aufnehmen zu wollen. Die zwei Meter langen Autos fahren mit einem 6,8-PS-Druckluftmotor. Die Energie wird in Form von komprimierter Luft gespeichert, zum Komprimieren der Luft dient ein elektrischer Kompressor. Das 400 Kilogramm schwere Fahrzeug kann je nach Modell 45 oder 70 Stundenkilometer schnell fahren und hat eine Reichweite von 200 Kilometern. Diese Entwicklung scheint mir, aus Distanz betrachtet, sinnvoll sein zu können, weil sie nicht versucht, bezüglich Leistung, Gewicht und Geschwindigkeit Autos mit Verbrennungsmotor nachzuahmen. Ob und für welche Anwendungen es sich durchsetzen wird, wird sich zeigen.

71 Ivan Illich, *Selbstbegrenzung. Eine politische Kritik der Technik,* München 1975, vor allem S. 15–26.

72 Autobahnen, hieß es in einer Publikation von 1938, sollten »den edlen deutschen Landschaften« Fassung sein; darin sollten diese Landschaften »funkeln wie ein Stein im kunstvoll gefertigten Ring«. W. Bade, *Das Auto erobert die Welt,* Berlin 1938, zitiert nach Sachs, *Liebe zum Automobil,* S. 66. – Auch die *parkways* in den USA wurden durch eigens geschaffene Parklandschaften geführt. Die Kreuzungsfreiheit sollte hier auch dem Ziel dienen, die Landschaft in voller Fahrt »genießen« zu können, ohne sich allzusehr auf den Verkehr konzentrieren zu müssen. Lampugnani, *Stadt im 20. Jahrhundert,* S. 531.

73 »Die (Auto-)Mobilisierung der Bevölkerung war ebenso kalkuliertes Schauspiel wie die Massenornamente der Reichsparteitage und die Aufmärsche der Wehrmacht.« Poschardt, *Sportwagen,* S. 82.

74 Aral, *Aral Mobilitätsstudie 2005. Qualitative Untersuchung zu Auto und Verkehr. Eindrücke, Erfahrungen, Erwartungen,* Bochum 2005.

75 Christopher J. L. Murray/Alan D. Lopez, *The Global Burden of Disease. Update 2004,* Genf 2008, S. 28.

76 Hermann Knoflacher, *Virus Auto. Die Geschichte einer Zerstörung,* Wien 2009, S. 165. – Als Beispiel dafür, wie wenig die Verkehrstoten zur Kenntnis genommen werden, verweist Gietinger (*Totalschaden,* S. 31) darauf, dass in Israel seit der Staatsgründung mehr Menschen durch Straßenverkehrsunfälle gestorben seien als durch Krieg und Terror.

77 Bundesamt für Statistik, www.bfs.admin.ch.

78 Wolf *(Verkehr Umwelt Klima,* S. 327–328) verweist darauf, dass nach den Regeln der Unfallstatistik nur als tödlich verunfallt stirbt, wer innert dreißig Tagen nach dem Unfall stirbt. Wenn es der Medizin gelingt, Verunfallte länger am Leben zu erhalten, fällt die Zahl der offiziell tödlich Verunfallten, selbst wenn diese Personen nach Ablauf der dreißig Tage doch noch an den Folgen des Unfalls sterben.

79 Eigene Grafik. Daten: Bundesamt für Statistik.

80 Zitiert nach Marco Hüttenmoser, »Veränderungen in den Bedingungen des Aufwachsens. Auswirkungen des 1950er Syndroms auf den Alltag der Kinder«, in: Christian Pfister (Hrsg.), *Das 1950er Syndrom. Der Weg in die Konsumgesellschaft,* Bern 1995, S. 276. Die Datenlage ist schwierig: Die offiziellen Unfall- und Verkehrsstatistiken erfassen die Zeit nicht, die Kinder im Spiel auf der Straße verbringen; ebd. S. 270–272. – Auch für Deutschland gilt, dass die Zahl der Kinderunfälle gemessen an der Zahl der

Kinder nicht zurückgeht, dass mithin die Zahl der Unfälle gemessen an der Zeit, die die Kinder im Verkehr verbringen, steigt. Gietinger, *Totalschaden,* S. 175.

81 Roland Haldemann/Walter Weber, *Verkehrssicherheit auf Schulwegen. BfU-Report 25,* Bern 1994. Dieselbe Formulierung findet sich laut Hüttenmoser (»Kind und Straßenraum«, in: Christian Harb [Hrsg.], *Autofrei wohnen. Eine neue Perspektive für Stadt- und Verkehrsplanung,* Zürich 2001, S. 28) noch einmal in der von der Beratungsstelle für Unfallverhütung herausgegebenen Publikation von Christian Scherer, *Unfallverhütung bei Kindern bis zu 16 Jahren,* Bern 1995.

82 So ist beispielsweise unbestritten, dass Kinder, die viel Zeit mit Fernsehen und Computerspielen verbringen, eher übergewichtig werden als andere. Marco Hüttenmoser, der zum Thema mehrere Studien durchgeführt hat, weist aber darauf hin, dass die Hauptursache für dieses Verhalten der Verkehr sei: Kinder, die die Möglichkeit haben, unbegleitet ins Freie zu gehen, verbringen viel weniger Zeit mit Fernsehen und Computerspielen.

83 Hüttenmoser, »Veränderungen in den Bedingungen des Aufwachsens«, S. 277–278.

84 Niklaus Schefer weist darauf hin, dass die US-amerikanischen Autobauer nach den Terroranschlägen vom 11. September 2001 begannen, die eigene Macht und Tradition zu beschwören, unter anderem durch strotzendes Design und martialische Modellnamen. Der Boom der SUVs auf dem US-amerikanischen Automarkt setzte 2002 ein. – Schefer stellt im Automobildesign auf der anderen Seite einen Trend zur »Verharmlosung« fest, den er durch die Klimadebatte motiviert sieht. Autos würden so designt, dass sie an Haustiere oder Spielzeuge erinnerten. Schefer, »Verharmlosungs- und Beschwörungsstrategien. Soziologische Skizzen zum aktuellen Automobildesign als Plädoyer für eine Soziologie des Designs«, Publikation geplant 2011.

85 Gietinger, *Totalschaden,* S. 62.

86 Markus Schmidt, *Eingebaute Vorfahrt. Das Schlüsselgeheimnis des Autos und der Schlüssel zur Verkehrswende,* Frankfurt am Main 2002, S. 33.

87 »Speed Camera Switch off Plans Spark Safety Warnings«, in: *The Guardian,* 25. Juli 2010.

88 Entscheid A-4751/2007 vom 13. Juli 2010. Der Entscheid ist noch nicht rechtskräftig; der Kanton Tessin hat ihn beim Bundesgericht angefochten. – Bemerkenswert ist auch, dass die Kantone sich darauf geeinigt haben, die Bevölkerung zu informieren, wenn die Luftschadstoffe das Anderthalbfache der (verbindlichen) Grenzwerte erreicht. Das heißt dann konkret: Man fordert Kinder und Menschen mit Atemwegserkrankungen auf, zu Hause zu bleiben, nicht aber Autofahrerinnen und Autofahrer, ihr Auto stehen zu lassen. Maßnahmen sind erst vorgesehen für den Fall, dass das Doppelte der Grenzwerte erreicht ist.

89 Dies stellt der Kriminologe Günther Kaiser, Autor des Standardwerks *Verkehrsdelinquenz und Generalprävention* (Tübingen 1970), fest (zitiert nach Schmidt, »Die Unrechtsordnung«, S. 185). Schmidt (ebd., S. 190–191) weist darauf hin, dass die nationalsozialistische Reichs-Straßenverkehrsordnung (RStVO) von 1934 eingeleitet wurde mit dem Satz »Die Förderung des Kraftfahrzeugs ist das vom Reichskanzler und Führer gewiesene Ziel (...). Gerichtsbehörden müssen sich vom Geist dieser Ordnung leiten lassen.« Nach dem Krieg behielten sowohl die BRD wie die DDR die RStVO im Wesentlichen bei, strichen aber den ersten Satz mit seiner Reverenz an den Willen des Führers. Der »Geist der Ordnung« indes bestand in der Rechtsprechung fort. – Ebenfalls aus der Nazizeit stammt die Vorschrift, bei Neubauten Parkplätze zu bauen – egal, ob die

Bauten von Menschen mit oder ohne Auto benutzt werden. Die erste derartige Vorschrift war die Reichsgaragenverordnung von 1939. Knoflacher, *Virus Auto,* S. 126.

90 Zitiert nach Schmidt, »Die Unrechtsordnung«, S. 179.

91 Zitiert nach ebd., S. 195.

92 In vormodernen Zeiten traten die schwersten Unfälle in der Seefahrt auf. Die Gefahren des Wetters für die Schifffahrt konnten nur als »höhere Gewalt« akzeptiert werden – als mögliche Strategie blieb lediglich, das Risiko zu minimieren, indem man nicht öfter als nötig zur See fuhr, und Demut gegenüber den Naturgefahren. Im 19. Jahrhundert traten die verlustreichsten Unfälle im Eisenbahnverkehr auf; Achsbrüche durch Materialermüdung waren häufige Ursache. Gegen diese technischen Mängel konnte man mit technischen Verbesserungen vorgehen; es waren ironischerweise die immer größeren Unfälle, die den Glauben an die Ausrottbarkeit von Unfällen mittels Technik entstehen ließen. Was nun die Unfälle im Straßenverkehr angeht, so ist die Gefahrenwahrnehmung wieder dieselbe wie in der vormodernen Seefahrt. Wohl können Insaßen von Autos sich mit Airbag, Gurten und so weiter besser schützen; den Fußgängerinnen und Fußgängern aber bleiben nur Rückzug und »Demut« – wobei es selbstredend etwas ganz anderes ist, demütig zu sein gegenüber Naturgewalten als anderen Menschen gegenüber.

93 Paul Virilio, *Geschwindigkeit und Politik. Ein Essay zur Dromologie,* Berlin 1980, S. 80.

94 Ivan Illich, *Die sogenannte Energiekrise oder Die Lähmung der Gesellschaft,* Reinbek 1974, S. 40.

95 Die 244 Millionen registrierten Autos in den USA sind pro Jahr 235 Milliarden Stunden unterwegs und legen dabei 4,8 Billionen km zurück, was einen Schnitt von 20,43 km/h ergibt. In der Schweiz lag die durchschnittliche Geschwindigkeit 2005 bei nicht ganz 40 km/h (Bundesamt für Statistik [Hrsg.], *Mobilität in der Schweiz. Ergebnisse des Mikrozensus 2005 zum Verkehrsverhalten,* Neuchâtel 2007). In vielen Städten betragen die durchschnittlichen Geschwindigkeiten um 20 km/h oder weniger: Frankfurt am Main 17,5 km/h, München 21 km/h, London 16 km/h, Rom 18 km/h, Tokio 7 km/h. Ich danke Markus Schmidt für die Zusammenstellung.

96 Mathias Binswanger/Annette Jochem, »Technischer Fortschritt und Rebound-Effekt«, in: *Fachhochschule Nordwestschweiz: Forschungsbericht 2002,* Solothurn 2002, S. 27.

97 Bundesamt für Statistik, *Mobilität in der Schweiz,* S. 69. Die durchschnittliche Wegzeit ist von 69,6 (1984) auf 98,4 Minuten pro Tag (2005) sogar markant gestiegen. Allerdings gehen zwei Drittel dieses Anstiegs auf die Wegzeit zu Fuß zurück, die sich laut Erhebung zwischen 1989 und 1994 mehr als verdoppelt hat. Die Autoren der Studie schreiben im Begleittext, die Zunahme im »Langsamverkehr« könne »teilweise mit den Erhebungsmethoden zusammenhängen«. Deutlich angestiegen sind indes auch die durchschnittlichen Wegzeiten im Auto – von 29,8 (1984) auf 38,4 Minuten pro Tag (2005). Eine gewisse Zunahme der Verkehrszeit lässt sich vermutlich so erklären, dass sich dank Laptops und Mobiltelefonen zunehmend während der Auto- oder Bahnfahrt auch andere Dinge erledigen lassen. Der Mensch hat dank solchem *Multtasking* nun gewissermaßen mehr als 24 Stunden pro Tag zur Verfügung, somit steigt auch das persönliche »Zeitbudget« für die Verkehrszeit.

98 Das bestätigte unlängst wieder eine Studie mit umfangreichem Datenmaterial aus den USA der Jahre 1983 bis 2003 (Gilles Duranton/Matthew A. Turner, *The Fundamental Law of Road Congestion: Evidence from US Cities,* Toronto 2009). Wird das Straßen-

netz um ein Prozent ausgebaut, nimmt der Verkehr um ein Prozent zu – und zwar innert weniger Jahre.

99 Die kinetische Energie wächst mit dem Quadrat der Geschwindigkeit, die für die Überwindung des Luftwiderstands nötige Energie ebenfalls. Dazu kommt aber, dass die Wege sich proportional zur Zunahme der Geschwindigkeit verlängern – daraus resultiert insgesamt eine Zunahme des Energieaufwands im Kubik der Geschwindigkeit. Ich verdanke den Hinweis auf diesen Sachverhalt Hermann Knoflacher.

100 Das gilt sogar für die freiwilligste Art des Verkehrs: die Ferienreise. Die Art, wie man reist, definiert einen Menschen wie die Kleider, die er trägt, oder die Musik, die er hört. Je nach sozialer Gruppe, der man sich zugehörig fühlt, gehört die eine oder andere Art zu reisen zum guten Ton – kaum jemand outet sich als Reisemuffel. Pierre Bourdieu (*Die feinen Unterschiede. Kritik der gesellschaftlichen Urteilskraft,* Frankfurt am Main 1982, S. 576) spricht in diesem Zusammenhang von einer »Pflicht zum Genuss«.

101 IPCC, *Climate Change 2007. Working Group III Report: Mitigation of Climate Change,* Cambridge UK 2007, S. 379.

102 Edward P. Thompson, *Blauer Montag. Über Zeit und Arbeitsdisziplin,* Hamburg 2006, S. 34.

103 »Das Raum-Zeit-Verhältnis, das die Eisenbahn schafft, erscheint gegenüber dem eotechnischen als abstrakt und desorientierend, weil die Eisenbahn in ihrer Realisierung der newtonischen Mechanik all das genau negiert, was den eotechnischen Verkehr charakterisierte: sie erscheint nicht mehr wie die Kutsche und die Straße eingebunden in den Landschaftsraum, sondern durch diesen geschlagen.« Schivelbusch, *Geschichte der Eisenbahnreise,* S. 38.

104 Pierre Bourdieu, »The Attitude of the Algerian peasant toward time«, in: J. Pitt-Rivers (Hrsg.): *Mediterranean Countrymen,* Paris 1963, S. 55–72. – Die 2002 ermordete Vre Karrer, die im somalischen Merka ein Krankenhaus betrieb, erzählte mir die Geschichte einer Frau, die einen Bus in die Stadt nehmen wollte, der nur einmal wöchentlich fuhr. Sie war etwas spät dran; als sie auf den Dorfplatz kam und der Bus an dessen entgegengesetztem Ende bereits den Motor startete, hätte sie ihn sicher noch erreicht, wenn sie gelaufen wäre. Zum Bus zu laufen aber war ihrer nicht würdig: Sie kehrte um und kam eine Woche später wieder.

105 »Ein alter Bergwerker aus Yorkshire erzählte mir, dass es in seiner Jugend Sitte war, an einem schönen Montagmorgen eine Münze hochzuwerfen, um zu entscheiden, ob man zur Arbeit gehe oder nicht. Ebenso wurde mir gesagt, dass noch heute (1967) einige Böttcher in Burton-on-Trent den ›Blauen Montag‹ in ursprünglicher Reinheit ehren.« Thompson, *Blauer Montag,* S. 64.

106 John Wesley, *The Duty and Advantage of Early Rising,* 1786; zitiert ebd. S. 60.

107 John Foster, *An Essay on the Evils of popular Ignorance,* 1821; zitiert ebd. S. 63.

5 Größe

1 George Orwell, »Pleasure Spots«, in: *Tribune,* 11. Januar 1946, zitiert nach www.george-orwell.org/Pleasure_Spots/0.html. Orwell bezog sich auf eine zentrale Figur des internationalen Umweltschutzes: Julian Huxley, den späteren Gründungsdirektor der UNESCO wie auch der globalen Umwelt-Dachorganisation IUCN. Huxley wiederholte seine Vision von der produktiven Umgestaltung der Erde durch die Atombombe noch kurz vor seinem Tod in den frühen 1970er-Jahren.

2 Ernst Bloch, *Das Prinzip Hoffnung,* Frankfurt am Main 1959, S. 775.

3 Ebd., S. 777.

4 Clive Staples Lewis, *The Abolition of Man,* London 1943, Kapitel 3.

5 Smil, *Energy in World History,* S. 226 und 187.

6 Ebd., S. 164.

7 Richard Newbold Adams, *Energy and Structure. A Theory of Social Power,* Austin 1975, S. 303.

8 »The Wealthiest Americans Ever«, in: *The New York Times,* 15. Juli 2007; und Wolf, *Verkehr Umwelt Klima,* S. 56.

9 Wolf, *Verkehr Umwelt Klima,* S. 37 und 40.

10 Ebd., S. 78.

11 Ebd., S. 112.

12 Adams, *Energy and Structure,* S. 303.

13 http://money.cnn.com/magazines/fortune/global500/2010/index.html.

14 Zur Überschätzung des »Großen« in der Technikgeschichte siehe Edgerton, *Shock of the Old.*

15 Radkau, »Zum ewigen Wachstum verdammt?«, S. 56–58.

16 Darauf verweist Silke Helfrich in ihrem Gemeingüter-Blog http://commonsblog.wordpress.com, Eintrag vom 18. Juni 2010. Auch die Suonen in den Walliser Alpen wurden jahrhundertelang als Gemeingüter bewirtschaftet; siehe Elinor Ostrom, *Die Verfassung der Allmende. Jenseits von Staat und Markt,* Tübingen 1999, S. 79–84.

17 Radkau, »Zum ewigen Wachstum verdammt?«, S. 93.

18 Siehe George Monbiots Blog vom 25. Oktober 2010 »Toxic Brew«; www.monbiot.com/archives/2010/10/25/toxic-brew.

19 Siehe beispielsweise Greenpeace USA, »Koch Industries: Secretly Funding the Climate Denial Machine«, 2010; oder Union of Concerned Scientists, *Smoke, Mirrors & Hot Air. How ExxonMobil Uses Big Tobacco's Tactics to Manufacture Uncertainty on Climate Science,* Cambridge MA 2007.

20 Der *Guardian* (»Oil giants accused of collusion«, 13. September 2000) berichtete, dass die Ölfirmen teilweise die Wut der Lastwagenfahrer durch gezielte Preiserhöhungen noch weiter anstachelten. Auch sie waren an der Forderung der Streikenden, die Treibstoffzölle zu senken, interessiert. Siehe auch »Panic as oil blockade bites«, in: *The Guardian,* 12. September 2000, oder »Fuel crisis brings chaos to NHS«, in: *BBC News online,* 13. September 2000.

21 Einen guten Überblick über die Schattenseiten der Erdölwirtschaft bietet Thomas Seifert/Klaus Werner, *Schwarzbuch Öl. Eine Geschichte von Gier, Krieg, Macht und Geld,* Wien 2005.

22 National Energy Policy Development Group (Dick Cheney et al.), *National Energy Policy. Report of the National Energy Policy Development Group,* Washington DC 2001, S. 8 und 18.

23 Siehe Andreas Zumach, *Die kommenden Kriege. Ressourcen, Menschenrechte, Machtgewinn – Präventivkrieg als Dauerzustand?,* Köln 2005, S. 103–107.

24 Siehe »Cheney's Halliburton Ties Remain«, in: *CBS News,* 26. September 2003; www.cbsnews.com/stories/2003/09/26/politics/main575356.shtml.

25 Seifert/Werner, *Schwarzbuch Öl,* S. 172.

26 Allerdings verzichtete China 2005 auf sein Veto gegen die Verurteilung des Sudan in der Resolution 1593 des Uno-Sicherheitsrats vom 31. März.

27 Siehe z. B. Michael Thumann, »Anatomie einer Männerfreundschaft«, in: *Die Zeit* 38 (2004).

28 Michael L. Ross, »Does Oil Hinder Democracy?«, in: *World Politics,* April 2001, S. 357.

29 Paul Collier, *Economic Causes of Civil Conflict and their Implications for Policy,* Oxford 2006, S. 5.

30 Bendikt Korf, »Das falsche Bild vom Klimakrieg«, in: *Umwelt aktuell,* 11/2010, S. 4–5.

31 Illich, *Selbstbegrenzung,* S. 11.

32 Ebd., S. 13.

33 Ernst Friedrich Schumacher, *Small is Beautiful. Die Rückkehr zum menschlichen Maß,* Bad Dürkheim 2001, S. 5.

34 Ebd., S. 46–47.

35 Ebd., S. 139–140.

36 Ebd., S. 140.

37 Ebd., S. 52.

38 Patrick Kupper, *Atomenergie und gespaltene Gesellschaft. Die Geschichte des gescheiterten Projektes Kernkraftwerk Kaiseraugst,* Zürich 2003.

39 Darauf weist Joachim Radkau *(Aufstieg und Krise,* S. 544–461) ausdrücklich hin.

40 Ebd., S. 469.

41 Ebd., S. 65.

42 Gerald Wendt, *The Prospects of Nuclear Power and Technology,* Princeton 1957; zitiert ebd., S. 93.

43 Ebd., S. 66.

44 Ebd., S. 67.

45 Ebd., S. 90.

46 Laut der Statistik des deutschen Bundesministeriums für Wirtschaft und Technologie.

47 Ich stütze mich für die Geschichte der Schweizer Atomwaffenpläne auf Susan Boos, *Strahlende Schweiz. Handbuch zur Atomwirtschaft,* Zürich 1999, S. 16–35.

48 Ebd., S. 16.

49 Kupper, *Atomenergie und gespaltene Gesellschaft.*

50 Radkau, *Aufstieg und Krise,* S. 462.

51 Zitiert ebd., S. 218.

52 Ebd., S. 222–223.

53 Gerhard Löwenthal/Josef Hausen, *Wir werden durch Atome leben,* Berlin (West) 1956; zitiert in Radkau, *Aufstieg und Krise,* S. 160. Das Vorwort schrieb übrigens Atomminister Strauß – im selben Jahr, als er doch vor der »Herausbildung wissenschaftlicher Monopolzentren« warnte.

54 Eibert H. Bunte, *Die atomare Herausforderung. Wir stehen vor der Wahl: Fortschritt oder Untergang,* Zürich 1968.

55 Radkau, *Aufstieg und Krise,* S. 465.

56 Zitiert nach: »Das Finanzdebakel der Wissenschaft«, in: *NZZ am Sonntag,* 6. Juni 2010.

57 Obwohl die Poren des Tons so klein sind, dass nichts durch sie dringen kann, hat man im Opalinuston-Felslabor Mont Terri bei St-Ursanne im Schweizer Jura Bakterien ge-

funden, die in diesem Ton leben und deren Stoffwechselprodukte die Korrosion von Abfallfässern beschleunigen könnten. Die Nationale Genossenschaft für die Lagerung radioaktiver Abfälle Nagra wollte keine bakteriologische Untersuchungen vornehmen lassen, da es ja keine Bakterien im Ton geben könne; da das Labor aber vom Bund und nicht von der Nagra betrieben wird, fanden die Untersuchungen gegen deren Willen doch statt. Susan Boos, »Der Berg tut nie, was man von ihm erwartet«, in: *WOZ Die Wochenzeitung,* 11. März 2010.

58 Zitiert nach Susan Boos, »Die krampfhafte Geheimniskrämerei macht misstrauisch«, in: *WOZ Die Wochenzeitung,* 14. Oktober 2010.

59 Ein Tank der Columbia verlor nach dem Start Teile seines Isolationsschaums, die auf den linken Flügel der Fähre aufschlugen und die dortige Isolation verletzten. Beim Wiedereintritt in die Erdatmosphäre brachte heiße Luft an der Stelle, wo die Isolation fehlte, Aluminiumteile zum Schmelzen. Der Schaden war nach dem Start sofort registriert worden; Nasa-Ingenieure warnten vor den Folgen. Aber die Einsatzleitung bestand darauf, dass kein erhöhtes Risiko bestehe. »Die ersten Sitzungen der Nasa mit der Kommission«, heißt es im Bericht, »zeichneten das Bild einer Risiko-aversen Philosophie, die jeden beliebigen Mitarbeiter in die Lage versetze, eine Unternehmung beim bloßen Verdacht eines Risikos zu stoppen. Unglücklicherweise entsprach diese Sicht nicht der Realität. Das Sicherheitspersonal des Space-Shuttle-Programms untersuchte Anomalien nicht angemessen und akzeptierte kritische Risiken ohne qualitativen oder quantitativen Support, obwohl die Möglichkeiten für eine genauere Untersuchung gegeben waren.« Columbia Accident Investigation Board, *Columbia Accident Investigation Board Report,* Washington DC 2003, S. 177 und 200.

60 Irving L. Janis, *Victims of Groupthink. A Psychological Study of Foreign-Policy Decisions and Fiascoes,* Boston 1972, S. 9 und 197. Janis entwickelte seine Guppendenken-Theorie am Beispiel des Fiaskos der Schweinebucht-Invasion von 1961, mit dem die USA beinahe einen Krieg mit der Sowjetunion provoziert hätten.

61 Radkau, *Aufstieg und Krise,* S. 98.

62 Paul Baran, einer der Väter des Prinzips, Informationen in viele kleine Datenpakete zu zerlegen, schrieb 1964 in seinem »Memorandum RM-3767-PR on Distributed Communications. XI. Summary Overview. Prepared for the United States Air Force Project Rand«: »It appears theoretically possible to build large networks able to withstand heavy damage whether caused by unreliability of components or by enemy attack.«

63 Karin Knorr Cetina (*Wissenskulturen. Ein Vergleich naturwissenschaftlicher Wissensformen,* Frankfurt am Main 2002) beschreibt diese Eigenschaften des Cern im Vergleich zur Molekularbiologie mit ihrer ausgesprochen hierarchischen, um einzelne Personen zentrierten und zum Geniekult neigenden Struktur.

64 Beispielsweise in André Gorz, »Weltkrise, schrumpfendes Wachstum und Ausweg aus dem Kapitalismus«, in: ders., *Auswege aus dem Kapitalismus. Beiträge zur politischen Ökologie,* Zürich 2009, S. 79–90, insbesondere ab S. 86.

65 Siehe dazu Tim Wu, *The Master Switch: The Rise and Fall of Information Empires,* New York 2010.

6 Verschleiß

1 »›Darwin baut die Brücke zwischen Kultur und Natur‹«, in: *WOZ Die Wochenzeitung,* 12. Februar 2009.

2 Philipp Sarasin, *Darwin und Foucault. Genealogie und Geschichte im Zeitalter der Biologie,* Frankfurt am Main 2009.

3 Philipp Sarasin, »Die Welt erlebt den Einbruch des Realen in das Virtuelle«, in: *Tages-Anzeiger,* 15. Oktober 2008.

4 Der Ökonom Herman Daly (*Toward a Steady State Economy,* San Francisco 1973, S. 7) hat bereits 1973 geschrieben: »The economist forgot about physical dimensions long ago and centered his attention on value.«

5 In den 1920er-Jahren betrachtete ein Käufer eines Modells T »his purchase [never] as a complete finished product. When you bought a Ford you figured you had a start–a vibrant, spirited framework to which could be screwed an almost limitless assortment of decorative and functional hardware.« Elwyn Brooks White, *Farewell to Model T. From Sea to Shining Sea,* New York 2003, S. 34.

6 Ich danke dem Automobil-Historiker Kurt Möser für das Zitat.

7 Die Lebensdauer eines Ford T betrug im Durchschnitt acht Jahre, das waren zwei Jahre mehr als der Durchschnitt der Konkurrenz. Slade, *Made to Break,* S. 30–31.

8 Der Unternehmensberater und Buchautor Walter Stahel, der in Genf das private Institut für Produktdauer-Forschung betreibt, spricht vom Unterschied zwischen Werk- und Spielzeugen. Für Werkzeuge stellten die Besitzer Kosten-Nutzen-Rechnungen an, für Spielzeuge nicht. So lege beispielsweise ein Taxifahrer, der sein Auto als Werkzeug benutze, damit 600000 Kilometer zurück, bevor er es ersetze. Dem durchschnittlichen Autobesitzer indes sei das Auto ein Spielzeug: Es werde nach 100000 Kilometern ersetzt.

9 Zitiert in Slade, *Made to Break,* S. 25.

10 Ebd. S. 26.

11 Slade, *Made to Break,* S. 80.

12 Siehe Peter Berz et al., (Hrsg.), *Das Glühbirnenbuch,* Wien 2001.

13 Die Saatgutindustrie preist Terminator-Pflanzen als einen Beitrag zur Biosicherheit an, denn bei solchen Pflanzen bestehe keine Gefahr, dass sie sich unerwünschterweise mit nicht gentechnisch veränderten Pflanzen kreuzten. Zu diesem Zweck taugt die Terminator-Technologie aber nicht, da sie erstens nicht hundertprozentig zuverlässig ist und da zweitens die Samen unfruchtbar sind, aber der Pollen dennoch andere Pflanzen befruchten kann.

14 Vance Packard, *The Waste Makers,* London 1960.

15 Interview mit Jobs auf MSNBC am 25. Mai 2006; www.msnbc.msn.com/id/12974884.

16 Marianne Gronemeyer, *Immer wieder neu oder ewig das Gleiche. Innovationsfieber und Wiederholungswahn,* Darmstadt 2000.

17 Zur Geschichte der Petrochemie und ihrer sozialen, ökonomischen und ökologischen Wirkungen siehe Henseling, *Am Ende des fossilen Zeitalters,* insbesondere S. 34–37 sowie 108–128.

18 Ebd., S. 37.

19 »Das Müll-Karussell«, in: *Der Spiegel,* 2. Februar 2008.

20 Michael Braungart/William McDonough, *Einfach intelligent produzieren. Cradle to Cradle: Die Natur zeigt, wie wir die Dinge besser machen können,* Berlin 2003.

21 Ebd., S. 100.

22 Ich danke Armin Reller von der Universität Augsburg für die Zahlen.

23 Ich danke Marco Morosini von der ETH Zürich für den Hinweis.

24 Auch die Maßnahme der »Umweltzone« fördert den Verschleiß: Zahlreiche Städte in Europa definieren solche Zonen, in denen nur Autos zugelassen sind, die strengeren Abgasvorschriften als den gesetzlichen genügen. Die Maßnahme mag tatsächlich lokal für weniger belastete Luft sorgen, aber sie tut es eben auf Kosten der globalen Umweltbilanz, indem sie den umweltschädlichen Neukauf von Autos fördert. Zudem ist das Einrichten von »Umweltzonen« ein Eingeständnis, dass Maschinen, die besonders viel der krebserregenden Abgase produzieren, in Gegenden, in denen Menschen wohnen, nichts zu suchen haben – und man fragt sich, weshalb sie außerhalb dieser Zonen erlaubt sein sollen.

25 Laut der Umweltdatenbank Ecoinvent braucht die Herstellung und Entsorgung eines durchschnittlichen Autos 95 000 Megajoule Energie, das entspricht rund 2400 Liter Benzin. Kauft nun jemand ein Auto, das statt acht nur sechs Liter auf hundert Kilometer verbraucht, so muss er also 120 000 Kilometer fahren, bis er einen Netto-Spareffekt erzielt. Die Rechnung berücksichtigt aber noch nicht, dass der Auto-Neukäufer sein altes Auto in der Regel nicht verschrottet, sondern als Gebrauchtwagen weiterverkauft. Der Auto-Neukauf erhöht in diesem Fall also die Zahl der Autos auf der Welt um eins. – Ich danke Gabor Doka für die Berechnungen.

26 »Is Planned Obsolescence Obsolete?«, in: *The New York Times,* 17. Februar 2002.

27 Hans Christoph Binswanger, *Die Wachstumsspirale,* Marburg 2006.

28 Zitiert nach http://docs.fdrlibrary.marist.edu/050733.html.

29 Hans Magnus Enzensberger (»Zur Kritik der politischen Ökologie«, S. 38) spricht von »echten« und »künstlichen« Bedürfnissen und warnt davor, dazwischen eine scharfe Trennlinie zu sehen: »Dem einzelnen Lohnabhängigen die Unterscheidung von ›echten‹ und ›künstlichen‹ Bedürfnissen abverlangen heißt seine reale Lage verkennen: beide sind derart ineinander verschlungen, daß sie einen subjektiv und objektiv untrennbaren Zusammenhang bilden. Der Warenhunger ist in all seiner Blindheit ein Produkt der Warenproduktion, das sich allenfalls gewaltsam unterdrücken läßt.«

30 Zitiert nach Slade, *Made to Break,* S. 158.

31 Einen Überblick über den Stand der wissenschaftlichen Debatte geben Irmi Seidl/ Angelika Zahrnt (Hrsg.), *Postwachstumsgesellschaft. Konzepte für die Zukunft,* Marburg 2010.

32 Zitiert nach L. Hunter Lovins, »Klimaschutz als Wirtschaftsmotor«, in: Reiner Braun et al. (Hrsg.), *Kriege um Ressourcen. Herausforderungen für das 21. Jahrhundert,* München 2009, S. 122. L. Hunter Lovins ist selber eine prominente Verfechterin der Idee des »grünen Wirtschaftswachstums«.

33 Siehe Dieter Helm et al., »Too Good to Be True? The UK's Climate Change Record«, 2007.

34 Nicholas Stern et al., *Stern Review on the Economics of Climate Change,* Cambridge UK 2006. Ich zitiere hier nach der etwas holprigen offiziellen deutschen Zusammenfassung.

35 Marco Ziegler, *The Swiss Greenhouse Gas Abatement Cost Curve,* Zürich 2009.

36 Lucas Bretschger et al., *How Rich Is the 2000 Watt Society? Impact of Energy Conservation Policy Measures on Innovation, Investment and Long Term Development of the Swiss Economy,* Zürich 2010.

37 Stern et al., *Stern Review,* S. xv.

38 Tim Jackson, *Prosperity without Growth. Economics for a Finite Planet,* London 2009, S. 83.

39 Dieter Helm, »Climate-Change Policy: Why Has so Little Been Achieved?«, in: *Oxford Review of Economic Policy* 24, 2 (2009), S. 211–238.

40 Zitiert nach Rainer Hank: »Wegmarken 2010: Wohlstand ohne Wachstum? – Perspektiven der Überflussgesellschaft«, in: *Deutschlandfunk,* 3. Januar 2010.

41 Siehe hierzu das großartige Buch von Jared Diamond, *Kollaps. Warum Gesellschaften überleben oder untergehen,* Frankfurt am Main 2003.

42 Stern et al., *Stern Review,* S. ix.

43 Genau besehen, ist die Rede vom Marktversagen eine Tautologie: Die Welt wird mit einem Modell erklärt, dem perfekten Markt. Wenn die Vorhersagen des Modells auf die Realität nicht zutreffen, wird das damit erklärt, dass der Markt eben versagt habe, weil die reale Welt (noch) nicht dem Modell des perfekten Markts entspreche. Dass das Modell die Welt nicht richtig abbildet, wird also damit erklärt, dass die Welt nicht dem Modell entspreche. Die Katze beißt sich in den eigenen Schwanz; die Rede vom Marktversagen hat keinen Erkenntniswert.

44 Siehe zum Thema Pfadabhängigkeiten Hänggi, *Schwätzer,* S. 163–170.

45 Herman E. Daly, »Sustainable Development: From Concept and Theory to Operational Principles«, in: *Population and Development Review* 16 (1990), S. 36.

46 Garret Hardin, »The Tragedy of the Commons«, in: *Science* 162, 3859 (1968), S. 1243–1248.

47 Ostrom, *Verfassung der Allmende.* Die aktuellste Übersicht über den Stand der Allmenden-Diskussion bietet Silke Helfrich (Hrsg.), *Wem gehört die Welt? Zur Wiederentdeckung der Gemeingüter,* München 2009.

48 William Nordhaus, *A Question of Balance. Weighing the Options on Global Warming Policies,* New Haven 2008.

49 Zentrum für Transformation der Bundeswehr, *Peak Oil. Sicherheitspolitische Implikationen knapper Ressourcen,* Strausberg 2010, S. 47–50. Interessanterweise findet sich die Studie auf der Website des Zentrums für Transformation der Bundeswehr nicht; sie kann aber von der Website http://peak-oil.com heruntergeladen werden. Die deutsche Bundesregierung hat am 26. November 2010 in ihrer Antwort auf eine Anfrage der Grünen Fraktion festgestellt, es handle sich bei der Studie nur um »ein Zwischenergebnis«, weshalb die Regierung dazu nicht Stellung beziehe. Sie teile die Einschätzung, Peak Oil würde um 2010 überschritten, nicht, sondern rechne mit einem weiteren Anstieg der Ölförderung bis 2035.

7 Potenziale

1 Weil die Produzenten für das Öl, auf dessen Förderung sie heute verzichten, Kredite aufnehmen werden, errechnet sich der optimale Abbaupfad aus dem Verhältnis von Zins und erwartetem Preisanstieg. Erstmals beschrieben hat diesen Mechanismus der Ökonom Harold Hotelling 1931.

2 Siehe Mohssen Massarrat, »Ölpreis und Demokratie«, in: *Spektrum der Wissenschaft,* November 2006, S. 54–61, sowie Hans-Werner Sinn, *Das grüne Paradoxon. Plädoyer für eine illusionsfreie Klimapolitik,* Berlin 2008, S. 362–366.

3 Einen detaillierteren, gleichwohl knappen, gut verständlichen und, wie ich meine, ausgewogenen Überblick bietet beispielsweise Richard Heinberg, *Searching for a Miracle.*

›*Net Energy*‹ *Limits and the Fate of Industrial Society,* International Forum on Globalization and Post Carbon Institute, Sebastopol 2009.

4 Eigene Grafik; Daten: IEA, U.S. Energy Information Authority.

5 Matt Taibbi, »The Great American Bubble Machine«, in: *Rolling Stone,* 9.–23. Juli 2009.

6 Vaclav Smil, *Energy at the Crossroads. Global Perspectives and Uncertainties,* Cambridge MA 2003, S. 188, Abbildung 4.3.

7 Zum Teil handelte es sich dabei um tatsächliche Korrekturen früherer Unterschätzungen aus einer Zeit, da nicht die Staaten, sondern die Konzerne die Reserven geschätzt hatten: Die Konzerne waren an Untertreibungen interessiert, weil die Abgaben, die sie dem Gastland zu leisten hatten, von der Größe der Reserven abhing. Siehe Colin Campbell et al., *Ölwechsel! Das Ende des Erdölzeitalters und die Weichenstellung für die Zukunft,* München 2003, S. 176–177; Smil, *Energy at the Crossroads,* S. 131–132; und für die historische Entwicklung der Reservezahlen *BP Statistical Review of World Energy,* 2010.

8 Jörg Schindler/Werner Zittel (Hrsg.), *Crude Oil – The Supply Outlook,* 2008, S. 7.

9 Ebd., S. 17.

10 Von Stanley Jevons in seinem Buch *The Coal Question* (1865).

11 Smil, *Energy at the Crossroads,* S. 197.

12 Astrid Schneider, »Die Sirenen schrillen. Interview mit Fatih Birol«, in: *Internationale Politik* 4 (2008).

13 »Key oil figures were distorted by US pressure, says whistleblower«, in: *The Guardian,* 9. November 2009.

14 IEA International Energy Agency (Hrsg.), *World Energy Outlook 2010,* Paris 2010, S. 48. Die IEA wählt eine eigenartige Formulierung: »Crude oil output reaches an undulating plateau of around 68-69 mb/d by 2020, but never regains its all-time peak of 70 mb/d reached in 2006.« Da fragt man sich, weshalb die IEA nicht bereits die Jahre 2006 bis 2020 zum »gewellten Plateau« zählt.

15 Gelegentlich wird der Erntefaktor englisch auch *Energy Return on Investment (EROI)* genannt.

16 Heinberg (*Searching for a Miracle,* S. 25) zitiert die Archäologin Lynn White, die den Erntefaktor in Jäger- und Sammlergesellschaften auf 10:1 schätzte.

17 Heinberg, *Searching for a Miracle,* S. 32.

18 Charles A. S. Hall et al. (»Unconventional oil: Tar sands and shale oil. EROI on the web: Part 3 of 5«, in: *The Oil Drum* [online], 2008) schätzen den Erntefaktor für Öl aus Teersanden auf 5,2:1; sie zitieren verschiedene Studien, in denen der Erntefaktor mit Werten zwischen 3:1 und 7,2:1 angegeben wird, wobei die höchste Zahl nur für Teersande an der Erdoberfläche gilt.

19 Laut der IEA entfielen 2008 33,2% der globalen Primärenergieversorgung auf Erdöl, 27,0% auf Kohle und Torf, 21,1% auf Erdgas, 5,8% auf Atomenergie, 2,2% auf Wasserkraft, 10,0% auf erneuerbare Brennstoffe und Energie aus der Abfallverbrennung und 0,7% auf andere (Erdwärme, Sonnenenergie, Wind etc.). – Die Schweiz bezieht 80 Prozent ihrer Energie aus nicht erneuerbaren Quellen: 45% Erdölprodukte, 9,8% Erdgas, 0,5 Prozent Kohle, 25% Uran, Wasserkraft 11,6%, Kehrichtverbrennung 4,6%, andere 4,3% (2009). In diesen Zahlen sind Stromimporte und -exporte nicht berücksichtigt. Berücksichtigte man diese, läge der Anteil der nicht erneuerbaren Energie-

quellen (vor allem der Kohle) höher. (Schweizerischer Energierat, Bruttoenergiestatistik 2009, www.energiestatistik.ch)

20 Dietmar Schüwer et al., *Erdgas. Die Brücke ins regenerative Zeitalter. Bewertung des Energieträgers Erdgas und seiner Importabhängigkeit,* Hamburg 2010. Allerdings, schreibt die Studie, dürfe diese Funktion nicht zu einem Anstieg der Nachfrage nach Gas führen, sondern die Verwendung von Gas im Gebäudebereich müsse gesenkt werden. Um seine Brückenfunktion wahrzunehmen, müsse das Gas am richtigen Ort eingesetzt werden: in Gas- und Dampfturbinenkraftwerken, in zentralen und dezentralen Kraft-Wärme-Koppelungsanlagen und flexiblen Gasturbinen; Anlagen, die geeignet seien, die Produktionsschwankungen von Wind- und Solaranlagen auszugleichen. In Automotoren dagegen wären die Vorteile laut der Studie nur gering, da dabei alle Abwärme verloren geht.

21 *BP Statistical Review of World Energy,* S. 22.

22 »Gasschwemme erreicht Europa«, Mitteilungen der Deutsche Bank Research – EU-Monitor 75 vom 27. Mai 2010.

23 www.energiekrise.de/erdgas/intro.html.

24 Werner Zittel (ASPO Deutschland), »Kurzstudie unkonventionelles Erdgas«, 2010, S. 22.

25 Smil, *Energy at the Crossroads,* S. 219–222.

26 USA, Russland, Indien, China, Australien und Südafrika.

27 *BP Statistical Review of World Energy,* S. 32.

28 Smil, *Energy at the Crossroads,* S. 229.

29 Werner Zittel/Jörg Schindler, *Coal: Resources and Future Production«,* 2007, S. 4–8.

30 Richard Heinberg/David Fridley, »The end of cheap coal«, in: *Nature* 468 (2010), S. 367–369.

31 Cottrell, *Energy and Society,* S. 86.

32 Heinberg, *Searching for a Miracle,* S. 33.

33 Robert H. Socolow, »Können wir das Klimaproblem begraben?«, in: *Spektrum der Wissenschaft,* März 2006, S. 72–79.

34 »CCS-Projekt in der Altmark gestoppt«, in: *klimaretter.info,* 24. April 2010, und »Bau von Waschanlage verschoben«, in: *Tageszeitung,* 6. Mai 2010.

35 1986 traten große Mengen CO_2 aus einem natürlichen CO_2-Reservoir im Lake Nyos in Kamerun aus. 1700 Menschen erstickten.

36 Paul Lafleur/Petro-Find Geochem Ltd., *Geochemical Soil Gas Survey. A Site Investigation of SW30-5-13-W2M Weyburn Field, Saskatchewan,* Saskatoon 27. August 2010.

37 Sicher könnte man CO_2 entsorgen, indem man es in Mineralien wie beispielsweise Magnesit bände. Der dazu benötigte Rohstoff Magnesium ist in der Natur reichlich vorhanden, doch das Verfahren würde den Wirkungsgrad eines Kohlekraftwerks halbieren, und zu jedem Kilogramm Kohle brauchte man drei Kilogramm Rohstoff zur Magnesiumgewinnung. Ich danke Marco Mazzotti von der ETH Zürich für den Hinweis.

38 Die Betreiberin des KKW Beznau gibt die CO_2-Emissionen ihres Atomkraftwerks mit 3,04 Gramm pro kWh an. Jan van Leeuwen und Philip Smith (*Nuclear Power – the Energy Balance,* 2005) sprechen dagegen von 90 bis 140 Gramm pro kWh, wobei die Emissionen der weiteren Treibhausgase mangels verfügbarer Daten darin noch nicht enthalten seien. – Ein beliebter Trick, die CO_2-Bilanz des eigenen Urans zu schönen, besteht im Verweis, dass dieses Uran aus der Verschrottung alter Atomwaffen stam-

me. Weil das Uran also bereits eine andere Anwendung hinter sich hat, wird die CO_2-Bilanz der Gewinnung dieser zugeschrieben; auf den AKW-Betreiber entfallen nur noch die Emissionen, die bei der Weiterverwendung zusätzlich anfallen. Die AKW-Betreiber kommen so bilanztechnisch korrekt zu CO_2-armem Uran, einfach weil einen Teil der Rechnung bereits jemand anderes beglichen hat.

39 Zahlen zu den Atomkraftwerken in Bau: World Nuclear Association, Januar 2011.

40 Pressemitteilung vom 14. Juni 2010; www.intellectualventures.com.

41 Am 10. November 2010 organisierte die Swiss Association for Energy Economics eine Tagung zur Frage »Investitionen in neue Kernkraftwerke: Eine Beurteilung aus ökonomischer Sicht«. Der unabhängige Finanzexperte Kaspar Müller (www.ellipson.com) rechnete vor, dass die »Wertlücke [gemeint ist das zu erwartende Defizit] pro KKW deutlich mehr als eine Milliarde Franken« betrage, weil die Kosten für Kapital, Versicherungen und Stilllegung in den Bilanzen nicht vollständig ausgewiesen würden. An derselben Tagung vertrat Benoît Gaillochet von Axa Private Equity die Sicht eines Infrastruktur-Investors. Er sagte, ein finanzielles Engagement lohne sich nur dann, wenn der Staat einen Teil der Risiken trage und gewisse Preisgarantien gebe. Siehe www.saee.ethz.ch/events/conference2010.

42 Werner Zittel/Jörg Schindler, *Uranium Resources and Nuclear Energy,* 2006, S. 4.

43 Jan Willem Storm van Leeuwen, »Atomstrom ist keine Lösung für Klimaprobleme und Energieknappheit«, in: *Energie & Umwelt* 4/2006, S. 4–8.

44 Heinberg, *Searching for a Miracle,* S. 37.

45 Michael Moyer, »Wann kommt der Fusionsreaktor?«, in: *Spektrum der Wissenschaft,* Mai 2010, S. 92.

46 Zum Forschungsstand siehe ebd..

47 Ebd., S. 94.

48 Smil, *Energy in World History,* S. 185.

49 Friends of the Earth et al., *The Oil for Ape Scandal. How palm oil is threatening orangutan survival,* 2005.

50 Catherine Bowyer, *Anticipated Indirect Land Use Change Associated with Expanded Use of Biofuels and Bioliquids in the EU – An Analysis of the National Renewable Energy Action Plans,* Institute for European Environment Policy, 8. November 2010.

51 Simon Gmünder et al. (»Life cycle assessment of village electrification based on straight jatropha oil in Chhattisgarh, India«, in: *Biomass & Bioenergy* 34, 3 (2010), S. 347–355) von der Forschungsanstalt Empa haben anhand der ölhaltigen Jatropha-Nuss in Indien gezeigt, dass die Nutzung dieser Pflanze als Energiequelle in lokalem Maßstab sinnvoll sein kann und dass eine Stromversorgung, die auf Generatoren beruht, die mit Jatrophaöl arbeiten, ökologisch besser abschneidet als ein Anschluss ans Stromnetz. Diese Vorteile gelten aber nicht für einen großmaßstäblichen Anbau in Plantagen.

52 Ausführlicher zur Biomasse als Energiequelle siehe Hänggi, *Schwätzer,* S. 101–111.

53 Siehe Susan Boos, »Die Jagd nach dem letzten wilden Bach«, in: *WOZ Die Wochenzeitung,* 22. April 2010.

54 Heinberg, *Searching for a Miracle,* S. 35.

55 Ebd., S. 36.

56 Bundesamt für Energie (Hrsg.), *Strategie Wasserkraftnutzung Schweiz,* Bern 2008, S. 7. Das BFE rechnet mit Einbußen »bis zu 2000 GWh pro Jahr im Jahr 2050«. Das entspricht etwa 5 Prozent der heutigen Produktion.

57 Rudolf Rechsteiner, *Wind Power in Context. A clean revolution in the energy sector,* 2009, S. 8.

58 Ren21/GTZ, *Renewables 2010 Global Status Report,* Paris 2010, S. 17.

59 Heinberg, *Searching for a Miracle,* S. 41.

60 Ren21/GTZ, *Renewables 2010,* S. 19.

61 Markus May, *Graue Energie und Umweltbelastungen von Heizsystemen,* Burgdorf 1996, S. 31.

62 Die Speicherung im Erdreich mittels Erdsonden wird vor allem vom Professor für Gebäudetechnik der ETH Zürich, Hansjörg Leibundgut, propagiert; siehe www.viagialla.ch. Leibundguts Ideen stoßen auf sehr kontroverses Echo.

63 Smil, *Energy in World History,* S. 245.

64 Einen Überblick über die verschiedenen Hundert-Prozent-Szenarien bietet Hermann Scheer, *Energieautonomie. Eine neue Politik für erneuerbare Energien,* München 2005, S. 60–61.

65 Umweltbundesamt, *Energieziel 2050: 100% Strom aus erneuerbaren Quellen,* Dessau-Roßlau 2010.

66 Ebd., S. 9 und 10.

67 Ebd., S. 195.

68 Ebd., S. 41.

69 Ebd., S. 10.

70 Mark Z. Jacobsen/Mark A. DeLucchi, »Plan für eine emissionsfreie Welt bis 2030«, in: *Spektrum der Wissenschaft,* Dezember 2009, S. 80–89.

71 Ted Trainer, *Renewable Energy Cannot Sustain A Consumer Society,* Dordrecht 2007.

72 Ebd., S. 12.

73 Ebd., S. 29.

74 Ebd., S. 41.

75 Scheer, *Energieautonomie,* S. 17–18. Insbesondere nennt Scheer den Bericht *No Time to Confuse* der Ford Foundation von 1975, der den Zweck verfolgt habe, die erneuerbaren Energieträger als untauglich und gefährlich darzustellen.

76 Trainer, *Renewable Energy Cannot Sustain,* S. 3.

77 Rechsteiner, *Wind Power in Context,* S. 8.

78 Selbst die Stadt Masdar, die im Emirat Abu Dhabi als »emissionsfreie Stadt« in Bau ist und den Vorteil hat, als Retortenprojekt geplant werden zu können, kann nur mit der Nachbarstadt als Puffer »emissionsfrei« funktionieren (wenn sie es denn überhaupt kann): Sie soll tagsüber mit Sonnenenergie einen Stromüberschuss produzieren, den sie nach Abu Dhabi bringt, um nachts Strom aus den erdölbetriebenen Kraftwerken Abu Dhabis zu beziehen.

79 Ein konkretes Beispiel für eine falsche und um Größenordnungen zu pessimistische Einschätzung Trainers ist seine Aussage, das Hybridauto Prius von Toyota verbrauche in der Herstellung »142 Prozent mehr Energie als ein durchschnittliches Auto« (S. 117). Die Quellenangabe dazu ist falsch, doch lässt sich eruieren, dass Trainer sich auf einen Artikel in der *Chicago Tribune* vom 13. April 2006 bezieht, der sich seinerseits auf eine Studie von CNW Marketing Research stützt. Der Journalist der *Chicago Tribune* scheint aber die Studie falsch gelesen zu haben: Diese untersucht nämlich nicht die Energie, sondern die Energie*kosten* – die natürlich je nach Herstellungsort sehr unterschiedlich

sein können. Zudem kommt die Studie zum Resultat, dass der Prius in der Herstellung 42 Prozent und nicht 142 Prozent mehr Energiekosten verursache. Der Zürcher Ökobilanzierer Gabor Doka schätzt auf eine Anfrage meinerseits, der Prius verbrauche in der Herstellung nur rund 6 Prozent mehr Energie als ein durchschnittliches Auto.

80 Heinberg, *Searching for a Miracle*, S. 8.

81 Ebd., S. 65.

82 Hermann Scheer, *Der energethische Imperativ. 100% jetzt. Wie der Wechsel zu erneuerbaren Energien zu realisieren ist*, München 2010, S. 9.

83 Ebd., S. 19.

84 Ebd., S. 235.

85 Ebd., S. 13.

86 Darüber, wie groß der Beitrag an die Versorgung der Standortländer sein soll, äußert sich die Website der Dii GmbH (www.dii-eumena.com/home/our-mission.html) bezeichnenderweise nicht.

87 Streitgespräch zwischen Fell und und Scheer: »›Das ist ein Pakt mit dem Teufel‹«, in: *Zeo2*, 2. Oktober 2009.

88 Zu den Pfadabhängigkeiten siehe Hänggi, *Schwätzer*, S. 163–170.

89 Wuppertal Institut für Klima, Umwelt und Energie/CREAD, *Algeria – A Future Supplier of Electricity from Renewable Energies for Europe? Algeria's Perspective and Current European Approaches*, Wuppertal/Algier 2010, S. 8.

90 Winfried Speitkamp/Daniel Stange, »Energiepolitik in Afrika – Energiepartnerschaft mit Afrika. Historische Belastungen und aktuelle Perspektiven«, in: *Spiegel der Forschung* (Justus-Liebig-Universität Gießen) 2/2008, S. 40–47.

91 D.E.S.I. Power setzt vor allem auf lokale Energiegewinnung aus Biomasse/Biogas, ergänzt um Fotovoltaik, Mikro-Wasserkraft und Windkraft. Die Investitionen erfolgen durch »Mikro-Unternehmen« in öffentlich-privaten Partnerschaften. www.desipower.com.

92 In der Schweiz betreibt die Swissgrid die Stromnetze. Sie gehört den Stromproduzenten, wobei die zwei größten Unternehmen Axpo und Alpiq drei Viertel der Aktien besitzen. In Deutschland gehörten die vier Übertragungsnetzbetreiber bis 2009 den großen Stromanbietern Eon, Vattenfall, RWE und EnBW. Eon und Vattenfall haben ihre Netzgesellschaften 2010 aus wettbewerbsrechtlichen Gründen an die staatliche niederländische Tennet respektive die private belgische Elia verkauft. In Österreich werden die Netze von drei Netzgesellschaften betrieben, die alle den Stromproduzenten gehören.

93 Lester Brown und Amory Lovins vergleichen die nötige Umstellung der Energiewirtschaft mit der Umstellung der US-amerikanischen Automobilindustrie, die 1942/1943 innert weniger Monate von der Autoproduktion auf die Produktion von Rüstungsgütern umstellte. Der Kriegswirtschafts-Vergleich ist auch deshalb problematisch, weil es in Kriegszeiten einen Feind gibt, den man für die einer Bevölkerung auferlegten Einschränkungen verantwortlich machen und auf den man alle Wut leiten kann. Der Hass auf den Feind wird von Regierungen und Medien in Kriegszeiten mit beträchtlichem Propagandaaufwand geschürt und aufrechterhalten – keine sehr demokratieverträgliche Sache.

94 Al Gore spricht von einem »Apollo-Programm«, mit dem er den Umstieg auf hundert Prozent erneuerbare Stromversorgung binnen zehn Jahren bewerkstelligen will. Barack Obama übernahm diese Wortwahl nach seinem Wahlsieg im November 2008.

95 Manuel Frondel et al., *Economic Impacts from the Promotion of Renewable Energy Technologies. The German Experience,* Bochum/Dortmund/Duisburg/Essen 2009, S. 13.

96 Hans-Werner Sinn, *Das grüne Paradoxon. Plädoyer für eine illusionsfreie Klimapolitik,* Berlin 2008, S. 185–189.

97 Scheer im Film *Die vierte Revolution. Energy Autonomy* von Carl A. Fechner, Immendingen 2010.

8 Angebot und Nachfrage

1 George Monbiot, »The Urgent Threat to World Peace is... Canada«, Blog vom 1. Dezember 2009, www.monbiot.com.

2 Siehe als Beispiele für Kritik am Emissionshandel Larry Lohmann/The Corner House, *Carbon Trading. A critical conversation on climate change, privatisation and power,* 2006; Elmar Altvater/Achim Brunngräber (Hrsg.), *Ablasshandel gegen Klimawandel? Marktbasierte Instrumente in der globalen Klimapolitik und ihre Alternativen,* Hamburg 2008; Clive Spash, *The Brave New World of Carbon Trading,* München 2009.

3 Ausführlich zum Emissionshandel Hänggi, *Schwätzer,* S. 112–134.

4 »Doffing the Cap«, in: *The Economist,* 16. Juni 2007, S. 78.

5 Für eine Beschreibung, wie der Handel im Einzelnen abläuft, siehe Bernhard Pötter, *Tatort Klimawandel. Täter, Opfer und Profiteure einer globalen Revolution,* München 2008, S. 217–226, sowie mein Beitrag »Der Klimawandel« in *NZZ Folio* vom März 2010.

6 Dies hat beispielsweise Gerd Eisenbeiß, seinerzeit am Forschungszentrum Jülich tätig, vorgeschlagen: »Wer Kohlenstoff herstellt oder in Verkehr bringt...«, in: *Süddeutsche Zeitung,* 14. März 2007.

7 Man kann auch eine gleichmäßige Pro-Kopf-Verteilung noch als unzureichend betrachten. Sivan Kartha vom Stockholm Environment Institute sagte es mir am Rande der Uno-Klimakonferenz in Kopenhagen im Dezember 2009 so: Allen Menschen gleich viele Emissionsrechte zuzugestehen sei etwa so gerecht, als hätten sich die Reichen an einem opulenten Festmahl die Bäuche vollgeschlagen, während die Armen zusehen mussten – und nun sage man, lasst uns das Dessert gerecht verteilen. Aus diesem Grund würde eine Pro-Kopf-Verteilung der Emissionsrechte die reicheren Länder, die in der Vergangenheit viel CO_2 emittiert haben, nicht von der Pflicht entbinden, den armen Ländern, die wenig emittiert haben, bei der Bewältigung der Folgen des Klimawandels zu unterstützen.

8 Es gibt auch Vorschläge, die Staaten ganz aus dem Spiel zu lassen und allen Menschen weltweit je gleich viele Berechtigungen zuzuteilen, die diese einem »Sky Trust« zur treuhänderischen Verwaltung überließen. Unternehmen müssten die Berechtigungen bei den Sky Trusts erwerben. Jörg Haas/Peter Barnes, »Wer erhält die Mitnahmegewinne aus dem Emissionshandel? Oder: Warum das europäische Emissionshandelssystem in einen Sky Trust umgewandelt werden muss«, 2007; siehe auch Oliver Tickell, *Kyoto 2. How to Manage the Global Greenhouse,* London 2008.

9 Einen kleinen Teil der Emissionsrechte versteigern die teilnehmenden Staaten. In der dritten Handelsperiode (2013 bis 2020) soll die Elektrizitätswirtschaft keine Emissionsrechte mehr gratis erhalten, sondern alle Rechte ersteigern müssen; einige osteuropäische EU-Mitglieder haben sich indessen Sonderregelungen ausbedungen. Die anderen Unternehmen erhalten die Rechte nicht mehr in einem reinen *grandfathering*

zugeteilt, sondern Unternehmen, die bereits über die energieeffizienteste Technik verfügen, erhalten mehr Rechte zugeteilt als solche mit ineffizienten Anlagen.

10 Etwas Ähnliches geschieht auch im Emissionshandel unter dem Kioto-Protokoll. So darf beispielsweise Russland während der Handelsperiode gleich viele Treibhausgase ausstoßen wie imVergleichsjahr 1990. Nach dem Zusammenbruch der Sowjetunion gingen die russischen Emissionen aber um mehr als vierzig Prozent zurück und sind seither nicht wider auf den Stand von 1990 gestiegen. Russland (und die meisten osteuropäischen Länder) verüfgt deshalb heute über eine große Zahl überzähliger Emissionsrechte, ohne dass es dafür eine Anstrengung vollbracht hätte. Im Uno-Jargon werden diese überzähligen Rechte ungewöhnlich treffend »heiße Luft« genannt.

11 Dazu kommt, dass die Überprüfung der Projekte Zertifizierungsagenturen obliegt, die ihrerseits von der CDM-Aufsichtsbehörde kontrolliert werden müssten. Diese Kontrolle findet aber kaum statt. Der CDM ist eine gigantische Einladung zu Betrug und Korruption. Dass tatsächlich betrogen wird und ein beträchtlicher Teil der CDM-Projekte gar nichts wert ist, ist bekannt, die CDM-Aufsichtsbehörde reagiert aber nur sehr zurückhaltend auf Missbrauchsmeldungen. – Siehe beispielsweise Nick Davies, »Truth about Kyoto: huge profits, little carbon saved«, in: *The Guardian,* 2. Juni 2007 (der Titel des Artikels ist übrigens falsch: Es ist nicht so, dass ein fehlerhafter CDM »wenig Kohlendioxid spart«, sondern er führt zu Mehremissionen). – Siehe ebenfalls Lambert Schneider, *Is the CDM fulfilling its environmental and sustainable development objectives? An evaluation of the CDM and options for improvement Report prepared for WWF,* Berlin 2007; sowie Axel Michaelowa, *Submission regarding best practice examples on the demonstration of additionality to assist the development of project design documents,* Gockhausen 2007.

12 Eine Rückerstattung an die Bevölkerung war für die schweizerische CO_2-Abgabe ursprünglich vorgesehen. Das Parlament ist von diesem Grundsatz mittlerweile ein Stück weit abgerückt und will einen Teil der CO_2-Abgabe einsetzen, um Gebäudesanierungen zu subventionieren. Das ist widersinnig: Würde man darauf vertrauen, dass die CO_2-Abgabe wirkt, müsste man nicht noch mit Subventionen nachhelfen. Subventionen für Haussanierungen sind ein Geschenk an Hauseigentümerinnen und Hauseigentümer, die ihre Häuser nicht zuvor schon auf eigene Kosten saniert oder von Anfang an energetisch sinnvoll gebaut haben.

13 Jochem (»Energie rationeller nutzen« S. 9) schreibt, allein durch Ausnützung der Effizienzpotenziale ließe sich der »Energiebedarf je Energiedienstleistung um durchschnittlich mehr als 80 bis 85 Prozent reduzieren«.

14 Ausführlicher zum Rebound: Hänggi, *Schwätzer,* S. 79–86. Der neueste mir bekannte wissenschaftliche Sammelband zum Thema ist Steve Sorrell/Horace Herring (Hrsg.), *Energy Efficiency and Sustainable Consumption. The Rebound Effect,* New York 2009.

15 Zur Geschichte der Theorie des Rebound-Effekts siehe John M. Polimeni et al., *The Jevons Paradox and the Myth of Resource Efficiency Improvements,* London 2008.

16 IPCC, *Climate Change 2007. Working Group III Report,* S. 148, 374, 420, 633 und 634.

17 Jeroen C. J. M. van den Bergh, »Energy Conservation More Effective With Rebound Policy«, in: *Environmental and Resource Economics* 48, 1 (2010), S. 2.

18 Sinn, *Paradoxon,* Berlin 2008.

19 Ebd., S. 396.

20 Hans-Werner Sinn, »Kurzarbeit im Umweltministerium«, in: *Handelsblatt,* 20. Juli 2009.

21 Sinn, *Paradoxon,* S. 420.

22 Einen eleganten Mechanismus hat Ernst Ulrich von Weizsäcker vorgeschlagen: Eine Energieabgabe würde an die »Energieeffizienz« des Wirtschaftsprodukts gekoppelt: Wenn die Wirtschaft pro Einheit des BIP weniger Energie verbraucht, steigt die Abgabe. Dadurch bliebe die Belastung der Wirtschaft pro Einheit des BIP stets gleich hoch, während die Abgabe stiege; jede Einsparung würde den Anreiz für weitere Einsparungen erhöhen. Freilich müsste der Anfangssatz hoch genug angesetzt werden, damit ein solcher Mechanismus tatsächlich funktioniert. Ernst Ulrich von Weizsäcker, »A Long-term Ecological Tax Reform«, in: ders. et al. (Hrsg.), *Factor Five: Transforming the Global Economy through 80% Improvements in Resource Productivity,* London 2009, S. 313–332.

23 Für die aktuellen CO_2-Preise siehe www.eex.com/en/Market%20Data/Trading%20Data/Emission%20Rights.

24 Der IPCC-Bericht schreibt, dass eine Senkung der Emissionen um 50 bis 85 Prozent bis 2050 zu einer Erwärmung um 2 bis 2,4 Grad gegenüber vorindustrieller Zeit führt. IPCC, *Climate Change 2007. Working Group III Report,* S. 15, Tabelle SPM.5.

25 WBGU Wissenschaftlicher Beirat Globale Umweltveränderungen, Kassensturz für den Weltklimavertrag. Der Budgetansatz, Berlin 2009, S. 16.

26 Ich danke für diese Auskunft Philippe Thalmann von der EPF Lausanne.

27 Ecoplan, *Volkswirtschaftliche Auswirkungen der Schweizer Post-Kyoto-Politik. Analyse mit einem dynamischen Gleichgewichtsmodell für die Schweiz im Auftrag des Bundesamts für Umwelt,* Bern 2009.

28 Das bis Ende 2012 gültige Gesetz sieht vor, dass die CO_2-Abgabe bis auf 200 Franken pro Tonne angehoben werden kann – eine Obergrenze ohne Bedeutung, da der politische Wille, dem Gesetz Folge zu leisten, fehlt. Die überarbeitete Fassung des Gesetzes für die Jahre 2013 bis 2020 ist derzeit (April 2011) noch in Beratung. Die beiden Parlamentskammern sind sich aber einig, die Obergrenze für die CO_2-Abgabe auf 120 Franken pro Tonne CO_2 zu senken. Damit sollen laut Gesetz die CO_2-Emissionen bis 2020 um 20 bis allenfalls 40 Prozent gesenkt werden.

29 Ausführlicher zu Kosten-Nutzen-Analysen des Klimawandels: Hänggi, *Schwätzer,* S. 53–63.

30 William Nordhaus, »Reflections on the Economics of Climate Change«, in: *Journal of Economic Perspectives* 7 (1993), S. 11–25.

31 Entwurf zum Kapitel 6 (»The Social Costs of Climate Change: Greenhouse Damage and the Benefits of Control«) von IPCC, *Climate Change 1995. Economic and Social Dimensions of Climate Change,* Cambridge UK 1995.

32 Zitiert nach Clive Spash, *Greenhouse Economics. Value and Ethics,* London/New York 2002, S. 189. Spash bietet einen sehr umfassenden, kritischen Überblick über die wichtigsten Kosten-Nutzen-Analysen zum Klimawandel.

33 Zitiert nach ebd., S. 171.

34 Telefongespräch am 11. November 2010.

35 Anthony Giddens, *The Politics of Climate Change,* Cambridge UK 2009, S. 57.

36 Hans-Dieter Karl, »Abschätzung der Förderkosten für Energierohstoffe«, in: *ifo Schnelldienst* 2 (2002).

37 Zahlen für 2009; *BP Statistical Review of World Energy.*

38 Telefonische Auskunft am 20. September 2010.

39 Es wäre denkbar, dass die Produzenten auf ein lückenloses globales Nachfragekartell (also ein Cap and Trade) mit einem Angebotskartell reagierten und ihr Angebot noch geringfügig unter das Cap senkten. Damit könnten sie für das Öl, das sie noch verkaufen könnten, hohe Preise erzielen und der Preis des CO_2 würde um denselben Betrag geringer ausfallen. Die Umweltwirkung wäre dieselbe, der Preis, den Konsumentinnen und Konsumenten zu zahlen hätten, ebenfalls; allerdings könnte kaum mehr Geld aus dem Verkauf der Emissionsrechte an die Bevölkerung zurückverteilt werden, während mehr in die Taschen der Produzenten flösse. Diese Reaktion ließe sich verhindern, indem eine Abgabe auf Öl, Kohle und Gas nicht an die Menge CO_2, sondern an den Marktpreis gekoppelt wäre (Ad-valorem-Steuer). Diese müsste aber ein Vielfaches des Marktpreises betragen, was politisch besonders schwer durchsetzbar sein dürfte.

40 Art. 2 Abs. 1. a) v) des Kioto-Protokolls.

41 OECD, *Environmental Outlook to 2030,* zitiert nach der OECD-Pressemitteilung.

42 Zitiert nach Oil Change International, *Aiding Oil Harming the Climate. A database of public funds for fossil fuels,* 2007.

43 Zitiert nach Doug Koplow, *G20 Fossil Fuel Subsidy Phase out. A review of current gaps and needed changes to achieve success.* – Bis 2010 hat kein G-20-Staat irgendwelche Schritte in Richtung dieser Absichtsbekundung unternommen.

44 IEA, *World Energy Outlook 2010,* Paris 2010, S. 569.

45 Ebd., S. 580.

46 Laut Oil Change International *(Aiding Oil,* S. 1–2) flossen zwischen 2000 und 2007 61 Milliarden an öffentlichen Geldern in die Öl- und Gasförderung, wobei damit nur die internationalen Zahlungen und keine Inlandsubventionen erfasst sind. Davon stammten 16,5 Milliarden von der EU und 15,6 Milliarden von den USA. Die Weltbank investierte im selben Zeitraum 8 Milliarden Dollar in fossile Energie.

47 Boos, *Strahlende Schweiz,* S. 146.

48 Wolf Häfele, »Energiesysteme unter Berücksichtigung mittel- und langfristiger Perspektiven«, in: Friedrich-Ebert-Stiftung (Hrsg.), *Probleme der Kernenergie. Chancen, Risiken und Probleme in einer sich wandelnden Energiewirtschaft,* Bonn 1977. – Das Potenzial des Energiesparens schätzte Häfele auf nur »etwa 10 % bis 15 %« bis im Jahr 2000. Interessanterweise spricht Häfele bereits vom »CO_2-Problem«, was ihn nicht daran hindert zu fordern, »in größtmöglichem Stil Kohle einzusetzen«.

9 Lösungen

1 Mark Hertsgaard, »Sawadogos Leidenschaft für Bäume«, in: *Le Monde diplomatique* (deutsche Augabe), August 2010.

2 Diamond, *Kollaps,* S. 225–345.

3 Smil, *Energy in World History,* S. 256.

4 Sinn, *Paradoxon,* insbesondere S. 405–416.

5 Diamond, *Kollaps,* insbesondere S. 644.

6 Siehe »Ancient Italian Town Has Wind at Its Back«, in: *The New York Times,* 28. September 2010.

7 Die genossenschaftlich organisierten Elektrizitätswerke Schönau (EWS) entstanden aus einer Bürgerinitiative, die sich nach dem Reaktorunfall in Tschernobyl bildete. Die »Schönauer Stromrebellen« bewarben sich um eine Lizenz für die Stromversorgung

der Gemeinde Schönau im Schwarzwald, die sie 1997 erhielten. Seit der Marktöffnung zwei Jahre später verkaufen die EWS Strom an Kunden in ganz Deutschland. Zusätzlich betreiben die EWS auch ein eigenes Gasnetz.

8 Boris Palmer, *Eine Stadt macht blau. Politik im Klimawandel – das Tübinger Modell,* Köln 2009.

9 Die Volksabstimmung vom 30. November 2008 beschloss eine Ergänzung der Gemeindeordnung mit einem Mehr von 76 Prozent, die vorsieht, den Energieverbrauch pro Einwohnerin und Einwohner langfristig auf 2000 Watt, den CO_2-Ausstoß bis 2050 auf eine Tonne CO_2-Äquivalente zu senken und die Beteiligungen des stadteigenen Elektrizitätswerks an Atomkraftwerken auslaufen zu lassen.

10 Vertragslandwirtschaft bedeutet, dass landwirtschaftliche Produzentinnen und Produzenten mit Konsumentinnen und Konsumenten Lieferverträge eingehen. Die Landwirtinnen und Landwirte liefern saisonale Produkte zu Preisen, die für beide Seiten vorteilhaft sind, weil der Zwischenhandel wegfällt. Teilweise sehen solche Verträge vor, dass ein Teil der Bezahlung in Form von Arbeitsdiensten geleistet werden kann – was vor allem den Vorteil hat, dass Konsumentinnen und Konsumenten Einblick in die landwirtschaftliche Produktion erhalten und eine gewisse Identifikation mit »ihrem« Hof aufbauen.

11 Rob Hopkins, *Energiewende – das Handbuch. Anleitung für zukunftsfähige Lebensweisen,* Frankfurt am Main 2008. Die folgenden Zitate stammen aus der deutschen Ausgabe des Buchs.

12 www.transitiontowns.org.

13 www.transition-initiativen.de.

14 P. M., *Neustart Schweiz. So geht es weiter,* Solothurn 2008.

15 www.kraftwerk1.ch.

16 Pressemitteilung der Genossenschaft Kraftwerk1 vom 9. Juni 2010.

17 http://neustart-schweiz.ch.

18 Leggewie/Welzer, *Das Ende der Welt,* S. 176.

19 Welzer, »Wohlstand ohne Wachstum«.

20 Max Weber, *Die protestantische Ethik und der Geist des Kapitalismus,* Tübingen 1920; Teil II, Kapitel 2 »Askese und kapitalistischer Geist«, zitiert nach www.zeno.org.

21 Lewis Mumford, *Mythos der Maschine. Kultur, Technik und Macht,* Wien 1974, S. 301–312.

22 Gerhard Schwarz, »Die Illusion einer schmerzlosen Steuer«, in: *Neue Zürcher Zeitung,* 24. Mai 2008.

10 Freiheit

1 Donald B. Kraybill/Marc A. Olshan (Hrsg.), *The Amish Struggle with Modernity,* Hanover 1994, S. vii.

2 Ebd., S. 21.

3 Die amische Gesamtbevölkerung in den USA und Kanada ist denn auch zwischen 1900 und 1992 von 4800 auf 139 500 gewachsen – um das Dreißigfache! Ebd., S. 9. – 2010 betrug die Zahl laut einem Bericht der *Huffington Post* vom 29. Juli 2010 bereits 249 000.

4 Kraybill/Olshan, *Amish Struggle,* S. 191.

5 Ebd., S. 191.

6 Ebd., S. 237. Olshan fährt fort und schreibt, die Amischen brauchten weder »self-improvement seminars, self-actualization workshops, or books on how to lose weight, run a marathon, or make love«.

7 Siehe Klaus' von Sachkenntnis weitgehend unbelastetes Büchlein zur Klimapolitik *Blauer Planet in grünen Fesseln,* Wien 2007.

8 Bernhard Pötter, *Ausweg Ökodiktatur? Wie unsere Demokratie an der Umweltkrise scheitert,* München 2010, S. 27.

9 Die *Süddeutsche Zeitung* ortete eine »CO_2isierung des menschlichen Daseins«, die vor keinem Bereich haltmache; eine »Quasireligion«, die jedes menschliche Handeln in klimafeindlich und klimafreundlich einteile. Die »CO_2isierung« sei ein Totalitarismus, das Gewissen sowie sozialer Druck seien ihre Kontrollorgane. Jean-Michel Berg, »Wer lebt, stört. Wenn CO_2 zum Maß aller Dinge wird: Treibhausgasausstoß als Sündenparabel und moralische Währung«, in: *Süddeutsche Zeitung,* 6. Dezember 2007.

10 Margareta Thora Bertilsson/Anders Blok, »The eclipse of liberal democracy under the threat of nature – can science save us to what prize?«, in: *IOP Conference Series: Earth and Environmental Science,* Kopenhagen 2009.

11 Siehe zu dieser Frage Pötter, *Ökodiktatur.*

12 Ebd., S. 24.

13 Friedman 2009, zitiert ebd., S. 11.

14 Resolution A/RES/43/53 der Uno-Generalversammlung vom 6. Dezember 1988.

15 Der schweizerische Bundesrat hat in seiner Botschaft ans Parlament im Sommer 2009 die eigene Klimapolitik kleingeredet mit den Worten, diese lasse bis 2020 »keine gravierenden strukturellen Effekte erwarten«. Das ist natürlich ein Versuch, Ängste vor zu großen Eingriffen des Staats in die Freiheit seiner Bürger abzuwehren. Doch damit legt sich der Bundesrat letztlich für die nächsten zehn Jahre auf einen bestimmten – den bisherigen – Entwicklungspfad fest und engt insofern die gesellschaftliche Freiheit ein, heute schon Alternativen zu suchen für den Pfad, der langfristig sowieso aufgegeben werden muss.

16 Edgerton, *Shock of the Old,* S. 210.

17 Gerhard Schwarz, »Chaos, Ordnung und Machbarkeitswahn«, in: *Neue Zürcher Zeitung,* 30. Oktober 2010. Der Text ist archiviert bei Avenir Suisse: http://avenir-suisse.ch/de/1/viewPress/content/artikel/2010/10/30_nzz_gs.html.

18 Interessanterweise begegnete Schwarz dem Umweltökonomen William Nordhaus – einem Paradebeispiel eines »Ökonomen, der meint, mit seinem modellbasierten Wissen die Welt erklären zu können« – mit großer Sympathie, beispielsweise in seinem Artikel »Die Klimapolitik verlangt saubere Annahmen. William Nordhaus' Mischung aus Nüchternheit und Engagement« in der *Neuen Zürcher Zeitung* vom 28. Dezember 2008).

19 Jürgen Osterhammel, *Sklaverei und die Zivilisation des Westens,* München 2000, S. 60.

20 Ebd., S. 40.

21 Ebd., S. 61.

22 Siehe dazu Wirz, *Sklaverei,* S. 204–214.

Literaturverzeichnis

John Adams, »Seat Belts: Another Look at the Data«, Blog vom 5. November 2009, http://john-adams.co.uk.

Richard Newbold Adams, *Energy and Structure. A Theory of Social Power,* Austin 1975.

Theodor W. Adorno, *Minima Moralia. Reflexionen aus dem beschädigten Leben,* Frankfurt am Main 1951.

Miguel Altieri/Clara Nicholls, »Scaling up Agroecological Approaches for Food Sovereignity in Latin America«, in: *Development* 51 (2008), S. 472–480.

Elmar Altvater, *Der große Krach oder die Jahrhundertkrise von Wirtschaft und Finanzen, von Politik und Natur,* Münster 2010.

Elmar Altvater/Achim Brunngräber (Hrsg.), *Ablasshandel gegen Klimawandel? Marktbasierte Instrumente in der globalen Klimapolitik und ihre Alternativen,* Hamburg 2008.

Carl Amery, *Natur als Politik. Die ökologische Chance des Menschen,* Reinbek 1978.

Marc Angélil/Cary Siress, »Addis Through the Looking-Glass«, in: *Construction Ahead,* Mai–August 2009, S. 20–25.

Aral, *Aral Mobilitätsstudie 2005. Qualitative Untersuchung zu Auto und Verkehr. Eindrücke, Erfahrungen, Erwartungen,* Bochum 2005.

Paul Baran, »Memorandum RM-3767-PR on Distributed Communications. XI. Summary Overview. Prepared for the United States Air Force Project Rand«, 1964, www.rand.org/pubs/research_memoranda/2006/RM3767.pdf.

Sven Behrisch, »Mr. Electric«, in: *Das Magazin,* 21. November 2008.

Walden Bello, *Politik des Hungers,* Berlin/Hamburg 2010.

Jean-Michel Berg, »Wer lebt, stört. Wenn CO_2 zum Maß aller Dinge wird: Treibhausgasausstoß als Sündenparabel und moralische Währung«, in: *Süddeutsche Zeitung,* 6. Dezember 2007.

Jeroen C.J.M. van den Bergh, »Energy Conservation More Effective With Rebound Policy«, in: *Environmental and Resource Economics* 48, 1 (2010), S. 44–58.

Margareta Thora Bertilsson/Anders Blok, »The eclipse of liberal democracy under the threat of nature – can science save us to what prize?«, in: *IOP Conference Series: Earth and Environmental Science,* Kopenhagen 2009.

Peter Berz et al., (Hrsg.), *Das Glühbirnenbuch,* Wien 2001.

Hans Christoph Binswanger, *Die Wachstumsspirale,* Marburg 2006.

Mathias Binswanger/Annette Jochem, »Technischer Fortschritt und Rebound-Effekt«, in: *Fachhochschule Nordwestschweiz: Forschungsbericht 2002,* Solothurn 2002.

Ernst Bloch, *Das Prinzip Hoffnung,* Frankfurt am Main 1959.

Niels Boeing, »Es grünt so grün, wenn Kubas Lampen glüh'n«, in: *Technology Review online* (Deutschland), 11. August 2009, www.heise.de/tr.

Stefanie Böge, *Erfassung und Bewertung von Transportvorgängen: Die produktbezogene Transportkettenanalyse,* Dortmund 1992, www.stefanie-boege.de/texte/joghurt.pdf.

Susan Boos, *Strahlende Schweiz. Handbuch zur Atomwirtschaft,* Zürich 1999.

Susan Boos, »Der Berg tut nie, was man von ihm erwartet«, in: *WOZ Die Wochenzeitung,* 11. März 2010.

Susan Boos, »Die Jagd nach dem letzten wilden Bach«, in: *WOZ Die Wochenzeitung,* 22. April 2010.

Susan Boos, »Die krampfhafte Geheimniskrämerei macht misstrauisch«, in: *WOZ Die Wochenzeitung,* 14. Oktober 2010.

Pierre Bourdieu, »The Attitude of the Algerian peasant toward time«, in: J. Pitt-Rivers (Hrsg.): *Mediterranean Countrymen,* Paris 1963, S. 55–72.

Pierre Bourdieu, *Die feinen Unterschiede. Kritik der gesellschaftlichen Urteilskraft,* Frankfurt am Main 1982.

Catherine Bowyer, *Anticipated Indirect Land Use Change Associated with Expanded Use of Biofuels and Bioliquids in the EU – An Analysis of the National Renewable Energy Action Plans,* Institute for European Environment Policy, 8. November 2010.

BP, *BP Statistical Review of World Energy,* 2010, www.bp.com/productlanding.do?categoryId=6929&contentId=7044622.

Michael Braungart/William McDonough, *Einfach intelligent produzieren. Cradle to Cradle: Die Natur zeigt, wie wir die Dinge besser machen können,* Berlin 2003.

Lucas Bretschger et al., *How Rich Is the 2000 Watt Society? Impact of Energy Conservation Policy Measures on Innovation, Investment and Long Term Development of the Swiss Economy,* Zürich 2010.

Bundesamt für Energie (Hrsg.), *Strategie Wasserkraftnutzung Schweiz,* Bern 2008.

Bundesamt für Statistik (Hrsg.), *Mobilität in der Schweiz. Ergebnisse des Mikrozensus 2005 zum Verkehrsverhalten,* Neuchâtel 2007.

Eibert H. Bunte, *Die atomare Herausforderung. Wir stehen vor der Wahl: Fortschritt oder Untergang,* Zürich 1968.

Colin Campbell et al., *Ölwechsel! Das Ende des Erdölzeitalters und die Weichenstellung für die Zukunft,* München 2003.

Georges Charbonnier, *Entretiens avec Claude Lévi-Strauss,* Paris 1989.

Paul Collier, *Economic Causes of Civil Conflict and their Implications for Policy,* Oxford 2006.

Columbia Accident Investigation Board, *Columbia Accident Investigation Board Report,* Washington DC 2003.

Earl Cook, *Man, Energy, Society,* San Francisco 1976.

Fred Cottrell, *Energy and Society. The Relation between Energy, Social Change, and Economic Development,* New York 1955.

William Crookes, »The Wheat Problem«, Vortrag vor der British Association 1898, Reprint Princeton 1976.

Paul J. Crutzen, »Geology of Mankind«, in: *Nature* 415 (2002), S. 23–23.

Herman E. Daly, »Introduction«, in: ders. (Hrsg.), *Toward a Steady State Economy,* San Francisco 1973, S. 1–29.

Herman E. Daly, »Sustainable Development: From Concept and Theory to Operational Principles«, in: *Population and Development Review* 16 (1990), S. 25–43.

Jared Diamond, *Kollaps. Warum Gesellschaften überleben oder untergehen,* Frankfurt am Main 2003.

Gilles Duranton/Matthew A. Turner, *The Fundamental Law of Road Congestion: Evidence from US cities,* Toronto 2009.

Gregg Easterbrook, »Forgotten Benefactor of History«, in: *Atlantic Monthly,* 1/1997.

Ecoplan, *Volkswirtschaftliche Auswirkungen der Schweizer Post-Kyoto-Politik. Analyse mit einem dynamischen Gleichgewichtsmodell für die Schweiz im Auftrag des Bundesamts für Umwelt,* Bern 2009.

David Edgerton, *The Shock of the Old. Technology and Global Change since 1900,* London 2006.

Gerd Eisenbeiß, »Wer Kohlenstoff herstellt oder in Verkehr bringt«, in: *Süddeutsche Zeitung,* 14. März 2007.

Hans Magnus Enzensberger, »Zur Kritik der politischen Ökologie«, in: ders./Karl Markus Michel (Hrsg.), *Kursbuch 33. Ökologie und Politik oder Die Zukunft der Industrialisierung,* Berlin 1973, S. 1–42.

R. E. Evenson/D. Gollin, »Assessing the Impact of the Green Revolution, 1960 to 2000«, in: *Science 300,* 5620 (2003), S. 758–762.

Simon Fairlie, *Meat. A Benign Extravagance,* Hampshire 2010.

FAO Food and Agriculture Organization/LEAD Livestock, Environment and Development Initiative (Hrsg.), *Livestock's Long Shadow. Environmental issues and options,* Rom 2006.

John Farey, *A Treatise on the Steam Engine. Historical, Practical, and Descriptive,* London 1828.

Carl A. Fechner, *Die vierte Revolution. Energy Autonomy* (DVD), Immendingen 2010.

Sandro Fehr, *Die »Stickstofffrage« in der deutschen Kriegswirtschaft des Ersten Weltkriegs und die Rolle der Schweiz,* Bern 2008.

Jonathan Fenby, *The Pengiun History of Modern China. The Fall and Rise of a Great Power 1850–2009,* London 2008.

Robert W. Fogel, »The new Economic History: its Findings and Methods«, in: *Economic History Review* 19 (1966), S. 642–656.

Uwe Fraunholz, »Automobilistisches Feindesland. Motorisierte Schweiztouristen in der Pionierzeit des Autos«, in: Beat Hächler et al. (Hrsg.), *Autolust. Ein Buch über die Emotionen des Autofahrens,* Baden 2002, S. 120–125.

Thomas L. Friedman, *Was zu tun ist. Eine Agenda für das 21. Jahrhundert,* Frankfurt am Main 2009.

Friends of the Earth et al., *The Oil for Ape Scandal. How palm oil is threatening orang-utan survival,* 2005, www.foe.co.uk/resource/reports/oil_for_ape_full.pdf.

Manuel Frondel et al., *Economic Impacts from the Promotion of Renewable Energy Technologies. The German Experience,* Bochum/Dortmund/Duisburg/Essen 2009.

William S. Gaud, »The Green Revolution: Accomplishments and Apprehensions. Address by The Honorable William S. Gaud, Administrator, Agency for International Development, Department of State, before The Society for International Development«, 1968, www.rockefellerfoundation.org/uploads/files/61b323f1-454b-406d-87e9-231b2ecd5ee6.pdf.

Basil Gelpke, *The Oil Crash* (DVD), München/Zürich 2007.

Anthony Giddens, *The Politics of Climate Change,* Cambridge UK 2009.

Klaus Gietinger, *Totalschaden. Das Autohasserbuch,* Frankfurt am Main 2010.

Simon Michael Gmünder et al., »Life cycle assessment of village electrification based on straight jatropha oil in Chhattisgarh, India«, in: *Biomass & Bioenergy* 34, 3 (2010), S. 347–355.

H. Charles J. Godfray et al., »Food Security: The Challenge of Feeding 9 Billion People«, in: *Science* 327, 5967 (2010), S. 812–818.

José Goldemberg, »One Kilowatt per Capita«, in: *Bulletin of the Atomic Scientists* 46, 1 (1990), S. 13–14.

José Goldemberg et al., »Basic Needs and Much More with One Kilowatt per Capita«, in: *Ambio* 14 (1985), S. 190–200.

André Gorz, »Weltkrise, schrumpfendes Wachstum und Ausweg aus dem Kapitalismus«, in: ders., *Auswege aus dem Kapitalismus. Beiträge zur politischen Ökologie,* 2. Aufl., Zürich 2009, S. 79–90

Greenpeace USA, »Koch Industries: Secretly Funding the Climate Denial Machine«, 2010, www.greenpeace.org/usa/campaigns/global-warming-and-energy/polluterwatch/koch-industries.

Marianne Gronemeyer, *Immer wieder neu oder ewig das Gleiche. Innovationsfieber und Wiederholungswahn,* Darmstadt 2000.

Wilhelm Gruissem/Petra Bättig-Frey, »Für eine Welt ohne Hunger«, in: *NZZ am Sonntag,* 12. April 2009.

Jörg Haas/Peter Barnes, »Wer erhält die Mitnahmegewinne aus dem Emissionshandel? Oder: Warum das europäische Emissionshandelssystem in einen Sky Trust umgewandelt werden muss«, 2007, www.boell.de/downloads/oekologie/eu_sky_trust_dt.pdf.

Wolf Häfele, »Energiesysteme unter Berücksichtigung mittel- und langfristiger Perspektiven«, in: Friedrich-Ebert-Stiftung (Hrsg.), *Probleme der Kernenergie. Chancen, Risiken und Probleme in einer sich wandelnden Energiewirtschaft,* Bonn 1977.

Roland Haldemann/Walter Weber: *Verkehrssicherheit auf Schulwegen. BfU-Report 25,* Bern 1994

Charles A. S. Hall et al., »Unconventional oil: Tar sands and shale oil. EROI on the web: Part 3 of 5«, in: *The Oil Drum* (online), 2008, www.theoildrum.com/node/3839.

Kevin D. Hall et al., »The Progressive Increase of Food Waste in America and Its Environmental Impact«, in: *PLoS One,* 11/2009.

Marcel Hänggi, »Demokratie ohne Erdöl? Interview mit Rolf Peter Sieferle«, in: *WOZ Die Wochenzeitung,* 22. November 2007, archiviert unter www.mhaenggi.ch.

Marcel Hänggi, »Eine hellgrüne Revolution. Interview mit Marcel Mazoyer«, in: *WOZ Die Wochenzeitung,* 3. April 2008, archiviert unter www.mhaenggi.ch.

Marcel Hänggi, *Wir Schwätzer im Treibhaus. Warum die Klimapolitik versagt,* Zürich 2008.

Marcel Hänggi, »Darwin baut die Brücke zwischen Kultur und Natur. Interview mit Philipp Sarasin«, in: *WOZ Die Wochenzeitung,* 12. Februar 2009, archiviert unter www.mhaenggi.ch.

Marcel Hänggi, »Schwarze Löcher vor dem Kadi«, in: *Technology Review online* (Deutschland), 19. Februar 2010, www.heise.de/tr.

Marcel Hänggi, »Der Klimahandel«, in: *NZZ Folio,* März 2010.

Rainer Hank: »Wegmarken 2010: Wohlstand ohne Wachstum? – Perspektiven der Überflussgesellschaft«, in: *Deutschlandfunk,* 3. Januar 2010.

Garret Hardin, »The Tragedy of the Commons«, in: *Science* 162, 3859 (1968), S. 1243–1248.

Richard Heinberg, »The Essential Relocalization of Food Production«, in: The Soil Association (Hrsg.), *One Planet Architecture: The Case for Action,* Bristol 2007.

Richard Heinberg, *Searching for a Miracle. ›Net Energy‹ Limits and the Fate of Industrial Society,* International Forum on Globalization and Post Carbon Institute, Sebastopol, 2009, www.postcarbon.org/report/44377-searching-for-a-miracle.

Richard Heinberg/David Fridley, »The end of cheap coal«, in: *Nature* 468 (2010), S. 367–369.

Richard Heinberg/Michael Bomford, *The Food and Farming Transition: Toward a Post-Carbon Food System,* Post Carbon Institute, Sebastopol, 2009, www.postcarbon.org/files/PCI-food-and-farming-transition.pdf.

Heinrich Heine, *Lutetia. Berichte über Politik, Kunst und Volksleben, in: Werke,* München 1984, 2., revid. Auflage.

G. Wolfgang Heinze/Heinrich Kill, *Freizeit und Mobilität. Neue Lösungen im Freizeitverkehr,* Hannover 1997.

Silke Helfrich, »›faladji‹ heißt ›teilen‹: Wüstenwassermanagement«, Blog vom 18. Juni 2010, http://commonsblog.wordpress.com

Silke Helfrich/Heinrich-Böll-Stiftung (Hrsg.), *Wem gehört die Welt? Zur Wiederentdeckung der Gemeingüter,* München 2009.

Dieter Helm, »Climate-Change Policy: Why Has so Little Been Achieved?«, in: *Oxford Review of Economic Policy* 24, 2 (2009).

Dieter Helm et al., *Too Good to Be True? The UK's Climate Change Record,* 2007, www.dieterhelm.co.uk/node/656.

Peter Hennicke/Susanne Bodach, Energierevolution. *Effizienzsteigerung und erneuerbare Energien als neue globale Herausforderung,* München 2010.

Karl Otto Henseling, *Am Ende des fossilen Zeitalters. Alternativen zum Raubbau an den natürlichen Lebensgrundlagen,* München 2008.

Mark Hertsgaard, »Sawadogos Leidenschaft für Bäume«, in: Le Monde diplomatique (deutsche Augabe), August 2010.

Heinz Hitzer, *Die Straße. Vom Trampelpfad zur Autobahn. Lebensadern von der Urzeit bis heute,* München 1971.

Eric Hobsbawm, *Das Zeitalter der Extreme. Weltgeschichte des 20. Jahrhunderts,* München 1995.

Rob Hopkins, *Energiewende – das Handbuch. Anleitung für zukunftsfähige Lebensweisen,* Frankfurt am Main 2008.

Rob Hopkins/Patrick Holden: *One Planet Agriculture. The Case for Action,* Edinburgh 2007

Marco Hüttenmoser, »Veränderungen in den Bedingungen des Aufwachsens. Auswirkungen des 1950er Syndroms auf den Alltag der Kinder«, in: Christian Pfister (Hrsg.), *Das 1950er Syndrom. Der Weg in die Konsumgesellschaft,* Bern 1995, S. 265–285.

Marco Hüttenmoser, »Kind und Straßenraum«, in: Christian Harb (Hrsg.), *Autofrei wohnen. Eine neue Perspektive für Stadt- und Verkehrsplanung,* Zürich 2001, S. 25–33.

IAASTD International Assessment of Agricultural Knowledge, Science and Technology for Development (Hrsg.), *Synthesis Report. A Synthesis of the Global and Sub-Global IAASTD Reports,* Washington DC 2009.

ICLEI – Local Governments for Sustainability (Hrsg.), *Hidden Subsidies for Urban Car Transportation. Public Funds for Private Transport,* Freiburg i. Br. 2005.

IEA International Energy Agency (Hrsg.), *World Energy Outlook 2009,* Paris 2009.

IEA International Energy Agency (Hrsg.), *World Energy Outlook 2010,* Paris 2010.

Ivan Illich, *Die sogenannte Energiekrise oder Die Lähmung der Gesellschaft,* Reinbek 1974.

Ivan Illich, *Selbstbegrenzung. Eine politische Kritik der Technik,* München 1975.

Ivan Illich, »Energie und Gerechtigkeit«, in: ders., *Fortschrittsmythen,* Reinbek 1978, S. 74–113.

Al Imfeld, *Elefanten in der Sahara. Agrargeschichten aus Afrika,* Zürich 2009.

Infras/Allianz pro Schiene (Hrsg.), *Externe Kosten des Verkehrs in Deutschland. Aufdatierung 2005,* Zürich 2007.

Infras/Ecoplan, *Externe Kosten des Verkehrs in der Schweiz.,* im Auftrag des Bundesamts für Raumentwicklung, Bern 2008.

Infras/Institut für Wirtschaftspolitik und Wirtschaftsforschung der Universität Karlsruhe, *External Effects of Transport. Accident, Environmental and Congestion Costs of Transport in Western Europe,* im Auftrag der Union internationale du chemin de fer, Zürich/Karlsruhe 2004.

IPCC Intergovernmental Panel on Climate Change, *Climate Change 1995. Economic and Social Dimensions of Climate Change,* Cambridge UK 1995

IPCC Intergovernmental Panel on Climate Change, *Climate Change 2007. Working Group III Report: Mitigation of Climate Change,* Cambridge UK 2007.

Tim Jackson, *Prosperity without Growth. Economics for a Finite Planet,* London 2009.

Mark Z. Jacobsen/Mark A. DeLucchi, »Plan für eine emissionsfreie Welt bis 2030«, in: *Spektrum der Wissenschaft,* Dezember 2009, S. 80–89.

Irving L. Janis, *Victims of Groupthink. A Psychological Study of Foreign-Policy Decisions and Fiascoes,* Boston 1972.

Eberhard Jochem, »Energie rationeller nutzen: Zwischen Wissen und Handeln. Es fehlt kaum am Know-how, vielmehr an Lobby und (Medien-)Appeal«, in: Gaia 12, 1 (2004), S. 9–14.

Eric E. Johnson, »The Black Hole Case: The Injunction against the End of the World«, in: *Tennessee Law Review* 76 (2009), S. 819–908.

Hans Jonas, *Das Prinzip Verantwortung. Versuch einer Ethik für die technologische Zivilisation,* Frankfurt am Main 1978.

Tony Judt, *Dem Land geht es schlecht,* München 2011.

Martina Kaller-Dietrich, *Ivan Illich (1926–2002). Sein Leben, sein Denken,* Weitra 2007.

Hans-Dieter Karl, »Abschätzung der Förderkosten für Energierohstoffe«, in: *ifo Schnelldienst* 2 (2002).

Václav Klaus, Blauer Planet in grünen Fesseln, Wien 2007.

Hermann Knoflacher, *Virus Auto. Die Geschichte einer Zerstörung,* Wien 2009.

Karin Knorr Cetina, *Wissenskulturen. Ein Vergleich naturwissenschaftlicher Wissensformen,* Frankfurt am Main 2002.

Peter Kolchin, *American Slavery 1619–1877,* New York 1993.

Doug Koplow/Oil Change International/Earth Track, *G20 Fossil Fuel Subsidy Phase out. A review of current gaps and needed changes to achieve success,* http://priceofoil.org/wp-content/uploads/2010/11/OCI.ET_.G20FF.FINAL_.pdf.

Bendikt Korf, »Das falsche Bild vom Klimakrieg«, in: *Umwelt aktuell,* 11/2010, S. 4–5.

Donald B. Kraybill/Marc A. Olshan (Hrsg.), *The Amish Struggle with Modernity,* Hanover 1994.

Patrick Kupper, *Atomenergie und gespaltene Gesellschaft. Die Geschichte des gescheiterten Projektes Kernkraftwerk Kaiseraugst,* Zürich 2003.

Paul Lafleur/Petro-Find Geochem Ltd., *Geochemical Soil Gas Survey. A Site Investigation of SW30-5-13-W2M Weyburn Field, Saskatchewan,* Saskatoon 27. August 2010.

Vittorio Magnago Lampugnani, *Die Stadt im 20. Jahrhundert. Visionen, Entwürfe, Gebautes,* Berlin 2010.

Claus Leggewie/Harald Welzer, *Das Ende der Welt, wie wir sie kannten. Klima, Zukunft und die Chancen der Demokratie,* Frankfurt am Main 2009.

Jan Willem Storm van Leeuwen, »Atomstrom ist keine Lösung für Klimaprobleme und Energieknappheit«, in: *Energie & Umwelt* 4/2006, S. 4–8.

Jan Willem Storm van Leeuwen/Philip Smith, *Nuclear Power – the Energy Balance,* 2005, www.stormsmith.nl.

Clive Staples Lewis, *The Abolition of Man,* London 1943, zitiert nach www.columbia.edu/cu/augustine/arch/lewis/abolition3.htm.

Richard C. Lewontin, *Biology as Ideology. The doctrine of DNA,* New York 1993.

Staffan B. Linder, *The Harried Leisure Class,* New York/London 1970.

Wolfgang Lindig/Mark Münzel, *Die Indianer. Kulturen und Geschichte der Indianer Nord-, Mittel- und Südamerikas,* München 1976.

Larry Lohmann/The Corner House, *Carbon Trading. A critical conversation on climate change, privatisation and power,* 2006, www.thecornerhouse.org.uk/sites/thecornerhouse.org.uk/files/carbonDDlow.pdf.

Paul E. Lovejoy, *Transformations in Slavery,* Cambridge UK 1983.

L. Hunter Lovins, »Klimaschutz als Wirtschaftsmotor«, in: Reiner Braun et al. (Hrsg.), *Kriege um Ressourcen. Herausforderungen für das 21. Jahrhundert,* München 2009, S. 122–131.

Fred Luks, *Die Zukunft des Wachstums. Theoriegeschichte, Nachhaltigkeit und die Perspektiven einer neuen Wirtschaft,* Marburg 2001.

Cesare Marchetti, »10 to the 12th. A Check on the Carrying Capacity of Earth«, in: *Energy* 4 (1974), S. 1107–1117.

Filippo Tommaso Marinetti, *Futuristisches Manifest,* 1909, zitiert nach www.futurismus.org.

Mohssen Massarrat, »Ölpreis und Demokratie«, in: *Spektrum der Wissenschaft,* November 2006, S. 54–61.

Markus May, *Graue Energie und Umweltbelastungen von Heizsystemen,* herausgegeben von Jenny Energietechnik AG, Burgdorf 1996.

Marcel Mazoyer/Laurence Roudart, *A History of World Agriculture. From the Neolithic Age to the Current Crisis,* London 2006.

Donella Meadows et al., *Die Grenzen des Wachstums. Bericht des Club of Rome zur Lage der Menschheit,* Reinbek 1972.

Donella Meadows et al., *Grenzen des Wachstums – das 30-Jahre-Update. Signal zum Kurswechsel,* Stuttgart 2006.

Christoph Maria Merki, *Der holprige Siegeszug des Automobils 1895–1930. Zur Motorisierung des Straßenverkehrs in Frankreich, Deutschland und der Schweiz,* Wien 2002.

Axel Michaelowa, *Submission regarding best practice examples on the demonstration of additionality to assist the development of project design documents, in particular for small-scale project activities,* im Auftrag des WWF Deutschland, Gockhausen 2007.

Millennium Ecosystem Assessment, *Ecosystems and Human Well-being. Synthesis,* Washington DC 2005, www.maweb.org/documents/document.356.aspx.pdf.

Ministry of Heavy Industries & Public Enterprises, Government of India, *Automotive Mission Plan 2006–2016,* New Delhi 2006.

George Monbiot, »The Urgent Threat to World Peace is ... Canada«, Blog vom 1. Dezember 2009, www.monbiot.com.

George Monbiot, »Toxic Brew«, Blog vom 25. Oktober 2010, www.monbiot.com/archives/2010/10/25/toxic-brew.

Faith Morgan, *The Power of Community. How Cuba Survived Peak Oil* (DVD), Yellow Springs 2006.

Kurt Möser, *Die Geschichte des Autos,* Frankfurt am Main 2001.

Marcel Motzet, »Von der Pferde- zur Benzinkutsche«, in: Lukas Märki (Hrsg.), *Mit Vollgas ins 20. Jahrhundert. Eine Geschichte über die Auto-Mobilmachung im Schweizer Mitelland,* Büren 2010.

Michael Moyer, »Wann kommt der Fusionsreaktor?«, in: *Spektrum der Wissenschaft,* Mai 2010, S. 88–95.

Lewis Mumford, *Mythos der Maschine. Kultur, Technik und Macht,* Wien 1974.

Christopher J. L. Murray/Alan D. Lopez (World Health Organization), *The Global Burden of Disease. Update 2004,* Genf 2008.

National Energy Policy Development Group (Dick Cheney et al.), *National Energy Policy. Report of the National Energy Policy Development Group,* Washington DC 2001.

William Nordhaus, »Reflections on the Economics of Climate Change«, in: *Journal of Economic Perspectives* 7 (1993), S. 11–25.

William Nordhaus, *A Question of Balance. Weighing the Options on Global Warming Policies,* New Haven 2008.

D. A. Notter et al., »Contribution of Li-Ion Batteries to the Environmental Impact of Electric Vehicles«, in: *Environmental Science & Technology* 44, 17 (2010), S. 6550–6556.

OECD Organisation for Economic Co-operation and Development, *OECD's environmental outlook to 2030,* Paris 2008, www.oecd.org/environment/outlookto2030.

Oil Change International, *Aiding Oil Harming the Climate. A database of public funds for fossil fuels,* Dezember 2007, www.endoilaid.org/aidingoil.

George Orwell, »Pleasure Spots«, in: *Tribune,* 11. Januar 1946, zitiert nach www.george-orwell.org/Pleasure_Spots/0.html.

Jürgen Osterhammel, *Sklaverei und die Zivilisation des Westens,* München 2000.

Jürgen Osterhammel, *Die Verwandlung der Welt. Eine Geschichte des 19. Jahrhunderts,* München 2009.

Dieter Osterroth, *Soda, Teer und Schwefelsäure. Der Weg zur Großchemie,* Reinbek 1985.

Elinor Ostrom, *Die Verfassung der Allmende. Jenseits von Staat und Markt,* Tübingen 1999.

Franz Oswald, »The Idea of a Town. Nestown – New Energy Self-Sustaining Town«, in: Marc Angélil/Dirk Hebel, *Cities of Change – Addis Ababa. Transformation Strategies for Urban Territories in the 21st Century,* Basel 2009, S. 238–245.

P. M., *Neustart Schweiz. So geht es weiter,* Solothurn 2008.

Vance Packard, *The Waste Makers,* London 1960.

Boris Palmer, *Eine Stadt macht blau. Politik im Klimawandel – das Tübinger Modell,* Köln 2009.

Nicholas Parrott et al./Greenpeace London, *The Real Green Revolution. Organic and Agroecological Farming in the South,* London 2002.

Raj Patel, *Stuffed and Starved. Markets, power and the hidden battle for the world food system,* London 2007.

John Perkins, *Geopolitics and the Green Revolution. Wheat, Genes, and the Cold War,* New York 1997.

David Pimentel et al., *Food, Land, Population and the U.S. Economy,* Washington DC 1994, http://dieoff.org/page55.htm.

David Pimentel/Marcia H. Pimentel, *Food, Energy, and Society,* 3. Aufl., Boca Raton 2008.

Jan Douwe van der Ploeg, *The New Peasantries. Struggles for Autonomy and Sustainability in an Era of Empire and Globalization,* London/New York 2008.

John M. Polimeni et al., *The Jevons Paradox and the Myth of Resource Efficiency Improvements,* London 2008.

Ulf Poschardt, *Über Sportwagen,* Berlin 2002.

Bernhard Pötter, *Tatort Klimawandel. Täter, Opfer und Profiteure einer globalen Revolution,* München 2008.

Bernhard Pötter, *Ausweg Ökodiktatur? Wie unsere Demokratie an der Umweltkrise scheitert,* München 2010.

Jules N. Pretty et al., »Resource-Conserving Agriculture Increases Yields in Developing Countries«, in: *Environmental Science & Technology* 4 (2006), S. 1114–1119.

Joachim Radkau, *Aufstieg und Krise der deutschen Atomwirtschaft 1945–1975,* Reinbek 1983.

Joachim Radkau, »Zum ewigen Wachstum verdammt? Jugend und Alter großer technischer Systeme«, in: Ingo Braun/Bernward Joerges (Hrsg.), *Technik ohne Grenzen,* Frankfurt am Main 1994, S. 50–106.

Joachim Radkau, *Holz. Wie ein Naturstoff Geschichte schreibt,* München 2007.

Rudolf Rechsteiner (Energy Watch Group), *Wind Power in Context. A clean revolution in the energy sector,* 2009, www.energywatchgroup.org/fileadmin/global/pdf/2009-01_Wind_Power_Report.pdf.

Ren21/GTZ Deutsche Gesellschaft für Technische Zusammenarbeit, *Renewables 2010 Global Status Report,* Paris 2010.

Arcadio Ríos/Instituto de Investigación Agropecuaria (Hrsg.), *Improving Animal Traction Technology in Cuba,* La Habana 1998.

Johan Rockström et al., »Planetary Boundaries: Exploring the Safe Operating Space for Humanity«, in: *Ecology and Society* 14, 2 (2009).

Eric B. Ross, »The Malthus Factor. Poverty, Politics and Population in Capitalist Development«, 2000, http://www.thecornerhouse.org.uk/sites/thecornerhouse.org.uk/files/20malth_0.pdf.

Michael L. Ross, »Does Oil Hinder Democracy?«, in: *World Politics,* April 2001, S.325–361.

Wolfgang Sachs, *Die Liebe zum Automobil. Ein Rückblick in die Geschichte unserer Wünsche,* Reinbek 1984.

Roman Sandgruber, *Strom der Zeit. Das Jahrhundert der Elektrizität,* Linz 1992.

Philipp Sarasin, »Die Welt erlebt den Einbruch des Realen in das Virtuelle«, in: *Tages-Anzeiger,* 15. Oktober 2008.

Philipp Sarasin, *Darwin und Foucault. Genealogie und Geschichte im Zeitalter der Biologie,* Frankfurt am Main 2009.

Hermann Scheer, *Energieautonomie. Eine neue Politik für erneuerbare Energien,* München 2005.

Hermann Scheer, *Der energethische Imperativ. 100% jetzt. Wie der Wechsel zu erneuerbaren Energien zu realisieren ist,* München 2010.

Niklaus Schefer, »Verharmlosungs- und Beschwörungsstrategien. Soziologische Skizzen zum aktuellen Automobildesign als Plädoyer für eine Soziologie des Designs«, Publikation geplant, 2011.

Jörg Schindler/Werner Zittel (Energy Watch Group), *Crude Oil – The Supply Outlook,* 2008, www.energywatchgroup.org/fileadmin/global/pdf/2008-05-21_EWG_Erdoelstudie_D.pdf.

Wolfgang Schivelbusch, *Geschichte der Eisenbahnreise. Zur Industrialisierung von Raum und Zeit im 19. Jahrhundert,* Frankfurt am Main 1977.

Wolfgang Schivelbusch, *Lichtblicke. Zur Geschichte der künstlichen Helligkeit im 19. Jahrhundert,* München/Wien 1983.

Karl Schlögel, *Im Raume lesen wir die Zeit. Über Zivilisationsgeschichte und Geopolitik,* München 2003.

Markus Schmidt, *Eingebaute Vorfahrt. Das Schlüsselgeheimnis des Autos und der Schlüssel zur Verkehrswende,* Frankfurt am Main 2002.

Markus Schmidt, »Die Unrechtsordnung«, in: Klaus Gietinger, *Totalschaden. Das Autohasserbuch,* Frankfurt am Main 2010, S. 177–204.

Astrid Schneider, »Die Sirenen schrillen. Interview mit Fatih Birol«, in: *Internationale Politik* 4 (2008).

Lambert Schneider, *Is the CDM fulfilling its environmental and sustainable development objectives? An evaluation of the CDM and options for improvement Report prepared for WWF,* Berlin 2007.

Ernst Friedrich Schumacher, *Small is Beautiful. Die Rückkehr zum menschlichen Maß,* Bad Dürkheim 2001.

Dietmar Schüwer et al./Greenpeace Deutschland, *Erdgas. Die Brücke ins regenerative Zeitalter. Bewertung des Energieträgers Erdgas und seiner Importabhängigkeit,* Hamburg 2010.

Gerhard Schwarz, »Chaos, Ordnung und Machbarkeitswahn«, in: *Neue Zürcher Zeitung,* 30. Oktober 2010, archiviert unter www.avenir-suisse.ch.

Nadia Scialabba/FAO Food and Agriculture Organization, *Organic Agriculture and Food Security,* Rom 2007.

Irmi Seidl/Angelika Zahrnt (Hrsg.), *Postwachstumsgesellschaft. Konzepte für die Zukunft,* Marburg 2010.

Thomas Seifert/Klaus Werner, *Schwarzbuch Öl. Eine Geschichte von Gier, Krieg, Macht und Geld,* Wien 2005.

Amartya Sen, *Poverty and Famines. An Essay on Entitlement and Deprivation,* Oxford 1981.

Vandana Shiva, *Leben ohne Erdöl. Eine Wirtschaft von unten gegen die Krise von oben,* Zürich 2009.

Elizabeth Shove, *Comfort, Cleanliness + Convenience. The social organization of normality,* New York/Oxford 2003.

Rolf Peter Sieferle, *Der unterirdische Wald. Energiekrise und Industrielle Revolution,* München 1982.

Rolf Peter Sieferle, *Rückblick auf die Natur,* München 1997.

Hans-Werner Sinn, *Das grüne Paradoxon. Plädoyer für eine illusionsfreie Klimapolitik,* Berlin 2008.

Hans-Werner Sinn, »Kurzarbeit im Umweltministerium«, in: *Handelsblatt,* 20. Juli 2009.

Giles Slade, *Made to Break. Technology and Obsolescence in America,* Cambridge MA/London 2006.

Vaclav Smil, *Energy in World History,* Boulder 1994.

Vaclav Smil, *Enriching the Earth. Fritz Haber, Carl Bosch, and the Transformation of World Food Production,* Cambridge MA/London 2001.

Vaclav Smil, *Energy at the Crossroads. Global Perspectives and Uncertainties,* Cambridge MA 2003.

Adam Smith, *An Inquiry into the Nature and Causes of the Wealth of Nations,* London 1776, zitiert nach www.gutenberg.org/ebooks/3300.

Robert H. Socolow, »Können wir das Klimaproblem begraben?«, in: *Spektrum der Wissenschaft,* März 2006, S. 72–79.

Steve Sorrell/Horace Herring (Hrsg.), *Energy Efficiency and Sustainable Consumption. The Rebound Effect,* New York 2009.

Clive Spash, *Greenhouse Economics. Value and Ethics,* London/New York 2002.

Clive Spash, *The Brave New World of Carbon Trading,* München 2009.

Winfried Speitkamp/Daniel Stange, »Energiepolitik in Afrika – Energiepartnerschaft mit Afrika. Historische Belastungen und aktuelle Perspektiven«, in: *Spiegel der Forschung* (Justus-Liebig-Universität Gießen) 2/2008, http://geb.uni-giessen.de/geb/volltexte/2009/6736/pdf/SdF_2008-02-40-47.pdf.

Daniel Spreng, »Distribution of Energy Consumption and the 2000 W/Capita Target«, in: *Energy Policy* 33 (2005), S. 1905–1911.

Tom Standage, *An Edible History of Humanity,* London 2009.

Nicholas Stern et al., *Stern Review on the Economics of Climate Change,* Cambridge UK 2006.

Tristram Stuart, *Waste. Uncovering the Global Food Scandal,* New York 2010.

Matt Taibbi, »The Great American Bubble Machine«, in: *Rolling Stone,* 9.–23. Juli 2009.

Minoru Takada, »Pro-Poor Energy Policies and Technologies«, Vortrag an der Jahreskonferenz des Nord-Süd-Zentrums der ETH Zürich »Competing Claims on Energy: Access and Benefit Sharing«, 10. September 2009.

Edward P. Thompson, *Blauer Montag. Über Zeit und Arbeitsdisziplin,* Hamburg 2006.

Michael Thumann, »Anatomie einer Männerfreundschaft«, in: *Die Zeit* 38 (2004).

Oliver Tickell, *Kyoto 2. How to Manage the Global Greenhouse,* London 2008.

Tiefbau- und Entsorgungsdepartement der Stadt Zürich (Hrsg.), *Zürichs Verkehr 2050 – Eckpunktbilder. Syntheseberich*t, Zürich 2009, www.stadt-zuerich.ch/ted/de/index/taz/mobilitaet/mobilitaetsstrategie/zukunft_verkehr.html.

Ted Trainer, »Renewable Energy Cannot Sustain A Consumer Society«, Dordrecht 2007.

Klaus Traube, *Müssen wir umschalten? Von den politischen Grenzen der Technik*, Reinbek 1978.

G. N. von Tunzelmann, *Steam Power and British Industrialization to 1860*, Oxford 1978.

Umweltbundesamt, *Energieziel 2050: 100% Strom aus erneuerbaren Quellen*, Dessau-Roßlau 2010.

UNDP United Nations Development Programme (Hrsg.), *Achieving the Millennium Development Goals: The Role of Energy Services. Case studies from Brazil, Mali, and the Philippines*, New York 2005, www.ifad.org/gbdocs/gc/26/e/panel.pdf.

Union of Concerned Scientists, *Smoke, Mirrors & Hot Air. How ExxonMobil Uses Big Tobacco's Tactics to Manufacture Uncertainty on Climate Science*, Cambridge MA 2007, www.ucsusa.org/assets/documents/global_warming/exxon_report.pdf.

Paul Virilio, *Geschwindigkeit und Politik. Ein Essay zur Dromologie*, Berlin 1980.

Max Weber, *Die protestantische Ethik und der Geist des Kapitalismus*, Tübingen 1920.

Steve Weissman, »Die Bevölkerungsbombe ist ein Rockefeller-Baby«, in: Hans Magnus Enzensberger/Karl Markus Michel (Hrsg.), *Kursbuch 33. Ökologie und Politik oder Die Zukunft der Industrialisierung*, Berlin 1973, S. 81–94.

Ernst Ulrich von Weizsäcker, »A Long-term Ecological Tax Reform«, in: ders. et al. (Hrsg.), *Factor Five: Transforming the Global Economy through 80% Improvements in Resource Productivity*, London 2009, S. 313–332.

Weltbank, Rising *Global Interest in Farmland. Can It Yield Sustainable and Equitable Benefits?*, Washington DC 2010.

Harald Welzer, »Wohlstand ohne Wachstum – Perspektiven der Überflussgesellschaft«, in: *Deutschlandfunk – Hintergrund*, 1. Januar 2010, www.dradio.de/dlf/sendungen/hintergrundpolitik/1095078.

Elwyn Brooks White, *Farewell to Model T. From Sea to Shining Sea*, New York 2003.

Richard White, *It's Your Misfortune and None of My Own. A History of the American West*, Norman OK 1991.

Richard Wilkinson/Kate Pickett, *Gleichheit ist Glück. Warum gerechte Gesellschaften für alle besser sind*, Berlin 2009.

Albert Wirz, *Sklaverei und kapitalistisches Weltsystem*, Frankfurt am Main 1984.

WBGU Wissenschaftlicher Beirat Globale Umweltveränderungen, *Kassensturz für den Weltklimavertrag. Der Budgetansatz*« Berlin 2009, www.wbgu.de/wbgu_sn2009.pdf.

Winfried Wolf, *Verkehr Umwelt Klima. Die Globalisierung des Tempowahns*, Wien 2007.

World Commission on Environment and Development, *Our Common Future (Brundtland-Report)*, New York 1987, www.un-documents.net/ocf-ov.htm.

Tim Wu, *The Master Switch: The Rise and Fall of Information Empires*, New York 2010.

Wuppertal Institut für Klima, Umwelt und Energie/CREAD Centre de Recherche en Economie Appliquée pour le Dévelopement, *Algeria – A Future Supplier of Electricity from Renewable Energies for Europe? Algeria's Perspective and Current European Approaches*, Wuppertal/Algier 2010.

WWF World Wide Fund for Nature/Global Footprint Network/Zoological Society of London, »Der Zustand unseres Planeten. Living Planet Report 2006«, 2006, http://assets.panda.org/downloads/living_planet_report.pdf.

Walter Youngquist, »The Post-Petroleum Paradigm and Population«, in: *Population and Environment* 4/1999, S. 297–315.

Zentrum für Transformation der Bundeswehr, *Peak Oil. Sicherheitspolitische Implikationen knapper Ressourcen,* Strausberg 2010.

Marco Ziegler (McKinsey Schweiz), *The Swiss Greenhouse Gas Abatement Cost Curve,* Zürich 2009.

Werner Zittel (ASPO Deutschland), *Kurzstudie unkonventionelles Erdgas,* 2010, www.energywatchgroup.org/fileadmin/global/pdf/2010-05-18_ASPO_Kurzstudie_Unkonv_Erdgas.pdf.

Werner Zittel/Jörg Schindler (Energy Watch Group), *Uranium Resources and Nuclear Energy,* 2006, www.energywatchgroup.org/fileadmin/global/pdf/EWG_Report_Uranium_3-12-2006ms.pdf.

Werner Zittel/Jörg Schindler (Energy Watch Group), *Coal: Resources and Future Production,* 2007, www.energywatchgroup.org/fileadmin/global/pdf/EWG_Report_Coal_10-07-2007ms.pdf.

Andreas Zumach, *Die kommenden Kriege. Ressourcen, Menschenrechte, Machtgewinn – Präventivkrieg als Dauerzustand?,* Köln 2005.

Frische Ideen für Umwelt und Verkehr. Ein knackiges Angebot für Sie.
Kommen Sie jetzt zum VCS.
www.verkehrsclub.ch
Tel. 0848 611 611 (Normaltarif)
Verkehrs-Club der Schweiz
VCS
Für Mensch und Umwelt

ATOMKRAFT IST STILLSTAND.
DIE ZUKUNFT IST ERNEUERBAR.
Eine einzige Windturbine kann bis zu 6000 Haushalte mit Strom beliefern. Zusammen mit Solar- und Wasserkraft können Windparks zuverlässig den nationalen Strombedarf sichern.
Der Bau neuer, risikoreicher Atomkraftwerke verschlingt Milliarden und verhindert Investitionen in eine sichere, erneuerbare und einheimische Energiezukunft.
Gemeinsam bewegen. Mitglied werden.
www.greenpeace.ch
GREENPEACE
SCHLIESSEN WIR DAS KAPITEL